公共管理硕士（MPA）系列教材

行政法学概论

（第三版）

胡锦光　编著

中国人民大学出版社
·北京·

公共管理硕士（MPA）系列教材
编 审 委 员 会

出版说明

公共管理硕士（Master of Public Administration，MPA）专业学位研究生教育是以公共管理学科及其他相关学科为基础的研究生教育项目，其目的是为政府部门及非政府公共机构培养高层次的应用型专门人才。

我国的 MPA 教育始于 1999 年。1999 年 5 月，国务院学位委员会第 17 次会议审议通过了《公共管理硕士（MPA）专业学位设置方案》；2001 年 10 月，我国进行首次 MPA 招生考试；2002 年 3 月，首批 MPA 研究生正式入学。经过十多年的发展，我国的 MPA 培养院校从最初的 24 所发展到 2014 年的 200 余所；截至 2015 年 7 月，全国 MPA 培养院校累计招收 MPA 研究生 15 万余人，授予 MPA 学位 8 万余人，MPA 教育成为我国公共部门人才培养的重要渠道。

为了满足国内 MPA 教育对教材和教学参考资料的需要，不断探索和回应公共管理实践中的各种问题，同时反映国内外公共管理研究的最新成果，自 2001 年起，中国人民大学出版社组织有关专家编写"公共管理硕士（MPA）系列教材"。本套教材涵盖国务院学位办确定的《公共管理硕士专业学位培养方案（试行稿）》（2000 年发布）和《公共管理硕士专业学位研究生指导性培养方案》（2012 年发布）中规定的各门 MPA 核心课程教材，也包括公共管理各领域的专业方向必修课程教材及部分选修课程教材。本套教材不仅适合 MPA 学生使用，同时也可供公共管理学科的研究生及各级行政管理人员作为参考和培训资料使用。

"公共管理硕士（MPA）系列教材"力求体现如下特色：第一，系统完整，基本涵盖公共管理专业教育的主要知识领域；第二，反映国内外公共管理研究领域的最新成果，为公共管理领域的教育者、学生、实际工作者提供该领域的最新信息、资料及多视角思考空间；第三，反映 MPA 专业教育的特点，重视应用性，注重能力的培养，教材中除讲授一般理论知识外，还提供丰富的案例分析素材；第四，将中国传统的行政管理思想、国外先进的公共管理理论与中国政府的管理实践紧密地结合起来，理论联系实际。

在“公共管理硕士（MPA）系列教材”策划出版之初，中国人民大学出版社邀请国内公共管理领域有关专家成立了阵容强大的教材编审委员会。同时，本着将国内公共管理领域有影响的学校和有影响的学者都吸收进来以博采众家之长的原则，我们广邀全国各地公共管理知名学者，使得本套教材的作者突破了一个学校和一个区域的界限。参与本套教材编写工作的有中国人民大学、北京大学、清华大学、复旦大学、中山大学、厦门大学、南开大学、上海交通大学、北京师范大学、华中科技大学、国防科学技术大学、国家行政学院、中国社会科学院等国内知名高校及科研院所的学者，他们都是公共管理教育领域的专家，具有丰富的教学经验，同时又注重公共管理实践，能够较好地将理论和实践结合起来。

自 2001 年首本教材出版以来，“公共管理硕士（MPA）系列教材”受到了国内公共管理学界的广泛好评，被誉为“与中国 MPA 共同成长”的一套高质量的 MPA 教材。国内众多高校将本套教材选为 MPA 相关课程教材，“十二五”初期，本套教材的累计销量突破百万册，成为广受读者欢迎的 MPA 教材品牌。

随着公共管理教育和实践的不断发展，公共管理学科的研究和教育也在不断发展与完善，这就要求 MPA 教材也要不断修订和更新。在国内公共管理学界的热情支持下，我们编写的这套教材取得了一定的成绩。今后，还请广大读者，特别是在教学一线的 MPA 任课教师继续给我们反馈意见，对这套教材提出批评和建议，以帮助我们不断对相关教材进行修订和完善，实现这套教材“服务中国 MPA 教育事业，与中国 MPA 共同成长”的目标。

中国人民大学出版社

第三版前言

本教材第三版在修订版的基础上，主要在以下方面进行了修订：第一，依据新出台的法律、行政法规、司法解释等，对教材中相应的内容进行了变化，以适应制度的发展。例如，《中华人民共和国行政强制法》对我国的行政强制制度作了系统、全面的规定，本教材原有的内容是依据单行法律、行政法规中的零散规定撰写的，此次修订更换了全部内容。第二，本教材出版以来，行政法学在一些领域又有了新的发展和突破，此次修订参考了行政法界的最新研究成果。例如，关于给付行政的研究、行政征收的研究、关于行政程序的研究等。第三，作为本教材的一个基本特色，为了引导学生的学习兴趣，在每章之前设有引例，每章结尾对引例进行分析，此次修订根据最新的发展，更换了部分引例，以保持与社会实际发展变化的一致性。第四，此次修订更换了部分设于每章之后的复习思考题和本章阅读书目。

最后，衷心感谢各位 MPA 老师和同学对本教材的厚爱。同时，也恳请本教材的使用者对本教材的编写体例、形式及内容等提出意见、建议和批评（hujinguang@163. com）。

特此说明。

胡锦光

2014 年 5 月 26 日

修订版前言

本教材自第一版出版以来，承蒙MPA广大教师和学员的厚爱，被广为采用。此次修订保留了第一版的基本特色。此次修订的主要内容是：第一，在本教材第一版公开出版以后，国家出台了一些新的法律、法规和司法解释，主要有《中华人民共和国突发事件应对法》、《中华人民共和国国家赔偿法》修正案、《中华人民共和国政府信息公开条例》、《中华人民共和国行政复议法实施条例》及最高人民法院的两个司法解释。因此，有必要将这些新的法律、法规和司法解释的内容纳入其中。第二，原教材中的一些论述文字过于详细，在此次修订中作了必要的简化。第三，随着行政法学研究的深入，一系列新的著作和教材应运而生，作为延伸学习的一部分，特将本教材的参考书目部分作了更新。此外，此次修订对原来设计的思考题部分作了某些变动。特此说明。

胡锦光

2010年5月4日

第一版前言

1999 年 11 月，国务院发布了《关于全面推进依法行政的决定》（国发［1999］23 号）；2004 年 4 月，国务院又制定了《全面推进依法行政实施纲要》。在不到五年的时间内，国务院出台了两个与依法行政有关的重要文件，可见国务院对依法行政问题的重视程度。特别是，《纲要》指出，与完善社会主义市场经济体制、建设社会主义政治文明以及依法治国的客观要求相比，依法行政还存在不少差距，主要是：行政管理体制与发展社会主义市场经济的要求还不适应，依法行政面临诸多体制性障碍；制度建设反映客观规律不够，难以全面、有效解决实际问题；行政决策程序和机制不够完善；有法不依、执法不严、违法不究现象时有发生，人民群众反映比较强烈；对行政行为的监督制约机制不够健全，一些违法或者不当的行政行为得不到及时、有效的制止或者纠正，行政管理相对人的合法权益受到损害得不到及时救济；一些行政机关工作人员依法行政的观念还比较淡薄，依法行政的能力和水平有待进一步提高。这些问题在一定程度上损害了人民群众的利益和政府的形象，妨碍了经济社会的全面发展。解决这些问题，适应全面建设小康社会的新形势和依法治国的进程，必须全面推进依法行政，建设法治政府。

同时，据最高人民法院统计，1998 年至 2002 年，全国法院裁判被告败诉的行政案件共有 145 916 件，占全部行政案件的 31.5%；同时，依法维持具体行政行为的有 62 954 件，占 13.6%。这些数据也从另一个侧面说明，我国行政机关要在十年之内达到依法行政、建设法治政府的目标，任务十分艰巨。

人类的社会生活经验证明，法治优于人治，只有法治才能保证国家的长治久安，才能保证社会处于有序状态，才能保证各种利益之间的合理关系，才能使社会处于和谐状态。因此，作为我国最高行政机关和中央人民政府的国务院在 1989 年即提出依法行政的基本原则；中国共产党于 1997 年提出了依法治国的方略，并通过法定程序将之于 1999 年载入了作为根本法的宪法，成为具有最高法律效力的宪法规范。可见，作为依法治国重要方面的依法行政，是我国社会发展的趋势和基本方向。

行政机关所行使的行政权是国家权力的重要组成部分。人类社会发展至今，如果缺乏国家权力的有效运作，社会的基本秩序难以维持，人们也就不可能安居乐业，人们的生存和发展就都会面临着巨大的危险。但同时，行使国家权力者滥用国家权力又是一种必然，作为国家权力所有者的人民必须时刻防范和控制它被滥用。宪法是控制、保障和规范国家权力的最高法；行政法则是在宪法的基本原则之下，依据行政权的特点，控制、保障和规范行政权运行的法律规范。

行政权与立法权、司法权的运行存在着不同的特点。现代的行政管理在管理的深度和广度上，在管理的方法和方式上，都与近代的行政管理存在着巨大的差异。可以说，社会生活的各个领域无不在行政管理的范围之内，每一个人从出生到死亡也无不在行政管理的视野之中。更为突出的是，现代行政管理是积极、主动地与社会成员接触，也就存在着侵犯公民权利的更多的可能性。这就是为什么要求行政机关在效率和公正的基础上，还要保证其行政行为的合法性和合理性的原因所在。

本书是作为 MPA 学员的教材编写的。我认为，MPA 学员并不针对行政法的理论作专门性的研究，而更多的是需要掌握、了解行政法的基本概念、基本原则、基本原理、基本制度，能够结合自己的工作实际进行运用。因此，本书在编写过程中，比较多地注意到了 MPA 学员的这一特点，希望通过简明扼要的介绍，使学员对行政法的基本问题有比较全面的、基本的理解和把握。真诚地希望讲授 MPA 行政法的教师和广大 MPA 学员在使用本教材过程中，能够对其中所存在的问题提出批评和建设性的意见，使之更趋于完善。

胡锦光

2005 年 10 月

目 录

第1章

行政法概述

引例

王某、张某、刘某、马某系某市煤炭技工学校的学生，王某和张某在1996年4月30日的数学考试中，有抄纸条作弊的行为；刘某和马某在5月2日的电子技术和机械基础科目考试中，有抄纸条作弊的行为。1996年5月3日，该校依据劳动部（现为人力资源和社会保障部）颁发的《技工学校学生学籍管理规定》，发布某煤炭技校（1996）18号文，对四名学生作出了责令退学、注销学籍的处理决定。该四名学生不服，向某区人民法院提起行政诉讼，请求撤销学校的处理决定，恢复学籍。

问：该诉讼是否属于行政诉讼？

行政法是调整行政关系的法，是调整行政机关系统内部及行政机关在职权活动中发生的社会关系的法。它是我国法律体系中一个独立的法律部门。随着我国法治建设的深入、市场经济体制的确立和发展、政府职能的转变，国家越来越多地运用法律手段来调整社会生活，要求国家管理者和被管理者都按照法律法规的既定内容活动，尤其是要求行政机关和公务员严格依法行政，保证行政行为的合法性与合理性。

重点问题

- 行政、公共行政与国家行政
- 行政法的基本原则
- 行政法与行政权的关系
- 行政法的渊源

1.1 行政法之行政

1.1.1 行政的含义

“行政”一词，源于拉丁文 administrare，中文根据英文 administration 翻译过来，其含义可以是“行政”、“行政机关”、“管理”、“执行”。亚里士多德在《政治学》中也曾使用过“行政”这一术语。在中国古代，“行政”一词一般是指执掌政务。《史记·鲁周公世家》中记载：“召公、周公二相行政”。此外，《左传》中亦有“行政政事”的说法。

行政在日常生活中通常指对某类事务的管理或执行的行为或活动，或者指管理或执行某类事务的组织。根据所管理和执行事务的范围，可将行政分为“公共行政”与“私人行政”两种。“公共行政”表示国家与公共事务的行政，“私人行政”表示社会组织和企业的行政。行政法上的行政通常指公共行政，即国家行政机关或者法律法规授权行使行政职能的组织对国家与公共事务的组织、管理、决策与调控等活动。其中，主要是指国家行政机关的行政，即国家行政。

近、现代意义上的行政是国家权力分工的产物，即将国家职能分为立法、行政、司法。然而随着现代行政的发展，出现了大量的委任立法与行政裁决，三权分立的界限渐趋模糊。

当然，在行政作用的基本内容，即作为行政法调整对象的行政权的具体权能上，近代和现代、社会主义国家和资本主义国家，在内容和方法上呈现出不同的特点、范围和发展轨迹，因此，行政法在内容上也表现出不同的特点。在近代资本主义国家，由于奉行自由放任主义原理，管得越少的政府被认为是越好的政府，或者说政府管得越少越好，政府管理处于消极的状态，被称为“消极行政”的阶段；在现代，由于随着社会发展而出现的社会公共事务的增多和维持社会秩序的需要，政府不仅具有传统的行政权，而且积极地、事前地、主动地进行行政管理活动，被称为进入“积极行政”阶段。一些福利国家，公民从出生到死亡的整个生命过程，政府都承担着管理责任，因而被称为“行政国家”。在资本主义国家，行政权的发展轨迹为由小到大、由消极到积极。而在社会主义中国，由于长期实行计划经济体制，行政权处于超积极的状态；在实行中国特色社会主义市场经济体制以后，行政权在总的趋势上处于逐渐缩小的态势，以与社会主义市场经济体制下的社会需要相适应。

自现代以来，国家权力分工界限分明的传统被打破，行政机关除具有传统的行政权之外，还拥有了一部分立法权和司法权。因此，要完整地界定“行政”的含义是一件比较困难的事情，必须结合具体情形来予以认识。一般而言，行政法上的“行政”，主要是指国家行政机关进行的组织、管理、决策与调控以处理社会公共事务的活动，同时也包括国家行政机关所进行的准立法与准司法活动。

1.1.2 行政的特征

作为公共行政的“行政”，与作为私人行政的“行政”相比较，具有以下四个方面的特征：

(1) 国家意志性。行政不是一般社会组织的活动，不是个人的活动，也不是行政主体的民事活动，而是行政主体以国家的名义对国家事务和社会事务进行的决策、组织、管理与调控等活动，具有体现和实现国家意志的特性。

(2) 执行性。行政并不是国家的一切活动，也不是行政主体的一切活动，而是行政主体进行的实施宪法和法律的国家活动。行政从其内涵上并不具有创制性的功能，即不能进行立法活动。但诚如上文指出的，现代国家权力分立趋于模糊，行政机关进行委任立法或准司法性质的行政裁判，但这仍需要立法机关的明确授权及事后监督。

(3) 法律性。在现代国家，法治原则已成为国家制度的基本原则，即行政组织、行政行为、行政程序以及行政监督与行政救济都必须依法进行。

(4) 国家强制性。行政属于国家作用的一种，体现和实现着国家意志，它的实施也就必然要以国家政权的强制力为后盾。对于行政主体的行政活动，相对人有服从、接受和协助的义务。相对人若不依法履行义务，行政主体则可借助法律手段强制相对人服从和履行行政决定。

1.2 行政法的基本含义

1.2.1 行政法的概念

行政法是调整行政关系的法律规范的总称，行政关系是因行政权的行使而形成的社会关系。作为公权力的行政权，与其他公权力一样，均存在滥用和扩张的本性。因此，行政法之于行政权的基本作用在于控制行政权的行使；同时，社会发展到现阶段，又必须发挥行政权维持社会秩序和社会效率的特殊作用。质言之，所谓行政法，就是控制、保障和规范行政权的法律规范的总称。

(1) 行政法是独立的法律部门。行政法具有自身特定的调整对象和调整方法，因此，它是国家重要的独立的法律部门之一，有独特的实定法依据和法律原则。

(2) 行政法的调整对象是行政关系，而行政关系的核心是行政权。所谓行政关系，是指行政权在获得、行使与受监督过程中与相关各方所产生的各种关系。主要包括行政组织法律关系、行政行为法律关系和行政监督法律关系。

(3) 行政法属于公法。公法是与私法相对应的概念。所谓公法，是指调整公权力的获得和运行的法律规范；所谓私法，是指调整私权利运行的法律规范。传统意义上的公法包括宪法和行政法，公法的调整原则和调整方法与私法完全不同。

(4) 行政法的存在是为了控制、保障和规范行政权的运行。作为公权力的行政权，必须由法律限制其范围、控制其行使，才能得以善用；繁杂的社会公共事务需要行政权去进行有效的处理，法律上需要保障其充分行使；不同领域的行政事务、不同重要程度的行政事务，需要诸多的行政机关去处理，法律上需要对行政权进行合理规范和协调。但是，行政法在本质上的基本功能是为了控制行政权。特别是在行政权力强势的中国，控制行政权显得尤为必要和关键。

1.2.2 行政法的基本特点

行政法作为一个独立的法律部门，与其他法律部门相比，在内容和形式上有自己的独特之处。

（一）行政法在内容上的特点

（1）行政法涉及的领域极为广泛，内容非常丰富。现代行政权力的极度膨胀使行政管理活动的范围已不限于传统的国防、外交、公安、民政、工商、税务和司法行政等领域，而是扩展到社会生活的各个方面。

（2）行政法规范具有易变性。以宪法、法律的形式表现的行政法规范因其具有一定的原则性和抽象性而具有一定的稳定性，而以行政法规、规章的形式表现出来的行政法规范由于其涉及的内容过于具体，国家的行政管理形势变动频繁，因此必须及时对规范内容进行调整才能适应管理的需要。需要注意的是，行政法的易变性是相对于其他法律部门而言的，作为法律规范，它仍然具有相对稳定性。

（3）行政法的实体性规范与程序性规范相交织并共存于一个法律文件之中。由于行政权的特殊性，出于民主、公正、效率等的考虑，必须对行政权行使的步骤、顺序、方式、时限等予以规定，因此，有关行政权的实体性规范和程序性规范通常相互交织，集实体与程序于一身而存在于一个法律文件之中。近年来，制定单独的“行政程序法”的呼声愈发强烈，这对于规范行政行为具有十分重要的意义。

（二）行政法在形式上的特点

（1）行政法没有一部完整、统一的法典。行政法不同于民法和刑法等部门法，它没有一部集基本规范于一体的统一法典。由于行政法调整的社会关系复杂、广泛且易于变动，因此，只能以不同的规范性法律文件规定不同的行政法规范，调整不同性质和特点的行政关系，使行政法律规范寓于形式多样的法律文件之中。到目前为止，世界各国都未能制定出普遍适用于全部或绝大部分行政领域的统一、完整的行政法典。

（2）在局部方面行政法存在统一适用于各行政管理领域的法典。在我国，在行政处罚、行政许可等方面，已经制定了统一的法典，未来在行政强制、行政程序、行政征收、行政补偿等方面还将制定统一的法典。

1.3 行政法律关系

1.3.1 行政法律关系的概念及特点

（一）行政法律关系的概念

行政法律关系是指为行政法所调整的、具有行政法上权利与义务内容的各种社会关系。简而言之，行政法律关系就是受行政法调整的行政关系。但行政法律关系和行政关系又有所区别：

（1）行政法律关系属于法律关系，体现了国家的意志，由国家强制力作保障；行政关系是一种社会关系，不反映国家意志。

（2）行政法律关系以行政关系为基础，但不等于行政关系，只有当行政关系为行政法调整，具有行政法上的权利与义务内容时才转化为行政法律关系。

（二）行政法律关系的特点

（1）在行政法律关系当事人中，必有一方是行政主体，即行政机关和法律法规授权的组织等。在行政法律关系双方主体中，行使行政职权的行政主体是任何一个具体行政法律关系都不可或缺的。根据法律、法规的规定，它们在行政法律关系中居于支配的地位，具有固定性和不可替代性，离开了行使行政职权的行政主体，行政法律关系就不可能形成。

（2）行政法律关系当事人的权利与义务是由行政法律规范预先规定的。在行政法律关系中，当事人的权利与义务不能由当事人双方相互协商约定，而是由行政法律规范事先规定。但行政合同是此特点的一个例外，行政合同双方当事人可以进行一定程度的协商让步和权利义务约定，成为公民参与国家行政的新途径。

（3）行政法律关系具有不对等性。这种不对等性主要表现在两个方面：第一，行政法律关系双方主体的地位不平等。行政主体以国家强制力保证其职权的行使，行政主体可以行使强制权，迫使相对人履行义务。当行政主体不履行或者不当履行行政职责时，相对人只能通过行政复议或诉讼程序要求有权机关责令行政机关履行法定职责。第二，行政法律关系的产生、变更不以双方主体的意思表示一致为必要条件，行政主体可以单方面设定或变更行政法律关系，而无须征得相对人的同意。

（4）行政法律关系所引起的争议，在解决方式及程序上有其特殊性。行政法律关系中产生的争议，大都由行政机关或行政裁判机关依照行政程序或行政司法程序加以解决，只有在法律明文规定的情况下才可以通过司法程序解决。即便如此，法律仍规定了一些纠纷应首先寻求行政救济，然后才能启动司法诉讼。

1.3.2　行政法律关系的构成要素

行政法律关系由行政法律关系主体、客体和内容三大要素组成。

（一）行政法律关系主体

行政法律关系主体，又称“行政法主体”，即行政法律关系当事人，也就是行政法律关系的参与者。行政法律关系当事人的一方，即国家行政机关及法律法规授权的组织，也叫行政主体；当事人的另一方，即公民、法人和其他组织，称为行政管理相对人，通常简称为“行政相对人”或“行政相对方”。

（1）行政主体。行政主体是指能够以自己的名义依法拥有和行使行政职权，并能够对行使行政职权的行为造成的后果承担法律责任的机关和组织，包括国家行政机关和法律法规授权的企事业单位、社会团体和其他组织等。有关行政主体的内容在第 2 章中有详细论述，本章不再赘述。

（2）行政相对人。行政相对人是指在行政法律关系中与行政主体相对应，处于被管理和被支配地位的公民、法人或者其他组织。根据我国现行法律的规定，在具体的行政法律关系中可以成为行政相对人的主要有国家组织、企事业单位、社会团体、公民及在我国境内的外国组织、外国人和无国籍人等。

（3）行政第三人。行政法律关系一般存在于行政主体与行政相对人之间，但有时也会存在第三人，即与该行政行为有间接利害关系的公民、法人或其他组织。

（二）行政法律关系客体

行政法律关系客体，是指行政法律关系当事人的权利、义务所指向的对象，包括物、行为和精神财富等。客体是行政法律关系不可缺少的因素。

（1）物。物是行政法律关系比较常见的客体，作为行政法律关系客体的物，可以是物质形式，也可以是货币形式；可以是消费资料，也可以是生产资料。如行政赔偿关系的客体可能是金钱，行政没收关系的客体可能是物品，行政救济关系的客体可以是生活资料，行政合同关系的客体则可以是生产资料。

（2）行为。行为作为行政法律关系的客体，包括作为和不作为，它可以是行政主体的行为，也可以是行政相对人的行为。同时，并不是所有的行为都可以成为行政法律关系的客体，只有与行政职能有关且具有法律意义的行为或经法律规范的行为，才能成为行政法律关系的客体。

（3）精神财富。作为行政法律关系客体的精神财富，是指行政法律关系主体从事智力活动所取得的成果，如学术著作、专利、发明等。如行政相对人向行政机关申请发明专利权而与行政机关发生争议所引起的行政法律关系，其客体就是一定形式的智力成果。

（三）行政法律关系的内容

行政法律关系的内容即行政法律关系主体所享有的权利和所承担的义务的总和。每个行政法律关系的主体在具体的行政法律关系中都是权利的享有者和义务的承担者。行政法律关系的内容分为行政主体的权利义务和行政相对人的权利义务。

在行政法律关系主体的权利（权力）中，行政主体的权力具有特殊性，它既是权力又是职责。因此，行政主体对自己所享有的行政职权不能放弃，而必须依法行使，若有违法或失职，便要承担相应的法律责任。

行政主体的行政职权主要有：行政规范权、行政命令权、行政许可权、行政强制权、行政处罚权、行政处理权、行政执行权、行政司法权等。行政主体的职责主要有：遵守行政法律、法规、规章；履行行政职务；遵守行政权限；遵循法定程序；符合行政目的，行政合理、适当等。

行政相对人在行政法律关系中的权利主要有：参加和了解行政管理权、隐私保密权、行政监督权、行政救济权等。行政相对人所承担的义务主要有：遵守法律、法规和规章，服从行政命令，协助行政管理等。

1.3.3 行政法律关系的产生、变更与消灭

（一）行政法律关系的产生

行政法律关系的产生，是指由于一定的法律事实而在行政主体和行政相对人之间形成

的特定的权利义务关系。除了必须存在行政法律关系的主体和客体以外，行政法律关系的产生还必须具备两个基本的条件。

（1）具有相应的行政法律关系赖以发生的法律根据，即有行政法律规范的存在。

（2）具有导致行政法律关系发生的法律事实。行政法律事实，是指由行政法律规范所规定的能够引起行政法律关系发生、变更或消灭的客观存在的现象或事实，包括客观发生的法律事件以及人为的法律行为。

（二）行政法律关系的变更

行政法律关系的变更，是指行政法律关系要素的变更，包括主体变更、客体变更和内容变更。

（1）主体变更，包括主体的增加、减少和改变，如作为一方当事人的行政机关被合并到另一个行政机关。

（2）客体变更，是指行政法律关系当事人权利义务所指向的对象，即物、行为和精神财富发生变更。如行政相对人申请复议，要求撤销违法的行政行为，后又补充要求责令该行政机关赔偿因违法行政行为所造成的损害等。

（3）内容变更，是指行政法律关系双方当事人的权利义务发生变化，如在税收法律关系中，税率变化而引起的征税数额的变化。

（三）行政法律关系的消灭

行政法律关系的消灭，是指行政法律关系权利义务消灭，主要有两种情况：

（1）一方或双方当事人消灭。

（2）行政法律关系的全部内容因被撤销或被履行而不复存在。

1.4 行政法的渊源与分类

1.4.1 行政法的渊源

行政法的渊源，也称行政法的法源，是指行政法的外部表现形式。行政法是由各种行政法律规范所组成的，而行政法律规范既可能比较统一地体现在某一行政部门法典、法规之中，也可能分散表现在不同的法典、法规之中，这些具体的法律表现形式，就构成了行政法的渊源。我国行政法的渊源主要有如下几种：

（一）宪法

《中华人民共和国宪法》包含的行政法规范主要有：

（1）关于公民基本权利和义务的规范。

（2）关于国家行政机关组织、基本工作制度和职权的规范。

（3）关于行政管理活动基本原则的规范。

（4）关于国有经济组织、集体经济组织、外资或合资经济组织以及个体劳动者在行政活动中的权利和义务的规范。

此外，还有关于国家行政区域划分和设立特别行政区的规范，关于国家发展教育、科学、医疗卫生、体育、文学艺术等的规范，以及在《中华人民共和国宪法》的序言和总纲中有关行政法律关系的规范。

（二）法律

法律是全国人民代表大会及其常务委员会制定的规范性文件。其中全国人大制定的规范性文件称为“基本法律”，全国人大常委会制定的规范性文件称为“非基本法律”或“其他法律”。如《中华人民共和国国务院组织法》、《中华人民共和国行政诉讼法》等属于基本法律，而《中华人民共和国国家赔偿法》、《中华人民共和国行政复议法》、《中华人民共和国治安管理处罚法》等属于非基本法律。全国人大和全国人大常委会制定的法律中，绝大多数是关于行政管理的规范依据。

（三）行政法规

行政法规是指国务院为了实现对国家的政治、经济、教育、科技、文化、外事等各项事务的管理，依据宪法和法律制定的规范性文件的总称。行政法规是对法律进行具体化的主要形式，其效力仅次于宪法和法律，高于其他行政法渊源。根据国务院关于《行政法规制定程序条例》的规定，行政法规的名称主要有“条例”、“规定”、“办法”三种。

（四）地方性法规

地方性法规是指省、自治区、直辖市的人民代表大会及其常务委员会，省、自治区人民政府所在地的市、国务院批准的较大的市以及经全国人大和全国人大常委会批准设立的经济特区（市）（深圳、珠海、汕头、厦门）的人民代表大会及其常务委员会，在不与宪法、法律、行政法规相抵触的前提下所制定和颁布的规范性文件的总称。地方性法规是地方行政机关行使行政权力的主要规范依据之一，也是行政法的渊源之一。

（五）自治条例和单行条例

自治条例和单行条例是指民族自治地方的人民代表大会依据《中华人民共和国宪法》、《中华人民共和国民族区域自治法》和其他法律规定的权限，结合当地的政治、经济和文化特点所制定的规范性文件的总称。自治条例和单行条例是民族自治地方的人民政府进行行政管理的规范依据之一，也是我国行政法的渊源之一。

（六）规章

规章分为部门规章和地方政府规章两种。部门规章，是指国务院各部、委员会、中国人民银行、审计署和具有行政管理职能的直属机构，根据法律和国务院的行政法规、决定、命令，在本部门的权限范围内，依照法定程序制定的规范性文件的总称。地方政府规章，是指省、自治区、直辖市和较大的市的人民政府，根据法律、行政法规和本省、自治区、直辖市的地方性法规，依法制定的规范性文件的总称。规章的内容主要是针对本部门、本地区的行政管理活动而制定的，数量大、适用范围广，是行政法的重要渊源。

（七）法律解释

法律解释即有权机关对法律、法规、规章所作出的解释，包括立法解释、司法解释、行政解释和地方解释。根据 1981 年第五届全国人大常委会第 19 次会议通过的《关于加强法律解释工作的决议》的规定，立法解释指全国人大常委会依法对法律文件所作的解释，司法解释指最高人民法院和最高人民检察院对法律文件所作的解释，行政解释指国务院及其主管部门依法对法律文件进行的解释，地方解释指法定的地方人大常委会及人民政府主管部门依法对法律文件进行的解释。以上解释作为被解释的法律文件的组成部分，其中涉及行政法的内容的，也是行政法的渊源。目前司法解释由于其专业性、灵活性，对行政法律发展和行政行为产生了很大影响。

（八）国际条约

我国批准或参加的国际条约、国际公约，因其内容涉及我国的行政管理而成为行政法的渊源，如《万国邮政公约》、《劳动行政管理公约》等。根据《中华人民共和国行政诉讼法》的规定，在涉外行政管理中，国际条约处于优先适用的地位；根据我国加入 WTO 的框架协议，我国的国家机关在处理涉及 WTO 问题时，先适用国内立法，没有国内立法的，应当适用 WTO 规则。

1.4.2　行政法的分类

行政法的内容十分广泛，依据不同的标准，可将行政法分成不同的种类。常见的行政法分类主要有以下几种：

（1）一般行政法与特别行政法。这是以行政法调整对象的范围为标准对行政法所作的划分。一般行政法是对一般行政关系加以调整的法律规范的总称，如行政组织法、公务员法、行政程序法、行政处罚法等。特别行政法是对某一方面或某一领域的行政关系加以调整的法律规范的总称，如统计行政法、卫生行政法、体育行政法、公安行政法、科技行政法等。

（2）实体行政法与程序行政法。这是以行政法规范的性质为标准划分的。实体行政法是规范行政法主体权利、义务等实体内容的行政法规范的总称。程序行政法是规范行政主体在实施行政行为时所遵循的方法、步骤、时限和顺序的行政法规范的总称，如行政诉讼法、行政程序法等。二者具有不同的功能，并且所遵循的原则也存在差异。

（3）行政组织法、行政行为法、行政监督法和行政救济法。这是以行政法的作用为标准对行政法进行的划分。行政组织法是规范行政主体的设置、编制、职权、职责等内容的行政法，行政行为法是规范行政主体行使行政职权的活动的行政法，行政监督法是规范特定行政主体对于一般行政主体的行为如何进行检查督促的行政法，行政救济法是规定如何对违法、不当或其他行政行为造成的后果进行补救的行政法。

（4）经济行政法、军事行政法、民政行政法、卫生行政法、公安行政法等。这是以国家行政管理部门或行政管理领域的划分为标准对行政法进行的分类。按照这种分类方法，国家有多少行政管理部门、管理多少行政领域，就有多少种行政法。目前部门行政法取得了长足发展，为部门决策提供法律依据，也是行政法向精细化、部门化发展的方向。

1.5　行政法的基本原则

行政法的基本原则是指指导行政法律规范形成和实施的基本准则，它体现着行政法的基本价值和基本功能，并指导着行政法律规范的形成。判断行政法应当有哪些基本原则，理解行政法的基本原则，需要依据行政法的基本价值和基本功能。

1.5.1 行政合法性原则

（一）行政合法性原则的含义

行政合法性原则是行政法治的核心内容，它是指行政权的存在、行使必须依据法律、符合法律，不得与法律相抵触。行政合法性原则要求行政主体必须严格遵循行政法律规范的要求，不得享有行政法律规范以外的特权，超越法定权限的行为无效；违法行政行为依法应受到法律制裁，行政主体对其行政违法行为承担相应的法律责任。行政合法性原则不仅指合乎实体法，也指合乎程序法。

（二）行政合法性原则的具体要求

（1）行政职权必须基于法律的设定和授予才能存在。行政合法性原则要求行政主体在其法定的权限内行使职权，任何没有法律根据的职权都是不应存在的。任何行政行为都必须以法定的行政职权为基础，不合法产生的行政职权不可能构成合法行政，一般称之为“越权无效”原则。

（2）行政职权必须依据行政法律规范行使。行政主体实施行政行为必须依照行政法律规范，依据行政法律规范行使行政职权是行政合法性原则为行政主体设定的一项义务或职责。合法性原则要求行政主体行使职权既不能违反行政实体规范，也不能违反行政程序规范。不履行或拖延履行法定职责的，要承担相应的行政法律责任。

（3）行政授权、行政委托必须有行政法律规范的依据。在一般情况下，行政职权由法律明文规定的行政机关行使，但由于行政管理事务的复杂性，行政机关往往无法承担所有的行政管理工作，而如果由具有一定资质的社会组织代为进行管理，则能够更有效地处理一些技术性或者公益性较强的行政事务。行政合法性原则要求行政授权或行政委托都必须有行政法律规范的明文规定，并严格按照法定程序进行，不得违反行政法律规范的规定。比如，《中华人民共和国行政处罚法》即对行政处罚委托的条件作了详细规定。

1.5.2 行政合理性原则

（一）行政合理性原则的含义

行政合理性原则是行政法治原则的另一个重要组成部分，它是指行政主体不仅应当按照行政法律规范所规定的条件、种类、幅度和范围作出行政行为，而且要求行政行为的内容要符合立法精神和目的，符合公平正义等法律理性。

行政合理性原则产生的主要原因，是行政裁量权的存在。行政裁量权是指在法律规定的条件下，行政主体根据其合理的判断，决定作为或不作为，以及如何作为的权力。行政主体拥有裁量权并不意味着行政主体可以为所欲为，而是要基于立法精神和目的以及社会大多数人的公平正义观念来实施。

行政合理性原则和行政合法性原则既有区别又有联系。行政合法性原则适用于行政法的所有领域，主要解决行政合法与非法的问题；行政合理性原则主要适用于裁量领域，主要解决行政是否适当的问题。通常一个行为如果触犯了行政合法性原则，就不再追究其是否存在合理性问题；一个裁量行为，即使没有违反行政合法性原则，也可能引起合理性问题。而且随着国家立法进程的推进，原先属于合理性的问题可能被提升为合法性问题。

(二) 行政合理性原则的具体要求

行政合理性原则作为一个普遍适用于裁量领域的行政法基本原则，其具体要求包括：

(1) 行政行为的动因应符合立法目的。任何行政法律规范的制定都是基于一定的社会需要，为了达到某种社会目的。而行政法律规范授予行政主体某种行政权力都是为了实现该项立法目的。凡是有悖于立法目的的行为都是不合理的行为。

(2) 行政行为应建立在正当考虑的基础上，不得考虑不相关因素；适用法律规范平等，不得对相同事实给予不同对待。所谓正当考虑，是指行政主体在作出某一行政行为时，在其最初的出发点和动机上，不得违背社会公平观念或法律精神，必须客观、实事求是，而不能主观臆断、脱离实际或存在法律动机以外的目的及追求。正当考虑的基本要求是：相同的事实给予相同的对待，不同的事实给予不同的对待。

(3) 行政行为的内容合乎情理，不得反复无常。所谓合乎情理，是指合乎事情的常规或规律。如果某一行政执法人员在处理一起赌博案件时，重者轻处、轻者重处，则显然违反常规和处罚要求，不符合行政合理性的要求。

本章小结 »

通过本章的学习，掌握行政的含义和特征、行政法的概念和特征，理解行政法律关系的构成，具体掌握行政法的基本原则和在社会中的作用。

行政法上的“行政”通常指公共行政，即国家行政机关或者法律法规授权行使行政职能的组织对国家与公共事务的组织、管理、决策与调控。行政的特征就是行政自身内在的规定性，也是行政与非行政相区别的要素。行政具有国家意志性、执行性、法律性、国家强制性四个方面的特征。行政法是法的一个独立部门，是调整因行政主体行使行政职权而产生的特定社会关系的法律规范的总称。行政法与其他法律部门相比，在内容和形式上有自己的独特之处。行政法律关系是指为行政法所调整的，具有行政法上权利与义务内容的各种社会关系。行政法律关系由行政法律关系主体、客体和内容三大要素组成。行政法律关系的产生，除了必须存在行政法律关系的主体和客体以外，还必须具有两个基本的条件：具有相应的行政法律关系赖以发生的法律根据，即有行政法律规范的存在；具有导致行政法律关系发生的法律事实。

行政法的渊源是指作为法律部门的行政法的外部表现形式，主要包括国家有权机关制定的规范性文件，即宪法、法律、行政法规、地方性法规、自治条例和单行条例、规章、法律解释、国际条约等。行政法的内容十分广泛，依据不同的标准，可将行政法分成不同的种类。常见的行政法分类主要有一般行政法与特别行政法，实体行政法与程序行政法，行政组织法、行政行为法、行政监督法和行政救济法等。行政法的基本原则，是指指导和规范行政的立法、执法以及行政争议的处理的最主要、最具有普遍价值的原则。行政法的基本原则具体可分为行政合法性原则与行政合理性原则。行政法是法律体系中的一个组成部分，具有重要的地位和影响。

关键术语

行政　行政法　行政法律关系　行政法的渊源　行政合法性原则　行政合理性原则

复习思考题

1. 公共行政与国家行政的关系是什么？
2. 行政法有哪些特征？
3. 行政法律关系的构成要素有哪些？
4. 行政法律关系的特征有哪些？
5. 行政法的渊源有哪些？
6. 行政机关为什么要依法行政？
7. 行政裁量权与行政合理性的关系是什么？

引例分析

被告认为，学校对四名学生的处理决定属于学校的内部管理行为，技工学校不属于行政机关，原告无权提起行政诉讼，请求法院依法驳回原告的起诉。

本案的主要分歧在于，如果技工学校的行为属于内部管理行为，就不属于行政法调整的范畴，也就不属于行政诉讼；如果技工学校行使的是法律法规授予的行政权力，则其行为属于外部管理行为，那么，该诉讼即属于行政诉讼。

我们认为，该技工学校对学生作出的处理决定属于行政行为，该诉讼属于行政诉讼：第一，《中华人民共和国教育法》第 28 条第 1 款第 4 项规定，学校及其他教育机构对受教育者进行学籍管理，实施奖励或者处分。可见，学校对学生的学籍进行管理的权力是从《中华人民共和国教育法》获得的，学校处于管理者的地位。第二，内部管理行为影响的是特定身份下的权利义务，不能涉及公民的基本权利。在本案中，受影响的是作为公民基本权利的受教育权。

本章阅读书目

1. 应松年主编：《当代中国行政法》，北京，中国方正出版社，2005。
2. 姜明安主编：《行政法与行政诉讼法》，北京，高等教育出版社，2002。
3. 胡锦光、莫于川：《行政法与行政诉讼法概论》（第二版），北京，中国人民大学出版社，2009。

第 2 章

行政主体

引例

刑事警察赵某在下班途中路遇两人斗殴，前去制止。参与斗殴的一方马某与赵某原来就有矛盾，对赵某加以辱骂。赵某大怒，拔枪对马某进行射击，致使马某受伤。

问：应当由赵某承担个人责任，还是由赵某所在的公安机关承担国家赔偿责任?

行政主体是行政职权的拥有者和行政行为的实施者，在行政法律关系中处于主导地位。行政主体是行政法学中的基本概念之一。行政主体与行政机关、公务员并不是相同的概念。并非所有“行政机关”都能成为行政主体，也并非能够成为行政主体的行政机关和其他组织在一切场合都以行政主体的身份出现。因此，从行政法的角度确立行政主体这一行政法学上的基本概念，有助于明确行政权的归属，保障行政权的有效行使，促进依法行政，确保行政相对人的合法权益得到充分救济。

重点问题

- 行政机关与行政主体的关系
- 行政职权与行政职责
- 公务员与公民个人身份的区分标准
- 法律法规授权的组织与行政机关委托的组织的异同

2.1 行政主体概述

2.1.1 行政主体的基本含义

所谓行政主体，是指享有国家行政权力，能以自己的名义从事行政管理活动，并独立承担由此产生的法律责任的组织。行政主体具有如下特征：

（1）行政主体是享有行政权力，从事行政管理活动的组织。这一特征将行政主体与其他国家机关、组织区别开来。行政机关依法享有行政权力，是最重要的行政主体，但并不是唯一的行政主体，某些行政机构、企事业组织和社会团体基于法律、法规的特别授权也可以享有部分行政权力，从而成为行政主体。

（2）行政主体是能够以自己的名义行使行政权力的组织。这主要是指行政主体应当具有独立的法律人格，能独立地对外发布决定和命令，独立采取行政措施等。这一特征将行政主体与行政机关的内部机构和受行政机关委托执行某些行政管理任务的组织区别开来。

（3）行政主体是能够独立对外承担其行为所产生的法律责任的组织。能否独立承担法律责任，是判断行政机关及其他组织是否具备行政主体资格的关键性条件。要成为行政主体，就必须能够独立参加行政复议和行政诉讼活动，独立承担因实施行政权力而产生的法律责任，因而行政机关的内部工作机构和受国家行政机关委托的组织或个人不能成为行政主体。对于是否是行政主体，在前两个特征无法判断时，可运用能否独立承担法律责任的标准进行甄别。

2.1.2 行政主体与其他相关概念的关系

行政主体与一些相关概念既有联系，又有区别，因此，在掌握行政主体的概念和特征之后，还有必要了解和明确行政主体与若干相关概念的关系。

（一）行政主体与行政机关

（1）行政主体主要由行政机关充当。这意味着“行政主体”是“行政机关”的上位概念，除行政机关外，行政主体还包括法律法规授权组织。行政机关是行政主体的主要充当者。但是，在行政管理活动中，行政机关并不是唯一的行政主体，行政机关以外的社会组织，如果得到法律、法规、规章的授权，也拥有一定的行政职权，具有与行政机关同样的法律地位。

（2）行政机关并不是在任何情况下都是行政主体。如有些政府临时设置的机关只负责管理内部事务，并不对外行使职权，也不承担相应的责任，因此不能成为行政主体。换言之，当行政机关行使行政权时，则为行政主体；当行政机关以本机关的名义从事民事活动时，其身份是民事法律关系主体；以被管理者的身份参加行政法律关系时，其身份是行政相对人。

（二）行政主体与公务员

公务员是代表行政主体执行公务的工作人员。行政主体与公务员联系紧密，不可分割，但二者不能等同。行政主体归根结底是由个体公务员构成的，但公务员并不是行政主体，不能以自己的名义，而只能以其所在行政机关的名义作出行政行为，并由行政机关来承担行为的后果。

（三）行政主体与行政法律关系主体

行政法律关系的一方当事人是行政主体，另一方当事人是行政相对人。可见，行政主体只是行政法律关系主体的一方当事人。两者的关系是，行政主体必定是行政法律关系主体，但行政法律关系主体不单指行政主体，还包括行政相对人。

2.1.3　行政职权

（一）行政职权的含义

行政职权是行政权的表现形式，是行政主体实施行政管理活动的资格与权能。国家通过宪法和有关的法律将行政职权赋予行政主体，行政主体由此依法实施各种行政行为。

行政职权依据其来源一般可分为两大类：一类是固有职权，是指由组织法中规定的职权。在我国，主要有两个组织法，即《国务院组织法》与《中华人民共和国地方各级人民代表大会和地方各级人民政府组织法》（简称《地方组织法》），固有职权通常由依组织法成立的职权性行政主体来享有。另一类是授予职权，授予职权是指由单行法律、法规、规章授予行政机关的职权，既可以授予职权性行政主体，也可以授予非职权性行政主体。

（二）行政职权的特征

行政职权作为具体行政主体拥有和行使的国家行政权，具有以下基本特征：

（1）国家强制性。行政职权是具体的行政权，属于国家权力的范畴，因此，它必然体现国家意志，以国家机器为实施后盾，具有国家强制力。行政主体代表国家行使行政权，依法进行行政管理活动。

（2）不可处分性。作为人民意志的执行者的行政主体拥有和行使的行政职权，不仅是一种权力，同时也是一种职责。行政主体必须依照法定要求拥有和行使行政职权，忠实地履行自己的职责，不得对自己的行政职权任意处分。任何行政主体不依照法定依据和法定程序，都不得放弃或转让行政职权，也不得越权或失职，否则有关责任人应当受到法律的制裁。

（3）单方性。为了维护国家、社会和集体等公共利益，行政主体在行使行政职权的过程中，通常以命令—服从关系为其处理与行政相对人关系时的基本方式。在绝大多数情况下，行政职权的行使都是行政主体的单方行为。行政主体行使行政职权，不必征得行政相对人的同意，其效力的发生也不以行政相对人的意志为转移。但也有例外，比如行政合同就需要以双方同意为基础。

（4）优益性。为了使国家、社会、集体和大多数公民的利益得到合法、适当和及时的保护，排除不必要的延误、干扰和妨害，就有必要赋予行政职权一种优益性，使行政主体在行使行政职权时能够在地位上优于行政相对人，保障国家行政管理目标的有效实现。行政职权的优益性是通过与之相伴随的行政优益权来体现的。一般认为行政优置权包括行政优先权（如先行处置权、行政权公定力等）和行政受益权（如财政经费支持、办公条件维持等）两种。

（三）行政职权的内容

行政管理职能和方式的多样性决定了行政职权的多样性，概括而论，行政职权主要有以下内容：

（1）行政立法权，即行政机关制定和发布行政法规、规章的权力。行政机关通过行使立法权，对行政管理过程中的各种情况进行规范、制约，从而使国家管理有序。并非所有的行政主体都有行政立法权，只有宪法和法律所赋予的特定的行政机关才有行政立法权，可以制定行政法规、部门规章、地方政府规章，其主要法律依据是《宪法》和《立法法》等。

（2）行政许可权，即行政主体依法赋予行政相对人依法从事某种事项的权利或资格的权力。行政许可权的行使，应当以行政相对人的申请为前提，其主要法律依据是《行政许可法》。

（3）行政确认权，即行政主体确认行政相对人的法律地位或权利、义务的权力，如基于行政确认权而产生的土地所有权的确认、伤残等级的确认、产品质量的确认、交通事故和医疗事故责任的认定等。

（4）行政检查权，即行政主体依法对行政相对人履行法定义务的情况进行监督检查的权力，如交通运输安全检查、食品卫生检查、环境污染状况检查等。

（5）行政奖励权，即行政主体依法对模范守法或有重大贡献的行政相对人给予物质和精神奖励的权力。行政奖励一般不具有强制性，相对人有权选择是否接受奖励。

（6）行政物质帮助权，即行政主体对有特殊困难或符合其他法定条件的公民，给予物质上帮助的权力。行政主体通过行使行政物质帮助权，使那些年老、有疾病或者丧失劳动能力的公民，得到相应的物质帮助。

（7）行政处罚权，即行政主体依法对其管辖范围内的违法相对人给予某种法律制裁的权力。行政处罚包括：行政拘留，暂扣、吊销营业执照或许可证，责令停产停业，没收非法所得、违法财物，罚款，警告等。其主要法律依据为《行政处罚法》、《治安管理处罚法》等。

（8）行政强制执行权，即行政主体对逾期不执行行政义务的行政相对人，可以依法采取强制执行措施的权力。行政强制执行措施包括强制扣缴、强制拆除、强制检疫、强制履行等。我国于 2011 年通过了《行政强制法》，对行政机关的强制执行作了详细规定。

（9）行政合同的签订权，即行政主体基于执行公务和社会公共利益的需要与行政相对人签订合同的权力。

（10）行政复议权，即行政主体根据行政相对人的申请，依照法定的程序对行政行为进行复查的权力，其主要法律依据为《行政复议法》、《行政复议法实施条例》等。

除上述内容之外，行政职权还包括行政指导权、行政裁决权等。

（四）行政职权的优益性

行政职权的优益性是指行政主体在行使行政职权时，享有的行政优先权和行政受益权。一般认为，职务上的优益条件属于行政优先权，物质上的优益条件属于行政受益权。

（1）行政优先权。行政优先权是指行政主体在行使行政职权时所享有的种种职务上和行为上的优先条件。行政优先权虽然不属于行政职权，但它与行政职权密切相关，是行政机关行使行政职权的保障条件。行政优先权主要包括以下内容：

第一，先行处置权。虽然按照法律、法规的有关规定，行政主体在行使职权时，应当遵守法定的程序，但在紧急情况下，行政主体可以不受程序的制约，先行处置。

第二，获得社会协助权。行政主体在从事紧急公务时，有关组织和个人有协助或提供方便的强制性义务，违反者可能会承担法律责任。

第三，推定有效权，即行政行为的公定力。为了保障行政秩序的稳定性和连续性，在行政机关作出行政决定后，无论其客观上是否合法，均推定其合法而有效，行政相对人必须服从，但法律另有规定的除外。如《行政复议法》和《行政诉讼法》均规定，在行政复议和行政诉讼期间，不停止行政决定的执行。

（2）行政受益权。行政受益权是指国家为保证行政主体有效地行使行政职权而给予其的各种物质优益条件，如财政经费、办公条件、交通工具等。

2.1.4 行政职责

（一）行政职责的含义与特征

行政职责就是行政主体在行使行政职权的过程中依照法律规定所必须承担的义务。它有以下几个特点：

（1）不可推卸性。行政职责是行政主体在行使行政职权的过程中必须承担的义务，而义务是一种强制性的要求，故行政主体不能任意放弃。

（2）法定性与合理性。依法行政与合理行政都是现代行政法的基本原则。二者不仅要求行政主体要依法、合理地行使行政职权，也要求行政主体依法、合理地履行行政职责。在现代民主法治国家，行政主体的职责大都由法律在规定其行政职权的同时给予了明确规定。只有在个别法律没有明确规定而行政主体根据实际需要又应当行使职权的情况下，行政主体才能按照社会公认的合理性标准履行职责。

（3）与行政职权的并存性。行政职责是行政主体在行使行政职权的过程中必须承担的义务，它是行政职权的伴生物，与行政职权不可分离。任何行政主体在享有行政权的同时，必须履行行政职责；在履行行政职责的同时，也应当享有行政职权。

（二）行政职责的基本内容

不同的行政主体有着不同的行政职责，某一个行政主体负有什么样的行政职责，取决于该行政主体拥有的具体行政职权。概括起来，可将行政职责的主要内容总结为以下几个方面：

（1）忠实履行职责，不得无故失职。行政主体拥有的行政职权，是国家权力在行政领域的具体运用形式，是行政主体代表国家管理国家生活和社会生活的一种资格和责任。行政主体只能按照法律规定忠实执行，不能任意放弃或违背自由裁量的限度。

（2）严格遵守权限，不得擅自越权。没有约束的权力是有害的权力，这是在政治和行政领域为人们所普遍接受的原理。因此，行政主体所拥有的行政职权必须有一定的权限范围，受到“越权无效”原则的规制。

（3）符合法定目的，不得滥用职权。任何出于不正当动机而背离法定目的的滥用职权行为，都有可能违背社会公共利益，侵害公民、法人和其他组织的合法权益，阻碍行政管理目标的顺利实现。而要做到符合法定目的，不滥用行政职权，就既要形式上合法，又要实质上合法，准确体现法律意图。

（4）严格遵守程序，不得随意行政。行政程序是行政主体在行使行政职权过程中所应遵循的方式、方法和步骤的总称。行政主体只有遵守行政程序，才能保证行政行为的合法、有效，而违背程序要求随意行政，则将导致行政行为的违法、无效。程序合法性是合法性原则的要求，违反程序要求同样是违反合法原则。

（5）遵循合理原则，避免不当行政。违反合法性原则的行政行为属于行政违法，而违反合理性原则的行政行为则属于行政不当，行政违法与行政不当都属于行政瑕疵。

（6）尊重事实证据，不得主观臆断。只有以事实为根据，才能真实反映客观实际情况，根据实际需要行使行政职权，不违背客观规律。违背事实真相，不注意收集、运用证据，必将损害公民、法人和其他组织的合法权益。

（7）以法律为准绳，不得错误适用法律。适用法律是包括行政主体在内的国家有权机关，根据法定职权和程序，将法律落实到具体的人或事的活动。适用正确的法律和法律条款，要求行政机关不能把此法当作彼法，把此条款当作彼条款；也不能把无效当作有效，把有效当作无效。这意味着要将“以事实为根据、以法律为准绳”作为行政职责行使的主要内容和基本要求。

2.1.5 行政主体的分类

根据不同的标准，对行政主体可以进行不同的分类。

（一）外部行政主体与内部行政主体

行政主体根据其实施行政职权的范围，可以分为外部行政主体和内部行政主体。外部行政主体是指依法对本行政主体之外的行政相对人实施行政管理权的行政主体，内部行政主体是指依法对本行政主体的组成机构、公务员或隶属于本行政主体的其他行政主体实施行政管理权的行政主体。在实际行政管理活动中，有的行政主体兼具内部与外部行政主体的双重身份。

（1）外部行政主体可以分为九种类型：国务院、国务院各部委、国务院各直属机构、国务院各部委管理的国家局、地方各级人民政府、地方各级人民政府的职能部门、地方各级人民政府的派出机关、地方各级人民政府职能部门的派出机构、法律法规授权的组织。

（2）内部行政主体主要包括以下种类：一是行政机关。包括中央行政机关和地方行政机关。二是领导机构。各级行政机关均设有内部领导机构，其表现形式不尽相同，通常称为“会议”或“委员会”等。行政机关的这些领导机构虽然实质上是内外行政活动的最高决策和指挥核心，但在行使外部行政职权时，只能以该机关的名义而不能以该领导机构的名义。三是办公机构。各级人民政府的领导机构都设有相应的协助其执行日常工作的机构，即办公机构，如国务院办公厅、省政府办公厅、市政府办公室、县政府办公室等。这些办公机构可以以自己的名义管理行政机关的内部各机构，但当它们代行政府的公共行政管理职能时，则只能以政府的名义，而不能以自己的名义。四是内部事务管理机构。许多政府机关内部设置了专门用以处理机关后勤事务的机构，这些机构则为内部事务管理机构，如国务院机关事务管理局、省政府机关事务管理局等。这些内部事务管理机构对内部后勤事务享有管理职权，但对机关以外的事务则无管辖权。

根据行政法的基本原理，除了同时具有内部行政主体和外部行政主体双重身份的行政主体之外，内部行政主体不得行使外部行政职权，外部行政主体不得行使内部行政职权。只有分清了内部行政主体和外部行政主体，不同的行政主体才能依法各行其权，才能判断行政主体作出的行为的有效性。

（二）中央行政主体与地方行政主体

行政主体根据其职权层级范围的不同，可分为中央行政主体和地方行政主体。中央行政主体是指行使行政职权的范围及于全国，行使的职权具有全国性功效的机关或组织，如国务院、国务院各部委、国务院各部委管理的国家局、国务院各直属机构等。地方行政主体是指行使行政职权的范围仅限于本行政区域的机关或组织，如地方各级人民政府、各级政府的职能部门等。

（三）职权行政主体与授权行政主体

行政主体根据其职权的性质与法律来源的不同，可以分为职权行政主体与授权行政主体。职权行政主体是指行使宪法、法律和法规赋予的固有行政职权的行政主体，授权行政主体则是指行使法律、法规规定的或有权机关依法转予的非固有职权的行政主体。

职权行政主体与授权行政主体虽同为行政主体，但两者有明显的区别：第一，行政职权的性质不同。职权行政主体拥有的行政职权是固有职权，而授权行政主体拥有的行政职权是非固有职权。第二，行政职权的来源不同。职权行政主体的行政职权来自宪法、法律和法规的明确规定，尤其是宪法和组织法的明确规定；授权行政主体的行政职权则来自法律、法规的规定或有权机关的依法转予。第三，取得主体资格的时间不同。职权行政主体自行政法人成立之日就取得了行政主体资格；而授权行政主体常在成立之后，经法律法规的特别授权才有行政主体的资格。第四，行政主体的性质不同。职权行政主体为国家正式的行政机关，授权行政主体则为行政机构或社会组织。

（四）地域性行政主体与公务性行政主体

行政主体根据其管辖对象的不同，可以分为地域性行政主体与公务性行政主体。地域性行政主体是指以行政地域为基础，其行使行政职权的范围及对象与行政主体所处的行政地域紧密联系的组织，如我国的各级人民政府及其职能部门。而公务性行政主体是指依法从事一定公务活动，不以地域为设立标准，独立享有行政法上的权利与义务的行政主体，如我国的海关管理机关等。

2.2 行政机关

2.2.1 行政机关的概念和特征

行政机关是指一个国家的统治阶级根据其统治意志，依照宪法和有关法律的规定，行使国家权力、组织管理国家行政事务的机关。国家行政机关也叫国家管理机关，简称“政府”，是国家机构的重要组成部分，是行政法上最常见的主体。

行政机关具有如下特征：

（1）行政机关是由国家设置，并代表国家行使国家职能的国家机关。行政机关的这一特征使其与政党、社会组织和团体相区别。政党，特别是执政党，虽然能对国家政治、经济发展起重要作用，但不是国家机关。社会组织和团体虽然经法律法规授权也可以行使一定的国家行政职权，但其不是由国家设置的专门代表国家行使国家职能的，因此不属于国家机关。

（2）行政机关是行使国家行政职能的国家机关。这一点使其与立法机关和司法机关相区别。立法机关和司法机关虽然也是国家机关，但立法机关行使的是国家立法职能，司法机关行使的是国家司法职能，而行政机关行使的则是国家行政职能，即执行法律、管理国家内政外交等事务的职权。

（3）行政机关是依照宪法和组织法的规定而设置的行使国家行政职能的国家机关。这一点使其与法律法规授权的组织区别开来。法律法规授权的组织不是依照宪法和组织法的规定，而是依照公司法或者社会团体登记管理条例设置的，因此不是行政机关。行政机关既行使一般行政职权，也行使特别行政职权，而法律法规授权的组织只能行使特别行政职权。

2.2.2 行政机关的分类

（一）中央行政机关和地方行政机关

中央行政机关是指管理全国范围内行政事务、行使行政职权的行政机关，包括国务院和国务院各部委、国务院直属机构和国务院办事机构。

国务院即中央人民政府，是最高国家权力机关的执行机关，也是最高国家行政机关。国务院依法享有管理全国性行政事务的职权，可以制定行政法规、采取行政措施，因此，国务院是一个行政主体。

国务院各部委是国务院的工作部门，部委的设立经国务院总理提出，由全国人大决定，在全国人大闭会期间，由全国人大常委会决定。国务院的行政职能，根据性质的不同分配给各部委承担。截至 2014 年 3 月，国务院组成部门包括 25 个部、委、行、署。

国务院直属机构是国务院主管各项专门业务的机构。国务院直属机构由国务院根据工作需要和精简的原则设立，无须全国人大或全国人大常委会批准。国务院直属机构具有自己主管的专门行政事务，它可以在主管的事项范围内，对外发布命令、指示，因此，直属机构可以作为行政主体，如海关总署、国家税务总局等。

国务院办事机构是在国务院内部设立的，协助总理办理专门事项的工作机构。国务院办事机构的设立、合并及撤销，由国务院决定，其行政首长由国务院总理任免，如国务院侨务办公室、港澳办公室等。

地方行政机关是指管理地方行政事务、行使行政职权的行政机关，地方行政机关包括地方各级人民政府及其工作部门。地方行政机关一般分为三级：省、自治区、直辖市的人民政府；县、自治县、县级市人民政府；乡、民族乡、镇人民政府。在某些地方，省级地方行政机关与县级地方行政机关之间还设有一级人民政府，即自治州人民政府、设区的市的市级人民政府。此外，我国地方行政机关还包括特别行政区政府，如香港特别行政区政府。

地方各级人民政府是地方各级人大的执行机关，同时也是地方各级国家行政机关。国家行政活动在全国范围内实施，涉及地方性的行政事务，主要由地方各级国家行政机关实施。在其管辖的行政区域内的各项行政事务，地方行政机关依法对自己的行为所产生的法律后果承担责任。

根据宪法和有关法律的规定，地方各级人民政府可以根据工作需要，设立若干工作部门。地方各级人民政府职能部门的设置，省级人民政府是厅、局等，市、县级人民政府是局。职能部门是地方政府的组成部分，直接对政府负责，但在行政上是专门权限的行政机关，负责所辖行政区域内的某项专门行政事务。

（二）一般权限行政机关与部门权限行政机关

一般权限行政机关是指对本行政区域范围内的行政事务进行宏观管理的行政机关，主要是指各级人民政府。一般权限行政机关包括国务院、省级人民政府、市级人民政府、县级人民政府和乡级人民政府。

部门权限行政机关是指根据宪法和法律的规定对本行政区域范围内的某些特定、专门的行政事务进行管理的行政机关，主要是指各级人民政府所设置的内部机构。

（三）外部管理行政机关与内部管理行政机关

外部管理行政机关是指依据宪法和法律的规定，以维持社会秩序为目的，以相对人为管理对象，对社会事务进行管理的行政机关。在我国，大多数行政机关都可以对社会事务进行管理，是外部管理行政机关。一般而言，各级人民政府、各级人民政府的职能部门、各级人民政府的派出机关、各级人民政府职能部门的派出机构都是外部管理行政机关。

内部管理行政机关是指依据宪法和法律的规定，以维持行政机关的内部秩序为目的，以公务员为管理对象，对行政机关内部事务进行管理的行政机关。如行政机关内的办公室（厅）、人事处（科）、监察局、审计局、档案局等，它们只对行政机关的内部事务进行管理。当然，外部管理行政机关通常同时也是内部管理行政机关，也能对行政机关的内部事务进行管理。

（四）派出机关与派出机构

派出机关是指各级人民政府派出的代表该级人民政府进行管理的行政机关。在我国，派出机关一共有三个：第一，行政公署，是省、自治区人民政府的派出机关；第二，区公所，是县、自治县人民政府的派出机关；第三，街道办事处，是市辖区、不设区的市人民政府的派出机关。

派出机构是指由各级人民政府职能部门派出的、代表该职能部门进行管理的行政机关。通常情况下，县级人民政府的职能部门设置派出机构，县级以上人民政府职能部门不设派出机构，如公安局设置的派出所、工商局设置的工商所、税务局设置的税务所等。

一般认为，派出机关和派出机构的最大区别在于：前者是独立的行政主体，可以独立承担责任；后者不是独立的行政主体，除非有法律法规的明确授权，否则不能以自己的名义行使权力并独立承担责任。

2.2.3 中央行政机关和地方行政机关的关系

（一）中央行政机关的权限

中央行政机关管辖事务范围广及全国并统一领导、指挥全国行政管理工作。中央行政机关包括国务院及其组成部门、直属机构和办事机构等。

（1）国务院。根据《宪法》和《国务院组织法》的规定，国务院享有领导和管理全国行政事务的职权，制定行政法规、规定行政措施、发布决定和命令的职权，领导各级行政机关并可以改变或者撤销其违法或不适当的命令、指示、规章和决定的权力，以及最高国家权力机关授予的其他职权。

（2）国务院组成部门。其主要职权包括：第一，规章的制定权。根据《宪法》和《国务院组织法》的规定，国务院各部委可以根据法律、行政法规和国务院的命令、决定，对其所管辖的行政事项制定在全国范围内具有普遍约束力的部门规章。第二，对本部门所辖事务的管理权。各部委对全国范围内的本部门所辖行政事务负责管理，依照相关法律、行政法规享有处理权，如对有关事项作出决定、采取行政措施等。第三，对行政纠纷的裁决权。各部委可以对因自身具体行政行为和下一级职能机关具体行政行为引起的争议进行复议，并作出复议决定；还可依法律规定裁决与行政管理密切联系的一些民事争议。

（3）国务院直属机构。依据法律规定，其主要职权包括：第一，规章制定权。根据法律、行政法规的授权，国务院直属机构可以制定本部门职权范围内的规章，多数是法律、行政法规的实施细则或办法。第二，行政事项处理权。国务院直属机构有权对本部门职权范围内的公共事务实施行政管理，依法作出相应的行政行为。第三，争议裁决权。国务院直属机构有权对本部门管辖事务范围内发生的民事争议进行裁决，如土地管理部门对土地使用权纠纷的裁决、环保部门对环境污染损害赔偿纠纷的裁决等。

（4）国务院各部委管理的国家局。依照《国务院组织法》的规定，国务院根据国家行政事务的需要，设立若干行政主管职能部门，负责有关法律的实施和执行。由于其行政事务与一些部委的职能有密切联系，因而由相应的部委进行管理。部委管理的国家局在成立时就具有独立的法律地位，依法行使某项行政事务的管理权和争议裁决权，具有行政主体资格。

（5）国务院办事机构。国务院办事机构是国务院根据工作需要设立，协助总理办理专门事项、直接向总理负责的机构，如国务院外事办公室、侨务办公室、国务院研究室等。由于其自身没有独立的行政管理权，不能对外发布规范性文件，故在通常情况下不具有行政主体资格。

(二) 地方各级国家行政机关的权限

地方各级国家行政机关是管辖事务范围仅限于一定行政区域内、管辖事项仅限于地方性行政事务的机关，是地方各级国家权力机关的执行机关。

(1) 地方各级人民政府。我国地方各级人民政府分为省（自治区、直辖市）、市（自治州、直辖市的区、较大的市的区）、县（自治县、市）、乡（民族乡、镇）四级，实行首长负责制。自治区、自治州、自治县的人民政府也是民族自治地方的自治机关。

地方各级人民政府的职权主要是：第一，执行权。执行本级权力机关的决议和上级行政机关的决议和命令，办理上级行政机关交办的事项。第二，决定、命令的发布权和规章的制定权。省级政府、省级政府所在地的市人民政府和国务院批准的较大的市的人民政府，依据法律和国务院的行政法规及省、自治区的地方性法规可以制定地方政府规章，规定行政措施，发布决定和命令，其他地方各级人民政府可以依法发布决定和命令。第三，领导和管理权。县级以上人民政府领导所属各工作部门和下级人民政府的工作，管理本行政区域内的经济、城建、教育、文化等各项行政事务。第四，法律纠纷裁决权。县级以上地方各级人民政府对所属职能部门和下一级人民政府的行为所引起的争议，依法进行复议并作出复议决定。

(2) 地方各级人民政府的派出机关。其法定职权主要有：第一，就辖区内行政事务的决定权。第二，对本区域内行政事务的管理权。第三，行政公署作为省级人民政府的派出机关，还拥有对所辖职能部门和下级人民政府的领导和监督权。

(3) 地方各级人民政府的职能部门。职能部门是行使专门权限和管理专门行政事务的行政机关，依照有关法律、法规的规定，独立享有并行使相应的行政职权，包括对自己管理的行政事务发布决定和命令，就主管事务进行一定范围和方式的处理，如颁发行政许可证照，对违法行为采取制止、纠正措施和依法进行处罚等。

(4) 民族自治地方行政机关。民族自治地方的行政机关是指中国境内各少数民族自治区、自治州（盟）、自治县（旗）的人民政府及其所属的厅、委、局、科、办等工作部门。它是自治机关的组成部分，是民族区域自治地方人民代表大会的执行机关。根据我国《宪法》、《地方组织法》和《民族区域自治法》的规定，民族自治地方的行政机关同样行使一般地方的行政机关所行使的各项职权；此外，民族自治地方的行政机关还与当地的人大一道作为自治机关，行使所辖区域内的民族自治权。

(5) 特别行政区行政机关。特别行政区是指在我国版图内，根据宪法和法律的规定所设立的具有高度自治权，实行特殊社会制度的行政区域。根据“基本法”规定，特别行政区享有高度的自治权，除外交和国防事务等属于中央政府管辖外，特别行政区享有行政管理权、立法权、独立的司法权及终审权。特别行政区政府是特别行政区行政机关，其首长是特别行政区行政长官。香港特别行政区政府设司、局、处、署，澳门特别行政区政府设司、局、厅、处。

(三) 中央与地方行政机关的关系

从我国的行政管理体制来看，中央行政机关与地方行政机关的关系主要包括两方面的内容：一方面，中央行政机关与地方行政机关职权的划分；另一方面，中央行政机关对地方行政机关的调控。合理划分中央与地方之间的事权界限，是目前处理央地关系的问题核心。

我国《宪法》第3条明确规定，“中央和地方的国家机构职权的划分，遵循在中央的统一领导下，充分发挥地方的主动性、积极性的原则”。为了充分体现和遵照执行《宪法》的这一原则，在中央和地方管理权限的划分上，应注意解决好以下几个问题：

（1）涉及全国利益的行政事务，如外交、国防、货币、度量衡、行政区划的调整、财政拨款以及国民经济和社会发展与布局规划等，应当由中央行政机关统一进行管理。

（2）对涉及地方利益的行政事务，如地方经济建设规划、地方性的文教、市政、卫生、体育、环保等，应当由地方各级行政机关依照有关法律、法规，并结合当地的实际情况，独立自主地进行领导管理。这是调动地方积极性和主动性的重要措施。

（3）对同时涉及国家和地方利益的行政事务，如计划、财政、公安、民族事务、民政、司法行政、监察等，应本着“统一领导、分级管理”的原则，由中央行政机关和地方行政机关共同管理。

（4）对涉及全国数个省市的行政事务，如黄河的治理、长江水利资源的利用、黄土高原的水土整治等，应当由中央行政机关主持，会同有关地方行政机关共同管理。典型的有国务院设置的议事协调机构，如西部地区开发领导小组、南水北调工程建设委员会。

中央与地方关系的第二个方面的内容是中央对地方的控制。中央对地方的控制是保证国家政令统一，使全国的行政活动协调发展的需要。加强中央对地方的控制，可以防止行政权力过于分散，避免地方各自为政。但是现代社会中分权与自治是主流趋势，在处理央地关系时，应尽量尊重与扩大地方政府的职权。

2.2.4 行政机关组织法的基本内容

(一) 隶属关系

隶属关系指行政机关之间领导与被领导以及它们之间的权责关系。这是行政管理体制的组成部分。领导关系与权责关系是进行行政管理的重要环节，行政组织法应对此作出明确规定。我国目前有三种隶属关系：

（1）垂直领导。由于业务关系极为密切，上下级行政机关之间采取直接组织与指挥，权力高度集中，如民航、海关、铁路系统、国税、金融等。目前工商、地税、质检是省级直属。

（2）业务指导。适用于独立性较大或地方特点较强、同中央业务联系比较松散的行政机关，如国家体育总局、国家科委。

（3）双重领导。也就是由中央和地方双重领导。大多数行政部门采用双重领导关系，如《地方组织法》第66条规定：“省、自治区、直辖市的人民政府的各工作部门受人民政府统一领导，并且依照法律或者行政法规的规定受国务院主管部门的业务指导或者领导。”

(二) 职责权限

行政机关的主管事项，即该机关的职责；行使权力的范围，即该机关的权限。明确划分职责权限，是行政管理最基本的原则之一。在行政组织法规中对于行政机关职责权限的规定，一般采用三种方式。

（1）概括规定。这适用于该机关的职责权限已为该机关赖以产生的基本法律所规定，或有不能列举的情况。

（2）列举规定。也就是对该机关职责权限在组织法中采取逐条列举的方式。

（3）折中规定。也就是对该机关职责权限采用概括规定，而对其内部单位职责权限采用列举规定方式。

（三）任职期限

现行宪法规定，国务院每届任期同全国人民代表大会每届任期相同，总理、副总理、国务委员连续任职不得超过两届。地方各级人民政府每届任期与本级人大任期相同。

（四）机构设置

机构设置指行政机关内部机构的设置。行政组织法对此应作出明确规定。一般采用两种方式：一为列举式，即一一列出各机构的名称；二为概括式，即笼统规定。1954 年的《国务院组织法》采取列举式，把国务院所设的机构一一列举，其优点是严谨，不得任意增减机构，有利于稳定机构设置，控制机构的膨胀；缺点是不能适应社会情况的变化及时增减机构。1982 年的《国务院组织法》采用了概括规定的方式，这与我国目前正在进行的政治与经济体制改革是相适应的，它能够随着情况的变化及时对机构进行调整。但是随着改革的逐步深入，应于相对稳定时采用列举式，使之符合机构设置制度化、法律化的要求。从改革开放以来，国务院先后进行了七次大规模的机构改革，重点在于压缩机构数量、精简人员、提高行政效率。2008 年以来的大部制改革也是以此为目标的。

（五）人员编制

指行政机关的人员定额及各种人员结构。人员定额是数量限制；人员结构是各类人员的合理比例，包括文化程度、专业水平、年龄等方面的结构比例。人员定额和合理结构，是行政机关开展活动的基本条件，也是任用国家工作人员的依据。

此外，有时还把行政机关的工作条例、副职设置及行政机关组织法生效条件等也作为行政组织法的内容。

2.3 法律法规授权的组织和行政机关委托的组织

行政机关与公务员以外的其他行政活动实施者的权力来源主要有两种：一是行政授权；二是行政委托。在我国，除行政机关行使行政职权外，非国家机关的组织在一定条件下也行使行政职权。

2.3.1 法律法规授权的组织

（一）基本含义

法律法规授权的组织是指依照法律、法规、规章授权而行使特定行政职权的非国家机关组织。

（1）法律法规授权的组织是指非国家机关的组织。该类组织是国家机关以外的社会组织，当然也就更不是行政机关。

（2）法律法规授权。某组织按其本来的性质并不具有行政职权，其之所以可以进行行政管理，是因为其获得了授权。而能够对这些组织进行授权的，仅限于法律、行政法规、地方性法规和规章。这四种法律文件以外的其他规范性文件都不得进行授权，如果进行授权，也只是委托，而不是行政法意义上的授权。

（3）法律法规授权的组织行使的是特定行政职权。特定行政职权是指单行法律、法规基于处理特定行政事务的需要而规定的行政职权。

（二）法律法规授权的组织的范围

法律对哪些组织可以接受法律法规规章的授权而行使特定的行政职权没有作出明确的规定，因此，任何性质的组织都可以接受法律法规规章的授权而行使特定行政职权。但是，行政职权属于社会公共权力，而社会公共权力的存在是基于处理社会公共事务的必要。在这一意义上，只有那些有处理社会公共事务必要和条件的组织，法律法规规章才可以将特定行政职权授予它们。

（1）行政机构。根据现行法律规定和我国行政活动运行的实际情况，可将能够取得行政主体资格的行政机构分为以下三类：

第一类是行政机关的某些内设机构。依照组织法和行政管理的需要而设立的行政机关内设机构，既包括各级人民政府所属的内设机构，又包括政府职能部门的内设机构。目前，依法得到授权而成为行政主体的，主要是政府职能部门的某些内设机构。

第二类是政府职能部门的某些派出机构。政府职能部门根据工作需要在一定区域内可设置派出机构，代表该职能部门从事一定范围内的某些行政事项的管理工作，如公安派出所、税务所、工商所等。虽然它们原则上没有独立的法律地位，但经过法律、法规的授权后，就获得了行政主体资格。例如根据《治安管理处罚法》的规定，在处以警告、500 元以下罚款的行政处罚事项范围内，公安派出所被赋予了行政主体资格，即派出所可以以自身名义作出 500 元以下罚款的决定。

第三类是依照法律、法规授权而直接设立的专门行政机构。为处理某些专业性、技术性的专门行政事务，法律、法规往往直接明确规定行政机关内应当设立一定的专门管理机构，并授予其相应的独立职权、职责，这些专门机构便具有行政主体资格。如专利局内设的专利复审委员会，即属于该类机构。

（2）企业组织。企业组织主要是行政管理的对象，但在特定情况下，法律、法规也可以授权其行使一定的行政职能。在我国体制转轨过程中，一些原政府主管部门转变或改建而成的行政性公司大量出现，例如，物资主管部门改为物资公司，煤炭主管部门改为煤炭统配公司，以及烟草公司、自来水公司、煤气公司等。法律法规往往授权其行使原行政机关行使的某些行政管理职能，而使其成为行政主体。

（3）事业组织。事业单位不是行政机关，不具有行政主体地位，但依照法律、法规的授权，可以实施某项行政活动。例如，依据 1980 年全国人大常委会制定的《中华人民共和国学位条例》的规定，国家授权高等院校认定学生的学术水平，并颁发相应的学位证书。

（4）社会团体、群众性组织等。在行政管理活动中，经法律法规授权，社会团体如工会、共青团、妇联等，群众性组织如城市居民委员会、农村村民委员会等，都可以进行一定行政职能活动，成为行政主体。

（三）法律地位

法律法规授权的组织有以下两种法律地位：

（1）行政主体，即在法律法规授权范围内行使所授行政职权时，与行政机关处于同等的行政主体地位。法律法规授权的组织在行使行政职权时，以自己的名义进行，也以自己的名义承担相应的法律责任，如在行政复议中充当被申请人、在行政诉讼中充当被告、在国家赔偿中充当被请求人。被授权组织超越授权范围的职权行为，在申请复议或提起诉讼时，仍以该被授权组织为对象。

（2）非行政主体，即法律法规授权的组织在授权范围之外，只能以其本来性质的组织身份进行活动。

2.3.2 行政机关委托的组织

（一）基本含义

当某些行政主体因受条件限制或由于存在特殊原因，无法直接行使某项行政管理职权，难以负担起某方面或某项行政管理任务时，例如人员不足、专业人员水平和技术装备暂时不适应行政管理的客观需要等，则可以通过实施行政委托，由其他组织或人员代其具体行使行政职权，以达成行政管理目标。

行政机关委托的组织是指受行政机关委托行使一定行政职权的组织。行政机关委托的组织与法律法规授权的组织相同，也是非国家机关的社会组织。所不同的是，该组织所行使的行政职权来源于行政机关的委托，而非直接来源于法律、法规和规章的授予。行政机关委托的组织只能根据行政机关的委托行使特定的行政职权，而不是一般的行政职权。

（二）行政机关委托的组织的范围及委托规则

根据《中华人民共和国行政处罚法》的规定，能够接受行政机关委托的组织只能是事业组织，而不能是企业组织。因此，能够接受行政机关委托的组织的范围，除企业组织外，其他与法律法规授权组织的范围相同。

行政机关委托非国家机关的组织行使行政职权必须遵循以下规则：（1）行政机关的委托必须有法律、法规和规章的明确依据，并且委托机关必须有法定权限，委托程序也应合法；（2）行政机关只能将行政职权委托给事业组织，不能委托给企业组织，也不得委托给个人；（3）事业组织必须具有管理公共事务的职能；（4）事业组织应当有熟悉法律、法规、规章和业务的工作人员，以及具备相应的技术检查或技术鉴定条件；（5）受委托组织不得再委托。

（三）法律地位

行政机关委托的组织在委托的行政职权范围内，只能以委托的行政机关的名义行使行政职权，相应地，也由委托的行政机关承担由此产生的法律责任。如受行政机关委托的组织在行政复议中不能充当被申请人，在行政诉讼中不能充当被告，在国家赔偿中不能充当被请求人。因此，该类组织与法律法规授权的组织的法律地位不同，前者不是行政主体，而后者可以是行政主体。

2.3.3 法律法规授权的组织与行政机关委托的组织的区别

被授权的组织与受委托的组织虽然都是非政府组织，但两者仍然存在较大差别：

(1) 行使权力的来源不同。法律法规授权的组织所行使的行政职权来源于法律、法规和规章的直接授予；行政机关委托的组织所行使的行政职权来源于行政机关的委托，即由法律、法规将行政职权授予行政机关，行政机关再将该权力委托给某一非政府组织。

(2) 组织的性质不同。根据《行政处罚法》的规定，法律、法规或规章可以授予任何组织以行政职权，包括企业组织，但行政机关不能将行政职权委托给企业组织。

(3) 行使权力的名义不同。法律法规授权的组织能够以自己的名义行使行政职权，而行政机关委托的组织只能以委托的行政机关的名义行使行政职权。

(4) 承担法律责任的主体不同。法律法规授权的组织以自己的名义行使行政职权，也由其自己承担相应的法律责任；行政机关委托的组织以委托的行政机关的名义行使行政职权，由行政机关承担法律责任。

2.4 公务员

2.4.1 公务员的含义

（一）公务员的概念

根据《中华人民共和国公务员法》第 2 条关于"本法所称公务员，是指依法履行公职、纳入国家行政编制、由国家财政负担工资福利的工作人员"的规定，我国《公务员法》中所规定的"公务员"的范围是非常宽泛的，包括了所有国家机关、人民团体、政党组织、人民政协等机构的工作人员，与国外法律中所规定的公务员的范围存在着较大差异。《公务员法》中所规定的公务员的范围可以理解为广义的公务员。

本书中所称的"公务员"为狭义的公务员。这里所称的"公务员"是指各级国家行政机关中依法行使国家行政权，执行国家公务的、除工勤人员以外的工作人员，即我国公务员的范围限于在政府系统任职、在各级行政机关中担任国家公职的人员。我国公务员不仅包括中央人民政府的工作人员，还包括地方各级人民政府的工作人员。

（二）公务员的特征

这里所称的"公务员"具有如下几个特征：

(1) 行政机关的工作人员。国家权力机关、国家检察机关、国家审判机关的工作人员属于广义的公务员，不包含在此处论及的公务员（狭义上的公务员）范围之内。

(2) 行使行政权力。行政权力是公务员在执行国家职务的法定范围内的强制、命令的支配力，它是公务员完成国家工作任务的重要条件和手段。凡不享有行政权力的人员，即使在国家行政机关工作，也不是国家公务员，如工勤人员。能否行使国家行政权力，是公务员区别于其他人员的重要标志。

（3）执行行政公务。公务员区别于公民个人之处在于执行公务，而非处理私人事务；行政机关公务员区别于其他国家机关公务员之处在于执行法律处理社会事务。

（4）必须是我国公民。我国《宪法》规定，凡具有中华人民共和国国籍的人，都是我国公民。《中华人民共和国国籍法》规定，国家工作人员和现役军人，不得退出中国国籍。因此，公务员必须具有中国国籍，也就是说，聘请的外国专家不是国家公务员。另外，由于我国不承认双重国籍，因此凡是取得外国国籍的人，都不应担任公务员职位。

2.4.2　公务员的分类

在西方国家，公务员通常分为政务类公务员和业务类公务员两大类。政务类公务员是指通过选举或任命产生，与执政党共进退的政府组成人员；业务类公务员是指通过竞争考试任职，在政治上保持中立，如无重大过错即可在政府中长期任职，并受一般公务员法调整的公职人员。政务类公务员和业务类公务员之间有严格界限，职位不能相互交流。因此，西方国家的公务员制度是建立在政党政治的基础上的。

我国不实行多党轮流执政的制度，因此，公务员没有政务类和业务类的划分。我国公务员可分为各级人民政府组成人员的公务员和一般公务员。各级人民政府组成人员根据组织法由各级国家权力机关选举或决定产生，其任期与相应政府每届任期相同。一般公务员则是通过考任、调任、聘任等方式产生，其任期不受政府换届的影响。一般公务员也可通过法定程序转任为政府组成人员。

此外，我国公务员还可分为领导职务类和非领导职务类。领导职务的层次分为：国家级正职、国家级副职、省部级正职、省部级副职、厅局级正职、厅局级副职、县处级正职、县处级副职、乡科级正职、乡科级副职。非领导职务的层次在厅局级以下设置。

2.4.3　公务员的法律地位

公务员的法律地位，是国家公务员在各种法律关系中享有权利、承担义务的综合体现。

（一）公务员的双重身份

任何一个公务员，不论其职位高低、职务大小，首先是中华人民共和国公民。公民是每个公务员的基本身份，因此享有作为公民的权利和义务。

某位公民担任了行政公职，则进入了公务员的行列。根据其行政公职，其有资格代表国家从事公务活动。作为公务员，其在法律地位上有以下特点：第一，有资格作为国家的代表，以公务机关的名义从事公务活动；第二，享有行政职权，享有行政优益权，同时需要承担行政职责；第三，其公务行为具有强制性，公务行为所引起的效果，由所属公务机关承受；第四，所属公务机关对公务员个人过错负连带责任。

（二）区分公务员的行为属性的法律意义

公务员以自然人的身份所进行的行为是个人行为，以公务员的身份所进行的行为是公务行为。区分公务员的行为是个人行为还是公务行为，具有重要的法律意义。

（1）可以准确确定行为后果的法律责任。如果属公务行为，则行为的后果由行政主体承担。如果属个人行为，则后果由其本人承担，行政主体并不为公务员的个人行为承担法律责任。当然，若公务员在执行公务中有故意或重大过失，行政主体可以依法行使行政追偿权。

（2）可以构成行政主体作出某些行为的前提。对于是否是公务人员执行职务的行为（公务行为），需要首先予以确认。由于公务员双重身份和双重行为的并存，公务员的公务行为与个人行为在实践中就容易被混淆和相互冲突，从而难以正确认定公务员行为后果的法律责任，这是不利于国家行政管理，也不利于保护相对人合法权益的。

（三）公务员身份的确定

区分公务员和公民的标准，在国际上通常为服装，因为服装构成了最显而易见的外在区分。通常说来，如果着统一发放的规定的制服，则为公务员身份，所进行的行为为公务行为；如果着其他服装，除在进行行为时出示执法身份证件者外都为公民身份，所进行的行为为个人行为；如果着其他服装而在进行行为时出示了执法身份证件，则为公务员身份，所进行的行为是公务行为。但是，在我国法律上并没有这样的统一规定和要求，因此，着何种服装并不是区分公务员身份和公民身份的标准。

在制服不能作为区分公务员和公民的标准的情况下，就需要按照其他的标准来区分。在实践中，区分标准包括以下三种：

（1）时间，即上班时间和下班时间。如果在上班时间，则是公务员，所进行的行为是公务行为；如果是下班时间，则是公民个人，所进行的行为是个人行为。时间是区分公务员和公民的基本标准，当然，时间并不是绝对的区分标准，有些行业在下班时间可能也是公务员身份，如警察在下班以后，仍具有维持社会秩序的职责。

（2）职责，即某人是否负有该项职责。公务员在下班以后进行的行为，是公务行为还是个人行为，其判断的标准是所进行的行为是否属于其法定的职责范围之内。

（3）是否是执行命令的行为。如果是执行上级的命令，则其身份是公务员，所进行的行为为公务行为。

总而言之，在某人是公务员的情况下，上班时间的身份是公务员，进行的行为是公务行为；下班时间的身份需要根据职责因素、命令因素予以确定：如果既不属于职责范围，也不属于执行上级命令，则是个人行为；反之，如果属于职责范围或者属于执行上级命令，则是公务行为。在现实生活中，上述区分标准有时难以认定，此时应从保护相对人权益的角度去认定和选择。

2.4.4 国家公职关系

（一）基本含义

国家公职关系是指公务员因担任国家公职、执行国家公务而与国家（以行政机关为代表）形成的权利义务关系。

（二）国家公职关系的产生、变更和消灭

公民经过法定程序，进入行政机关担任一定的行政职务，即成为国家公务员，从而与国家之间构成国家公职关系。

（1）行政职务关系的产生。行政职务关系始于公民担任行政公职，终于公职的失去。公民经过法定程序始得担任行政职务，从而构成行政职务关系。依照《公务员法》第11条的规定，成为公务员应当具备下列条件：第一，具有中华人民共和国国籍；第二，年满18周岁；第三，拥护中华人民共和国宪法；第四，具有良好的品行；第五，具有正常履行职责的身体条件；第六，具有符合职位要求的文化程度和工作能力；第七，法律规定的其他条件。

同时，《公务员法》第24条规定，下列人员不得录用为公务员：第一，曾因犯罪受过刑事处罚的；第二，曾被开除公职的；第三，有法律规定不得录用为公务员的其他情形的。

在我国，行政职务的产生主要有以下四种程序：

一是选任。选任由权力机关通过选举产生行政职务，选任的公务员均是各级人民政府的组成人员。例如，根据我国《宪法》的规定，地方各级人民代表大会分别选举本级人民政府的省长、副省长、市长、副市长、县长、副县长、区长、副区长、乡长、副乡长、镇长和副镇长。

二是委任。委托即有权机关任命公民担任行政公职。委任可以由权力机关委任，也可以由行政机关委任。例如，根据《宪法》规定，在全国人民代表大会闭会期间，全国人民代表大会常务委员会有权根据总理的提名，决定任免国务院的个别组成人员，决定任免驻外全权大使；国务院有权任免国务院办公机构的副秘书长、各办公室主任、副主任、各部副部长、各委员会副主任等。

三是调任。政府部门的一般工作人员由人事部门直接调任。程序比上述程序规定的简单，如科员、办事员、收发员的任用等。

四是聘任。聘任即行政机关通过招聘渠道吸收工作人员，目前一般公务员大多通过考试方式获得聘任。

（2）行政职务关系的变更。所谓行政职务关系的变更，实际上是指公务员在任职期间，因担任的职务的变动而导致其具体权利与义务的某些变动，但公务员身份并没有改变。导致公务员职务变动的法律事实主要有转换任职、升职或者降职及其他引起职务发生变化的事实，如对通过考试录用的公务员试用期满的正式任命等。

（3）行政职务关系的消灭。行政职务关系的消灭是指因公务员身份的丧失而终止与国家的行政职务关系。

行政职务关系消灭包括如下情形：退休、离休、退职、辞职、辞退、罢免或开除公职、取消录用资格、判处刑罚、丧失国籍或死亡等。

法律法规对行政职务关系的消灭有条限限制和要求。《公务员法》第81条规定，公务员有下列情形之一的，不得辞去公职：第一，未满国家规定的最低服务年限的；第二，在涉及国家秘密等特殊职位任职或者离开上述职位不满国家规定的脱密期限的；第三，重要公务尚未处理完毕，且须本人继续处理的；第四，正在接受审计、纪律审查，或者涉嫌犯罪，司法程序尚未终结的；第五，法律、行政法规规定的其他不得辞去公职的情形。

《公务员法》第 83 条规定，公务员有下列情形之一的，予以辞退：第一，在年度考核中，连续两年被确定为不称职的；第二，不胜任现职工作，又不接受其他安排的；第三，因所在机关调整、撤销、合并或者缩减编制员额需要调整工作，本人拒绝合理安排的；第四，不履行公务员义务，不遵守公务员纪律，经教育仍无改变，不适合在机关继续工作，又不宜给予开除处分的；第五，旷工或者因公外出、请假期满无正当理由逾期不归连续超过 15 天，或者一年内累计超过 30 天的。

《公务员法》第 84 条规定，对有下列情形之一的公务员，不得辞退：第一，因公致残，被确认丧失或者部分丧失工作能力的；第二，患病或者负伤，在规定的医疗期内的；第三，女性公务员在孕期、产假、哺乳期内的；第四，法律、行政法规规定的其他不得辞退的情形。

2.4.5 公务员的权利和义务

具有公务员身份的人，依照《公务员法》的有关规定，均享有法定权利和承担法定义务。

(一) 公务员的权利

公务员的权利依其所担任的行政职务的不同而有所区别，但主要包括以下几项：

(1) 获得履行职责应当具有的工作条件。

(2) 身份保障权。国家公务员非因法定事由和非经法定程序不被免职、降职、辞退或者行政处分。

(3) 获得工资报酬和享受保险、福利待遇的权利。

(4) 参加培训的权利。公务员参加培训的权利，包括参加政治理论培训和参加业务知识培训两方面的内容。

(5) 提出批评和建议的权利。公务员有权对国家行政机关及其领导人员的工作提出批评和建议。

(6) 提出申诉和控告的权利。

(7) 辞职权。但对辞职有一定的限制，即《公务员法》第 81 条规定的情形。

(8) 法律规定的其他权利。

(二) 公务员的义务

公务员应该履行的义务主要有：

(1) 模范遵守宪法和法律。

(2) 按照规定的权限和程序认真履行职责，努力提高工作效率。

(3) 全心全意为人民服务，接受人民的监督。

(4) 维护国家的安全、荣誉和利益。

(5) 忠于职守，勤勉尽责，服从和执行上级依法作出的决定和命令。

(6) 保守国家秘密和工作秘密。

(7) 遵守纪律，恪守职业道德，模范遵守社会公德。

(8) 清正廉洁，公道正派。

(9) 法律规定的其他义务。

(三) 公务员的责任

公务员的责任是指当公务员不依法履行或不能履行其法定义务时，所必须承担的法律后果。公务员的责任按照性质可以分为，接受行政处分、承担行政赔偿责任和刑事责任三种。

(1) 行政处分。公务员有法定的违纪行为，尚未构成犯罪，或者虽然构成犯罪但依法不追究刑事责任的，应当给予行政处分；违纪行为情节轻微，经过批评教育后改正的，也可免予行政处分。行政处分分为警告、记过、记大过、降级、撤职和开除六种。

(2) 行政赔偿责任。公务员因故意或重大过错、违法或不当的执行职务的行为给行政相对人带来损害时应承担赔偿责任。对于国家公务员执行职务行为中所造成的损失，国家行政机关应承担赔偿责任，但国家行政机关保有对公务员的追偿权，即可以要求因重大过失或故意而造成损害的公务员承担部分或全部赔偿费用。这种追偿正是职务关系的体现，要求公务员更加审慎勤勉地履行公职。

(3) 刑事责任。公务员对其职务犯罪必须依法承担刑事责任。公务员在执行职务的过程中如果有明显的违法行为，情节严重构成犯罪的，如采用暴力行为野蛮殴打他人，造成人身伤害或死亡的，国家依法对此追究其刑事责任。对公务员刑事责任的追究，适用刑法的有关规定处理。

2.5 行政相对人

2.5.1 行政相对人的基本含义

“行政相对人”是行政法学上的理论概念，并不是行政法律规范上的法律术语。在我国，行政相对人是指在行政法律关系中与行政主体相对应的另一方当事人，是其权益受行政主体的行政行为影响的个人或组织。

一般来说，行政相对人具有以下几个特征：

(1) 行政相对人是指被管理一方，不具有行政管理职权。但“被管理”的地位并不意味着它只负有义务，而不享有权利。实际上，相对人既有义务也有权利（如申诉权、控告权等），只是与行政主体相比较，它处于被管理一方，因此行政相对人并非居于“客体”地位，而是有着多种权利的。

(2) 行政相对人既可以是组织，也可以是个人。组织包括国家组织、企事业单位、社会团体以及其他社会组织和在中国境内的外国组织，个人包括我国公民和在我国境内的外国人、无国籍人，它们都可成为行政相对人。

(3) 行政相对人具有相对性。行政相对人只表明其在某一具体行政关系中的法律地位，并不表明其在所有行政关系中的地位。在这个行政关系中的相对人可能是另一个行政关系中的行政主体，而在别的行政关系中的行政主体则可能成为这个行政关系中的行政相对人。

2.5.2 行政相对人的权利和义务

（一）行政相对人的权利

（1）提出申请的权利。行政相对人有依法提出申请的权利，如申请许可证及申请抚恤金、补助金等，这一般发生在授益行政行为之中。

（2）参与行政管理的权利。行政相对人有权依法参与行政法规、规章及相关行政政策、行政计划的制定，如论证会等。

（3）申请听证的权利。在行政机关作出影响行政相对人权益的行政行为之前，必须保障行政相对人有听证的权利。

（4）知情权。行政相对人有权依法了解有关的行政信息，包括各类规范性文件，有关制度、规则、标准、程序，以及与行政相对人有关的档案材料等。

（5）申请行政救济的权利。行政相对人对行政主体作出的具体行政行为不服，有权依法申请行政复议、提起行政诉讼。当行政主体的行政行为侵犯了行政相对人的合法权益并造成损失时，行政相对人有请求行政赔偿的权利。

（二）行政相对人的义务

（1）服从行政管理的义务，主要表现为：第一，遵守行政机关发布的行政法规、行政规章和其他规范性文件；第二，执行行政机关作出的行政处理决定等。

（2）协助行政主体执行公务的义务。当行政主体及其工作人员执行公务时，行政相对人有予以协助的义务。

（3）遵循法定程序要求的义务。程序合法是行政相对人的基本要求。

2.5.3 行政相对人的范围

依照法律、法规的规定，公民、法人和其他组织能够成为行政相对人。在特殊情况下，在我国的外国人、无国籍人、外国组织也可成为行政相对人。

（一）公民

这里的“公民”是指具有中华人民共和国国籍的人，即中华人民共和国公民。公民是最主要、最经常、最广泛的行政相对人。行政主体实施行政管理的绝大多数领域，都将公民纳入行政管理的对象。因此，公民是行政法律关系中最常见的主体之一，行政法律关系涉及公民权益最紧要之处。

（二）法人

法人是与自然人相对称的一个法律概念。它是具有民事权利能力与民事行为能力，依法独立享有民事权利和承担民事义务的组织。法人也是行政法律关系中的主体，可以成为行政相对人，而且是重要的行政相对人。能够成为行政相对人的法人包括企业法人、事业法人、社团法人和机关法人。在市场经济愈益发达的当下，法人作为行政相对人的角色也愈发重要。

(三) 其他组织

其他组织是指由主管机关批准成立或认可，能够从事一定的经营、生产或其他活动但不具备法人资格的社会组织或经济组织。随着经济的发展，许多国家都出现了一些介于公民个人和法人之间的组织形态，被称为“非法人组织”、“非法人单位”、“其他经济组织”等，我国行政法律制度将其称为“其他组织”。其他组织在行政管理活动中，作为行政法上的权利义务主体，也是行政法律关系中的行政相对人。

其他组织的类型主要有：(1) 经国家主管部门批准或认可的从事一定生产或经营活动的经济实体，主要有个人合伙组织、合伙型联营组织、企业法人的分支机构等。(2) 经主管机关批准或认可的正处于筹备阶段的企业、事业单位和社会团体。

(四) 外国人、无国籍人和外国组织

在某些特殊情况下，在我国境内依照我国法律规定享有行政法权利，承担行政法义务，参加行政诉讼时具有行政相对人同等诉讼权利与义务的外国人、无国籍人和外国组织，也可成为我国行政法的主体，即行政相对人。

例如，《中华人民共和国出境入境管理法》是专门调整关于外国人进出我国国境行为的行政管理关系的法律，在这一法律关系中，外国人就成为我国国境管理机关的相对一方。此外，在治安管理、征收个人所得税等行政管理领域，外国人都能成为行政相对人。

本章小结 »

通过本章的学习，了解行政主体的概念，明确公务员的法律地位和行政相对人的法律地位，掌握有关行政主体的基本知识。

行政主体是指享有国家行政权力，能以自己的名义从事行政管理活动，并独立承担由此产生的法律责任的组织。行政职权是国家行政权的表现形式，是行政主体实施国家行政管理活动的权能。行政职权只能由行政主体来行使，行政管理相对方不享有行政职权。行政职责是指行政主体在行使行政职权过程中，必须承担的法定义务。根据不同的标准，行政主体可以分为以下类型：外部行政主体与内部行政主体，中央行政主体与地方行政主体，职权行政主体与授权行政主体，地域性行政主体与公务性行政主体。

行政机关是指按照宪法和有关组织法的规定设立，依法享有并运用国家行政权，负责对国家各项行政事务进行组织、管理、监督和指挥的国家机关。行政机关可分为中央行政机关和地方行政机关、一般权限行政机关与部门权限行政机关、外部管理行政机关与内部管理行政机关、派出机关与派出机构。

法律法规授权的组织是指依照法律、法规授权而行使特定行政职权的非国家机关组织。行政机关委托的组织是指受行政机关委托行使一定行政职权的组织。被授权的组织与受委托的组织存在较大差别。

我国狭义的“公务员”是指各级国家行政机关中依法行使国家行政权，执行国家公务的、除工勤人员以外的工作人员。公务员可分为各级人民政府组成人员的公务员和一般公务员，还可分为领导职务类公务员和非领导职务类公务员。国家公职关系，是指公务员因担任国家公职、执行国家公务而与国家（以行政机关为代表）发生的权利义务关系。

行政相对人是指在行政法律关系中与行政主体相对应的另一方当事人，是其权益受行政主体的行政行为影响的个人或组织。行政相对人享有提出申请、参与行政管理、申请听证的权利，享有知情权及申请行政救济等权利。行政相对人有服从行政管理、协助行政主体执行公务、遵循法定程序要求的义务。

关键术语

行政主体　行政机关　行政职权　行政优先权　行政受益权　公务员
行政相对人　法律法规授权的组织　行政机关委托的组织

复习思考题

1. 行政主体的特点有哪些？
2. 行政机关有哪些分类？
3. 行政主体与行政机关的区别有哪些？
4. 法律法规授权的组织与行政机关委托的组织的区别是什么？
5. 行政职权的特征有哪些？
6. 行政职责的特点有哪些？
7. 公务员的权利义务有哪些？
8. 行政相对人的权利义务有哪些？

引例分析

要确定是由赵某个人承担赔偿责任还是由赵某所在的公安机关承担国家赔偿责任，首先必须确定赵某的行为是属于职务行为，还是属于个人行为。上述案例中有两个因素可能被用以认为赵某的行为属于个人行为：一是赵某已经下班；二是赵某解决的是个人之间的矛盾。赵某虽然已经下班，但是，赵某作为警察是有责任制止斗殴的，因此，赵某在制止斗殴过程中的行为属于职务行为。赵某对马某拔枪射击的行为虽然是为了解决个人之间的纠纷，但这一行为是在制止斗殴过程中发生的，因此，赵某的行为为滥用权力，但仍然属于职务行为。

本章阅读书目

1. 王丛虎：《行政主体问题研究》，北京，北京大学出版社，2007。
2. 胡锦光主编：《行政法专题研究》（第二版），北京，中国人民大学出版社，2006。
3. 方世荣：《行政相对人》，北京，中国政法大学出版社，2000。
4. 薛刚凌主编：《行政主体的理论与实践》，中国方正出版社，2009。

第 3 章

行政行为概述

引例

某市政府发布通告，确定 A、B、C、D 四个屠宰场中的 A 屠宰场有权继续从事屠宰活动，而 B、C、D 三家屠宰场不得继续从事屠宰活动。对此，B、C、D 三家屠宰场不服，向法院提起行政诉讼。某市政府答辩称，其通告属于抽象行政行为，不属于具体行政行为，不是行政诉讼的对象，法院应当裁定驳回起诉。

问：某市政府的通告属于抽象行政行为还是具体行政行为？

行政行为是整个行政法体系中最核心的概念和制度，正确界定行政行为，特别是其中的抽象行政行为和具体行政行为，对于理解和认识行政机关依法行政，对于建立各种行政法律制度，都具有重大的意义。

重点问题

- 行政行为的含义和特征
- 行政行为的成立、生效与有效
- 行政行为的效力
- 行政行为的无效、撤销与废止

3.1 行政行为的基本含义

3.1.1 行政行为的概念

行政行为是指行政主体行使行政职权所作出的能够产生行政法律效果的行为。行政行为的概念包含以下几层含义：

（1）行政行为是行政主体所为的行为。行政主体包括行政机关和法律法规授权的组织，行政机关的公务员与法律法规授权组织的工作人员以及行政机关委托的组织，以行政主体的名义实施的行为，被视为行政主体的行为。

（2）行政行为是行使行政职权，进行行政管理的行为。行政机关虽然可以以多种身份进行活动，如以民事主体的身份进行民事活动、以行政相对人的身份进行行政活动、以行政主体的身份进行行政管理活动，但只有以行政主体身份行使行政职权、进行行政管理活动的，才是行政行为。

（3）行政行为是行政主体实施的能够产生行政法律效果的行为。所谓能够产生行政法律效果，是指行政主体的行为能对行政相对人的权利、义务产生影响，既包括有利的影响，也包括不利的影响。并非行政主体所有的行使行政职权的行为都能够产生行政法律效果，如那些纯粹的工作汇报、通知等行为，由于不会对相对人的权利义务产生影响，因此不属于行政行为。

3.1.2 行政行为的特征

（1）行政行为是执行法律的行为。任何行政行为均需有法律根据，具有从属法律性，没有法律的明确规定或授权，行政主体不得作出任何行政行为。

（2）行政行为具有一定的裁量性。这是由立法技术本身的局限性和行政管理的广泛性、变动性、灵活性的特点所决定的。诚如有学者指出的，“行政法的精髓在于裁量”。

（3）行政主体在实施行政行为时，具有单方意志性。行政主体在实施行政行为时，不必与行政相对人协商或征得其同意即可依法自主作出。这是其与民事行为的重大区别之一。

（4）行政行为是以国家强制力为保障实施的，带有强制性。行政相对人必须服从并配合行政行为，否则，行政主体将予以制裁或强制执行。这种强制性与单方意志性是紧密联系在一起的，没有行政行为的强制性，就无法实现行政行为的单方意志性。

3.2 行政行为的分类

可以按照不同的标准对行政行为进行分类。

3.2.1 行政立法行为、行政执法行为和行政司法行为

依据实施行政行为时所形成的法律关系的不同，可以将行政行为分为行政立法行为、行政执法行为和行政司法行为三类，这体现于三种国家权力在行政法上的交叉汇集。

行政立法行为是指国家行政机关依照法律规定的权限和程序，制定规范性文件的活

动。其内容涉及对行政法律规范的制定、修改和废止。

行政执法行为是指国家行政机关或法律法规授权的组织执行或适用法律、法规和规章，使法律、法规和规章在实际生活中得以实现的活动。其内容涉及行政法律规范的执行和行政措施的运用，也是最为常见的行政行为。

行政司法行为是指行政机关作为第三方，裁决行政争议、民事争议的行为，行政司法中的法律关系是三方法律关系，以行政机关为一方，以发生纠纷的双方当事人各为一方。

3.2.2　要式行政行为和不要式行政行为

以行政行为是否具备一定的法定形式为标准，可以将行政行为分为要式行政行为和不要式行政行为。要式行政行为与不要式行政行为的区别，关键不在于有无行为的形式，而在于法律是否要求某种行为必须具备特定形式。

要式行政行为是指必须根据法定方式进行或者必须具备法定的形式才能产生法律效力的行为。

不要式行政行为是指不需要具备特定形式或经由特定程序，只需行为人口头意思表示就可以生效的行政行为。一般在紧急情况出现或情况比较简单的条件下实施的行政行为，多是不要式行政行为。

3.2.3　抽象行政行为和具体行政行为

根据行政行为实施的对象及适用力的不同，可以将行政行为分为抽象行政行为和具体行政行为，这是行政行为最重要的方类方式，对于行政救济手段的选用具有很大影响。

抽象行政行为与具体行政行为的主要区别之一是适用的行政相对人是否具有特定性。抽象行政行为所针对的行政相对人是不特定的，而具体行政行为所针对的行政相对人则是特定的。抽象行政行为是指行政主体针对特定的事项而不针对特定的行政相对人实施的行政行为，包括行政主体制定行政法规和行政规章的行为，也包括行政主体制定行政措施，发布行政命令、通知、通告、决议、决定的行为等。

具体行政行为是指国家行政主体针对特定的行政管理对象实施的行政行为，包括行政许可、行政强制、行政处罚等行为，通常以具体、完整的行政决定的形式表现出来。

3.2.4　依职权行政行为与依申请行政行为

依据行政行为的实施是否必须由行政相对人的申请，可以将行政行为划分为依职权行政行为和依申请行政行为。

依职权行政行为是指行政主体根据其职权，而无须行政相对人申请，就能主动实施的行政行为，如税务机关依法征税的行为、交通警察机关依法处罚违章行为的行为等。

依申请行政行为是指行政主体只有在行政相对人提出申请后才能实施的行政行为，如工商机关发放营业执照的行为、民政部门发放抚恤金的行为等。

3.2.5 羁束行政行为和裁量行政行为

以行政机关在作出行政行为时能否进行主观判断为标准，可以将行政行为分为羁束行政行为和裁量行政行为。羁束行政行为一般只存在合法性问题，而裁量行政行为同时还存在合理性问题。

羁束行政行为是指法律对行政机关所进行的行政行为作了明确具体的规定，行政机关只能依照法律的明确规定实施的行政行为。

裁量行政行为是指法律对行政机关所进行的行政行为没有作出明确的规定，而只是规定了实施该行政行为的原则、幅度、精神、条件等，行政机关依据这些原则、幅度、精神、条件等而实施的行政行为。

3.2.6 免受司法审查的行政行为

（一）行政终局裁决行为

行政终局裁决行为是指法律规定由行政机关最终裁决的具体行政行为。行政终局裁决行为确定了行政机关对于法律规定的特定领域的事项具有最终的决定权，而不是由法院作出最终的决定。对于行政终局裁决行为，行政相对人不得向法院起诉。

行政终局裁决行为意味着对司法审查的排除，剥夺了行政相对人的司法救济权。如果对于行政终局裁决行为设置过宽，会导致行政行为受到司法审查的范围过小。因此，有关司法解释明确规定了行政终局裁决行为只有全国人大及其常委会通过立法程序制定的法律才有权设定，行政机关不能通过行政立法自行设定行政终局裁决行为。同时，考虑到行政终局裁决行为的特征，关系公民基本权利的事项不得设定行政终局裁决行为。

（二）国家行为

国家行为又称“政治行为”、“统治行为”、“政府行为”，指国务院、中央军事委员会、国防部、外交部等根据宪法和法律的授权，以国家的名义实施的有关国防和外交事务的行为，以及经宪法和法律授权的国家机关宣布紧急状态、实施戒严和总动员等行为。这些行为一般排除在司法审查的范围以外，行政相对人不得因为不服国家行为而起诉。

除上述分类以外，行政行为还可以依据其他的标准作不同的分类。如以行政行为有无限制条件为标准，分为附条件行政行为与不附条件行政行为；以行政行为是否合法，包括是否符合法定权限、法定程序为标准，将行政行为分为合法行政行为与违法行政行为；以行政行为能否纳入行政诉讼范围为标准，将行政行为分为可诉性行政行为与不可诉性行政行为；以行政行为是否授予行政相对人权利与利益为标准，将行政行为分为授益行政行为与负担行政行为。上述分类的目的在于，确立对不同类别行政行为的审查或救济标准，因此具有实践意义。

3.3 行政行为的内容与效力

3.3.1 行政行为内容的含义

行政行为的内容是指某个行政行为对行政相对人的权利、义务等产生的具体影响。不同内容的行政行为，有不同的法律效果。行政行为的内容有如下特征：

（1）行政行为的内容是在行政行为中明确表达出来的。行政行为作出后，行政机关通过直接表达其意思表示希望达到的目的。当然，有些行政行为的意思表示虽然明确，但行政行为的目的是隐含的，如抽象行政行为中，行政行为的意思表示明确，但是目的未必在行文中表现出来。

（2）行政行为的内容是行政行为的主要构成要件。行政行为如何发生效力以及发生什么样的效力，行政行为是否在行使行政权力，是否会影响相对人的权利义务，都是通过行政行为的内容表现出来的。因此，在这种意义上，行政行为必须具备相应的内容。

（3）行政行为的内容具有多样性。行政管理活动涉及各个领域，行政机关可以采取多种手段实现行政管理目的，因此行政行为的内容呈现多种形式。

3.3.2 行政行为的具体内容

归纳起来，行政行为的内容主要有：

（1）赋予权益和剥夺权益。赋予权益是指赋予行政相对人法律上的权能、权利或利益。剥夺权益是指剥夺行政相对人已有的法律上的权能、权利或利益。

（2）科以义务或免除义务。科以义务是指行政主体使行政相对人承担某种作为或不作为义务。免除义务是指行政主体免除行政相对人原有的义务，如税务机关免除行政相对人的纳税义务等。

（3）确认法律事实与法律地位。确认法律事实是指行政主体依法确认对某个法律关系有重大影响的事实是否存在。确认法律地位是指行政主体依法对某个法律关系中的当事人的权利义务是否存在以及存在的范围加以确认。一般来说，确认法律事实是确认法律地位的基础，只有确认了法律事实的性质，才能明确当事人双方的权利和义务。

3.3.3 行政行为的效力

合法的行政行为通常具有以下法律效力：

（1）确定力。确定力是指行政行为成立后，具有不可变更力，非经法定程序不得任意变更或撤销。确定力意在保持行政法律关系的稳定性与权威性，对行政主体和行政相对人均有不可争辩的效力。

这里需要注意的是，行政行为具有确定力并不意味着行政行为一旦作出就绝对不可以变更，而是指不得随意撤销或变更。通过法定程序或经由法定理由（如通过行政复议或行政诉讼等），行政行为可以依法被撤销或变更。

（2）拘束力。拘束力是指行政行为成立后即对有关的组织或个人产生法律上的约束效力，不能再作出与该行为相抵触或违反该行为的相关要求的行为。首先，行政行为的拘束力针对直接行政相对人。其次，行政行为的拘束力也针对间接行政相对人。最后，行政行为的拘束力还针对行政主体及其工作人员，包括作出行政行为的行政主体及其工作人员和其他行政主体及其工作人员。

（3）执行力。执行力是指行政行为成立后，行政相对人必须自觉履行行政行为所设定的义务，否则，行政主体依法有权采取一定的手段，使行政行为的内容得以实现的效力。行政行为的执行力是与其确定力和拘束力联系在一起的，是最终保障性效力，而行政行为的确定力则是拘束力与执行力的前提。行政行为的这三种效力是行政法上诸多规则产生的基础，比如在行政法上，对于生效的行政行为一般采取不停止执行的原则，即使相对人有异议，或在申请行政复议或者提起行政诉讼期间，也不能停止行政行为的执行。只有在例外的情形下，才可以暂停行政行为的执行。

3.4 行政行为的成立及合法要件

行政行为是行政主体行使职权的行为，行政行为一旦成立即具有法律效力，但并不意味着行政行为具有了实质上的合法性。只有当行政行为具备合法要件之后，才是合法的。

3.4.1 行政行为的成立

行政行为发生法律效力是以其成立为前提的。所谓行政行为的成立，是指行政行为的形成或作出。一般来说，行政行为的成立应当具备以下条件：

（1）主体条件。作出行政行为的主体必须是拥有行政职权的国家行政机关的公务人员，或者法律法规授权的组织的工作人员，或者是行政主体委托的组织的工作人员。

（2）主观条件。作出行政行为的主体主观上有凭借行政职权产生、变更或消灭某种行政法律关系的意图，并且显露出达到该种效果的意思表示，无论其意思表示是否真实，均不影响行政行为的成立。

（3）客观条件。作出行政行为的主体客观上有行使行政职权的行为，并通过一定的外部行为方式表现出来。这里的行政职权并不一定是其法定权限内的职权，即使是超越法定权限的越权行为或滥用职权行为，也不影响行政行为的成立。

（4）法律效果条件。行政行为作出后能够产生一定直接或间接的法律效果，使某种行政法律关系产生、变更或消灭，使行政相对人的权利、义务因此受到影响。

上述四项是行政行为成立的一般条件，除此之外，某些法律还规定了其他成立要件。

如《行政处罚法》第 41 条规定，行政机关在作出行政处罚决定前必须告知当事人将要作出的行政处罚决定的事实、理由和根据，并听取当事人的陈述和申辩，否则，该处罚决定不能成立。行政行为的成立并不意味着该行政行为合法有效。只有具备合法要件，才能认定行政行为是合法的，这意味着行政行为的成立是“事实判断”而非“价值判断”。

3.4.2 行政行为的合法要件

一般来说，行政行为的合法要件主要包括：

（一）主体合法

所谓主体合法，是指作出行政行为的组织必须具备行政主体资格，能以自己的名义作出行政行为，并能独立承担法律责任。根据我国有关法律、法规的规定，能够成为行政主体的应当是依法设置的行政机关或依法被授予行政职权的组织。

由于行政行为通常是由行政主体的具体工作人员实施的，因此这些工作人员应具备法定条件，才能保证行政行为的合法有效性。

另外，主体合法除了要求行为主体必须是行政主体之外，还要求其行为必须在权限范围内，如果行政主体的行为超越权限，则其行为不合法，这也是“越权无效”原则的基本要求。

（二）内容合法

行政行为的内容合法要求：（1）行为有确凿的证据证明，有充分的事实根据。（2）行为有明确的法律依据，正确适用了法律、法规、规章以及其他规范性文件。（3）行为必须公正、合理，符合立法目的和立法精神。

（三）程序合法

程序是实施行政行为所经过的步骤、时限、方式等。任何行政行为均须通过一定的程序表现出来，没有脱离程序的行政行为。行政行为程序是否合法影响着行政行为实体的合法性。程序合法与内容合法同等重要，程序也是保证实体公正的基本约束。

3.4.3 行政行为的生效时间

一般说来，具备以上条件的行政行为便可发生预定的法律效力，但是，并不是所有行政行为具备了以上要件便立即生效。行政行为要在现实中产生效力，仅在行政主体内部达成意思表示一致并不够，还必须在与外部的关系上将该意思表示置于行政相对人能够知悉的状态之下。

（1）即时生效。即时生效指行政行为一经作出即对相对人产生法律效力。它一般适用于紧急情况下所作出的需要立即实施的行为。

（2）受领生效。受领生效是指行政行为须为相对人受领，才开始生效。所谓受领，是指行政机关将行政行为告知相对人，并为相对人所接收。受领并不意味着必须得到相对人同意，相对人的同意与否并不影响行政行为的生效，只要行政机关告知相对人，即开始生效。

（3）告知生效。告知生效是指行政机关将行政行为的内容采取公告或宣告等有效形式，使相对人知悉、明了行政行为的内容，该行政行为对相对人才能开始生效。告知形式主要有公告、布告、通告、无线广播、电视播放等。与受领生效不同，告知生效所适用的对象是难以具体确定的相对人。

（4）附条件生效。附条件生效是指行政行为的生效附有一定的期限或其他条件，在所附期限来到或条件成就时，行政行为才开始生效。

3.5 行政行为的无效、撤销与废止

3.5.1 行政行为的无效

行政行为的无效是指行政行为有明显或重大违法情形，自始至终不产生法律效力，具有溯及既往的效力。

（一）行政行为无效的原因

行政行为无效的原因主要有：（1）行政行为有特别重大的违法情形。（2）行政行为具有明显的违法情形。（3）行政主体不明确或明显超越职权的行为。（4）行政主体受胁迫所为的行政行为。（5）没有可能实施的行政行为。（6）行政行为的实施将导致犯罪。

（二）行政行为无效的结果

行政行为无效的结果有：（1）行政行为被确认无效后即自始至终不发生法律效力。（2）行政相对人可不受该行政行为之约束。（3）被确认为无效的行政行为没有时效的限制，有权的国家机关可在任何时候宣布其无效。（4）行政行为被宣布无效后，行政主体因此所得到的一切利益应返还给对方，而对相对人因此所受到的损失应予以赔偿。

3.5.2 行政行为的撤销

行政行为的撤销是指对已经发生法律效力的行政行为，如发现其违法或不当，由有权的国家机关予以撤销，使其失去法律效力。

（一）行政行为撤销的原因

撤销的原因，一般是由于行政行为本身含有违法或不当的因素，如行政行为不具备合法条件、行政行为不适当等。

（二）行政行为撤销的结果

行政行为撤销的结果有：（1）行政行为自撤销之日起失去法律效力。（2）行政行为因行政主体或行政相对人的不同过错而有不同的责任后果。若行政行为是因行政主体的过错而被撤销的，行政主体应予以赔偿；若行政行为是因行政相对人的过错而被撤销的，行政相对人因此所受到的损失自行负责，行政相对人所获得的利益应当予以收回。

3.5.3 行政行为的废止

行政行为的废止是指已经发生法律效力的行政行为，因某种法定情形而依法宣布失去法律效力。

（一）行政行为废止的原因

行政行为废止的原因主要有：法律、法规、规章或政策被修改、废止或撤销；国家形势发生重大变化；原定任务已经执行完毕。

（二）行政行为废止的结果

行政行为废止的结果主要有：自废止之日起行政行为失去法律效力；因行政行为废止给行政相对人带来损失的，行政主体予以适当的补偿。

本章小结

通过本章的学习，了解行政行为的概念、特征和分类，明确行政行为的内容、效力，弄清行政行为的成立要件与合法要件，掌握行政行为的无效、撤销和废止。

行政行为是指行政主体行使行政职权所作出的能够产生行政法律效果的行为。行政行为的特征有：行政行为是执行法律的行为，行政行为具有一定的裁量性，行政行为具有单方意志性，行政行为具有强制性。根据不同的标准，行政行为可以分成不同的种类。行政行为的内容主要有：赋予权益和剥夺权益，科以义务或免除义务，确认法律事实与法律地位。

行政行为通常有以下法律效力：确定力、拘束力、执行力。行政行为发生法律效力是以其成立为前提的。行政行为的成立，是指行政行为的形成或作出。行政行为的合法要件主要包括：主体合法、内容合法、程序合法。行政行为的无效是指行政行为有重大或明显违法情形，自始至终不产生法律效力。行政行为的撤销是指对已经发生法律效力的行政行为，如发现其违法或不当，由有权的国家机关予以撤销，使其失去法律效力。行政行为的废止是指已经发生法律效力的行政行为，因某种法定情形而依法宣布失去法律效力。

关键术语

行政行为　羁束行政行为　裁量行政行为　具体行政行为　抽象行政行为　国家行为　确定力　拘束力　执行力

复习思考题

1. 行政行为的特征有哪些？
2. 行政行为的效力有哪些？
3. 行政行为可如何分类？

4. 行政行为的成立要件有哪些？
5. 行政行为的合法要件有哪些？
6. 行政行为的内容有哪些？

引例分析

某市政府认为其通告属于抽象行政行为的理由只能是，它没有送达到 A、B、C、D 四个屠宰场，而是向全市发布的。认定行政机关的一个行为是否属于具体行政行为，主要不在于其是向特定人送达还是向不特定人发布，而在于其对当事人权利义务的影响。一个行为如果直接地、确定性地影响了特定人的权利和义务，便是具体行政行为；如果属于间接地、不确定地影响了人们的权利义务，便是抽象行政行为。在本案中，某市政府的通告直接地、确定性地影响了 A、B、C、D 的权利和义务，即根据市政府的通告，A 可以继续从事屠宰活动，B、C、D 不得再从事屠宰活动，因此，某市政府的通告属于具体行政行为。

本章阅读书目

1. 应松年主编：《行政行为法》，北京，人民出版社，1993。
2. 马生安：《行政行为研究：宪政下的行政行为基本理论》，济南，山东人民出版社，2008。
3. 胡建淼主编：《行政行为基本范畴研究》，杭州，浙江大学出版社，2005。
4. 叶必丰：《行政行为的效力研究》，北京，中国人民大学出版社，2002。
5. 方世荣：《论具体行政行为》，武汉，武汉大学出版社，1996。

第 4 章

行政立法

引例

孙志刚应聘到广州一家服装公司工作，由于是刚刚到广州，还未来得及办理暂住证。2003 年 7 月 17 日晚 10 时许，孙正在逛街时，被治安人员盘问发现没有办理暂住证而被带到黄村街派出所。后被送到收容站，在收容站被殴打致死。

问：能否因没有暂住证而被认为是盲流，因是盲流而可以被收容遣送？

立法是专门行使立法权的机关制定、颁布法律的行为，根据我国宪法、法律的有关规定，行政机关在某些情况下，对某些特定的管理领域，依照法定的程序，也可以制定某些规范性法律文件。行政机关的这种在一定范围内依法制定抽象性行为规则的活动，就是行政立法。行政立法行为对整个行政管理领域和行政相对人的权利的保护都有着重要的影响。

重点问题

- 行政法规的制定权限
- 行政法规的制定程序
- 行政法规的监督程序
- 规章备案与审查

4.1 行政立法概述

4.1.1 行政立法的基本含义

行政立法是指国家行政机关依照法律规定的权限和程序，制定行政法规和规章的活动。行政立法既具有行政的性质，是一种抽象行政行为；又具有立法的性质，是一种准立法行为。应当结合这两个方面来认识行政立法，将其视为行政与立法在行政行为领域的交叉。

（一）行政立法的行政性质

行政立法的行政性质主要表现在：（1）行政立法的主体是国家行政机关。（2）行政立法所调整的对象主要是行政管理事务及与行政管理密切相关的事务。（3）行政立法的根本目的是实施和执行权力机关制定的法律，实现行政管理职能。

（二）行政立法的立法性质

行政立法的立法性质主要表现在：（1）行政立法是有权行政机关代表国家、以国家名义制定行政法律规范的活动。（2）行政立法所制定的行为规则属于法的范畴，具有法的基本特征，即普遍性、规范性和强制性。（3）行政立法必须遵循相应的立法程序。

4.1.2 行政立法的特点

与权力机关的立法活动及具体行政行为相比，行政立法具有如下特征：

（1）行政立法的主体是特定的国家行政机关。权力机关的立法主体是享有立法权的人大及其常委会，而行政立法的主体是行政机关，并且只能是特定的行政机关，即有权制定行政法规或规章的行政机关。

（2）行政立法是从属性立法。行政机关与权力机关之间存在隶属关系，行政机关进行的行政立法必然地从属于权力机关的立法，是权力机关立法的延伸和具体化。行政立法的从属性，决定了权力机关制定的法律、地方性法规，其效力分别高于国务院的行政法规、规章和地方人民政府的地方性规章。

（3）行政立法具有很强的适应性和针对性。通过制定行政规范和规则的活动，为作出具体行政行为提供依据，是行政立法的主要任务之所在。

（4）行政立法具有灵活性和多样性。国家行政管理事务的广泛性、多样性，决定了行政立法的灵活性、多样性。

4.1.3 行政立法的分类

依据不同的标准，可以对行政立法作不同的分类。

(一) 职权立法与授权立法

行政立法依其权力来源的不同，可以分为职权立法与授权立法。

(1) 职权立法。职权立法是指国家行政机关直接依照宪法和有关组织法规定的职权制定行政法规和规章的活动。《宪法》第89条规定，国务院可以根据宪法和法律，规定行政措施，制定行政法规，发布决定和命令。《宪法》第90条第2款又规定，国务院各部、各委员会根据法律和国务院的行政法规、决定、命令，在本部门的权限内，发布命令、指示和规章。根据《地方组织法》第60条的规定，省、自治区、直辖市以及省、自治区的人民政府所在地的市和经国务院批准的较大的市的人民政府，可以根据法律和国务院的行政法规等制定规章。

(2) 授权立法。授权立法是指依据特定法律、法规授权或依据国家权力机关或上级国家行政机关通过专门决议的授权，制定规范性法律文件的行为。例如，《治安管理处罚法》第7条第2款规定，“治安案件的管辖由国务院公安部门规定”，属于权力机关对行政机关的立法授权。授权立法是针对特定事项的授权。

(二) 中央行政立法与地方行政立法

行政立法依据行使行政立法权主体的不同，可分为中央行政立法与地方行政立法。

(1) 中央行政立法。国务院制定行政法规和国务院各部门制定部门规章的活动称为中央行政立法。中央行政立法所制定的行政法规和规章在全国范围内有法律效力。

(2) 地方行政立法。地方行政立法是指一定层级以上的地方人民政府制定规章的活动。在我国，目前有权进行地方行政立法的机关包括省、自治区、直辖市的人民政府，以及省、自治区的人民政府所在地的市和国务院批准的较大的市的人民政府。

(三) 执行性立法与创制性立法

依据行政立法内容、目的和功能的不同，可以将行政立法分为执行性立法与创制性立法。

(1) 执行性立法。执行性立法是指行政机关为了执行法律或地方性法规以及上级行政机关发布的规范性文件而作出的具体规定。执行性立法所制定的行政法规和规章一般称为“实施条例”、“实施细则”或“实施办法”，如国务院颁布的《中华人民共和国行政复议法实施条例》。

(2) 创制性立法。创制性立法是指行政机关为了填补法律法规的空白或者变通法律法规的个别规定，以实现行政职能而进行的立法，如国务院颁布的《中华人民共和国政府信息公开条例》。

4.1.4 行政立法的效力

行政立法的效力主要是指行政立法对于个人和组织的拘束力、强制执行力以及对于人民法院审判活动的适用力。行政立法有效成立的一般条件有：第一，行政立法的内容不得与宪法、法律和上级行政立法相抵触；第二，不超越行政立法机关享有的行政立法权；第三，遵循法定的程序，符合法律规定的行政立法形式。

(一) 行政立法的效力等级

行政立法的效力等级是指行政法规和规章在我国的法律规范体系中所处的地位。在我国的法律规范体系中，宪法具有最高的法律效力，法律的效力仅次于宪法，高于行政法规和规章。行政法规的效力高于地方性法规和规章。地方性法规的效力高于本级和下级地方政府规章。省、自治区的人民政府制定的规章的效力高于本行政区域内的较大的市的人民政府制定的规章。部门规章之间、部门规章和地方政府规章之间具有同等效力，在各自的权限范围内施行，若它们之间针对同一事项的规定不一致，则由国务院裁决。

（二）行政立法的效力范围

（1）行政立法的时间效力范围。行政立法的时间效力范围包括行政立法的生效时间和失效时间。行政立法的生效时间一般有两种情况：第一，行政立法自发布之日起生效，这是最通用的一种生效方式；第二，行政立法另定生效日期。行政立法的失效时间一般有四种情况：第一，新法废除旧法；第二，授权法规定的授权时效届满；第三，行政立法因规定的社会事实已消灭或效果已完成而失效；第四，在法规清理中宣布行政法规和规章废止。

（2）行政立法的地域效力范围。一般情况下，中央行政机关制定的行政法规或者规章，在全国范围内都有约束力，但是地方规章仅在本行政区域内有效。

（3）行政立法对人的效力范围。行政立法对人的效力是指行政法规和行政规章适用于哪些人，即对哪些人发生效力的问题。一般而言，国务院制定的行政法规和国务院各部委制定的行政规章，除了行政机关本身应当受该法规或规章的约束外，对中华人民共和国境内的所有公民、法人和其他组织以及在我国境内的外国公民、企业、组织和无国籍人都发生法律效力，但有特别规定的除外。省、自治区、直辖市的人民政府，省、自治区人民政府所在地的市以及经国务院批准的较大的市的人民政府制定颁布的规章，只对其管辖区内的组织、个人有效。此时，地域效力与对人的效力是紧密结合在一起的。

4.2 行政立法主体

4.2.1 行政立法主体

行政立法主体是指依法取得行政立法权，可以制定行政法规或规章的国家行政机关。根据我国宪法、组织法以及有关法律、法规的规定，我国行政立法主体主要有以下几种：

（一）国务院

国务院既有依职权立法的权力，又有依国家权力机关和法律授权立法的权力，享有较为完全的行政立法权。国务院的行政立法权包括：

（1）依职权制定行政法规，其形式一般为“条例”、“规定”、“办法”等。2002 年《行政法规制定程序条例》开始施行，对行政法规的立项、起草、审查、决定与公布规定了详细的程序。

（2）根据全国人大及其常委会的授权制定某些具有法律效力的行政法规。

（二）国务院各部门

根据《中华人民共和国立法法》第 71 条的规定，国务院各部、委员会、中国人民银行、审计署和具有行政管理职能的直属机构，可以根据法律和国务院的行政法规、决定、命令，在本部门的权限范围内制定规章。

(三) 省、自治区、直辖市人民政府和较大的市的人民政府

根据我国《立法法》第73条的规定，省、自治区、直辖市人民政府和较大的市的人民政府可以根据法律、行政法规和本省、自治区、直辖市的地方性法规，制定规章。其中较大的市是指省、自治区的人民政府所在地的市，经济特区所在地的市和经国务院批准的较大的市。

从我国的地方组织法和有关法律的规定来看，省、自治区、直辖市人民政府在其权限内可以依法律、法规的授权进行行政立法。除此以外的其他任何行政机关都没有进行行政立法的权力。

4.2.2 行政立法的权限

行政立法的权限主要包括行政法规的立法权限和规章的立法权限。

(一) 行政法规的立法权限

行政法规的立法权限主要包括以下几个方面：

(1) 为执行法律的规定需要制定行政法规的事项。这种立法属执行性立法，必须与法律保持严格一致，不仅要符合法律的原则，而且不能超出法律规定之外创设任何新的权利义务，但可对相关权利义务进行细化。

(2) 全国人大及其常委会授权国务院规定的事项。自1982年《宪法》颁布以来，全国人大及其常委会对国务院通过了四个授权决定：1983年9月，全国人大常委会通过了《关于授权国务院对职工退休退职办法进行部分修改和补充的决定》；1984年9月，全国人大常委会通过了《关于授权国务院改革工商税制和发布试行有关税收条例（草案）的决定》；1985年4月，全国人大通过了《关于授权国务院在经济体制改革和对外开放方面可以制定暂行的规定或者条例的决定》；2012年12月28日，全国人大常委会通过了《关于授权国务院在广东省暂时调整部分法律规定的行政审批的决定》。

(3) 宪法或者法律规定由国务院作出规定的事项。对国家专属立法权的事项，只能由全国人大及其常委会制定法律，行政法规不能规定，但宪法或者法律规定由国务院规定的除外。国家专属立法权的范围，根据《宪法》的规定，大致包括：国家的基本政治、经济、社会制度；公民的基本权利和义务；国家机构的组织、权限和活动原则；刑事、民事、诉讼等基本法律及司法原则和制度；国防、外交等以国家为主体的行为；宪法和法律明确规定的应由全国人大及其常委会行使立法权的其他事项。

(4) 行政机关内部工作制度和工作程序，如行政公文处理办法。

(5) 具体的行政和经济管理事项，但应当由全国人大及其常委会制定法律的事项除外。

(6) 在行政处罚方面，行政法规可以设定除限制人身自由以外的行政处罚。法律对违法行为已经作出行政处罚规定、行政法规需要作具体规定的，必须在法律规定的给予行政处罚的行为、种类和幅度的范围内规定。这样规定，有利于保护行政相对人的合法权益。

（二）规章的立法权限

规章可以分为部门规章和地方政府规章。

（1）部门规章可以制定的事项。国务院各部门制定的规章所规定的事项应属于执行法律或者国务院的行政法规、决定、命令的事项，即国务院部门规章制定的依据是法律或者国务院的行政法规、决定、命令，并且只能在本部门的权限范围内制定规章。如果涉及两个以上国务院部门职权范围的事项，就应当提请国务院制定行政法规或者由国务院有关部门联合制定规章。

（2）地方政府规章可以规定的事项。地方政府规章可以就下列事项作出规定：一是为执行法律、行政法规、地方性法规的规定制定规章的事项；二是属于本行政区域的具体行政管理事项。其中，地方政府制定规章的依据是法律、行政法规和本省、自治区、较大的市的地方性法规。

4.3 行政立法的程序

行政立法的程序，是指行政立法主体依法定权限制定行政法规和行政规章所应遵循的步骤、方式和顺序。规范行政立法程序的法律文件主要有《中华人民共和国立法法》（全国人大 2000 年）、《行政法规制定程序条例》（国务院 2002 年）、《规章制定程序条例》（国务院 2001 年）及《法规规章备案条例》（国务院 2001 年）。

4.3.1 起草

起草是指对列入规划的需要制定的行政法规和规章，由人民政府各主管部门分别草拟法案。一般由政府法制机构或业务部门负责起草。

4.3.2 征求意见

行政立法最具有实质意义的程序是征求意见。在起草行政法规、规章的过程中，应当广泛听取有关机关、公民、社会组织的意见。听取意见可以采取座谈会、论证会、听证会等多种形式。对于涉及其他主管部门的业务或者与其他部门关系密切的规定，应当与有关部门协商一致。征求意见是保证行政立法民主性与科学性的必要途径。

起草行政法规、规章时，应当对与其内容相同的行政法规、规章进行清理。对同一事项，如果作出与别的行政法规、规章不相一致的规定，应当在上报草案时专门提出并说明情况。如果现行的法规、规章被新的法规、规章代替，必须在草案中明示废止。

4.3.3 审查

审查是指行政法规、规章草案拟定之后，送交政府主管机构进行审议、核查的制度。

承担法规、规章审查职能的是政府法制机构。政府法制机构对法规、规章草案审查的主要内容包括行政立法的必要性、可行性、合法性及其立法技术是否符合要求。

4.3.4 通过

通过是指法规、规章在起草、审查完毕后，交由主管机关的正式会议讨论表决的制度。通常国务院制定的行政法规，要经过国务院全体会议或常务会议审议通过；各部委制定的规章，要提交部委常务会议审议通过；地方政府制定的地方规章，要提交地方政府常务会议或办公会议审议通过。通过程序是行政立法合法化的重要步骤。

4.3.5 签署

行政法规、规章通过后，还须经制定机关的行政首长签署，这是行政首长负责制的要求。国务院发布的行政法规，应由国务院总理签署；各部委发布的规章，应由部长或委员会主任签署；地方人民政府发布的地方政府规章，应由省长、自治区主席或市长签署。

4.3.6 发布与备案

发布是行政法规、规章生效的必经程序和必要条件。凡是未经发布的行政法规、规章都不能认为已发生效力。行政法规、规章一般都须通过政府公报，或者通过报纸、杂志、电台、电视等新闻传媒公开发布。

备案是指将已经发布的行政法规、规章上报法定的机关，使其知晓，并在必要时备查的程序。备案本身只是立法程序的一个后续阶段，而不是立法本身。根据《立法法》的规定，行政法规、规章应当在公布后的30日内依照下列程序报有关机关备案：行政法规报全国人大常委会备案；部门规章和地方人民政府规章报国务院备案，地方人民政府规章还应当同时报本级人大常委会备案；较大的市的人民政府制定的规章应当同时报省、自治区的人大常委会和人民政府备案。

4.4 对行政立法的监督

行政立法由于具有普遍约束力和强制执行力，一旦它们违法或不适当，将造成对公民或组织权益广泛而严重的损害，所以，应特别强调对行政立法的监督和审查。对行政立法的监督主要表现在以下几个方面：

4.4.1 权力机关对行政立法的监督

权力机关对行政立法的监督，既可以是事前监督，也可以是事后监督。事前监督主要针对授权立法。权力机关应该严格规定授权立法的目的、性质和范围。授权必须是有限的，不能无限制地授权。严格的授权立法是权力机关对行政立法实行事前监督的最重要的形式。权力机关对行政立法事后监督的主要形式是审查行政立法行为，撤销与宪法、法律相抵触的行政法规或规章。事后监督既可针对授权立法，又可针对职权立法。权力机关对行政立法的监督是保证立法的合法（宪）性的重要方式，也符合人民代表大会制度的权力架构。

4.4.2 上级行政机关对下级行政机关行政立法的监督

上下级行政机关的关系是领导与被领导、监督与被监督的关系。上级行政机关当然享有对下级立法的监督权。根据行政隶属关系，上级行政机关不仅有权撤销下级行政机关违法的规章，而且有权撤销下级行政机关不适当的规章；不仅有权撤销下级行政机关违法、不当的规章，而且有权改变下级行政机关不适当的规章。这意味着上下级之间的行政立法的监督，既是合法性监督，也是合理性监督；既能撤销，也能直接改变。

4.4.3 人民法院对行政立法的监督

由于人民法院在审理行政案件时要参照规章，因此要对规章进行司法审查，审查其是否合法有效、是否越权、是否违反法定程序。人民法院通过审查，如果认为相应行政规章违法、越权或违反法定程序和法定形式，就可以向相应行政机关或其上级行政机关，或者人民代表大会提出撤销或改变的建议。在行政诉讼过程中，人民法院如果发现规章与宪法、法律、行政法规相抵触，可以不予适用。这也是对行政立法的有效监督形式（也是一种消极的监督），并且通过其具体的审判活动维护了法制的统一性。

本章小结

通过本章的学习，了解行政立法的含义和分类，分清行政立法的主体，掌握行政立法的程序和对行政立法的监督。

行政立法是指国家行政机关依照法律规定的权限和程序，制定行政法规和行政规章的活动。行政立法既具有行政的性质，是一种抽象行政行为；又具有立法的性质，是一种准立法行为。依据不同的标准，可以对行政立法作不同的分类：职权立法与授权立法、中央行政立法和地方行政立法、执行性立法与创制性立法。

行政立法的主体有国务院，国务院各部门，省、自治区、直辖市人民政府和较大的市的人民政府。行政立法的程序有起草、征求意见、审查、通过、签署、发布与备案。

权力机关对行政立法的监督，既可以是事前监督，也可以是事后监督。上级行政机关享有对下级立法的监督权。根据行政隶属关系，上级行政机关不仅有权撤销下级行政机关违法的规章，而且有权撤销下级行政机关不适当的规章；不仅有权撤销下级行政机关违法、不当的规章，而且有权改变下级行政机关不适当的规章。由于人民法院在审理行政案件时要参照行政规章，因此要对行政规章进行司法审查，从而对行政立法进行监督。

关键术语

行政立法　行政立法权　授权立法　行政立法的主体　事前监督　事后监督　行政法规　行政规章

复习思考题

1. 什么是行政立法?
2. 行政立法可以如何分类?
3. 行政立法的主体有哪些?
4. 行政立法的程序包括哪些?
5. 对行政立法的监督有哪些形式?

引例分析

国务院于 1982 年制定了《城市流浪乞讨人员收容遣送办法》，根据该办法，公安机关有权将盲流人员从城市遣送回原籍。2000 年全国人大通过了《中华人民共和国立法法》，根据该法第 8 条第 5 项的规定，对公民政治权利的剥夺、限制人身自由的强制措施和处罚只能制定法律。因此，根据该项规定，限制人身自由属于法律保留的事项，即只能由法律作出规定，而不能由其他法律文件规定。《立法法》第 9 条还规定：本法第 8 条规定的事项尚未制定法律的，全国人大及其常委会有权作出决定，授权国务院可以根据实际需要，对其中的部分事项先制定行政法规，但是有关犯罪和刑罚、对公民政治权利的剥夺和限制人身自由的强制措施和处罚、司法制度等事项除外。可见，限制人身自由不仅属于法律保留的事项，而且属于法律绝对保留的事项，即只能由法律规定而不能授权国务院的事项。国务院制定的《城市流浪乞讨人员收容遣送办法》规定了在何种情况下可以限制公民的人身自由的内容，超出了行政法规可以规定的权限范围。正因为如此，国务院于 2003 年废止了该办法。

本章阅读书目

1. 刘莘：《行政立法研究》，北京，法律出版社，2003。
2. 吴浩主编：《国外行政立法的公众参与制度》，北京，中国法制出版社，2008。
3. 曾祥华：《行政立法的正当性研究》，北京，中国人民公安大学出版社，2007。
4. 王学辉、邓华平：《行政立法成本分析与实证研究》，北京，法律出版社，2006。

第5章

行政许可

引例

2003年3月14日，原告南京知识律师事务所受代理人委托，向被告中华人民共和国国家工商行政管理总局商标局提交了“易民 EMI.”商标注册的申请。2003年7月17日，被告作出了关于不予受理该注册商标申请的85号通知，称由于原告不是《中华人民共和国商标法实施条例》中规定的“商标代理组织”，提交的商标代理委托书不具有法律效力，故决定不受理原告关于“易民 EMI.”商标的注册。原告不服85号通知而申请复议。国家工商总局作出行政复议决定维持85号通知。原告仍不服，认为现行法律未对商标代理组织予以统一界定，更未禁止作为法律服务组织的律师事务所从事商标代理法律事务，遂诉至北京市第一中级人民法院，请求撤销该85号通知。

问：《商标法实施条例》有无权力设定商标代理资格？

2003年8月27日，全国人大常委会通过了《中华人民共和国行政许可法》，于2004年7月1日起施行。这部法律的公布施行，对于保护公民、法人和其他组织的合法权益，深化行政审批制度的改革，推进行政管理体制的改革，从源头上预防和治理腐败，保障和监督行政机关有效实施行政管理，都具有非常重大的意义。

重点问题

- 行政许可的基本原则
- 行政许可的实施主体
- 行政许可的设定权限分配
- 行政许可听证程序

5.1　行政许可概述

5.1.1　行政许可的基本含义

《行政许可法》第 2 条规定：“本法所称行政许可，是指行政机关根据公民、法人或者其他组织的申请，经依法审查，准予其从事特定活动的行为。”根据这一规定，可以将行政许可的基本特征分解如下：

（一）行政许可是依申请的行政行为

行政相对人针对特定事项向行政主体提出申请，是行政主体实施行政许可行为的前提条件。一方面，行政主体不能主动赋予行政相对人某种资格或者权利，因此此处行政主体是被动的。另一方面，行政相对人的申请也仅仅具有启动的作用，行政主体有权对行政相对人是否符合相应法律、法规、规章规定的特定条件进行审查，进而决定是否对行政相对人颁发相应的行政许可证或者执照。

（二）行政许可的内容是国家一般禁止的活动

行政许可以一般禁止为前提，以个别解禁为内容。国家出于社会公共利益的考虑，对某些权利和自由予以一般禁止，而行政许可则是在国家一般禁止的前提下，对符合特定条件的行政相对人解除禁止，使其享有特定的资格或者权利，能够实施某项特定行为。对一般禁止活动的许可，使得国家可以对社会秩序进行有效管控。

（三）行政许可是行政主体赋予行政相对人某种法律资格或者法律权利的具体行政行为

行政许可能够使行政相对人直接获得实施某种行为或者从事某种活动的法律资格或者权利，是针对特定的人、特定的事项作出的一种具体行政行为。同时，行政许可具有授益性，它与行政处罚、行政强制不同，后两者是对行政相对人科以义务或者予以惩罚。这也要求在作出行政许可时，行政主体应尽到详尽审查的职责。

（四）行政许可是一种外部行政行为

《行政许可法》第 3 条第 2 款规定：“有关行政机关对其他机关或者对其直接管理的事业单位的人事、财务、外事等事项的审批，不适用本法。”根据这一规定，行政许可是行政机关针对行政相对人的一种管理行为，是行政机关依法管理经济和社会事务的一种外部行为，而不包括内部管理活动。

（五）行政许可是一种要式行政行为

行政相对人申请行政许可，必须以书面形式提出。行政许可赋予行政相对人某种法律资格或者法律权利，也必须以一定的形式出现，实践中最常见的是许可证和执照。也就是说，行政许可必须遵循一定的法定形式，行政许可应当是明示书面许可，应当有正规的文书、印章等予以认可和证明。这也给一般社会公众甄别和判断带来便利，有利于促进社会信任和市场交易的进行。

5.1.2 行政许可的种类

根据不同的标准，可将行政许可作如下分类：

（1）以许可的性质为标准，分为行为许可和资格许可。

行为许可是指允许符合条件的申请人从事某项活动的许可，如生产、经营许可。这类许可在内容上仅限于许可被许可人进行某种行为活动，不包含资格权能的特别证明内容。

资格许可是指行政主体应申请人的申请，经过一定的考核程序核发一定的证明文书，允许其享有某种资格或具备某种能力的许可，如律师证、会计师执照、驾驶执照等。一般来说，资格许可中同时也包含了对被许可人的行为许可，这意味着获得该资格即可从事特定行为或职业。

（2）以许可的书面形式及其能否单独使用为标准，分为独立的许可和附文件的许可。

独立的许可指许可证已经规定了所有许可内容，无须其他文件补充说明的许可，如林木采伐许可证、特种刀具购买证等。明确的范围、事项、时间等是独立的许可的显著特点。

附文件的许可是指由于特殊条件的限制，需要附文件加以说明的许可。这种许可在申请、审批或使用时，均应将附加文件附在许可证后作补充性说明，如商标许可证书中还需附有商标的设计图样，否则许可证将无法使用。

（3）以许可是否有附加义务为标准，分为权利性许可和附义务的许可。

权利性许可也称无条件放弃的许可，指申请人取得行政许可后，并不承担作为义务，可自由放弃被许可的权利，并且并不因此承担任何法律责任的许可，如持枪证、排污许可证等。

附义务的许可也称有条件放弃的许可，指被许可人获得许可的同时，也承担一定期限内从事该活动的义务，否则要承担一定法律责任的许可。如《中华人民共和国企业法人登记管理条例》规定，企业在获准登记，取得营业执照后一年内应开展经营活动，否则将视为自动放弃，工商行政管理部门有权吊销营业执照。

（4）以许可享有的程度为标准，分为排他性许可和非排他性许可。

排他性许可又称独占许可，是指某个人或组织获得该项许可后，其他任何人或组织均不能再获得该项许可，最具代表性的是商标许可。

非排他性许可又称共存许可，是指可以为具备法定条件的任何个人或组织所申请并获得的许可，大部分行政许可都是非排他性许可。一般来说，资格许可均是非排他性许可。

5.1.3 行政许可的原则

（1）合法原则。《行政许可法》第4条规定：“设定和实施行政许可，应当依照法定的权限、范围、条件和程序。”

（2）公开、公平、公正原则。《行政许可法》第5条规定：“设定和实施行政许可，应当遵循公开、公平、公正的原则。有关行政许可的规定应当公布；未经公布的，不得作为实施行政许可的依据。行政许可的实施和结果，除涉及国家秘密、商业秘密或者个人隐私的外，应当公开。符合法定条件、标准的，申请人有依法取得行政许可的平等权利，行政机关不得歧视。”

（3）便民原则。《行政许可法》第 6 条规定：“实施行政许可，应当遵循便民的原则，提高办事效率，提供优质服务。”

（4）救济原则。《行政许可法》第 7 条规定：“公民、法人或者其他组织对行政机关实施行政许可，享有陈述权、申辩权；有权依法申请行政复议或者提起行政诉讼；其合法权益因行政机关违法实施行政许可受到损害的，有权依法要求赔偿。”

（5）信赖保护原则。《行政许可法》第 8 条规定：“公民、法人或者其他组织依法取得的行政许可受法律保护，行政机关不得擅自改变已经生效的行政许可。行政许可所依据的法律、法规、规章修改或者废止，或者准予行政许可所依据的客观情况发生重大变化的，为了公共利益的需要，行政机关可以依法变更或者撤回已经生效的行政许可。由此给公民、法人或者其他组织造成财产损失的，行政机关应当依法给予补偿。”信赖保护原则写入《行政许可法》是重大的立法进步。

（6）禁止转让原则。《行政许可法》第 9 条规定：“依法取得的行政许可，除法律、法规规定依照法定条件和程序可以转让的外，不得转让。”

（7）监督原则。《行政许可法》第 10 条规定：“县级以上人民政府应当建立健全对行政机关实施行政许可的监督制度，加强对行政机关实施行政许可的监督检查。行政机关应当对公民、法人或者其他组织从事行政许可事项的活动实施有效监督。”

5.2　行政许可的设定

5.2.1　行政许可的设定原则

根据《行政许可法》第 11 条的规定，行政许可的设定原则是：“设定行政许可，应当遵循经济和社会发展规律，有利于发挥公民、法人或者其他组织的积极性、主动性，维护公共利益和社会秩序，促进经济、社会和生态环境协调发展。”

5.2.2　行政许可的设定事项

根据《行政许可法》第 12 条的规定，下列事项可以设定行政许可：

（1）直接涉及国家安全、公共安全、经济宏观调控、生态环境保护以及直接关系人身健康、生命财产安全等特定活动，需要按照法定条件予以批准的事项。

（2）有限自然资源开发利用、公共资源配置以及直接关系公共利益的特定行业的市场准入等，需要赋予特定权利的事项。

（3）提供公众服务并且直接关系公共利益的职业、行业，需要确定具备特殊信誉、特殊条件或者特殊技能等资格、资质的事项。

（4）直接关系公共安全、人身健康、生命财产安全的重要设备、设施、产品、物品，需要按照技术标准、技术规范，通过检验、检测、检疫等方式进行审定的事项。

（5）企业或者其他组织的设立等，需要确定主体资格的事项。

（6）法律、行政法规规定可以设定行政许可的其他事项。

同时，《行政许可法》第13条还规定了行政许可设定的优先原则，即通过下列方式能够予以规范的，可以不设行政许可：第一，公民、法人或者其他组织能够自主决定的；第二，市场竞争机制能够有效调节的；第三，行业组织或者中介机构能够自律管理的；第四，行政机关采用事后监督等其他行政管理方式能够解决的。《行政许可法》通过正反两方面界定了行政许可设定的边界。在市场经济发育日趋成熟的当下，应扩大社会自治的范围，将行政许可保留在必要范围之内。

5.2.3 行政许可设定权的分配

有关行政许可设定权的分配问题，《行政许可法》分别规定了法律、行政法规、地方性法规和规章的权限，其基本规律是随着效力位阶的降低，设定权也逐步受到更大限制。

（一）法律的设定权

《行政许可法》第14条规定，该法第12条所列事项，法律可以设定行政许可。因此，法律可以设定任何行政许可。

（二）行政法规的设定权

根据《行政许可法》规定，尚未制定法律的，行政法规可以设定行政许可。必要时，国务院可以采用发布决定的方式设定行政许可。实施后，除临时性行政许可事项外，国务院应当及时提请全国人大及其常委会制定法律，或者自行制定行政法规。

行政法规可以在法律设定的行政许可事项范围内，对实施该行政许可作出具体规定。

（三）地方性法规的设定权

《行政许可法》第15条规定，该法第12条所列事项，尚未制定法律、行政法规的，地方性法规可以设定行政许可。

地方性法规可以在法律、行政法规设定的行政许可事项范围内，对实施该行政许可作出具体规定。

（四）规章的设定权

《行政许可法》规定，尚未制定法律、行政法规和地方性法规的，因行政管理的需要，确需立即实施行政许可的，省、自治区、直辖市人民政府规章可以设定临时性的行政许可。临时性的行政许可实施满一年需要继续实施的，应当提请本级人民代表大会及其常务委员会制定地方性法规。

规章可以在上位法设定的行政许可事项范围内，对实施该行政许可作出具体规定。

5.2.4 行政许可设定权的限制

（1）对地方性法律文件的限制。地方性法规和省、自治区、直辖市人民政府规章，不得设定应当由国家统一确定的公民、法人或者其他组织的资格、资质的行政许可；不得设定企业或者其他组织的设立登记及其前置性行政许可。其设定的行政许可，不得限制其他地区的个人或者企业到本地区从事生产经营和提供服务，不得限制其他地区的商品进入本地区市场。这意味着上述事项是全国性法律文件的保留事项。

（2）内容上的限制。法规、规章对实施上位法设定的行政许可作出的具体规定，不得增设行政许可；对行政许可条件作出的具体规定，不得增设违反上位法的其他条件。

（3）法律文件的限制。《行政许可法》第17条规定，除该法第14条、第15条规定的外，其他规范性文件一律不得设定行政许可。此举意在防止基层政府乱设行政许可。

5.2.5 行政许可设定权的要求

（1）行政许可的设定内容，有明确的要求。《行政许可法》第18条规定："设定行政许可，应当规定行政许可的实施机关、条件、程序、期限。"

（2）设定行政许可，应当听取意见和说明理由。

（3）《行政许可法》还规定了行政许可的评价制度和授权停止实施行政许可制度，使行政许可的设定、修改、取消与社会经济发展相适应。

5.3 行政许可的实施

5.3.1 行政许可的实施机关

具有行政许可权的行政机关、法律法规授权的组织以及受委托行使行政许可权的机关均可实施行政许可行为。

行政许可由具有行政许可权的行政机关在其法定职权范围内实施。法律法规授权的具有管理公共事务职能的组织，在法定授权范围内，以自己的名义实施行政许可。被授权的组织适用《行政许可法》有关行政机关的规定。

行政机关在其法定职权范围内，依照法律、法规、规章的规定，可以委托其他行政机关实施行政许可。委托行政机关应当将受委托行政机关和受委托实施行政许可的内容予以公告。委托行政机关对受委托行政机关实施行政许可的行为应当负责监督，并对该行为的后果承担法律责任。

经国务院批准，省、自治区、直辖市人民政府根据精简、统一、效能的原则，可以决定一个行政机关行使有关行政机关的行政许可权。

行政机关实施行政许可，不得向申请人提出购买指定商品、接受有偿服务等不正当要求。行政机关工作人员办理行政许可，不得索取或者收受申请人的财物，不得谋取其他利益。

对直接关系公共安全、人身健康、生命财产安全的设备、设施、产品、物品的检验、检测、检疫，除法律、行政法规规定由行政机关实施的外，应当逐步由符合法定条件的专业技术组织实施。专业技术组织及其有关人员对所实施的检验、检测、检疫结论承担法律责任。

5.3.2 行政许可的实施程序

（一）申请与受理

公民、法人或者其他组织从事特定活动，依法需要取得行政许可的，应当向行政机关提出申请。申请书需要采用格式文本的，行政机关应当向申请人提供行政许可申请书格式文本。申请书格式文本中不得包含与申请行政许可事项没有直接关系的内容。申请人可以委托代理人提出行政许可申请。但是，依法应当由申请人到行政机关办公场所提出行政许可申请的除外。行政许可申请可以通过信函、电报、电传、传真、电子数据交换和电子邮件等方式提出。

行政机关对申请人提出的行政许可申请，应当根据下列情况分别作出处理：(1) 申请事项依法不需要取得行政许可的，应当即时告知申请人不受理。(2) 申请事项依法不属于本行政机关职权范围的，应当即时作出不予受理的决定，并告知申请人向有关行政机关申请。(3) 申请材料存在可以当场更正的错误的，应当允许申请人当场更正。(4) 申请材料不齐全或者不符合法定形式的，应当当场或者在五日内一次告知申请人需要补正的全部内容，逾期不告知的，自收到申请材料之日起即为受理。(5) 申请事项属于本行政机关职权范围，申请材料齐全、符合法定形式，或者申请人按照本行政机关的要求提交全部补正申请材料的，应当受理行政许可申请。

（二）审查与决定

行政机关应当对申请人提交的申请材料进行审查。申请人提交的申请材料齐全、符合法定形式，行政机关能够当场作出决定的，应当当场作出书面的行政许可决定。根据法定条件和程序，需要对申请材料的实质内容进行核实的，行政机关应当指派两名以上工作人员进行核查。

行政机关对行政许可申请进行审查时，发现行政许可事项直接关系他人重大利益的，应当告知该利害关系人。申请人、利害关系人有权进行陈述和申辩。行政机关应当听取申请人、利害关系人的意见。

行政机关对行政许可申请进行审查后，除当场作出行政许可决定的外，应当在法定期限内按照规定程序作出行政许可决定。

申请人的申请符合法定条件、标准的，行政机关应当依法作出准予行政许可的书面决定。行政机关依法作出不予行政许可的书面决定的，应当说明理由，并告知申请人享有依法申请行政复议或者提起行政诉讼的权利。

行政机关作出的准予行政许可决定，应当予以公开，公众有权查阅。

法律、行政法规设定的行政许可，其适用范围没有地域限制的，申请人取得的行政许可在全国范围内有效。

（三）期限

除可以当场作出行政许可决定的外，行政机关应当自受理行政许可申请之日起 20 日内作出行政许可决定。20 日内不能作出决定的，经本行政机关负责人批准，可以延长 10 日，并应当将延长期限的理由告知申请人。但是，法律、法规另有规定的，依照其规定。

依照《行政许可法》第 26 条的规定，行政许可采取统一办理或者联合办理、集中办理的，办理的时间不得超过 45 日；45 日内不能办结的，经本级人民政府负责人批准，可以延长 15 日，并应当将延长期限的理由告知申请人。

依法应当先经下级行政机关审查后报上级行政机关决定的行政许可，下级行政机关应当自其受理行政许可申请之日起 20 日内审查完毕。但是，法律、法规另有规定的，依照其规定。

行政机关作出准予行政许可的决定，应当自作出决定之日起 10 日内向申请人颁发、送达行政许可证件，或者加贴标签，加盖检验、检测、检疫印章。

行政机关作出行政许可决定，依法需要听证、招标、拍卖、检验、检测、检疫、鉴定和专家评审的，所需时间不计算在上述规定的期限内。行政机关应当将所需时间书面告知申请人。

(四) 听证

法律、法规、规章规定实施行政许可应当听证的事项，或者行政机关认为需要听证的其他涉及公共利益的重大行政许可事项，行政机关应当向社会公告，并举行听证。

行政许可直接涉及申请人与他人之间重大利益关系的，行政机关在作出行政许可决定前，应当告知申请人、利害关系人享有要求听证的权利；申请人、利害关系人在被告知听证权利之日起 5 日内提出听证申请的，行政机关应当在 20 日内组织听证。申请人、利害关系人不承担行政机关组织听证的费用。

(五) 变更与延续

被许可人要求变更行政许可事项的，应当向作出行政许可决定的行政机关提出申请；符合法定条件、标准的，行政机关应当依法办理变更手续。

被许可人需要延续依法取得的行政许可的有效期的，应当在该行政许可有效期届满 30 日前向作出行政许可决定的行政机关提出申请。但是，法律、法规、规章另有规定的，依照其规定。行政机关应当根据被许可人的申请，在该行政许可有效期届满前作出是否准予延续的决定；逾期未作决定的，视为准予延续。

5.3.3 行政许可的费用

行政机关实施行政许可和对行政许可事项进行监督检查，不得收取任何费用。但是，法律、行政法规另有规定的，依照其规定。

行政机关提供行政许可申请书格式文本，不得收费。

5.4 行政许可的监督检查

5.4.1 行政机关内部的层级监督检查

上级行政机关应当加强对下级行政机关实施行政许可的监督检查，及时纠正行政许可实施中的违法行为。

5.4.2 行政机关对被许可人的监督检查

（1）书面检查。行政机关应当建立健全监督制度，通过核查反映被许可人从事行政许可事项活动情况的有关材料，履行监督责任。行政机关依法对被许可人从事行政许可事项的活动进行监督检查时，应当将监督检查的情况和处理结果予以记录，由监督检查人员签字后归档。

（2）抽样检查、检验、检测与实地检查。行政机关可以对被许可人生产经营的产品依法进行抽样检查、检验、检测，对其生产经营场所依法进行实地检查。检查时，行政机关可以依法查阅或者要求被许可人报送有关材料；被许可人应当如实提供有关情况和材料。

（3）对取得特许权的被许可人的监督检查。取得直接关系公共利益的特定行业的市场准入行政许可的被许可人，应当按照国家规定的服务标准、资费标准和行政机关依法规定的条件，向用户提供安全、方便、稳定和价格合理的服务，并履行普遍服务的义务；未经作出行政许可决定的行政机关批准，不得擅自停业、歇业。被许可人不履行上述义务的，行政机关应当责令限期改正，或者依法采取有效措施督促其履行义务。

5.4.3 行政许可的撤销

《行政许可法》第69条规定，有下列情形之一的，作出行政许可决定的行政机关或者其上级行政机关，根据利害关系人的请求或者依据职权，可以撤销行政许可：

（1）行政机关工作人员滥用职权、玩忽职守作出准予行政许可决定的。

（2）超越法定职权作出准予行政许可决定的。

（3）违反法定程序作出准予行政许可决定的。

（4）对不具备申请资格或者不符合法定条件的申请人准予行政许可的。

（5）依法可以撤销行政许可的其他情形。

被许可人以欺骗、贿赂等不正当手段取得行政许可的，应当予以撤销。

依照上述两款的规定撤销行政许可，可能对公共利益造成重大损害的，不予撤销，意在保护社会关系和社会秩序的稳定性。依照第1款的规定撤销行政许可，被许可人的合法权益受到损害的，行政机关应当依法给予赔偿，这也是“信赖保护原则”的要求。依照第2款的规定撤销行政许可的，被许可人基于行政许可取得的利益不受保护。

5.4.4 行政许可的注销

《行政许可法》第70条规定，有下列情形之一的，行政机关应当依法办理有关行政许可的注销手续：

（1）行政许可有效期届满未延续的。

（2）赋予公民特定资格的行政许可，该公民死亡或者丧失行为能力的。

(3) 法人或者其他组织依法终止的。

(4) 行政许可依法被撤销、撤回，或者行政许可证件依法被吊销的。

(5) 因不可抗力导致行政许可事项无法实施的。

(6) 法律、法规规定的应当注销行政许可的其他情形。

5.5 法律责任

5.5.1 行政许可机关及其工作人员的法律责任

违反《行政许可法》第 17 条规定设定的行政许可，有关机关应当责令设定该行政许可的机关改正，或者依法予以撤销。

行政机关及其工作人员违反该法的规定，有下列情形之一的，由其上级行政机关或者监察机关责令改正；情节严重的，对直接负责的主管人员和其他直接责任人员依法给予行政处分：第一，对符合法定条件的行政许可申请不予受理的；第二，不在办公场所公示依法应当公示的材料的；第三，在受理、审查、决定行政许可过程中，未向申请人、利害关系人履行法定告知义务的；第四，申请人提交的申请材料不齐全、不符合法定形式，不一次告知申请人必须补正的全部内容的；第五，未依法说明不受理行政许可申请或者不予行政许可的理由的；第六，依法应当举行听证而不举行听证的。

行政机关实施行政许可，有下列情形之一的，由其上级行政机关或者监察机关责令改正，对直接负责的主管人员和其他直接责任人员依法给予行政处分；构成犯罪的，依法追究刑事责任：第一，对不符合法定条件的申请人准予行政许可或者超越法定职权作出准予行政许可决定的；第二，对符合法定条件的申请人不予行政许可或者不在法定期限内作出准予行政许可决定的；第三，依法应当根据招标、拍卖结果或者考试成绩择优作出准予行政许可决定，未经招标、拍卖或者考试，或者不根据招标、拍卖结果或者考试成绩择优作出准予行政许可决定的。

行政机关实施行政许可，擅自收费或者不按照法定项目和标准收费的，由其上级行政机关或者监察机关责令退还非法收取的费用；对直接负责的主管人员和其他直接责任人员依法给予行政处分。截留、挪用、私分或者变相私分实施行政许可依法收取的费用的，予以追缴；对直接负责的主管人员和其他直接责任人员依法给予行政处分；构成犯罪的，依法追究刑事责任。

5.5.2 行政许可申请人及被许可人的法律责任

行政许可申请人隐瞒有关情况或者提供虚假材料申请行政许可的，行政机关不予受理或者不予行政许可，并给予警告；行政许可申请属于直接关系公共安全、人身健康、生命财产安全事项的，申请人在一年内不得再次申请该行政许可。

被许可人以欺骗、贿赂等不正当手段取得行政许可的，行政机关应当依法给予行政处罚；取得的行政许可属于直接关系公共安全、人身健康、生命财产安全事项的，申请人在三年内不得再次申请该行政许可；构成犯罪的，依法追究刑事责任。

被许可人有下列行为之一的，行政机关应当依法给予行政处罚；构成犯罪的，依法追究刑事责任：第一，涂改、倒卖、出租、出借行政许可证件，或者以其他形式非法转让行政许可的；第二，超越行政许可范围进行活动的；第三，向负责监督检查的行政机关隐瞒有关情况、提供虚假材料或者拒绝提供反映其活动情况的真实材料的；第四，法律、法规、规章规定的其他违法行为。

公民、法人或者其他组织未经行政许可，擅自从事依法应当取得行政许可的活动的，行政机关应当依法采取措施予以制止，并依法给予行政处罚；构成犯罪的，依法追究刑事责任。

本章小结

通过本章的学习，了解行政许可的含义和分类，理解行政许可的设定，掌握行政许可的程序。

行政许可是指行政机关根据行政相对人的申请，依照有关法律、法规的规定，通过颁发证明或批准、登记、认可等方式，允许其从事某项活动，行使某项权利，获得某种资格和能力的具体行政行为。根据不同的标准，可将行政许可作不同分类。行政许可权是一种裁量权，是行政机关发放许可证的权力。

关键术语

行政许可　行政许可证　行政许可权　行政许可设定权　行政许可的程序　排他性许可

复习思考题

1. 什么是行政许可？
2. 行政许可有哪些主要分类？
3. 行政许可设定权是怎样分配的？
4. 行政许可的基本程序有哪些？

引例分析

北京市第一中级人民法院认为，根据《中华人民共和国律师法》的规定，律师可以接受非诉讼法律事务当事人委托，提供法律服务。原告从事该项业务的权利应受法律保护。同时，国务院已经取消了“商标代理组织审批”和“商标代理人资格核准”这两个行政审批项目，相关规定也未禁止律师从事该业务且未对提供商标代理服务的主体作出特别要求。在《律师法》已有相关规定的前提下，被告关于原告不能从事该项业务的主张不能成立。被告拒绝受理原告作为代理人提交的商标注册申请缺乏法律依据，故北京市第一中级人民法院依法作出了撤销商标局作出的85号不予受理“易民 EMI.”商标注册申请的通知的一审判决。

此外，我们认为，根据《行政许可法》关于行政许可设定权的规定，作为规章，只能是省级人民政府的规章才可以设定临时性的行政许可，其他有权制定规章的行政机关都无权设定行政许可。国家工商总局制定的《商标法实施条例》设定了商标代理资格，违反了《行政许可法》关于行政许可设定权分配的规定，因而是无效的。

本章阅读书目

1. 肖金明主编：《行政许可要论》，济南，山东大学出版社，2003。
2. 杨临萍：《行政许可法与司法审查》，北京，人民法院出版社，2004。
3. 汪永清主编：《中华人民共和国行政许可法释义》，北京，中国法制出版社，2003。

第6章

行政强制

引例

张某系吉林人，与四川某酒厂达成以粮换酒的协议。张某将粮食发到四川某酒厂，四川某酒厂将一部分酒发到吉林。但是，由于四川的酒在吉林的销售状况不佳，故张某向酒厂提出不要再发酒来而将钱款汇来，而酒厂提出根据协议只能发酒无法汇钱。双方遂引发纠纷。张某向当地公安机关报案。当地公安机关派员赴四川某酒厂，以经济诈骗为由将酒厂厂长收容，押到吉林。

问：公安机关收容酒厂厂长的行为是否合法？

随着市场经济和民主法制建设的发展，行政强制制度已经引起了人们的普遍关注，但滥施行政强制和行政强制不足在我国依然并存，行政强制的法律规范性程度较低仍然是客观事实。《中华人民共和国行政强制法》于2011年6月30日经全国人大常委会通过并于2012年起实施，成为我国行政强制领域的“基本法”。

重点问题

- 行政强制的类型
- 行政强制执行的程序
- 行政即时强制的适用条件
- 行政强制措施的适用条件

6.1 行政强制概述

在承认行政相对人独立地位的前提下，行政机关有权力、也有责任对违法的行政相对人进行处罚或采取一定的措施以维护正常的行政秩序。在行政相对人不履行义务的情况下，必须有相应的公共权力保证义务的实现。这是行政秩序的要求，也是行政行为自身效力的体现，行政强制制度因此应运而生。

关于行政强制的适用，一般依据《行政强制法》的规定；另有一些有关行政强制行为的规定，散见于《行政诉讼法》、《行政处罚法》等法律法规之中。

6.1.1 行政强制的概念及特征

（一）行政强制的概念

《行政强制法》并没有对“行政强制”予以综合性定义，而是分解为两个概念分别定义。《行政强制法》第2条规定：本法所称行政强制，包括行政强制措施和行政强制执行。行政强制措施，是指行政机关在行政管理过程中，为制止违法行为、防止证据损毁、避免危害发生、控制危险扩大等情形，依法对公民的人身自由实施暂时性限制，或者对公民、法人或者其他组织的财物实施暂时性控制的行为。行政强制执行，是指行政机关或者行政机关申请人民法院，对不履行行政决定的公民、法人或者其他组织，依法强制履行义务的行为。

（二）行政强制的特征

一般来讲，行政强制具有如下特征：

（1）行政强制的主体是行政主体，即行政机关或法律法规授权的组织。在行政机关或法律法规授权的组织没有权力直接采取行政强制执行的情况下，可以依法申请人民法院实施强制执行，但行政强制的主体并不因此变成人民法院，行政强制也没有因此改变其行政的性质。

（2）行政强制的对象是行政相对人的财物和人身自由。由于行政相对人拒不履行行政法义务，或对社会秩序及他人人身健康和安全可能构成危害或其本身正处于或将处于某种危险状态中，导致行政主体作出行政强制行为。

（3）行政强制的目的是为了实现一定的行政目的，保障行政管理的顺利进行，确保行政行为的实效性，维护公民利益。

（4）行政强制是典型的侵益行政行为，对公民的财物或人身进行强制，因此尤其强调“依法行政”的原则。

6.1.2 行政强制的分类

（一）对人身、财产及行为的强制

这是以行政强制行为所调整的对象和内容为标准所作的分类。

（1）对人身的强制。是指国家有权机关，如公安机关、海关等对那些可能威胁现行的社会秩序或公共利益、或者拒不履行法定或规定义务的行政相对人，所采取的限制人身自由或迫使其履行义务的强制措施。根据我国现行有关法律、法规的规定，对人身的强制措施主要有：收容审查、强制治疗、强制戒毒、强制传唤、强制扣留、强制隔离、强制遣返、强制带离现场等。限制人身自由的行政强制只能由法律设定。

（2）对财产的强制。是指行政主体对负有履行法定财产义务却拒不履行的行政相对人，所采取的迫使其履行义务或达到与履行义务相同状态的强制措施。根据我国现行法律、法规的规定，对财产的强制措施主要有：查封、冻结、扣押、划拨、扣缴、强行拆除建筑物、变价出售、强制抵缴、强制退还等。

（3）对行为的强制。是指行政主体对拒不履行行政作为或不作为义务的行政相对人，所采取的强制其履行作为或不作为义务的行政强制措施，如强制许可、强制登记、强制检定。

（二）即时性强制与执行性强制

这是以行政强制行为的目的和程序的阶段性为标准所作的分类。

（1）即时性强制。是指行政主体为了维护社会秩序、保障公共利益和公共安全，保护公民的人身权和财产权免受侵害，依法定职权，预防或制止某种可能或正在发生的违法行为或危害社会及公民个人安全的行为，所采取的紧急性的行政强制行为。

（2）执行性强制。是指行政主体为了保证法律、法规、规章和其他规范性文件以及行政主体依法作出的行政决定所确定的行政相对人的义务的实现，所采取的迫使其履行相应义务或通过其他法定方式使义务得以实现的行政强制行为。执行性强制包括查封、扣押、冻结、划拨、扣缴、抵缴、强制收购、限价出售等直接强制执行措施和执行罚、代执行等间接强制执行措施。

（三）法定方类方式：行政强制措施与行政强制执行

这是《行政强制法》对行政强制作出的种类划分，其概念在前文中已详述，一般认为二者的区别如下：

（1）前提不同：行政强制执行以相对人不履行行政行为所确定的义务为前提，而行政强制措施不以相对人存在法定义务为前提。

（2）目的不同：行政强制执行的目的是迫使义务人履行义务，而行政强制措施目的在于预防、制止危害行为或者危险事态的发生或发展，防止证据毁损等情形。

（3）实施主体不同：行政强制执行包括由行政主体自行强制执行及由行政主体申请人民法院强制执行，而采取行政强制措施的只能是行政主体。

（4）实施程序不同：法律对行政强制执行与行政管制措施确定了不同的程序。

6.2 行政强制执行

6.2.1 行政强制执行的概念与特征

（一）行政强制执行的概念

行政强制执行是指行政机关或行政机关申请人民法院，对不履行行政决定的公民、法人或者其他组织，依法强制履行义务的行为。

（二）行政强制执行的特征

一般来讲，行政强制执行具有以下特征：

（1）行政强制执行以行政相对人不履行行政法上的义务为前提。行政强制执行是只有当负有行政法上义务的行政相对人不履行义务时，行政机关为了使行政管理活动正常进行，而不得已采取的一种强迫行政相对人履行义务的手段。行政相对人不履行行政法上的义务是行政强制执行的前提。

（2）行政强制执行由法律规定的行政机关或人民法院来实施。根据法律法规的规定，行政强制执行的主体有两类：一类是由行政机关依照法律、法规的授权对行政相对人直接采取强制执行措施。这类机关主要有公安、税务、海关、工商、物价、审计、外汇管理等行政机关。另一类是由行政机关向人民法院提出强制执行的申请，由人民法院执行。

（3）行政强制执行的对象范围广泛。行政强制执行的对象可以是物，如强制划拨银行存款；也可以是行为，如专利强制许可；还可以是人，如行政拘留。

（4）行政强制执行可以达成执行协议。也就是说，实施行政强制执行，行政机关可以在不损害公共利益和他人合法权益的情况下，与当事人达成执行协议。执行协议可以约定分阶段履行；当事人采取补救措施的，可以减免加处的罚款或者滞纳金。执行协议应当履行。当事人不履行执行协议的，行政机关应当恢复强制执行。

6.2.2 行政强制执行的种类

（一）间接强制执行

间接强制执行是指行政主体通过间接手段，迫使义务人履行其应当履行的法定义务，或者达到与履行义务状态相同的行政强制措施。间接强制执行可以分为代履行和执行罚两种。

（1）代履行。行政机关作出要求当事人履行排除妨碍、恢复原状等义务的行政决定，当事人逾期不履行，经催告仍不履行，其后果已经或者将危害公共交通安全、造成环境污染或者破坏自然资源的，行政机关可以代履行，或者委托没有利害关系的第三人代履行。代履行必须具备以下条件：一是必须存在规定相对人作为义务的行政决定，只有在法定义务人负有义务而又不履行义务时，才产生代履行的可能。二是相对人不履行的义务是他人可以代为履行的作为义务，否则不能发生代履行的问题。诸如违法建筑物的强制拆除等，都是可以代履行的。三是代履行的代履行人可以是行政机关自己，也可以是行政机关以外的第三人，即公民或法人等。四是代履行实施之前，一般要以书面的形式对义务人进行催告。

（2）执行罚。执行罚是指行政强制执行机关对拒不履行不作为义务或不可替代作为义务的义务主体，科以金钱给付义务，以促使其履行义务的强制执行措施。执行罚一般包含以下特点：一是执行罚一般用于不作为义务和不可替代的作为义务；二是执行罚主要通过依法加处罚款或者滞纳金表现出来，其数额必须由法律、法规明文作出规定；三是执行罚的数额从义务人应履行义务之日起，按日计算，可以反复适用，而一旦义务人履行义务，执行罚不再进行。

（二）直接强制执行

直接强制执行是指义务人拒不履行其应履行的义务时，行政强制执行机关对其人身或财产施以强制力，直接强制义务人履行义务，或通过强制手段达到与义务人履行义务相同状态的一种强制执行措施。直接强制执行可分为人身强制执行与财产强制执行两种。

（1）划拨存款、汇款。例如，根据《价格管理条例》的规定，对拒缴非法所得或拒缴罚款的，物价检查机构可以按照有关规定通知开户银行予以划拨。

（2）拍卖或者依法处理查封、扣押的场所、设施或者财物。例如，根据《海关法》的规定，对鲜活易腐的货物，经海关关长批准，可以依法变卖。

（3）排除妨碍，恢复原状。例如，根据《道路交通安全法》的规定，在道路两侧设置障碍，妨碍安全视距的，由公安机关责令行为人排除妨碍。

6.2.3 行政强制执行的具体实施方式

行政强制执行作为一种要式行政行为，实施的具体方式必须由法律法规作出明确的规定，执行机关必须严格依法实施。根据我国《行政强制法》的规定，国家行政机关可以采用行政强制措施。下面以强制执行的对象为参照，介绍行政强制执行的具体实施方式。

（一）金钱给付义务的强制执行

对金钱给付义务的行政强制执行是行政强制执行机关在义务人逾期不履行义务时，依照行政强制执行程序和法律的规定，对义务人的财产实施的具体强制执行方式。

（1）强制划拨。如果义务人不履行金钱给付义务，行政机关可以通知银行从义务人的存款中强行划拨相当数额的金钱。如某单位拒不缴付罚没款，有关机关可以从其开户银行中强制划拨。

（2）强制扣缴。如果义务人不履行缴纳金钱的义务，有关行政机关可以从义务人的另一笔款项中扣除并代为缴纳。强制扣缴与强制划拨并无本质上的区别，只是形式上不同。后者是指在银行账目上的变动，前者则是指扣除或取出实币。

（3）拍卖财物。由行政机关委托拍卖机构进行拍卖，相关程序依照《拍卖法》进行，拍卖所得价款用于履行金钱给付义务。

此外，罚缴滞纳金、查封、扣押、冻结、强制抵缴等，都属于对财产的行政强制执行方式。

（二）代履行

代履行的概念前文已经详述，此处不再赘述。代履行还需要符合一定的程序要求：（1）代履行前送达决定书；（2）代履行前三日催告当事人履行，当事人履行的，停止代履行；（3）代履行时行政机关应派员监督；（4）代履行完毕应由各方签章。

6.2.4 行政强制执行和其他相关概念的区别

（一）行政强制执行与行政处罚

行政强制执行和行政处罚都是针对违反行政法上规定的义务而采取的行政行为，二者常具有承接关系；在相对方拒不接受行政处罚时，行政机关可以强制其履行。但二者仍有本质的区别：

（1）性质不同。行政处罚是在行政管理相对方违反法律规定的前提下，行政机关为其设定新的义务，直接影响相对方的实体权利义务的行为，本质上属于制裁性法律责任。而行政强制执行以行政管理相对方拒不履行行政决定或法律规定的义务为前提，不增添新的义务，只是强制相对方履行原定义务。

（2）目的不同。行政处罚的目的在于制裁相对方违反法律规定义务的行为，其着眼点在于对过去违法行为的惩罚；行政强制执行的目的在于敦促义务人履行义务，其着眼点在于对将来义务内容的实现。

（3）原则不同。行政处罚的目的在于惩戒，因而处罚一般是一次性的，非另有理由，对同一违法行为不得以同一原因和理由施以两次以上的处罚，即适用“一事不再罚”原则。而执行罚则不同。执行罚的目的在于强迫义务人履行义务，如义务人受执行罚后仍不执行，可再施执行罚，直到其履行义务为止。行政处罚与执行罚的区别，下文将详细阐述。

（二）行政强制执行与民事强制执行

民事强制执行是人民法院在民事诉讼一方当事人不履行人民法院的判决、裁定时，应另一方当事人的申请，依照执行程序和法院的判决、裁定，强制一方当事人履行义务而采取强制执行措施，使其义务得以履行的活动。行政强制执行与民事强制执行有以下几点区别：

（1）申请执行人不同。行政强制执行的申请人只能是作为行政主体的行政机关；民事强制执行的申请人，可以是民事法律关系双方当事人中的任何一方。

（2）执行的依据不同。行政强制执行的依据是行政机关的行政处理决定，而民事强制执行的依据是人民法院已经生效的民事判决或仲裁机关的裁决。

（3）执行的机关不同。行政强制执行的机关可以是行政机关自己，也可以是人民法院；民事强制执行的执行机关只能是人民法院。

（4）执行的对象不同。行政强制执行的对象范围很广，既包括物、行为，也包括人；民事强制执行的对象只限于物。

（5）执行的结果不同。行政强制执行不存在执行和解问题，其结果只能是强迫义务人履行义务或实现与履行相同的状态；民事强制执行的结果除迫使义务人履行义务外，还可以执行和解。

（三）执行罚和行政处罚

执行罚不是行政处罚，虽然执行罚也具有罚的外形与功能，两者又都是使违法人承担新的义务，在执行罚不能迫使义务人履行义务时，最终仍需与行政处罚一样，采取直接强制执行手段，但执行罚与行政处罚明显不同，二者的主要区别如下：

（1）性质不同。行政处罚和执行罚虽然都是针对不履行法定义务的当事人的，但行政处罚本质上属于制裁性法律责任，仅限于设定新的义务，执行罚属于强制性法律责任，是以设定新的义务的办法来促使当事人履行法定义务。

（2）目的不同。行政处罚的目的在于制裁，通过制裁使当事人以后不再违法，其着眼点在于过去的违法行为；执行罚的目的在于促使义务人履行义务或实现与履行义务相同的状态，其着眼点在于将来义务内容的实现。

（3）原则不同。制裁性法律责任一般都以“一事不再罚”为原则，一次违法行为惩罚一次；强制性法律责任的最终目的在于义务的履行，因而执行罚可以多次适用，直至义务人履行义务为止。但是《行政强制法》规定，加处罚款或者滞纳金的数额不得超出金钱给付义务的数额。

6.2.5 行政强制执行的一般程序

行政强制执行的程序，是指执行机关在实施行政强制执行措施时所遵循的具体方式、步骤和过程的总和。严密的程序是行政强制执行合法性的重要保障。行政强制执行的程序是一种法定程序，其各个环节必须由法律、法规作出明确的规定。

行政强制执行的一般程序是指各种行政强制执行方式通用的程序，即行政强制执行决定阶段、告诫阶段和实施阶段。

（一）催告

行政机关作出行政强制执行决定前，应当先催告当事人履行义务，送达催告书，当事人收到催告书后有权进行陈述和申辩，行政机关应当对陈述和申辩的理由进行调查核实。

（二）决定的作出

经过催告程序，当事人逾期仍不履行行政决定，且无正当理由的，行政机关可以作出强制执行的决定，并制作和送达行政强制执行决定书。

在催告期间，对有证据证明有转移或者隐匿财物迹象的，行政机关可以作出立即强制执行决定。

（三）中止执行与终结执行

根据《行政强制法》的规定，下列情形应中止行政强制执行：（1）当事人履行行政决定确有困难或者暂无履行能力的；（2）第三人对执行标的主张权利，确有理由的；（3）执行可能造成难以弥补的损失，且中止执行不损害公共利益的；（4）行政机关认为需要中止执行的其他情形。中止执行的情形消失后，行政机关应当恢复执行。对没有明显社会危害，当事人确无能力履行，中止执行满三年未恢复执行的，行政机关不再执行。

此外，有下列情形的，应当终结执行：（1）公民死亡，无遗产可供执行，又无义务承受人的；（2）法人或者其他组织终止，无财产可供执行，又无义务承受人的；（3）执行标的灭失的；（4）据以执行的行政决定被撤销的；（5）行政机关认为需要终结执行的其他情形。

（四）执行协议

根据《行政强制法》的规定，允许行政强制执行过程中达成执行协议，即在实施行政强制执行过程中，行政机关可以在不损害公共利益和他人合法权益的情况下，与当事人达成执行协议。执行协议可以约定分阶段履行；当事人采取补救措施的，可以减免加处的罚款或者滞纳金。执行协议应当履行。当事人不履行执行协议的，行政机关应当恢复强制执行。

（五）执行的限制

《行政强制法》对于行政强制执行规定了限制性的条件和要求。例如，除非在紧急情况下，否则行政机关不得在夜间或者法定节假日实施行政强制执行。行政机关不得对居民生活采取停止供水、供电、供热、供燃气等方式迫使当事人履行相关行政决定。对违法的建筑物、构筑物、设施等需要强制拆除的，应当由行政机关予以公告，限期当事人自行拆除。当事人在法定期限内不申请行政复议或者提起行政诉讼，又不拆除的，行政机关才可以依法强制拆除。

6.2.6 人民法院行政强制执行的程序

人民法院行政强制执行的程序，依照《行政强制法》规定的强制执行程序进行，与行政机关自行强制执行的基本程序大体相同，但人民法院的强制执行程序还有自己的一些特点。

(1) 申请。人民法院实施行政强制执行是基于行政机关提起的行政强制执行申请。没有行政机关的申请，人民法院就无从实施行政强制执行。

行政机关申请强制执行时，必须向人民法院提交申请书、行政处理决定书、当事人的意见及行政机关的催告情况、申请强制执行的标的情况以及其他必须提交的材料。

(2) 审查。人民法院收到行政机关的执行申请书及其他必备材料后，应从法律和事实两个方面进行审查。如果认为行政处理决定正确、执行申请合法时，人民法院应立案并作出强制执行的裁定并将决定通知申请机关。法院发现有以下情况，在作出裁定前可以听取被执行人和执行机关的意见：第一，明显缺乏事实根据的；第二，明显缺乏法律、法规依据的；第三，其他明显违法并损害被执行人合法权益的。

(3) 命令义务人限期履行。人民法院作出了强制执行决定后，应向义务人发出强制执行通知书，命令义务人在规定期限内履行义务。如果义务人仍拒不履行义务，则由人民法院对其实施强制执行，其具体方式与行政机关强制执行大致相同。

6.3 行政强制措施

6.3.1 行政强制措施的概念

根据《行政强制法》的规定，行政强制措施是指行政机关在行政管理过程中，为制止违法行为、防止证据损毁、避免危害发生、控制危险扩大等，依法对公民的人身自由实施暂时性限制，或者对公民、法人或者其他组织的财物实施暂时性控制的行为。

6.3.2 行政强制措施的种类

根据《行政强制法》的规定，行政强制措施由法律设定，其具体种类包括：

(1) 限制公民人身自由。例如《海关法》规定，对有走私嫌疑的运输工具、货物、物品和走私罪嫌疑人，经直属海关关长或者其授权的隶属海关关长批准，可以扣留。

(2) 查封场所、设施或者财物。例如《食品安全法》规定，县级以上质量监督、工商行政管理、食品药品监督管理部门履行各自食品安全监督管理职责，有权查封违法从事食品生产经营活动的场所。

（3）扣押财物。例如《安全生产法》规定，负有安全生产监督管理职责的部门有权对不符合保障安全生产的国家标准或者行业标准的设施、设备、器材予以查封或者扣押。

（4）冻结存款、汇款。例如《税收征收管理法》规定，纳税人在限期期满未缴纳税款的，经县以上税务局局长批准，税务机关可以书面通知纳税人开户银行或者其他金融机构从其冻结的存款中扣缴税款。

根据行为的内容，可对行政强制措施进行分类，包括强制执行（如强制划扣行政罚款）、强制预防（如卫生主管部门针对流行性疾病的强制隔离）、强制保全（如执法部门对违法财产的查封、扣留、冻结）、强制恢复（如强制相对人排除妨害、恢复原状）以及强制制止（如交通管理部门强制醉酒或违反交规的车辆停止行驶）等。

根据行为的方式，可分为直接强制、间接强制和执行罚。直接强制，即由行政主体直接对义务人的人身或财产采取强制措施。间接强制，包括行政代执行，即相对人逾期不履行义务，由他人代为履行可以达到相同目的，行政主体可以由自己或者委托第三人代为履行，再向相对人征收代执行费用的强制执行制度。执行罚，即相对人逾期不履行义务，而该义务又无法代为执行，于是行政主体对相对人征收强制金，以促使其履行义务。

根据作出强制决定的状况，可分为一般程序的行政强制措施和即时性行政强制措施。前者为依照一般的程序决定和实施的行政强制措施，后者则是行政主体在事态紧急的情况下，为排除紧急妨碍、消除紧急危险，来不及先行作出具体行政行为，而直接对相对人的人身、财产或行为施以强制，这一过程相对短暂，程序相对简单，强调强制措施的应急性。

最后，行政强制措施可以分为一般性行政强制措施和执行性行政强制措施。前者即《行政强制法》第 2 条第 2 款规定之行政强制措施，是行政机关为查明情况，或为预防、制止、控制违法或危害状态，或为保障行政管理工作顺利进行，根据现实需要，依职权对有关对象的人身或财产权利施加的暂时性限制。后者即《行政强制法》第 2 条第 3 款规定之行政强制措施，存在为相对人设定义务的具体行政行为，强制之目的是敦促或迫使相对人履行义务。

6.3.3 行政强制措施的实施

（一）实施机关

行政强制措施由法律、法规规定的行政机关在法定职权范围内实施。行政强制措施权不得委托。依据《行政处罚法》的规定，行使相对集中行政处罚权的行政机关，可以实施法律、法规规定的与行政处罚权有关的行政强制措施。行政强制措施应当由行政机关具备资格的行政执法人员实施，其他人员不得实施。

（二）实施程序

行政机关实施行政强制措施应当遵守下列规定：（1）实施前须向行政机关负责人报告并经批准；（2）由两名以上行政执法人员实施；（3）出示执法身份证件；（4）通知当事人到场；（5）当场告知当事人采取行政强制措施的理由、依据以及当事人依法享有的权利、救济途径；（6）听取当事人的陈述和申辩；（7）制作现场笔录；（8）现场笔录由当事人和行政执法人员签名或者盖章，当事人拒绝的，在笔录中予以注明；（9）当事人不到场的，邀请见证人到场，由见证人和行政执法人员在现场笔录上签名或者盖章。

（三）限制公民人身自由的行政强制措施

限制公民人身自由的行政强制措施还应当：（1）当场告知或者实施行政强制措施后立即通知当事人家属实施行政强制措施的行政机关、地点和期限；（2）在紧急情况下当场实施行政强制措施的，在返回行政机关后，立即向行政机关负责人报告并补办批准手续。实施限制人身自由的行政强制措施不得超过法定期限。实施行政强制措施的目的已经达到或者条件已经消失，应当立即解除。

（四）查封扣押

查封、扣押应当由法律、法规规定的行政机关实施，其他任何行政机关或者组织不得实施。查封、扣押限于涉案的场所、设施或者财物，不得查封、扣押与违法行为无关的场所、设施或者财物，不得查封、扣押公民个人及其所扶养家属的生活必需品。

有下列情形的，行政机关应当及时作出解除查封、扣押决定：（1）当事人没有违法行为；（2）查封、扣押的场所、设施或者财物与违法行为无关；（3）行政机关对违法行为已经作出处理决定，不再需要查封、扣押；（4）查封、扣押期限已经届满；（5）其他不再需要采取查封、扣押措施的情形。解除查封、扣押应当立即退还财物；已将鲜活物品或者其他不易保管的财物拍卖或者变卖的，退还拍卖或者变卖所得款项。变卖价格明显低于市场价格，给当事人造成损失的，应当给予补偿。

（五）冻结

行政机关依照法律规定决定实施冻结存款、汇款的，应向金融机构交付冻结通知书。金融机构接到行政机关依法作出的冻结通知书后，应当立即予以冻结，不得拖延，不得在冻结前向当事人泄露信息。法律规定以外的行政机关或者组织要求冻结当事人存款、汇款的，金融机构应当拒绝。自冻结存款、汇款之日起 30 日内，行政机关应当作出处理决定或者作出解除冻结决定；情况复杂的，经行政机关负责人批准，可以延长，但是延长期限不得超过 30 日。法律另有规定的除外。延长冻结的决定应当及时书面告知当事人，并说明理由。

有下列情形的，行政机关应当及时作出解除冻结决定：（1）当事人没有违法行为；（2）冻结的存款、汇款与违法行为无关；（3）行政机关对违法行为已经作出处理决定，不再需要冻结；（4）冻结期限已经届满。行政机关作出解除冻结决定的，应当及时通知金融机构和当事人。金融机构接到通知后，应当立即解除冻结。行政机关逾期未作出处理决定或者解除冻结决定的，金融机构应当自冻结期满之日起解除冻结。

本章小结 »

通过本章的学习，了解行政强制的概念和分类，掌握行政强制执行的具体实施和程序，掌握行政强制措施的条件和类型。

行政强制是指行政主体为了实现一定的行政目的，保障行政管理的顺利进行，通过依法采取强制手段迫使拒不履行行政法义务的相对方履行义务或达到与履行义务相同的状态，或者出于维护社会秩序或保护公民人身健康、安全的需要，对行政相对人的人身及财产自由等采取的强制性的具体行政行为的总称。行政强制的分类包括对人身、财产及行为的强制，即时性强制与执行性强制等。

行政强制执行是指公民、法人或其他组织拒不履行行政法上的义务，行政机关或人民法院依法采取强制措施，迫使其履行义务的具体行政行为。行政强制执行的种类包括间接强制执行和直接强制执行。

行政强制措施是指行政机关为实现行政管理的目的而采取的各种强制手段，不仅包括行政强制执行措施，还包括强制预防、强制保全、强制恢复、强制制止措施；不仅包括直接强制，还包括间接强制；不仅包括依照一般程序实施的强制措施，还包括即时强制性的措施。行政强制措施可分为执行性强制措施和一般性强制措施。

关键术语

行政强制　　行政强制执行　　行政强制措施　　代履行　　执行罚

复习思考题

1. 行政强制的含义和特征是什么？
2. 行政强制的种类有哪些？
3. 行政强制执行的种类有哪些？
4. 行政强制执行的具体实施方式有哪些？
5. 行政强制措施有哪些种类？

引例分析

公安部《关于公安机关不得非法越权干预经济纠纷案件处理的通知》第 1 条规定："工作中，要注意划清经济犯罪和经济纠纷的界限，决不能把经济纠纷当作诈骗等经济犯罪来处理。一时难以划清的，要慎重从事，经过请示报告，研究清楚后再依法恰当处理，切不可轻易采取限制人身自由的强制措施，以致造成被动和难以挽回的后果。"第 2 条规定："对经济纠纷问题，应由有关企事业及其行政主管部门、仲裁机关和人民法院依法处理，公安机关不要去干预。更不允许以查处诈骗等经济犯罪为名，以收审、扣押人质等非法手段去插手经济纠纷问题。"本案中，张某与某酒厂之间的关系属于典型的经济纠纷，双方在发生纠纷以后，完全可以通过民事诉讼的方式予以解决。同时，某酒厂厂长的行为并未构成犯罪，对其采取收容的方法是完全错误的。

本章阅读书目

1. 傅士成：《行政强制研究》，北京，法律出版社，2001。
2. 胡建淼主编：《行政强制》，北京，法律出版社，2002。
3. 胡锦光、莫于川：《行政法与行政诉讼法概论》（第二版），北京，中国人民大学出版社，2009。

第7章

行政征收

引例

1996年12月2日，河南省某县文化市场管理委员会办公室通知天鹅湖歌舞厅（原告）持原许可证及下年度管理费3 640元，于12月5日到文化市场管理委员会办公室年检换证。天鹅湖歌舞厅接到通知后不同意缴纳。后县文化局（被告）又于1996年12月19日给天鹅湖歌舞厅第二次发出通知，限其于12月25日前到文化市场管理委员会办公室上缴1997年度管理费及办理文化经营许可证，逾期不办者，将按照《河南省文化市场管理条例》有关条款予以处罚，天鹅湖歌舞厅于1997年2月1日到县文化局交款1 000元，县文化局出具了收据。但原告拒绝缴纳县文化局通知的余款。

被告通知原告交款3 640元，其中含40元的审验换证费（办证费），1 440元的管理费，2 160元的文化专用基金，被告估算原告日收入200元，月收入6 000元，年收入72 000元。原告对管理费按年收入的2%征收、文化专用基金按年收入的3%征收无异议，而对被告估算其日收入200元不服，故拒绝足额缴纳，并向法院提起行政诉讼。

问：行政收费的标准应如何确定？

行政征收是国家凭借其强制力参与国民收入分配和再分配的一种形式，其基本目的在于满足国家为实现其职能而对物质的需要。它有利于国家进行宏观调控，促进经济发展；也有利于缩小贫富差距，公平负担，协调各种利益团体和各阶层的利益。行政征收是国家实现其管理职能，满足其财政支出需要的保障。行政相对人的财产一经国家征收，其所有权就转移为国家所有，成为国家财产的一部分，由国家负责分配和使用，以保证国家财政开支的需要。

重点问题

- 行政征收与行政征用、行政没收、行政征购、收归国有的关系
- 行政征收的基本内容
- 行政征收的基本原则
- 行政征收的基本程序

7.1 行政征收概述

7.1.1 行政征收的概念与特征

行政征收是指行政主体根据法律规定，以强制方式取得行政相对人财产所有权的一种具体行政行为。行政征收具有如下特征：

（1）行政征收是行政主体针对公民、法人或其他组织实施的一种单方具体行政行为。行政征收的主体是行政主体，行政主体即行政机关和法律法规授权的组织，这是一切行政行为的首要标志。行政征收是行政机关的单方意思表示，无须征得相对人的同意，甚至以国家暴力为后盾，具有强制性。

（2）行政征收的实质在于行政主体以强制方式取得相对人的财产所有权。一般认为，行政征收是无偿的。虽然《宪法》、《土地管理法》、《中外合资经营企业法》中规定了征收及其补偿条款，但此处的征收与本章的“行政征收”含义并不完全相同。

（3）行政征收的实施必须以相对人负有行政法上的缴纳义务为前提。行政主体在实施行政征收时，必须依据法律、法规的明确规定，既不能增加或任意减少相对人的义务，也不能将法律规定以外的义务强加给相对人。

（4）行政征收的目的是保障国家和社会公共利益的需要。例如，税收是为了保障国家财政的需要，而国家财政是国家机器存在和运转的基本条件。

7.1.2 行政征收的原则

（1）法定原则。在法治行政国家里，国家根据其政治权力进行各种强行征收，必须以全体人民的整体意志——法律予以确定，征收的具体执行机关、征收的对象、征收的具体数额、征收程序等，都必须有明确的法律根据。“税收法定”就是该原则的具体体现，即税种、税率、征收机关均应法律明定。同时，行政主体决定免除特定相对人所负有的作为义务，也必须依法进行。

（2）公平、公正原则。行政征收必须贯彻负担公平的原则，不得有所偏袒。行政征收

主体应该定期公开行政征收状况，接受权力机关、上级部门和人民的监督。

（3）及时、足额征收并尊重行政相对人财产权的原则。行政征收是典型的侵益行政行为，是对相对人利益的一种侵害，必须确立尊重相对人财产权的原则。行政征收不仅要严格依法（法定标准、法定条件和法定程序）进行，而且应通过法律提供必要的救济途径。

7.1.3 行政征收与相关概念区别

（一）行政征收与行政征用

行政征收与行政征用都表现为强制性，两者的区别在于：（1）行政征收一般是无偿的，包括税收征收、行政收费等；行政征用一般是有偿的，行政主体在行政征用时，应当给予被征用方相应的经济补偿。（2）从法律后果看，行政征收的结果是使财产所有权从相对人转移到国家那里，行政征用的后果则是行政主体暂时取得了被征用方财产的使用权，而不发生财产所有权的转移。（3）从行为的标的来看，行政征收的标的一般仅限于财产，而行政征用的标的除财产外还可能包括劳务。

（二）行政征收与行政没收

行政征收与行政没收在表现形式以及法律后果上是相同的，两者都表现为强制使财产所有权从相对人转移到国家那里，而且最终表现为实际取得相对人财产的所有权。

行政征收与行政没收的区别在于：

（1）两者发生的依据不同。行政征收以相对人负有行政法上的缴纳义务为前提条件。而行政没收只能以相对人违反行政法上的有关规定为条件，即相对人应履行义务而没有履行，而对其科以新的义务。

（2）两者的法律性质不同。行政征收属于一种独立的行政行为，而行政没收则属于行政处罚行为的一种。

（3）两者所依据的法律程序不同。行政征收依据的是专门的行政程序，而行政没收依据的是行政处罚程序。

（4）两者在行为的连续性上不同。对行政征收来说，只要据以征收的事实依据存在，行政征收行为就一直延续下去；对于行政没收来说，须遵循“一事不再罚”的原则，对某一个违法行为只能给予一次性的没收处罚。

（三）行政征收与行政征购

行政征购，是指行政主体以合同方式取得相对人财产所有权的一种行政行为，行政征购关系是一种特殊的合同关系，这种特殊性在于相对人的意思表示在征购关系中受到了一定程度的限制，行政征购关系的发生、变更和消灭带有一定的强制性。

行政征收与行政征购的区别在于：

（1）行政征收是国家无偿取得相对人财产所有权的一种方式，而行政征购是有偿取得相对人财产所有权的方式。

（2）行政征收是单方行政行为，而行政征购属于行政合同行为，尽管相对人的意思表示受到一定程度的限制，但从法律上说，其仍然是行政主体与相对人的合意，其价款也并非行政主体单方决定，亦需双方协商。

（3）两者的权利义务关系不同。虽然行政征购的一方当事人是行政机关或其他行政主体，但在构成行政征购关系时所遵循的是平等有偿的原则，行政机关与相对人的权利义务是基本对等的，行政主体在取得相对人财产的同时必须依约定承担相应的给付义务，这与行政征收关系中相对一方负有义务，国家无偿取得相应财产所有权有着根本的区别。

（四）行政征收与收归国有

收归国有分为两种情况，一种情况是根据民法，将所有人不明的财产如无人认领的拾得物或没有继承人的财产收归国有；另一种情况是国有化，即国家为了社会公共利益，由立法者制定一项法律，剥夺所有者对某个企业或者某一类企业的所有权，由国家接收的强迫取得所有权的方式。收归国有的第一种情况，与行政征收有明显的区别，是财产所有权不明时，国家拥有最终所有权，对原所有权人来说，他们并无放弃其所有权的义务，只不过客观原因造成有关财产的无主，而由国家取得其所有权。收归国有的第二种情况，与行政征收一样，都有法定性、强制性的特点，但行政征收是无偿的，国有化则一般是有偿的。在第二种情况下，二者可能发生交叉。例如《中外合资经营企业法》第 2 条规定：国家对合营企业不实行国有化和征收；在特殊情况下，根据社会公共利益的需要，对合营企业可以依照法律程序实行征收，并给予相应的补偿。

7.2 行政征收的内容

7.2.1 行政征收的内容

从我国现行法律、法规的规定来看，行政征收的内容主要有：

（一）税收征收

税收征收是行政征收中最主要的方面。一般来说，税收是国家税务行政机关代表国家为实现国家的社会经济目标，依税法预定的标准，非惩罚性的强制地、无偿地取得财政收入的一种具体行政行为。从我国税法规定来看，包括对内税收征收和涉外税收征收两方面的内容。税收只能由国家特定的行政机关——税务机关和海关负责征收。按照税收的管理和使用权限分类，目前，我国的税收可以分为中央税、地方税以及中央与地方共享税。

（二）行政收费

行政收费是行政主体为满足特别的行政支出，依法向与特别支出存在特定关系的行政相对人收取货币的行为。它主要有以下类型：

（1）资源费征收。在我国，城市土地、矿藏、水流、山岭、草原、荒地、滩涂等自然资源属于国家所有。单位和个人在开采、使用国有自然资源时必须依法向国家缴纳资源费。

（2）建设资金征收。这是为确保国家的重点建设，解决重点建设资金不足问题面向公民、法人或其他组织实施的征收。

（3）排污费征收。

（4）管理费征收。

(5) 滞纳金征收。

(6) 证照工本费、手续费、登记费等。

7.2.2 行政征收的分类

以行政征收发生的根据为标准，行政征收可以分为以下三类：

(一) 因使用权而引起的征收

资源费、建设资金的征收就属于此类。此类征收实际上是公民、法人或其他组织有偿使用国有资源、资产的体现，是所有权人的收益权能在行政法上的实现形式。

(二) 因违反行政法上的规定而引起的征收

因违反行政法上的规定而引起的征收类型较多，如排污费、滞纳金的征收等都属于此类。

(三) 因行政法上的义务而引起的征收

税收征收、管理费、证照工本费、手续费、登记费等的征收均属于此类。此类征收的实质是国家凭借行政权力，强制无偿地参与公民、经济组织的收入分配，取得财政收入的一种形式。

7.2.3 行政征收的方式与程序

(一) 行政征收的方式

行政征收的方式包括行政征收的行为方式与计算方式。

(1) 行政征收的行为方式。根据我国现行法律、法规的规定，行政征收的行为方式有：查账征收、查定征收、查验征收、定期定额征收以及代征、代扣、代缴等。在实际征收过程中，具体运用哪种征收方式应由征收机关根据法律、法规的规定及应征人的具体生产经营情况而定。但无论采取何种征收方式，都必须使用书面形式，均为要式行政行为。

(2) 行政征收的计算方式。行政征收的计算方式，是征收额的尺度，是行政征收的核心要素，反映了行政征收的深度，直接关系国家的财政收入和应征人的负担。一般来讲，行政征收的计算方式大多由法律、法规明确规定，比如在《中华人民共和国个人所得税法》中，就明确规定了纳税免税范围、税率等。

(二) 行政征收的程序

行政征收的程序是指行政征收行为应采取何种步骤，按照何种顺序进行。行政征收按其实现方式的不同，可以分为相对人自愿缴纳和行政主体强制征收两种。

一般来说，行政征收的程序主要有以下几个方面的内容：

(1) 行政征收事项的登记。凡从事依法应实施行政征收的有关活动的，无论是公民个人，还是法人或其他组织，都应向行政征收主体进行征收事项的登记。如税务登记，《税收征收管理法》第2章第1节规定，凡按税法规定应该纳税的主体，不论企业规模大小，在开业时都应持批准开业的证书，到所在地税务机关办理税务登记。

行政征收事项的登记，目的在于通过对征收事项的登记，为征收管理工作积累资料，使国家行政征收机关掌握应征收的款源。对于不按规定办理有关行政征收事项登记的缴纳主体，行政征收主体有权予以批评教育，情节严重的，可以给予相应的行政处罚。

（2）缴纳鉴定。缴纳鉴定是行政征收机关依据有关法律和缴纳主体的实际情况，对缴纳主体应缴纳款项的种类、比率、缴纳环节、征收依据、缴纳方式等进行的鉴定。

（3）缴纳申报。这是缴纳主体履行缴纳义务的必经手续，缴纳主体应按有关法律、法规的规定，按期向行政征收机关进行缴纳申报。

（4）款项征收。这是指各级行政征收机关依法向缴纳主体征收各种税和各种社会费用，将应收款项及时、足额地收齐，把已收款项及时解交入库。

本章小结

通过本章的学习，了解行政征收的概念和分类，掌握行政征收的内容。

行政征收是指行政主体根据法律规定，以强制方式无偿取得行政相对人财产所有权的一种具体行政行为。行政征收与行政征用、行政没收、行政征购和收归国有都有较大的区别。

从我国现行法律、法规的规定来看，行政征收的内容主要有税收征收、行政收费等。以行政征收发生的根据为标准，行政征收可以分为以下三类：因使用权而引起的征收、因违反行政法上的规定而引起的征收、因行政法上的义务而引起的征收。

关键术语

行政征收　　行政征购　　行政征用

复习思考题

1. 行政征收的特征是什么？
2. 行政征收的原则有哪些？
3. 行政征收的内容有哪些？
4. 行政征收的程序有哪些？

引例分析

县文化局对文化市场进行管理是行使行政职权的表现，但被告在管理过程中，向原告征收 40 元的审验换证费，违反了河南省人民政府 1994 年 4 月 13 日豫政（1994）32 号文件《河南省营业性歌舞厅娱乐场所管理规定（试行）》第 17 条“文化行政管理部门对娱乐场所实行年审制度。娱乐场所应在每年 12 月份，到原发证部门办理年审手续。审验换证不得收费”之规定。同时，该规定第 16 条规定：“文化行政管理部门应按照省政府有关规定，定期向其审批发证的娱乐场所征收文化专用基金和管理费。未经省政府批准，任何部门不得另行收费。禁止重复收费。”该条款规定可以征收文化专用基金和管理费，而没有规定具体征收办法，使费用征收无章可循，需要有关部门尽快制定切实可行的管理办法，以便在实际工作中有法可依。本案中，县文化局对歌舞厅的核算办法是按照日收入200元、月收入6 000元、年收入72 000元来估算的，这种估算办法缺乏足够的事实依据，属于主要证据不足，故县文化局的该项行为应当予以撤销。

本章阅读书目

1. 沈开举：《征收、征用与补偿》，北京，法律出版社，2006。
2. 金伟峰、姜裕富：《行政征收征用补偿制度研究》，杭州，浙江大学出版社，2007。
3. 姜明安主编：《行政法与行政诉讼法》，北京，高等教育出版社，2002。
4. 王铁雄：《征收补偿与财产权保护研究》，北京，中国法制出版社，2011。

第8章

行政给付

引例

席某为孤老复员军人，于1951年退伍还乡。1985年起享受当地民政部门给予的定补，现持有某市民政局发给的优抚对象定期抚恤证，定补金额为每月50元，该款由某县民政局拨给乡政府，席某从乡政府下属的民政所领取。1987年3月，乡政府成立敬老院，席某符合入院条件，入住敬老院生活，半月后，席某私自离开，后以其无生活来源为由要求乡政府给予优待照顾，乡政府按照敬老院院民的待遇每月发给席某面粉40斤、现金10元。1995年4月席某将其所存的500斤小麦出售给他人，乡政府发现后，停发每月的10元现金和40斤面粉。席某当时在粮管所存面粉540斤，在信用社存有定期存款12笔，存款共计1 810元。1998年7月，席某向县法院提起行政诉讼，要求乡政府履行其行政给付的法定职责：(1) 补发停发期间的伙食费及面粉，并支付停发期间的利息及交通费184元；(2) 将每月定补由现在的50元增加到55元。

问：本案属于抚恤金的发放还是对特定人的优待？

获得物质帮助是公民的一项基本权利，我国《宪法》第45条规定："中华人民共和国公民在年老、疾病或者丧失劳动能力的情况下，有从国家和社会获得物质帮助的权利。……国家和社会保障残废军人的生活，抚恤烈士家属，优待军人家属。国家和社会帮助安排盲、聋、哑和其他有残疾的公民的劳动、生活和教育。"《宪法》的这一规定明确了物质帮助制度，并赋予了公民享有获得物质帮助的基本权利。行政给付制度就是行政机关履行国家行政管理法定职责中行政物质帮助职责的活动，是行政主体履行宪法职责的活动。

重点问题

- 行政给付的内容
- 行政给付的种类
- 行政给付的程序
- 行政给付的原则

8.1　行政给付概述

8.1.1　行政给付的基本含义

行政给付又称行政物质帮助，它是行政机关在公民年老、疾病或丧失劳动能力等情况或其他特殊情况下，依照有关法律、法规规定，赋予其一定的物质权益或与物质有关的权益的具体行政行为。

8.1.2　行政给付的特征

（1）行政给付是行政机关向行政相对人给付金钱或实物的具体行政行为。行政给付是行政机关履行国家行政管理法定职责的活动，区别于由社会或社会组织进行的物质帮助。

（2）行政给付的对象是特定的行政相对人。行政给付的对象所指的相对人是年老、疾病或丧失劳动能力的公民，残废军人，烈士家属，军人家属，盲、聋、哑和其他有残疾的公民，其他生产、生活遭受巨大困难或面临人身危险的单位或者个人，有特殊贡献的专家，以及其他法定扶助对象。

（3）行政给付是依申请行政行为。除在自然灾害情况下应由行政机关主动实施救济外，其他绝大多数行政给付都以相对人的申请为前提；与此同时，行政给付也是典型的受益性行政行为。

（4）行政给付是依法作出的行政行为。行政给付必须依照法律、法规、规章以及其他有关规范性文件作出，而非任意给付，这就决定了行政给付的从属法律性。

8.1.3　行政给付的原则

（1）公平、公正原则。行政给付的目的在于赋予特定相对人一定的物质权益或与物质有关的权益，应当坚持公平、公正的原则，对符合条件的公民一律平等地对待，不允许无根据地差别对待。对于符合法定条件的行政给付申请，行政机关没有正当理由不得拒绝给付。

（2）及时、稳定原则。对于一次性或临时性发放的行政给付，行政机关应当及时地对符合法定条件的对象进行给付。对于定期性发放的行政给付，行政机关应当进行连续、稳定的供给，保证行政当事人合法的权益和预期。

8.2 行政给付的内容、种类与程序

8.2.1 行政给付的内容

行政给付的内容是指行政物质帮助的主体给予被帮助人的权益。它与行政奖励的内容不同，不具有精神上和职务上的权益，一般包括物质上的权益和与物质有关的权益两部分内容。

（1）物质上的权益。物质上的利益表现为被帮助人获得一定数量的金钱或实物，如拨款、食品、药品、衣服、床位等。

（2）与物质有关的权益。与物质有关的权益表现为行政机关赋予被帮助人以一定的权益从而实现其某些权利或从事某项活动的能力，如免费入学受教育、享受公费医疗、帮助就业、收管乞丐或精神病患者等。这些利益一般不直接表现为金钱或物质，但显然与物质利益直接相关。

8.2.2 行政给付的种类

从我国有关行政给付形式的法律、法规的规定来看，可以将行政给付的形式概括为以下几种：

（1）抚恤金。抚恤金即对特定死者的家属、伤残人员给予的物质帮助形式。这是最为常见的行政给付形式，一般包括牺牲、病故人员抚恤金，残疾抚恤金，烈军属、复员退伍军人生活补助费，退伍军人安置费等。其主要法律依据是《军人抚恤优待条例》。

（2）特定人员离退休金。特定人员离退休金主要包括由民政部门管理的军队离退休干部、无军籍退休职工和由民政部门发放退休金的地方退休人员、退职人员的离退休金、生活补助费、副食品价格以及取暖补贴、护理费、丧葬费、遗属生活困难补助等。其主要法律依据是国务院《关于安置老弱病残干部的暂行办法》与《关于工人退休、退职的暂行办法》。

（3）社会救济补助、福利金。社会救济补助即民政部门依法对社会上生活困难的人给予的物质帮助。社会福利金即用于对社会福利院、敬老院、儿童福利院等社会福利机构、社会残疾人团体及其福利生产单位、科研机构的经费资助。

（4）优待。优待即给予被帮助人以与物质有关的权益的物质帮助形式，如给予优抚对象在治病、住房、交通、就业、入学贷款、邮政等各方面的优厚待遇。

（5）救灾扶贫。这是指在较大范围内对特殊情况下的公民进行的物质帮助形式。

8.2.3 行政给付的程序

行政给付作为行政机关的一种法律行为，必须按照一定的程序实施。在我国的不同法律、法规、规章中，对不同形式的行政给付程序都作出了一些简要的规定。各种不同的行政程序虽然存在一些差别，但其共同点是都应按照便民与效率的原则，保证行政给付尽快落实。

对于定期性发放的行政给付，如伤残抚恤金、离退休金、烈军属生活困难补助等，通常应当由给付对象本人或所在组织、单位提出申请，主管行政机关依法对之进行审查，评定等级，有时还需进行专门鉴定，以确定标准，然后定期发给。

对于一次性发放的行政给付，如因公牺牲或病故人员的丧葬费、退伍军人安置费、烈士家属抚恤金等，通常由给付对象提出申请，主管行政机关予以审查核实，然后按照法定的标准一次性发给。

对于临时性的行政给付，如自然灾害救济、公民突发性困难紧急救济等，应先由给付对象提出申请，或者经有关基层组织确定给付对象，并提出申请报告，主管行政机关进行审查、批准后，再直接发给给付对象，或经由有关基层组织分发。

各种行政给付也存在一些共同的程序规则，主要有申请程序、审查程序、批准程序、实施程序，并要求书面形式。由于行政给付的标的多为一定的财物，在具体的给付程序上还要求办理一定的财务手续和物品登记、交接手续。

本章小结 »

通过本章的学习，了解行政给付的概念和特征，掌握行政给付的内容、种类和程序。

行政给付又称行政物质帮助，它是行政机关在公民年老、疾病或丧失劳动能力等情况或其他特殊情况下，依照有关法律、法规规定，赋予其一定的物质权益或与物质有关的权益的具体行政为。行政给付是行政机关向行政相对方给付金钱或实物的具体行政行为，行政给付的对象是特定的行政相对方，行政给付是依申请行政行为，行政给付是依法作出的行政行为。

行政给付的内容是指行政物质帮助的主体给予被帮助人的权益。它与行政奖励的内容不同，不具有精神上和职务上的权益，一般包括物质上的权益和与物质有关的权益两部分内容。从我国有关行政给付形式的法律、法规的规定来看，可以将行政给付的形式概括为以下几种：抚恤金，特定人员离退休金，社会救济补助、福利金，优待，救灾扶贫。行政给付作为行政机关的一种法律行为，必须按照一定的程序实施。在我国的不同法律、法规、规章中，对不同形式的行政给付程序都作出了一些简要的规定。

关键术语 »

行政给付　　抚恤金

复习思考题

1. 行政给付的特征是什么？
2. 行政给付的内容有哪些？
3. 行政给付的种类有哪些？
4. 行政给付的程序是怎样的？

引例分析

根据原告的诉讼请求，本案不属于抚恤金的发放，而属于特定人的优待。因为抚恤金是对特定死者的家属、伤残人员给予的物质帮助形式。

按照国务院《军人抚恤优待条例》第 38 条及《省军人抚恤优待条例实施办法》的规定，原告属无儿无女、年老体弱、生活困难的在乡复员军人，应当由当地民政部门给予定量补助。也就是说，具有法定职责的主体应当是民政局而不是乡政府。

根据《省军人抚恤优待条例实施办法》的规定，优待的前提条件是优待对象生活仍然困难。现查实原告属于法律规定的优待对象，且被告以前已经给予原告优待照顾，现在没有农田，仅靠民政部门每月发放的 50 元定补，很难保证其今后的正常生活，因此，被告应当按照乡敬老院每月的生活标准给予原告优待照顾。

本章阅读书目

1. 柳砚涛：《行政给付研究》，济南，山东人民出版社，2006。
2. 杨建顺主编：《比较行政法——给付行政的法原理及实证性研究》，北京，中国人民大学出版社，2008。
3. 应松年主编：《行政法学新论》，北京，中国方正出版社，1998。
4. 喻少如：《行政给付制度研究》，北京，人民出版社，2011。

第 9 章

行政裁决

引例

在新建房屋时，因郭某在崔某宅基地后大路上堆放砖块影响崔某施工，崔某与郭某发生口角，相互辱骂并引起厮打，双方互有伤害。1997 年 3 月 8 日至 9 日，郭某在乡医院医治用去医疗费 323 元，同年又在县医院住院用去医疗费 860 元。1997 年 3 月 11 日至 14 日，崔某在县某卫生院治疗用去医疗费 212 元。1997 年 3 月 31 日，郭某的伤情经县公安局鉴定为轻微伤。

1997 年 4 月 17 日，县公安局认定郭某辱骂他人，依法给予其警告处罚。1997 年 12 月 25 日，县公安局认定崔某殴打他人依法予以警告处罚，并根据《治安管理处罚条例》，对崔某作出裁决，要求其赔偿郭某经济损失、负担医疗费用共计 10 008 元。崔某不服，向市公安局申请复议。1998 年 2 月 27 日，市公安局决定维持原裁决。崔某向法院起诉。

问：根据《治安管理处罚法》，公安机关是否有权作出行政裁决?

随着社会经济的发展和政府职能的扩大，行政机关获得了对部分民事纠纷的裁决权，但是，鉴于行政和司法毕竟有所区别，行政机关对民事纠纷的裁决，并非涉及所有民事领域。只有在特定情况下，即在民事纠纷与行政管理密切相关的情况下，行政机关才能对该民事纠纷予以裁决，以实现行政管理的目的。

重点问题

- 行政裁决的基本含义
- 行政裁决的种类
- 行政裁决与其他行政行为的关系
- 行政裁决的原则

9.1 行政裁决概述

9.1.1 行政裁决的基本含义

行政裁决是指行政主体依照法律授权和法定程序，以第三者的身份，对平等主体之间发生的、与行政管理活动密切相关的特定民事纠纷进行裁决的具体行政行为。行政裁决的特征有以下方面：

（1）行政裁决的主体是法律授权的特定行政机关。行政裁决不同于司法机关的司法审判，也不同于社会团体或民间组织的民间仲裁，其在本质上仍属于行政行为的范畴。行政机关的这种裁决权来源于法律授权，非经法律授权，行政机关不得实施行政裁决行为。目前并没有统一的行政裁决法，其授权性规定散见于法律法规之中。

（2）行政裁决的对象是特定的民事纠纷。行政裁决的对象具有特定性，行政机关不能对所有的民事纠纷都进行裁决，而只能裁决那些法律规定的、与行政管理事项有关的民事纠纷。由于社会经济的日益发展，在特定情况下，为实现行政管理目标，也为了避免法院烦琐而复杂的诉讼程序，法律特别规定了个别种类的民事案件由行政主体先予裁决。当然，为了公正起见，行政裁决一般都是非终局性的，法律保留了法院对行政裁决的结果进行司法审查的权力，以确保行政裁决的合法性，并为当事人提供司法救济。

（3）行政裁决在形式上具有准司法性。这首先表现为行政机关在行政裁决中并非以管理者而是以居间裁决的主持人身份出现；其次，行政裁决依照的程序也不同于一般的具体行政行为的程序，而是一种准司法程序，它要求行政主体客观、公正地审查证据，调查事实，然后依法作出公正的裁决。

（4）行政裁决在效果上具有强制性。行政裁决一经作出，就会在当事人之间设定一种民事、经济上的法律关系。当事人若对该裁决不服，虽可申请复议或提起诉讼，但绝不能自行改变或推翻该裁决。如果当事人不通过合法途径申请复议或提起诉讼，又不履行该裁决，行政机关则有权依法采取强制措施或申请人民法院强制执行。如国务院在《民间纠纷处理办法》中规定，基层政府对民间纠纷的裁决决定，当事人必须执行。在法定期限内既不起诉又不执行的，基层政府可采取必要措施强制其执行。

9.1.2 行政裁决与其他行政行为的区别

（一）行政裁决与行政复议

行政裁决与行政复议都是行政机关根据法律授权充当公断人，按照准司法程序裁判纠纷和争议的活动，但两者也存在着一定的区别。

（1）两者裁决的对象不同。行政裁决的对象是法律规定的特定的民事争议，行政复议的对象是不服行政机关的具体行政行为所引起的行政争议。

（2）两者所形成的法律关系主体地位不同，包括申请人之间的关系以及申请人与裁决者之间的关系。在行政裁决法律关系中，被裁决者的法律地位是平等的，他们与行政裁决主体之间的关系是对等的，没有直接的命令—服从关系或行政隶属关系。在行政复议法律关系中，作为申请人的行政相对人与被申请人的行政机关在行政管理活动中的法律地位是不对等的，他们与复议机关的关系也是不相同的。复议机关通常是被申请人的上级行政机关，他们之间是一种监督与被监督、命令与服从的关系。

（3）行政裁决通常以协商或调解为前置程序，而行政复议一般不适用调解原则，这是行政裁决与行政复议的一个重要区别。

（二）行政裁决与行政仲裁

行政仲裁与行政裁决都是行政机关的居间裁决行为，所解决的对象都是民事争议，但两者又存在着较大的区别。

（1）行政裁决是一种行政行为，即由行政机关以第三者的身份居间对双方当事人的民事纠纷予以裁决。行政仲裁则随着改革的深入和法治化程度的提高，逐步在淡化其行政性色彩，而向民间性质过渡。

（2）行政裁决是一种行使国家行政权的过程，当事人对裁决不服，一般可以提起复议或诉讼。而行政仲裁并非行使国家行政权的过程，仲裁一般实行一裁终局制度，具有终局效力。

（三）行政裁决与行政审判

行政审判是指法院行使司法权审查具体行政行为的合法性，解决行政争议的活动。行政裁决与行政审判的区别在于：

（1）行政裁决的主体是行政机关，行政裁决是行政机关的一种行使国家行政权的活动。而行政审判的主体是人民法院，行政审判是法院行使国家审判权调整社会关系的活动。

（2）行政裁决的对象是法律特别规定的与行政管理活动密切相关的民事纠纷，而行政审判的对象是法律规定范围内的行政纠纷和与该行政纠纷紧密联系的附带性民事纠纷。

（3）行政裁决通常并非终局性裁决，当事人如果对裁决不服，可以向人民法院提起诉讼，由法院来对行政裁决进行司法审查。而行政审判除依法可以提出上诉和审判监督外，一般是终局性裁判。

9.2 行政裁决的种类

9.2.1 根据行政裁决主体分类

根据行政裁决主体的不同，行政裁决可以分为以下两种：

（1）专门行政机关的裁决。如《中华人民共和国土地管理法》规定，土地所有权和使用权争议，由当事人协商解决；协商不成的，由人民政府处理。此类裁决的对象通常涉及国家或集体资源的归属，并与行政管理事项密切相关。此类行政裁决的主体通常是行使某一专门管理职权的政府部门，被裁决的民事纠纷是在该政府部门管理职权范围内的事项，专业技术性较强，因而由法律、法规授权该主管部门予以裁决，这样可以更好地发挥该部门的管理与专业优势。

（2）一般行政机关的裁决。如《人民调解委员会组织条例》规定，公民之间发生的有关人身、财产权益和其他日常生活中发生的民事纠纷，经调解未果的，任何一方都可以请求基层人民政府处理。此类裁决通常是发生在基层的行政管理领域内的与基层政府的管理职能相关的民间纠纷，其范围十分广泛。

9.2.2 根据行政裁决对象分类

根据裁决对象的不同，行政裁决可以分为以下几种：

（1）权属纠纷裁决。权属纠纷也称确权纠纷，是指当事人之间因某一财产的所有权或使用权的归属产生的争议。权属纠纷又可以划分为土地、草原、森林、水面、滩涂、矿产等自然资源的权属争议。

（2）侵权纠纷裁决。侵权纠纷是指当事人一方的合法权益遭到另一方的侵犯引起的纠纷。这类争议的裁决在于确定侵权责任。产生侵权纠纷时，当事人可以申请行政机关予以裁决。此类权益纠纷一般由主管该业务的行政机关受理裁决。例如，对专利权、商标权侵犯引起的纠纷，分别由专利管理机关和工商行政管理机关进行裁决。

（3）损害赔偿裁决。损害赔偿争议是指一方当事人的权益受到另一方当事人侵害后，要求侵害方赔偿损失所引起的争议。这类纠纷广泛存在于治安管理、食品卫生、药品管理、环境保护、产品质量、社会福利、医疗卫生、物价、自然资源利用、知识产权等诸多方面。这类争议的裁决在我国应用得最多最广，也与公民切身利益相关，公民对行政裁决不服的，可以提起司法救济。

以上三种纠纷裁决之间具有内在联系，权属纠纷的确定是侵权事实得以确定的基础，侵权事实的确定又为损害赔偿请求提供了依据。就三者的区别而言，侵权纠纷的焦点是权益是否受到侵犯，权属纠纷的焦点是财产所有权以及使用权的归属，而损害赔偿纠纷的焦点为是否被损害，损害的范围、程度如何。争议的焦点不同，它们分别强调了一个连续过程中的不同阶段。争议的标的不同，裁决的目的也完全不同，但三类裁决的目的都在于制止侵权行为，保护当事人的合法权益。

9.3 行政裁决的原则和程序

9.3.1 行政裁决的原则

（一）公平、公正原则

行政机关在行使行政裁决权时，必须坚持贯彻公平、公正的原则。行政裁决机关必须在法律上处于独立的第三人地位，并严格遵循回避制度。行政裁决机关必须客观、全面地认定事实，正确适用法律，并实行裁决程序公开，在程序上为当事人双方提供平等的机会，以确保纠纷的当事人双方在法律面前处于平等的地位。公平、公正原则意在保证行政裁决的合法性与合理性。

（二）效率原则

行政机关行使行政裁决权时，必须在程序上考虑行政效率和有效实现行政职能，在确保纠纷得到公平、公正解决的前提下，尽可能采取简捷、迅速的裁决程序。

（三）客观、准确原则

行政机关在作出行政裁决前，必须客观、全面地认定事实，根据需要进行必要的调查、勘验或鉴定。这是技术性要求，也是保证行政裁决合法性与合理性的前提。

9.3.2 行政裁决的程序

（一）申请

当事人应当首先提出请求行政机关保护自己合法民事权益的申请书，申请书应符合以下条件：

（1）申请人适格，即申请人必须是民事权益发生争议的当事人或其法定代理人、监护人。

（2）申请必须向有管辖权的行政机关提出。

（3）申请必须在法定期限内提出。

（4）申请一般必须提交申请书，口头申请作为例外。

（二）受理

行政机关收到当事人的申请书后，应当对申请书进行初步审查，如果符合上述条件，行政机关应当受理；不符合条件的，行政机关应当及时通知当事人并说明理由，同时应告知当事人适当的救济途径。

（三）调查、审理

行政机关对纠纷的事实和证据进行查证核实，看事实是否清楚，证据是否充分确凿。行政机关还可以召集当事人进行调查、询问和辩论，也可以向有关证人了解情况。

（四）裁决

行政机关通过审查，认为事实清楚、证据确凿的应及时作出裁决。裁决书应载明双方当事人及法定代理人或委托代理人的姓名、住址、身份、纠纷争议的内容、对争议的裁决以及裁决的根据和理由，还要告知当事人能否起诉以及起诉期限和管辖法院。

本章小结

通过本章的学习，了解行政裁决的概念和特征，掌握行政裁决的原则和程序。

行政裁决是指行政主体依照法律授权和法定程序，以第三者的身份，对平等主体之间发生的、与行政管理活动密切相关的特定民事纠纷进行裁决的具体行政行为。根据我国现行法律的规定，行政裁决主要有以下几类：损害赔偿裁决、权属纠纷裁决、侵权纠纷裁决。行政裁决的原则有公平、公正原则，效率原则，客观、准确原则。行政裁决的程序有申请，受理，调查、审理，裁决等。

关键术语

行政裁决　　行政仲裁

复习思考题

1. 行政裁决的特征是什么？
2. 行政裁决的种类有哪些？
3. 行政裁决的原则是什么？
4. 行政裁决的程序有哪些？

引例分析

《治安管理处罚法》第 9 条规定："对于因民间纠纷引起的打架斗殴或者毁损他人财物等违反治安管理行为，情节较轻的，公安机关可以调解处理。经公安机关调解，当事人达成协议的，不予处罚。经调解未达成协议或者达成协议后不履行的，公安机关应当依照本法的规定对违反治安管理行为人给予处罚，并告知当事人可以就民事争议依法向人民法院提起民事诉讼。"该条款并未明确规定公安机关对造成的损失或者伤害拥有行政裁决权。在法理上，法律既然没有明确授权公安机关处理，而又规定了其他的处理途径、机关和方法，就只能认定公安机关是无权处理的。

公安部《关于公安机关贯彻实施〈行政诉讼法〉若干问题的通知》第 12 条规定："公安机关对因民间纠纷引起的打架斗殴和毁人财物等治安案件，除对违反治安管理的行为调解或裁决外，对造成的损失和伤害，需要赔偿和负担医疗费用的，可以进行调解处理。调解时应制作调解笔录。对调解不成或调解达成协议后反悔的，应告知双方当事人到人民法院按民事案件起诉。"此案中，崔某与郭某之间的损失以及医疗费用承担问题，被告进行调解，在调解无效时，只能依照上述公安部的通知告知双方当事人到人民法院按民事案件起诉。所以，某县公安局对损失以及医疗费用的负担问题进行裁决，违反了相关法律、法规的规定，属于超越职权的行为，法院应当予以撤销。

本章阅读书目

1. 应松年主编：《当代中国行政法的源流——王名扬教授九十华诞贺寿文集》，北京，中国法制出版社，2006。

2. 张树义主编：《纠纷的行政解决机制研究：以行政裁决为中心》，北京，中国政法大学出版社，2006。

3. 王光辉：《中国行政裁决制度研究》，郑州，河南人民出版社，2000。

4. 王小红：《行政裁决制度研究》，北京，知识产权出版社，2011。

5. 贺荣主编：《行政执法与行政审判实务：行政裁决与行政不作为》，北京，人民法院出版社，2005。

第 10 章

行政处罚

引例

2004 年 6 月 8 日，某县环保局的三位执法人员到刘某开办的豆腐加工厂征收排污费，三位工作人员没有着制式服装，没有出示工作证。刘某表示没有带钱，要求改天再交。执法人员指责刘某态度不好，其中一位执法人员拿出一张盖有某县环保局公章的行政处罚决定书给刘某，上面写着："你单位因拒交排污费，违反了环境保护法，现根据《省环境保护条例》第 35 条的规定，处以5 000元罚款。"刘某不服，于 2004 年 6 月 13 日向法院提起行政诉讼。

问：该环保局的行政处罚决定书的依据合法吗?

行政处罚是国家特定的行政机关或授权的组织依法制裁违反行政法律规范者的一种行政行为，属于承担行政责任的惩戒形式。国家为了有效地依法行政，维护公民、法人或其他组织的合法权益，保障和监督行政机关正确行使行政处罚权，制定了《行政处罚法》统一规范行政处罚的设定与实施。1996 年 3 月，八届全国人大四次会议通过了现行的《行政处罚法》。

重点问题

- 行政处罚的基本原则
- 行政处罚的设定
- 行政处罚的适用
- 行政处罚的程序

10.1 行政处罚概述

10.1.1 行政处罚的基本含义

行政处罚是指具有行政处罚权的行政主体为维护公共利益和社会秩序，保护公民、法人或其他组织的合法权益，依法对行政相对人违反行政法律规范尚未构成犯罪的行为所实施的法律制裁。它具有以下特征：

（1）行政处罚的主体是具有行政处罚权的行政机关和法律法规授权的组织。实施行政处罚的主体主要是行政机关，但又不局限于行政机关。依照《行政处罚法》的规定，法律法规授权的组织在授权范围内也可以实施行政处罚，具有行政处罚的主体资格。行政处罚权可以委托行使，但法律设定了较为严格的委托条件。

（2）行政处罚是针对行政相对人违反行政法律规范行为（违反行政管理秩序的行为）的制裁。行政处罚是对违反行政法律规范的行政相对人的人身自由、财产、名誉或其他权益的限制和剥夺，或者对其科以新的义务，体现了强烈的制裁性或惩戒性。

（3）行政处罚的目的是为了保障和监督行政机关有效实施行政管理，维护公共利益和社会秩序，保护公民、法人或其他组织的合法权益，同时也是为了惩戒和教育违法者，使其以后不再触犯法律。

（4）行政处罚是对违反行政法律规范尚未构成犯罪的行政相对人的制裁，一旦构成犯罪，便应由刑事法律进行制裁。

10.1.2 行政处罚与相关概念的区分

（一）行政处罚与行政处分

行政处分是指国家行政机关对其内部违法失职的公务员实施的一种惩戒措施。行政处分与行政处罚的区别主要有以下几个方面：

（1）作出的主体不同。行政处罚是由享有行政处罚权的主体作出的，这些主体具有对外管理的职权，而且其行政处罚权已由法律法规明确规定。而行政处分是由受处分公务员所在的行政机关，或上级行政机关、行政监察机关作出的。也就是说，一般的行政机关都具有对公务员的行政处分权。

（2）制裁的对象不同。行政处罚制裁的对象是违反行政法律规范的公民、法人或其他组织，而行政处分制裁的对象仅限于行政机关内部的公务员。

（3）采取的形式不同。行政处罚的形式、种类很多，如警告、罚款、没收财物、吊销许可证照、责令停产停业、行政拘留等；而根据《公务员法》，行政处分的形式有警告、记过、记大过、降级、撤职和开除六种。

（4）行为的性质不同。行政处罚属于外部行政行为，以行政管辖关系为基础；而行政处分属于内部行政行为，以行政隶属关系为基础。

（5）依据的法律法规不同。行政处罚所依据的是有关行政管理的法律法规，如《行政处罚法》、《治安管理处罚法》、《教育法》等；而行政处分则只能依据有关行政机关工作人员或国家公务员的法律法规的规定，如《公务员法》、《行政监察法》等。

（6）救济途径不同。行政处罚的救济途径是行政复议、行政诉讼及行政赔偿；行政处分的救济途径是向上一级行政机关或行政监察机关申诉，内部行政行为一般排除司法审查。

（二）行政处罚与刑罚

行政处罚与刑罚都是具有国家强制力的制裁方式，但两者有着显著的区别：

（1）权力的性质不同。行政处罚与刑罚虽然都是追究违法者的责任，但行政处罚是国家行政权力的运用，刑罚是国家司法权力的运用。

（2）实施处罚的主体不同。行政处罚由有外部管理权限的行政机关或法律、法规授权的组织实施，而刑罚的实施主体是国家司法机关——人民法院。

（3）适用的条件不同。行政处罚一般情况下适用于“尚未构成犯罪”的违法行为，而刑罚适用于构成犯罪的违法行为。二者存在罪与“非罪”的界限。

（4）作出处罚决定的程序不同。行政处罚是按照《行政处罚法》所规定的行政程序作出的，而刑罚必须根据《刑事诉讼法》的程序作出。

（5）处罚的种类不同。行政处罚的种类很多，既有《行政处罚法》的统一规定，又有各单行法律、法规的分散规定。而刑罚的种类则由《刑法》统一规定。

10.1.3 行政处罚的基本原则

（一）处罚法定原则

依法行政是行政法最主要和最基本的原则，处罚法定可以说是依法行政对行政处罚的基本要求。处罚法定包含三层意思：

（1）处罚的主体法定。这种法定性表现在以下两个方面：

第一，在行政处罚的设定权方面，设定行政处罚的主体是法定的；设定行政处罚的形式是法定的，即行政处罚的主体只能以法律、法规和行政规章的形式设定行政处罚；设定权的分工是法定的，即不同的规范性法律文件必须在《行政处罚法》规定的范围内设定行政处罚。《行政处罚法》对行政处罚设定权的层级和内容作了详尽规定。

第二，在行政处罚的实施权方面，实施行政处罚的主体是法定的，即只有法律、法规规定或授权行使行政处罚权的行政机关或组织才可以实施行政处罚。

（2）处罚的依据法定。行政机关对公民、法人或其他组织实施行政处罚必须要有法定依据，没有法定依据的，不得实施行政处罚，即法无明文规定不为罚。这里的“法”，具体是指法律、行政法规、地方性法规和规章。行政机关应当依据这四种规范性法律文件实施行政处罚，否则，其行政处罚决定无效，公民、法人或其他组织有权拒绝接受处罚，或者依法申请行政复议，或者提起行政诉讼。

（3）处罚的程序法定。行政机关实施行政处罚不但要求实体合法，也要求程序合法。

（二）公正、公开原则

公正原则是行政法的合理性原则在行政处罚行为中的具体体现，因此又叫合理处罚原则。这一原则要求，行政处罚必须公平、公正，没有偏私，设定和实施行政处罚必须以事实为依据，与违法行为的事实、性质、情节以及社会危害程度相当。

为了保证行政处罚的公正，行政处罚必须公开。公开原则包括两层含义：一是有关行政处罚的法律、法规的规定必须公布，没有公布的不能作为行政处罚的依据，同时公开也应作为处罚依据的法律、法规生效的依据；二是依法给予违法者的处罚要公开，使受罚者本人及群众对处罚能有较充分的了解，既便于群众监督，又有利于对广大群众进行法制宣传教育。

（三）处罚与教育相结合原则

处罚与教育相结合，一方面是说要对违反行政管理法律规范的行政相对人进行惩罚，另一方面也要教育他们自觉遵守法律。行政处罚主要是通过对违反行政法义务的行政相对人进行惩罚，从而对其本人及其他行政管理相对人产生威慑作用，抑制并预防将来对行政管理秩序的侵害，所以处罚本身具有很强的教育作用。

（四）保护当事人合法权益原则

为了保障当事人的合法权益，《行政处罚法》除依照法治原则，按照正当法律程序对当事人设定和实施行政处罚作出规定，还赋予了当事人许多程序性权利。《行政处罚法》第6条规定："公民、法人或者其他组织对行政机关所给予的行政处罚，享有陈述权、申辩权；对行政处罚不服的，有权依法申请行政复议或者提起行政诉讼。公民、法人或者其他组织因行政机关违法给予行政处罚受到损害的，有权依法提出赔偿要求。"除上述五项程序性权利之外，《行政处罚法》还赋予当事人要求行政机关及其执法人员出示身份证件的权利、被告知权、听证申请权、申请回避权等各项权利。设立和实施处罚并非《行政处罚法》的立法目的，其目的在于有序的行政管理和对当事人权益的维护。

（五）不免除民事责任，不取代刑事责任原则

《行政处罚法》第7条规定："公民、法人或者其他组织因违法受到行政处罚，其违法行为对他人造成损害的，应当依法承担民事责任。违法行为构成犯罪，应当依法追究刑事责任，不得以行政处罚代替刑事处罚。"该条确立了行政处罚不免除民事责任、不取代刑事责任原则。

10.2 行政处罚的种类和设定

10.2.1 行政处罚的种类

根据《行政处罚法》和现行法律、法规的规定，目前我国对行政处罚的分类有以下几种：

（一）警告

警告，是指行政机关或法律法规授权的组织，对违反行政法律规范的公民、法人或者

其他组织所实施的一种书面形式的谴责和告诫。警告必须以书面形式作出，指明行为人的违法错误，并具有令其改正、纠正违法行为的性质，具有国家强制性。

（二）罚款

罚款，是指行政机关依法强制有行政违法行为的相对人在一定期限内缴纳一定数额货币的处罚行为。罚款是一种适用范围比较广泛的行政处罚，因而也是行政机关最经常、最普遍使用的行政处罚形式之一。罚款通常由法律、法规和规章规定一定的数额或者幅度。目前，我国法律、法规和规章规定的罚款方法和幅度主要有以下五种：

（1）规定罚款的上限和下限。例如，2010 年 4 月 19 日经国务院批准修订的《外国人入境出境管理法实施细则》第 44 条规定："对私自雇用外国人的单位和个人，在终止其雇用行为的同时，可以处5 000元以上、5 万元以下的罚款，并责令其承担遣送私自雇用的外国人的全部费用。"

（2）只规定罚款的上限而不规定下限。例如，2009 年 5 月 1 日开始施行的《旅行社条例》第 50 条规定，"违反本条例的规定，旅行社有下列情形之一的，由旅游行政管理部门责令改正；拒不改正的，处 1 万元以下的罚款：（一）变更名称、经营场所、法定代表人等登记事项或者终止经营，未在规定期限内向原许可的旅游行政管理部门备案，换领或者交回旅行社业务经营许可证的"。

（3）规定罚款的固定数额。例如，1991 年 8 月 21 日国家教育委员会和公安部联合发布的《社会力量办学印章管理暂行规定》第 17 条规定："对未经教育行政部门同意和公安机关批准，擅自刻制学校印章者，由公安机关处以 500 元罚款，并收缴其非法刻制的印章。"

（4）规定罚款数额以某一特定基数为标准按照一定的倍数计算，具体数额由行政机关确定。例如，2010 年修改的国务院《价格违法行为行政处罚规定》第 6 条规定，"经营者违反价格法第十四条的规定，有下列推动商品价格过快、过高上涨行为之一的，责令改正，没收违法所得，并处违法所得 5 倍以下的罚款"。

（5）没有规定罚款的数额，只规定行政机关可以进行罚款。例如，1983 年 2 月 5 日国务院发布的《城乡集市贸易管理办法》第 32 条第 10 项规定："违反第二十五条规定，屡教不改的，处以罚款或给予治安管理处罚。"

（三）没收违法所得、没收非法财物

没收是行政机关将生产、保管、加工、运输、销售违禁物品或者实施其他营利性违法行为的相对人与违法行为相关的财物收归国有的制裁。没收是一种较为严厉的财产罚，其执行领域具有严格的限定性，并非所有违反行政管理法律法规的案件都可以实行此种处罚。只有对那些为谋取非法收入而严重违反法律法规的公民、法人及组织才可以实行这种财产罚。没收范围包括违法所得和非法财物。违法所得是指公民、法人及其他组织在形式上有法律依据的前提下，因行为不符合法律所规定的要求而得到的收入。非法财物是指公民、法人或者其他组织在没有经行政管理机关允许的前提下，即进行了应当经行政管理机关批准的行为，因进行这些非法行为而得到的收入。没收与罚款一样，都属于财产罚的范畴。

没收违法所得必须是没收公民、法人或者其他组织进行"违法"行为之"所得"。因而，首先应当判断当事人的哪些行为属于违法行为，哪些行为属于合法行为；其次，在前者基础上应当判断违法所得的范围。

没收非法财物也必须是没收公民、法人及其他组织进行“非法”行为之“财物”。在没收非法财物时，应当没收与非法行为有关的一切财物，包括非法行为之所得、进行非法行为的工具、违禁物品等。没收非法财物与没收违法所得的区别之一是，没收违法所得只没收进行违法行为之所得，而不没收进行违法行为的工具。在没收非法财物时，涉及进行非法行为的工具问题，何者为进行非法行为的“工具”？应是进行非法行为所必需的直接的工具，而不能是一切与非法行为有关的工具。

（四）责令停产停业

责令停产停业是行政处罚的一种，是对工商企业和个体工商户适用的一种处罚方式。它是行政机关强令违法从事生产、经营者停止生产或经营的处罚，属于一种不作为义务的科处。这种处罚对生产经营者的物质利益造成的损失是非常大的，是一种比较严厉的处罚。

责令停产停业属于能力罚，即在停产停业期间，受处罚的当事人不得进行生产、作业或者工作，但法律资格并没有被剥夺，在其符合法律法规和行政规章规定的标准和要求以后，无须重新申请许可证或者营业执照就可以继续进行生产、作业或者工作。责令停产停业实际上是限制当事人已经具有的权能，这是责令停产停业与吊销许可证或者营业执照之间的本质区别。

责令停产停业一般常附有限期整顿的要求，如果受处罚人在期限内纠正了违法行为，达到了规定的标准和要求，就可以恢复生产、营业。责令停产停业一般适用于下列违法行为：(1) 生产经营者实施了比较严重的违法行为，其行为后果比较严重；(2) 从事加工、生产与人的生命密切相关的商品（如药品、食品等），已经或可能威胁人的生命健康，或者出版对人的精神生活产生不良影响的出版物、音像制品等的违法行为。比如《药品管理法》规定，生产、销售劣药情节严重的，可责令停产、停业整顿。

（五）暂扣或者吊销许可证、暂扣或者吊销执照

暂扣或者吊销许可证、暂扣或者吊销执照是行政处罚的一种。吊销许可证或者执照是对违法者从事某种活动的权利或享有的某种资格的取消；而暂扣许可证或者执照则是中止行为人从事某项活动的资格，待行为人改正以后或经过一定期限以后，再发还许可证、有关证书或执照。暂扣或吊销许可证及执照是一种比责令停产停业更为严厉的行为能力罚，主要针对那些严重违反行政管理法律法规的行为。

以上行政处罚的种类，无论是精神惩戒、财产罚、能力罚还是资格罚，都不是针对人身自由的限制。

（六）行政拘留

行政拘留又称治安拘留，是公安机关对违反治安管理的人在短期内剥夺其人身自由的一种强制性惩罚措施。由于行政拘留是行政处罚中最为严厉的一种，因而法律对其适用作了严格的规定。

第一，在适用机关上，只能由公安机关决定和执行，其他主体无此权力。

第二，在适用对象上，一般只适用于严重违反治安管理法规的自然人，但不适用于精神病患者、不满14岁的我国公民以及孕妇或者正在哺乳自己一周岁以内的婴儿的妇女，

同时也不适用于我国的法人和其他组织。

第三，在适用时间上，一般为 1 日以上、15 日以下；有两种以上违反治安管理行为的，分别决定，合并执行，行政拘留处罚合并执行的，最长不超过 20 日。

第四，在适用程序上，必须经过传唤、讯问、取证、裁决、执行等程序。

目前，我国关于行政拘留的法律法规主要有：《治安管理处罚法》、《出境入境管理法》、《集会游行示威法》、《消防法》、《戒严法》等。

（七）法律、行政法规规定的其他行政处罚

这一规定不是指具体的处罚种类，从立法技术上讲是一种“兜底”条款，旨在囊括尚未被《行政处罚法》罗列的其他处罚种类；从立法实践上讲是一种“预设”条款，旨在防止现有法律、行政法规规定的并正在适用的行政处罚种类遗漏或今后立法中可能出现的新的处罚种类无法设置。

除上述六种行政处罚外，由法律和行政法规新创设的行政处罚种类主要有强制履行兵役、责令恢复植被、责令退还、限期拆除、限期治理、责令退回土地、驱逐出境、撤销注册商标、注销城市户口等。

10. 2. 2　行政处罚的设定

行政处罚设定权属于立法权范畴，是指通过立法规定出现何种情况、在何种条件下应予何种处罚的权力。《行政处罚法》第 9 条至第 14 条对行政处罚设定权的分配作出了明确的规定。

（一）法律的设定权

全国人大及其常委会制定的法律有权根据需要设定任何一种行政处罚。鉴于限制人身自由的行政处罚是影响公民权利最重的行政处罚，因此只能由国家权力机关以法律形式设定。

（1）法律可以设定各种行政处罚。此处的行政处罚包括但不限于《行政处罚法》规定的六种行政处罚。也就是说，《行政处罚法》授权法律可以在已明确规定的六种行政处罚之外创设新的种类的行政处罚。

（2）法律是我国设定人身罚的唯一规范性文件。限制人身自由的行政处罚只能由法律设定，而不能由法律以外的其他规范性法律文件设定，这也是《立法法》中“限制人身自由的强制措施和处罚”只能制定法律这一规定所要求的。

（二）行政法规的设定权

国务院作为我国最高国家行政机关，可以在行政法规中设定除限制人身自由以外的行政处罚。如果法律对违法行为已经作出行政处罚规定，行政法规需要作出具体规定的，必须在法律规定的给予行政处罚的行为、种类和幅度的范围内规定。

（1）行政法规可以设定除限制人身自由以外的行政处罚。行政法规可以设定的行政处罚为警告、罚款、没收违法所得和非法财物、责令停产停业、暂扣或者吊销营业执照。

（2）行政法规有权创设新种类的行政处罚。《行政处罚法》第 8 条第 7 项规定有“法律、行政法规规定的其他行政处罚”。可见，行政法规除可以设定《行政处罚法》已经明确列举的行政处罚种类外，还可以创设新种类的行政处罚。

(3) 行政法规设定权受法律限制。《行政处罚法》第10条第2款规定:“法律对违法行为已经作出行政处罚规定,行政法规需要作出具体规定的,必须在法律规定的给予行政处罚的行为、种类和幅度的范围内规定。”

(三) 地方性法规的设定权

行使地方性法规制定权的地方人大及其常委会在地方性法规中可以设定除限制人身自由、吊销企业营业执照以外的行政处罚。在法律、行政法规对违法行为已经作出行政处罚规定,地方性法规需要作出具体规定的,必须在法律、行政法规规定的给予行政处罚的行为、种类和幅度的范围内规定。

(四) 部门规章的设定权

国务院各部门制定的规章,可以在法律、行政法规规定的给予行政处罚的行为、种类和幅度的范围内作出具体规定。对于法律、行政法规尚未就某些违反行政管理秩序的行为作出规定的,国务院各部门制定的规章可以设定警告或者一定数量罚款的行政处罚。罚款的限额由国务院规定。

(五) 地方政府规章的设定权

省、自治区、直辖市人民政府和省、自治区人民政府所在地的市人民政府以及经国务院批准的较大的市人民政府制定的规章,可以在法律、法规规定的给予行政处罚的行为、种类和幅度的范围内作出具体规定。尚未制定法律、行政法规或地方性法规的,对违反行政管理秩序的行为,上述政府规章可以设定警告或者一定数额罚款的行政处罚。罚款的限额由省、自治区、直辖市人大常委会规定。

由此可见,法律、法规、规章在设定行政处罚方面的权限是递减的。

《行政处罚法》还对行政处罚设定权作了限制性规定,除法律、法规和规章可以设定行政处罚外,其他规范性文件一律不得设定行政处罚。在我国,其他规范性文件是指规章以下的规范性文件。在《行政处罚法》制定之前,规章以下的规范性文件设定行政处罚的,在《行政处罚法》正式实施以后,应予以废止。

10.3 行政处罚的实施机关

行政处罚的实施机关是指依法有权或受托实施行政处罚的主体。根据我国《行政处罚法》的规定,行政处罚实施机关的种类具体包括以下几种:

10.3.1 一般行政机关

行政机关是指国家为行使其职能,实现其目标和任务而设置的执行、实施法律,管理国家内政、外交各项行政事务的机关。《行政处罚法》第15条规定:“行政处罚由具有行政处罚权的行政机关在法定职权范围内实施。”因此,行政机关要享有行政处罚权,必须同时具备以下两个条件:(1) 必须是履行外部行政管理职能的行政机关;(2) 必须有法律、法规和规章的明确授权。其中行政拘留只能由公安机关决定和执行。

10.3.2 综合执法机关

《行政处罚法》第16条规定："国务院或者经国务院授权的省、自治区、直辖市人民政府可以决定一个行政机关行使有关行政机关的行政处罚权，但限制人身自由的行政处罚权只能由公安机关行使。"也就是说：第一，只有国务院或者经国务院授权的省、自治区和直辖市人民政府才有权决定一个行政机关行使有关行政机关的行政处罚权，除此之外的其他级别的行政机关无权决定；第二，综合执法机关不得行使限制人身自由的行政处罚权，该行政处罚权只能由公安机关行使。根据以上规定而设立的综合执法机关获得了独立的法律地位。所谓独立的法律地位，是指能够以自己的名义实施行政处罚，并以自己的名义承担因实施行政处罚而产生的法律后果，包括在行政复议中作为被申请人、在行政诉讼中作为被告、在行政赔偿中作为赔偿义务机关。因此，此处的"综合执法机关"并非普通意义上的"联合执法"或"统一办公"，而是成为独立的行政主体。

10.3.3 法律法规授权组织

《行政处罚法》对法律法规授权的组织行使行政处罚权作了比以前更加严格的规定。

（1）只有法律、法规才有权授予其他组织实施行政处罚的权力，其他规范性文件不得授权。

（2）被授权组织必须是具有管理公共事务职能的组织。这类组织主要包括具有管理公共事务职能的企业事业组织、社会组织及社会团体、基层群众性自治组织、群众性治安保卫组织等。

（3）被授权组织必须具备法律规定的条件。被授权组织必须具备的法律规定的条件主要有：第一，被授权组织是依法成立的；第二，被授权组织内部具有熟悉法律、法规、规章和业务的工作人员；第三，对违法行为需要进行技术检查或者技术鉴定的，被授权组织应当有条件组织进行相应的技术检查或者技术鉴定；第四，单行法律、法规规定的其他条件。这些条件是保证行政处罚合法专业的必要前提。

（4）获得授权实施行政处罚的组织只能在法定授权范围内实施行政处罚。法律、法规在授予非行政机关的组织实施行政处罚权的同时，必须规定其实施行政处罚的内容和具体范围。

10.3.4 受委托组织

《行政处罚法》规定行政机关可以委托某些组织实施行政处罚，同时对这种委托行为作了非常具体明确的规定，建立了比较完善的法律规范。

（一）行政机关委托非行政机关的组织实施行政处罚的条件

行政机关委托非行政机关的组织实施行政处罚，必须同时具备三个条件。

(1) 依照法律、法规和规章的规定。

(2) 行政机关必须是在其法定权限内进行委托，即行政机关自己必须拥有实施某项行政处罚的权力，才能将该项权力委托给其他组织，否则构成越权，委托无效。

(3) 被委托或者受委托的组织必须符合《行政处罚法》第 19 条规定的条件。这些条件包括：

第一，属依法成立的管理公共事务的事业组织。

第二，具有熟悉有关法律、法规、规章和业务的工作人员。

第三，对违法行为需要进行技术检查或者技术鉴定的，应当有条件组织进行相应的技术检查或者技术鉴定。

(二) 委托行政机关与受委托组织之间是委托与被委托关系

基于委托与被委托关系，双方产生监督和被监督关系，委托行政机关有责任监督受委托组织的执法活动。如果发现其有超越权限、滥用行政处罚权或者违反法定程序的行为，委托机关有权解除委托关系。

在委托关系中，受委托组织是以委托行政机关的名义实施行政处罚的。因此，其产生的一切法律上的后果，包括在行政复议、行政诉讼及国家赔偿中的法律后果，均由委托行政机关承担。这意味着受委托组织并不是独立的行政主体。

(三) 受委托组织是以委托行政机关的名义实施行政处罚的

委托行政机关和受委托组织就委托的行为处罚行为存在如下关系：

(1) 受委托组织在委托范围内，以委托行政机关名义实施行政处罚，在法律上是有效行为，其行为后果由委托行政机关承担。

(2) 受委托组织在委托范围内，以自己的名义实施行政处罚的行为是无效行为，其后果由自己承担。

(3) 受委托组织超出委托权限，以委托机关的名义实施行政处罚，如果事后委托行政机关不予承认，该行为在法律上也属无效行为，其后果由自己承担，即受到“越权无效”原则的限制。

(4) 受委托组织超出委托范围，以自己的名义实施行政处罚的行为，也属无效行为，其后果由自己承担。

(四) 受委托组织不得再委托

在委托实施行政处罚关系中，禁止转委托，无论转委托关系中的受委托组织是否具备《行政处罚法》规定的条件。

(五) 受委托组织的权利义务

受委托组织的权利主要有：取得履行职责所应有的权力、管理手段和工作条件；在委托权限范围内办理受委托事项；取得履行职责所需要的经费和报酬；请求有关行政机关协助排除其在履行职责过程中遇到的障碍；法律、法规、行政规章或者行政机关赋予的其他权利。

受委托组织的义务主要有：不得超越委托权限；接受委托机关的监督指导，主动向委托机关请示汇报工作；认真履行受委托的职责，听取相对人的意见，接受相对人的监督；法律、法规、行政规章以及委托行政机关确认的其他义务。

10.4　行政处罚的管辖和适用

10.4.1　行政处罚的管辖

所谓行政处罚的管辖，是指在各个行政机关之间确定对应受处罚的行为实施行政处罚的分工和权限。

（一）级别管辖

所谓级别管辖，是指不同层级的行政机关在管辖和处理行政违法行为上的分工和权限。行政处罚的级别管辖是为了解决同一行政系统中不同级别的行政机关在适用行政处罚方面的权限分工问题。

行政违法行为一般应当由违法行为发生地的县级人民政府有行政处罚权的行政机关管辖。这是因为县级行政机关是我国行政区划中最基本的单位，处于承上启下的关键地位，同时，它的行政管理工作系统又较为完备。级别管辖的设立通常考虑以下几个方面的因素：

（1）根据违法当事人的级别确定级别管辖。如《教育行政处罚暂行实施办法》第 5 条规定了对其他各级各类学校或者其他教育机构及其内部人员处罚案件的管辖为：第一，对高等学校或者其他高等教育机构及其内部人员的处罚，为省级人民政府教育行政部门；第二，对中等学校或者其他中等教育机构及其内部人员的处罚，为省级或地、设区的市级人民政府教育行政部门；第三，对实施初级中等以下义务教育的学校或者其他教育机构、幼儿园及其内部人员的处罚，为县、区级人民政府教育行政部门。为了保证行政处罚的权威和公正，当事人级别越高，管辖机关级别越高。

（2）根据违法行为的性质来确定级别管辖。如《出版管理行政处罚实施办法》第 6 条规定，在全国有重大影响的，由新闻出版署负责实施行政处罚；第 7 条规定，在本行政区有重大影响的，由省、自治区、直辖市新闻出版局负责实施行政处罚。为了保证行政处罚的效率和统一，事件的影响范围越大，其管辖机关的级别越高。

（3）根据违法行为的种类来确定级别管辖。如《著作权法实施条例》第 37 条规定："有著作权法第四十七条所列侵权行为，同时损害社会公共利益的，由地方人民政府著作权行政管理部门负责查处。"

（二）地域管辖

地域管辖又称"区域管辖"，是指在同级行政处罚机关之间处理违法行为的分工和权限。地域管辖最主要的任务就是解决哪些行政处罚由这里的而不是由那里的行政机关管辖。

《行政处罚法》第 20 条规定行政处罚由"违法行为发生地的"行政机关管辖，这一条确定了行政处罚地域管辖的一般原则。目前，单行法律和行政法规对管辖原则的特殊规定主要有：

（1）由违法行为人所在地行政机关管辖。例如，2014 年 3 月 15 日开始施行的《网络交易管理办法》第41条第1款规定，“网络商品交易及有关服务违法行为由发生违法行为的经营者住所所在地县级以上工商行政管理部门管辖。对于其中通过第三方交易平台开展经营活动的经营者，其违法行为由第三方交易平台经营者住所所在地县级以上工商行政管理部门管辖。第三方交易平台经营者住所所在地县级以上工商行政管理部门管辖异地违法行为人有困难的，可以将违法行为人的违法情况移交违法行为人所在地县级以上工商行政管理部门处理”。

（2）由最先查处的行政机关管辖。如《出版管理行政处罚实施办法》第8条规定：“行政处罚由主要违法行为发生地的新闻出版行政机关管辖。两个以上地方新闻出版行政机关对同一违法行为都有管辖权的，由先立案的新闻出版行政机关管辖。”

（三）职能管辖

行政处罚的职能管辖是用以确定拥有不同行政职能的行政机关在实施法定的行政处罚时的权限分工。其法律依据是《行政处罚法》第15条的规定：“行政处罚由具有行政处罚权的行政机关在法定职权范围内实施。”根据职能管辖的原则，首先，要求实施行政处罚的机关必须是有行政处罚权的机关，无行政处罚权的机关不能实施行政处罚；其次，要求有行政处罚权的机关必须在自己的职权范围内实施行政处罚，对超越自己的管辖范围以外的行政违法行为无行政处罚权，无权管辖。职能管辖意在保证行政处罚的合法性与专业性，使行政管理权与行政处罚权大致对应。

（四）指定管辖

指定管辖是指两个或两个以上行政机关对管辖权发生争议时，由共同的上一级行政机关以决定的方式指定某一行政机关管辖。《行政处罚法》第21条规定：“对管辖权发生争议的，报请共同的上一级行政机关指定管辖。”管辖权发生争议主要表现为以下几种情况：

（1）在地域管辖上，两个或两个以上行政机关对管辖权发生争议。

（2）在职权管辖上，两个或两个以上的行政机关对管辖权发生争议。

此外，在管辖权没有发生争议，而由于法律上或事实上的原因致使有管辖权的行政机关无法行使管辖权时，需要由上级行政机关以决定的方式指定某一行政机关行使管辖权。

上级行政机关的指定管辖权是一种行政决定权和行政领导权，指定管辖的决定一经作出，被指定管辖的机关就必须遵守执行。

（五）移送管辖

移送管辖是指本无行政处罚管辖权的行政主体将已经受理的相对人违法案件依法移送给有管辖权的行政主体管辖的情形。受移送的行政主体认为自己无权受理的，应当报请上级行政机关指定管辖，但不得拒绝接收，也不得再次移送。

我国《行政处罚法》对移送管辖并未作出规定，但对行政处罚过程中行政机关向司法机关的案件移送作出了明确规定。《行政处罚法》第22条规定：“违法行为构成犯罪的，行政机关必须将案件移送司法机关，依法追究刑事责任。”该条对行政处罚过程中的案件移送作出了规定。此处的案件移送已经超出了行政管辖的范畴，涉及与司法权的衔接问题。

（1）移送条件。行政机关准备对其给予行政处罚的违法当事人的违法行为已构成犯罪，这是行政处罚案件移送的前提条件。

（2）移送对象。行政处罚案件移送的对象是司法机关。在我国，人民法院、检察院、公安机关通常都被称为司法机关。

（3）移送的目的。行政处罚案件移送的主要目的是依法追究犯罪人的刑事责任，防止行政机关以行政处罚代替刑事处罚，使得当事人的法律责任与制裁相适应。

（4）对移送案件的处理。当行政机关将案件移送给司法机关，司法机关认为移送的案件中的违法行为不构成犯罪，则应将案件退回移送来的行政机关，行政机关应依法确定是否给予行政处罚。对移送的案件，司法机关认为案件中的违法行为已构成犯罪，则应依法追究犯罪人的刑事责任。

10.4.2 行政处罚的适用

行政处罚的适用或称行政处罚的实施，是指行政主体依法认定违法行为，并决定是否给予行为人处罚和如何处罚的活动。关于行政处罚的适用，主要涉及以下问题：

（一）行政处罚适用的原则

行政处罚除适用处罚法定、公正、公开、处罚与教育相结合等行政处罚的基本原则外，还应适用“首先纠正违法行为”原则和“一事不再罚”原则。

（1）“首先纠正违法行为”原则。《行政处罚法》第23条规定：“行政机关实施行政处罚时，应当责令当事人改正或者限期改正违法行为。”行政机关在处理违法案件时，无论对违法行为人处以何种行政处罚，都应当要求违法行为人及时纠正违法行为。处罚仅作为手段而非目的，因此首先应将违法行为予以纠正，使其恢复原有状态。

（2）“一事不再罚”原则。《行政处罚法》第24条规定：“对当事人的同一个违法行为，不得给予两次以上罚款的行政处罚。”根据这一规定，在《行政处罚法》中，一事不再罚原则的含义是：对同一违法行为，一个机关已经给予罚款处罚的，其他行政机关不得再次给予罚款处罚。一般来说，一个机关给予的处罚已经足以纠正违法行为的，其他机关不应再给予其他处罚。如果一个机关给予的处罚还不足以纠正违法行为时，则其他机关可以再给予其他处罚。因此，其他机关决定给予的处罚应当是前一个机关无权给予的处罚。如果前一个机关有权给予的处罚而没有给予，说明该违法行为不必给予该种处罚，则其他机关也不应给予此种处罚。

（二）行政处罚适用的条件

行政处罚适用的条件主要包括前提条件、主体条件、对象条件和时效条件。

（1）前提条件。行政处罚适用的前提条件是行政违法行为的客观存在，至于行政违法行为的构成要件，只需要具备主体要件、客观要件即可，主观过错不是行政违法的构成要件。

（2）主体条件。行政处罚适用的主体条件，即行政处罚必须由享有法定的行政处罚权的适格主体实施，包括法律规定享有行政处罚权的行政机关及授权或委托的组织。

（3）对象条件。行政处罚适用的对象条件，即必须是违反行政管理秩序的公民、法人或者其他组织。

（4）时效条件。行政处罚适用的时效条件是指对行为人实施行政处罚，还需其违法行为未超过追究时效；超过法定的追究违法者责任的有效期限，则不得对违法者适用行政处罚。我国《行政处罚法》第 29 条规定：“违法行为在二年内未被发现的，不再给予行政处罚。法律另有规定的除外。”这是行政处罚适用的一般时效条件。《治安管理处罚法》第 22 条规定：“违反治安管理行为在六个月内没有被公安机关发现的，不再处罚。”超出上述时效者，不应再给予行政处罚。这有利于督促行政处罚主体集中精力查处案件，提高行政管理的效能。

（三）行政处罚适用的方法

（1）不予处罚与免予处罚。不予处罚是指因有法律、法规所规定的法定事由存在，行政主体对某些形式上虽然违法但实质上不应承担违法责任的相对人不适用行政处罚。一般来说，具有下列情况时，对行为不予处罚：第一，不具有责任能力的人违法的。第二，由于生理缺陷的原因而致违法的。第三，行为属于正当防卫的。第四，行为属于紧急避险的。第五，因意外事故而致违法的。第六，因行政机关的责任而造成违法行为的。第七，违法行为轻微并及时纠正，没有造成危害后果的。

免予处罚是指行政主体依照法律、法规的规定，考虑到有法定的特殊情况存在，对本应给予处罚的违法行为人免除其处罚。免予处罚与不予处罚是不同的。不予处罚是本不应该处罚因而不给予处罚；而免予处罚则是本应该处罚的，只是考虑到有特殊情况存在，不需要科处行政处罚而免除处罚。

（2）“应当”处罚与“可以”处罚。“应当”处罚是指必然发生对违法者适用行政处罚或从轻、从重等的结果。“应当”处罚是对行政机关行使行政处罚权的羁束规定，是羁束裁量权的具体表现。凡行为人有违法行为的，除法定事由外，都应当受到行政处罚，否则就有失公平。在“应当”处罚情形中，具体包括三个方面：一是应当对违法者适用行政处罚；二是应当从轻、减轻或免除处罚；三是应当从重处罚。

此外，为了防止处罚时疏漏某些具有特殊之处的行政违法行为，法律、法规还作出应该予以处罚的强调性规定。如《治安管理处罚法》就单独规定了下列几种情形都属于应予处罚的范围：第一，间歇性精神病人在精神正常的时候违反治安管理的；第二，醉酒的人违反治安管理的。

“可以”处罚是指对违法者或然产生行政处罚适用的结果。也就是说，可以予以行政处罚，也可以不予以行政处罚，或者可以从轻、从重处罚，也可不从轻、从重处罚。“可以”处罚赋予行政机关比“应当”处罚更大的权力，是行政自由裁量权的具体体现，但是该裁量权的行使应合法、合理。

（3）从轻、减轻处罚。行政处罚的从轻处罚，是指对违法当事人在法定的处罚幅度内给以较轻的处罚。对于从轻处罚，不能低于法定处罚幅度的最低限。行政处罚的减轻处罚，是指对违法当事人在法定幅度的最低限以下给予处罚。

根据《行政处罚法》第 27 条的规定，违法当事人有下列情形之一的，应当在法定范围内从轻或减轻处罚：第一，主动消除或者减轻违法行为危害后果的。第二，受他人胁迫有违法行为的。第三，配合行政机关查处违法行为有立功表现的。除《行政处罚法》所规定的上述三种情形外，其他法律法规还可以针对不同行政部门的行政处罚权规定其他一些可以从轻或者减轻处罚的情形。这样，《行政处罚法》不仅表现出适应社会发展的灵活性，而且还与其他法律法规有机地协调起来。

（4）单处与并处。单处是指行政主体对违法行为人仅适用一种处罚方式。它是处罚适用的最简单的形式。单处可以是对法定的任何一种行政处罚方式的单独适用。我们认为，在法律、法规没有明确规定可并处的情况下，行政主体一般应对违法行为人单独适用一项处罚，不能同时适用几项处罚，否则会对当事人造成过于严重的惩戒。

并处是指行政主体对犯有同一违法行为的违法行为人依法同时适用两种或两种以上的行政处罚形式。它是相对于单处而言的，往往针对情节较严重的情形，是对违法行为人的从重处罚。并处必须在具备法定的条件下才能采用，不仅要有法律、法规明确规定“可以并处”，而且还必须具备法定情节，否则不能采用并处，这意味着并处行政处罚有严格的条件限制。

（5）易科与加罚。易科又称换罚、改罚或改处，是指行政主体对违法行为人因某种客观原因不能执行先行科处的某种行政处罚，或者由于某种法定事由，更换一种新的行政处罚形式，以达到同样的制裁目的。

加罚是指违法行为人并非无力或不能履行行政处罚的义务却拒不履行，行政主体对其增加处罚的幅度或增加新的处罚形式。新的处罚既是对新的违法行为的制裁，也是对不履行原处罚义务的强制，目的在于督促当事人尽快履行行政处罚确定的义务。

此外，还应注意，加罚不是加重处罚，它必须在法律或法规的明确规定下，对无正当理由而不履行处罚义务的相对人增加处罚制裁程度或增加新的处罚形式，而且这种增加不得超过法律、法规规定的范围。否则，就属于“加重处罚”，是违法、无效的。

（6）行政处罚与刑罚的竞合适用。行为人的某一行为既违反行政法中某个法条的规定，同时又触犯刑律的某个规定，从而构成行政违法行为与犯罪竞合。与行为竞合相适应，两个不同部门法的法条又分别规定了对行为人的行政处罚和刑罚，从而产生行政处罚与刑罚竞合。关于行政处罚与刑罚的竞合适用问题，在具体适用上可视不同情况采用下列三种方法：

第一，只由司法机关裁量刑罚处罚。对于给予刑罚处罚就足以达到惩处和预防行政违法、犯罪的目的，就没有必要再由行政机关予以行政处罚。

第二，刑罚与行政处罚双重适用。也就是说，对行为人除由司法机关予以刑罚处罚外，有关行政机关还应予以行政处罚。因为刑罚与行政处罚的种类和功能的差异决定了在适用刑罚的同时，还必须适用行政处罚以弥补刑罚的不足。双重处罚一般以法律明确规定的为限。

第三，免刑后适用行政处罚。在人民法院免除刑罚或人民检察院不起诉后，行政机关仍应依行政法律规范的规定给予行为人以相应的行政处罚。

（7）法人或其他组织违法的“两罚”处罚适用。法人或其他组织（为叙述方便，以下统称法人）是由不同的个人成员组成的集合体。法人违法也应受到法律制裁，但由于其具有不同于自然人的特性，行政主体对其适用行政处罚应当与自然人有所不同。对法人违法的，原则上应适用“两罚”方法，既处罚法人整体，又处罚法人中负有责任的自然人（法定代表人、主管人员和直接责任人员），只不过对法人的处罚只能是财产罚或能力罚，而不可能是限制人身自由的强制措施。

10.5 行政处罚的程序

《行政处罚法》规定的行政处罚的基本程序，是由行政处罚决定程序和行政处罚执行程序组成的。

10.5.1 行政处罚决定程序

行政处罚决定程序是整个行政处罚程序的关键环节，是保障正确实施行政处罚的前提条件。对于程序的违反，同时是违反合法性原则的，甚至会影响到实体结果。它可分为简易程序、一般程序和听证程序三类。

（一）简易程序

（1）简易程序的适用条件。行政处罚的简易程序又叫当场处罚程序，是指行政主体对符合法定条件的行政处罚事项，当场作出行政处罚决定的程序。《行政处罚法》第33条规定："违法事实确凿并有法定依据，对公民处以五十元以下、对法人或者其他组织处以一千元以下罚款或者警告的行政处罚的，可以当场作出行政处罚决定。"因此，行政机关对同时具备上述三个条件的行政违法行为，可以适用简易程序，当场作出行政处罚决定，也可以不适用简易程序而适用一般程序作出行政处罚决定。

（2）简易程序的具体内容。设置简易程序不仅要注意行政效率，也要考虑这一直接影响当事人权益的行为必须是公正和公平的。因此，简易程序也应当包含一些最基本的必要程序，如表明身份程序、说明理由程序、听取意见程序、作出裁决程序、备案程序。这些程序保证简易程序在符合效率要求的同时，也达到公平、公正的要求。

第一，表明身份。表明身份是简易程序的第一个步骤。它表明了行政主体有权给予行政处罚的主体资格，即行政处罚主体合法。为此，行政机关执法人员应当向当事人出示必要的证件。

第二，指出违法事实，说明理由，必要时进行调查取证。行政机关执法人员应当向当事人告知其违法事实并提出证据，说明违反了什么法律规范的什么条文，即提出事实依据和法律依据。

第三，当事人可以口头申辩，执法人员要答辩。听取当事人的陈述和申辩是很重要的一环。它是合法权利的必要保障。由于当场处罚的特性，辩论只能是口头形式。允许当事人申明自己的意见，对执法人员的判断可以起到检验的作用。

第四，制作当场处罚的行政处罚决定书，送达给被处罚人并告知权利。当场处罚决定书是当场处罚的唯一书面证据材料。决定书的制作是简易程序最重要的内容。

第五，执行。当场处罚由于比较轻微，对当事人影响不大，一般都能够当场执行。执行既可以在现场执行，也可以在规定的期限内执行。在《治安管理处罚法》中，也对当场收缴罚款的情形作了详细规定。

（二）一般程序

行政处罚的一般程序又称普通程序，是行政机关进行行政处罚所遵循的最基本的程序。与一般程序相比较，简易程序和听证程序均属于作出行政处罚决定的特殊程序。关于一般程序的适用范围，根据《行政处罚法》第 36 条的规定，一般程序适用于除依据简易程序作出的行政处罚以外的其他行政案件。

一般程序更完整地体现了行政处罚的程序要求。一般程序适用的具体过程应包括以下几个阶段：

（1）立案。立案是指行政机关对具有行政违法行为，认为应当追究法律责任、予以行政处罚的行政相对人，决定进行调查处理的活动。立案意味着行政处罚程序的启动。

（2）调查取证。调查取证是案件承办人对所要处罚的行政违法行为进行了解、核实和收集证据的过程。它是行政处罚的核心程序，也是立案程序的自然延伸，是裁决程序的基础。

（3）告知当事人。行政机关在作出行政处罚决定之前，应当告知当事人行政处罚决定的事实、理由及依据，并告知当事人依法享有的权利。行政机关在作出责令停产停业、吊销许可证或者执照、较大数额罚款等行政处罚决定之前，还应当告知当事人有要求举行听证的权利。履行告知程序，是依据一般程序作出的行政处罚决定成立的必要条件。

（4）听取当事人的陈述和申辩或举行听证。行政机关及其执法人员在作出行政处罚决定之前，应当听取当事人的陈述和申辩，除非当事人放弃陈述或者申辩的权利。如果当事人要求听证，且符合听证条件的，还应举行听证会。申辩和听证程序是维护当事人合法权益的重要方式。

（5）作出行政处罚决定。调查终结，并听取当事人的陈述、申辩或者举行听证后，行政机关负责人应当对调查结果进行审查，根据不同情况，分别作出如下决定：第一，确有应受行政处罚的违法行为的，根据情节轻重及具体情况，作出行政处罚决定；第二，违法行为轻微，依法可以不予行政处罚的，不予行政处罚；第三，违法事实不能成立的，不得给予行政处罚；第四，违法行为已构成犯罪的，移送司法机关。

（6）制作行政处罚决定书。行政处罚决定书应当载明法定的事项。按照《行政处罚法》第 39 条的规定，行政处罚决定书应当载明：当事人的姓名或者名称、地址；违反法律、法规或者规章的事实和证据；行政处罚的种类和依据；行政处罚的履行方式和期限；不服行政处罚决定，申请行政复议或者提起行政诉讼的途径和期限；作出行政处罚决定的行政机关名称和作出决定的日期。另外，行政处罚决定书必须盖有作出行政处罚决定的行政机关的印章，否则视为无效。

（7）行政处罚决定书的送达。送达是指行政机关依照法律规定的程序，将行政处罚决定书送交当事人的行为。法律文书非经送达不能生效。

（三）听证程序

（1）听证程序的适用条件。行政处罚的听证程序是一般程序中的特别程序，是指行政机关为了查明案件事实、公正合理地实施行政处罚，在作出责令停产停业、吊销许可证或者执照、较大数额罚款等行政处罚决定之前，应当事人要求，通过公开举行由有关各方利害关系人参加的听证会，广泛听取意见的方式、方法和制度。根据《行政处罚法》第42条的规定，听证的范围限于行政机关给予责令停产停业、吊销许可证或者执照、较大数额罚款三种行政处罚案件，这是由于该三种行政处罚涉及当事人权益比较重大。

行政机关举行听证必须同时具备以下两个条件：第一，案件在听证程序适用范围之内，这是客观方面的要求；第二，当事人要求听证，这是主观方面的要求。行政机关在正式作出上述三类行政处罚决定之前，应当告知当事人有要求举行听证的权利。如果当事人要求听证，行政机关应当组织听证，组织听证的费用，由行政机关承担。

(2) 听证程序的具体环节。第一，当事人要求听证的，应当在行政机关告知后三日内提出。第二，行政机关应当在听证的七日前，通知当事人举行听证的时间、地点。第三，除涉及国家秘密、商业秘密或者个人隐私外，听证公开举行。第四，听证由行政机关指定的非本案调查人员主持；当事人认为主持人与本案有直接利害关系的，有权申请回避。第五，当事人可以亲自参加听证，也可以委托一至二人代理。第六，举行听证时，调查人员提出当事人违法的事实、证据和行政处罚建议；当事人进行申辩和质证。第七，听证应当制作笔录；笔录应当交当事人审核无误后签字或者盖章。第八，听证结束后，行政机关依照《行政处罚法》第38条的规定，作出决定。听证程序不应成为“走过场”，而应成为对行政处罚有实质影响的程序。

10.5.2 行政处罚执行程序

行政处罚执行程序是指有关国家机关对违法者执行行政处罚决定的程序，是行政处罚决定的实现阶段。行政处罚决定依法作出后，当事人应当在行政处罚决定的期限内予以履行。

(一) 行政处罚执行程序的原则

(1) 行政复议或者行政诉讼期间处罚不停止执行原则。该原则是指当事人对行政处罚决定不服申请行政复议或者提起行政诉讼的，行政处罚不停止执行。这也是行政行为公定力的要求，但是法律另有规定的除外。

《行政处罚法》第45条规定的“法律另有规定的除外”中的“法律”，在目前主要是指《行政复议法》和《行政诉讼法》。《行政诉讼法》第44条规定：“诉讼期间，不停止具体行政行为的执行。但有下列情形之一的，停止具体行政行为的执行：(一) 被告认为需要停止执行的；(二) 原告申请停止执行，人民法院认为该具体行政行为的执行会造成难以弥补的损失，并且停止执行不损害社会公共利益，裁定停止执行的；(三) 法律、法规规定停止执行的。”

(2) 罚缴分离原则。罚缴分离原则是指行政罚款决定的机关与收缴罚款的机构实行分离的一种行政处罚执行原则。除法律另有规定外，作出罚款决定的行政机关应当与收缴罚款的机构分离。也就是说，罚款决定由法定的行政机关作出，而罚款的收缴由法定的专门机构负责。行政机关可以指定银行作为收受罚款的专门机构。罚缴分离可以确保行政主体执法的公正与权威，也可以遏制乱罚款的现象。

(二) 行政处罚执行程序的主要内容

行政处罚执行程序主要包括如下内容：

（1）专门机构收缴罚款。关于专门机构收缴罚款的具体程序，《行政处罚法》没有作出明确规定。根据该法第 46 条第 3 款的规定以及目前试点的情况，专门机构收缴罚款应遵循如下程序：通知送达；催缴（告诫）；收受罚款；上交国库。

（2）当场收缴罚款。根据《行政处罚法》第 47 条、第 48 条的规定，当场收缴的适用范围包括以下三种情形：第一，依法给予 20 元以下罚款的；第二，不当场收缴事后难以执行的；第三，在边远、水上、交通不便地区，当事人向指定的银行缴纳罚款确有困难，经当事人提出的。

（3）执行保障措施。这是指行政机关为达到迫使当事人履行行政处罚决定的目的而采取的包含国家强制力的手段或方法。《行政处罚法》第 51 条规定了三种执行保障措施：第一，到期不缴纳罚款的，每日按罚款数额的 3%加处罚款。第二，根据法律规定，将查封、扣押的财物拍卖或者将冻结的存款划拨抵缴罚款。第三，申请人民法院强制执行。上述行政强制措施意在促使当事人尽快履行义务，而非科以新惩罚。

本章小结

通过本章的学习，了解行政处罚的概念和特征，掌握行政处罚的种类和形式，明确行政处罚的主体、适用行政处罚的条件及行政处罚的程序。

行政处罚是指具有行政处罚权的行政主体为维护公共利益和社会秩序，保护公民、法人或其他组织的合法权益，依法对行政相对人违反行政法律规范尚未构成犯罪的行为所实施的法律制裁。行政处罚的基本原则，是指对行政处罚的设定和实施具有普遍指导意义的准则。《行政处罚法》确立了处罚法定，公正、公开，处罚与教育相结合，保护当事人合法权益，不免除民事责任、不取代刑事责任等原则。

根据《行政处罚法》和现行法律、法规的规定，目前我国对行政处罚的分类有以下几种：警告；罚款；没收违法所得、没收非法财物；责令停产停业；暂扣或者吊销许可证、暂扣或者吊销执照；行政拘留；法律、行政法规规定的其他行政处罚。

行政处罚设定权属于立法权范畴，是指通过立法规定出现何种情况、在何种条件下应予何种处罚的权力。行政处罚的设定，应当由法律、行政法规及《行政处罚法》规定的国家机关在职权范围内依法规定。

行政处罚的实施机关有一般行政机关、综合执法机关、法律法规授权组织、受委托组织等。

行政处罚的管辖是指各行政主体之间进行行政处罚时在事务、地域和层级方面的分工，主要有级别管辖、地域管辖、职能管辖、指定管辖以及移送管辖。

行政处罚的适用或称行政处罚的实施，是指行政主体依法认定违法行为，并决定是否给予行为人处罚和如何处罚的活动。

行政处罚决定程序是整个行政处罚程序的关键环节，是保障正确实施行政处罚的前提条件，可分为简易程序、一般程序和听证程序三类。行政处罚执行程序是指有关国家机关对违法者执行行政处罚决定的程序，是行政处罚决定的实现阶段。

关键术语

行政处罚　行政处罚的原则　警告　罚款　行政拘留　行政处罚的管辖　行政处罚设定权　行政处罚的适用　简易程序　听证程序　易科　并处

复习思考题

1. 简述行政处罚的概念与特征。
2. 行政处罚与行政处分的区别有哪些？
3. 行政处罚的原则有哪些？
4. 行政处罚有哪些种类？
5. 行政处罚的设定有哪些种类？
6. 行政处罚适用的条件是什么？
7. 行政处罚的管辖有哪些种类？
8. 行政处罚的程序有哪些？
9. 行政处罚简易程序适用的条件有哪些？
10. 行政处罚听证程序适用的条件有哪些？

引例分析

在本案中，环保局在行政执法过程中存在适用法律、法规错误的问题。首先，环保局虽然认定行政相对人违反了《中华人民共和国环境保护法》，但并没有明确指出违反的是《环境保护法》的哪一条、哪一款。其次，在本案中，环保局认定行政相对人有“拒交排污费”的违法行为，而我国《环境保护法》仅仅规定了“不按国家规定缴纳超标准排污费”的法律责任，二者显然并不相同。最后，根据《环境保护法》的规定，该省人大常委会通过了《省环境保护条例》。该条例第35条规定：“排放污染物的单位和个体工商户，应当承担治理污染法律、法规规定的其他责任，并依法按时缴纳排污费。”根据这一规定，环保局认定行政相对人“拒交排污费”的事实可以适用该规定。但是，根据《行政处罚法》的规定，法律、行政法规对违法行为已经作出行政处罚规定，地方性法规需要作出具体规定的，必须在法律、行政法规规定的给予行政处罚的行为、种类和幅度的范围内规定。这说明地方性法规只能根据法律、法规规定的处罚行为、种类和幅度，作出对不同情节的违法行为给予不同程度的处罚的规定，而不得增加新的处罚行为、种类和幅度。如果增加新的处罚行为、种类和幅度，属于与法律、法规规定相抵触的情形，因而不具有法律效力，不能作为执法的依据。本案中，《省环境保护条例》规定的“缴纳排污费”的内容属于超越《环境保护法》规定的给予行政处罚的行为。因此，该《省环境保护条例》不能作为行政处罚的依据。

本章阅读书目

1. 胡锦光：《行政处罚研究》，北京，法律出版社，1998。
2. 肖金明：《行政处罚制度研究》，济南，山东大学出版社，2004。
3. 杨小君：《行政处罚研究》，北京，法律出版社，2002。
4. 胡锦光、刘飞宇：《行政处罚听证程序研究》，北京，法律出版社，2004。
5. 应松年主编：《行政处罚法教程》，北京，法律出版社，2012。

第 11 章

行政合同

引例

乔某是从外地到某县承包鱼塘的个体户。由于以往该县社会治安不太好，敲诈、哄抢承包户的案件时有发生，为维护正常的经济秩序，特别是留住外地来本县投资的客商，发展本地经济，该县公安局与包括乔某在内的厂商、承包户签订了治安承诺协议，其中约定如果敲诈、哄抢案件造成上述人员的经济损失，公安局按实际的损失赔偿给上述人员，同时也规定了对方在协助维持社会治安方面的责任。但在执行协议中，乔某鱼塘被人哄抢，经济损失比较严重，公安局答复说等破案后，由违法者承担赔偿责任，并认为原先的协议实际上是一种服务承诺，而不是行政合同，不能对行政机关产生实质上的法律约束。乔某则认为，先前签订的治安承诺协议规定了公安局的职责，但公安局未履行，这是怠于执行职务的表现。乔某要求该县公安局按照治安承诺协议的约定赔偿他遭受的经济损失，遭到县公安局的拒绝，乔某不服，向市公安局申请行政复议，要求县公安局履行自己的义务，依照约定赔偿申请人遭受的经济损失。

问：对于行政合同纠纷，行政相对人能否申请行政复议?

随着市场经济的迅速发展和行政管理的日益民主化，行政合同在立法和实践中的运用范围日益扩大。特别是 2003 年 1 月 1 日起施行的《政府采购法》，对行政合同中的政府采购的形式、程序、内容都作了明确的规定。

重点问题

- 行政合同的行政性
- 行政合同的种类
- 行政主体在行政合同中的权利义务
- 行政相对人在行政合同中的权利义务

11.1 行政合同概述

11.1.1 行政合同的基本含义

行政合同是指行政机关之间，行政机关与公民、法人或其他组织之间，为了实现行政管理的目的，依双方意思表示一致而确立、变更或消灭相互权利与义务的协议。行政合同有如下特征：

（1）行政合同的当事人一方必须是行政机关。行政合同是行政机关行使行政权的一种方式，因此，行政合同可以在行政机关之间签订，也可以在行政机关与相对人之间签订，但必须有一方是行政机关。在行政合同中双方的地位是不对等的，行政机关一方拥有行政权。但也有例外，即两个行政机关之间处于平等地位的合同。需要注意的是，并非行政机关签订的所有合同都是行政合同，它们也有可能是民事合同，关键要看行政主体在该合同中的角色和地位。

（2）行政合同的目的是为了实现国家行政管理的目标。任何行政合同的目的都是为了执行公务，实现行政管理的目标。由于行政合同的这一特殊目的，使行政机关在行政合同中具有了行政优先权，例如，行政机关对合同的执行具有指挥权和监督权，可以单方解除合同、变更合同，以及在有些合同的签订上具有强制性等。

（3）行政合同的双方意思表示必须一致。行政行为可以分为单方和双方的行政行为，行政合同是一种双方的行政行为，而其他行政行为一般都是单方行为，无须征得相对人的同意，典型的如行政处罚、行政强制等。单方的行政行为有行政主体意思表示即可成立，双方的行政行为须有双方的意思表示一致方能成立。行政合同的这一特征与民事合同大体相同。和民事合同不同的是，在行政合同中往往包括行政机关某些单方面的特权，如监督权、指挥权、合同变更权、解除权等。但是，行政机关的这种意思表示的特权与其他行政行为的单方性相比，仍有较大差别：第一，这种特权已经对方当事人同意或认可；第二，行政机关在合同中的这种特权的行使以对方当事人违反公共利益为前提，以给予适当补偿，恢复其经济平衡为代价。双方的意思表示一致不是双方的目的相同，有时双方目的相反，如一方为了公务，一方为了营利。

（4）在行政合同的履行、变更或解除中，行政机关享有行政优益权。行政机关对其与公民、法人或其他组织签订的合同，可以根据国家行政管理的需要，单方加以变更和解除。当然，由于单方变更、解除合同而给对方造成损失的，应予以补偿或赔偿；行政优益权仅是出于维护国家和公共利益，而不应解读为“行政霸权”。

行政优益权在行政合同中的表现有以下四个方面：

第一，行政主体享有履行合同的监督权。一般的合同中除了劳务合同，合同的一方当事人不享有履行合同的监督权。但在行政合同中，行政主体享有对另一方当事人履行合同的监督权。

第二，行政主体享有因公共利益单方面变更合同的权力。“变更”是指变更合同内容，即对合同所规定的权利义务进行调整。按一般合同的要求，合同当事人要变更合同内容，须双方协商一致后方可变更。但在行政合同的履行过程中，只有行政主体方才可变更合同，变更权是单方享有的。当然，行政主体享有这项合同变更权是有条件的，即必须是为了公共利益。作为行政主体单方享有变更权的一种制约，行政主体应对另一方当事人因此而加重的负担给予补偿。

第三，行政主体享有为公共利益解除合同的权力。行政主体为公共利益变更合同是有一定限度的，如果变更超过一定限度或几近建立一个全新的关系时，行政主体可能解除合同。当然，对方当事人也可以要求重新签订一个新的合同。解除合同与变更合同一样，行政主体应就另一方当事人因此而增加的负担给予补偿。

第四，行政主体享有制裁权。在行政合同履行的过程中，行政主体发现一方当事人履行合同不当或不履行合同，则可督促其履行或适当履行合同。另一方当事人仍然不履行或仍然不适当履行的，行政主体可以给予其制裁。制裁权的行使也应以保障公共利益为目的。

11.1.2 行政合同的作用

行政合同是一种很有弹性的行政管理形式，它既不同于行政命令完全限制行政相对人的自由，窒息相对人的积极性和创造性，也不同于民事行为的自由随便。它是行政机关和行政管理相对人协商自由和行政优益权的有机结合，从而广泛地运用于国家行政管理的各个领域。具体来说，行政合同的作用可以归纳为如下两个方面：

（1）就行政机关来说，订立行政合同既可以更好地保证国家行政目标的实现，又可以因双方权利、义务关系的明确性而避免推诿指责，杜绝不负责任的官僚主义，提高行政效率，改变行政作风。

（2）就作为行政管理相对人的公民、法人或其他社会组织来说，订立行政合同既可以使其更好地发挥各自的积极性、创造性，又可以在双方发生争议时，上告有门，解决有据。与此同时，行政合同的广泛运用还可以利用政府资金促进市场发展。

目前，我国多种经济成分并存，出现了多元化的社会利益群体，这就要求行政机关以经济的、法律的手段来补充单一的行政命令手段。行政合同适应了这种形势变化的要求，必将得到较快的发展。

11.2 行政合同的种类

可以从不同的角度对行政合同进行分类。从行政合同的主体来分类，可以分为行政机关之间有关行政事务的合同和行政机关与行政管理相对人之间的行政合同。在行政机关有关行政事务的合同中，其主体都是行政机关。例如，某省政府与省交通厅签订的公路建设养护合同，就是上下级行政机关之间签订的行政合同。行政机关与行政管理相对人之间签订的行政合同，数量大、种类多，其中主要的行政合同有以下几种：

11.2.1 国家订货合同

国家订货合同，是指行政机关基于国防、社会保障等方面的需要，通过合同方式要求当事人提供实物或劳务的协议。与一般买卖、加工承揽合同不同，在国家订货合同中，相对人必须接受并且履行订货单中规定的任务，但双方在完成工作的费用计算程序，双方的权利、责任等方面，则可以协商。其主要法律依据是《政府采购法》。

11.2.2 公用征收合同

公用征收，是指国家行政机关为保障社会公共利益，在依法给予补偿的前提下，通过与相对人签订合同，对相对人的财产给予征收。公用征收合同也是行政合同的一种，且广泛运用于交通运输、城市建设、土地管理等领域。公用征收合同是目前问题频发的领域，如何在确保公共利益的同时维护当事人合法权益，是该问题的核心。

11.2.3 国有土地使用合同

在我国，国有土地使用合同是指国家以土地所有者的身份将土地使用权在一定期限内让与土地使用者，并由土地使用者向国家支付土地使用权出让金的行为。土地使用权出让在我国是由市、县人民政府土地管理部门与土地使用者签订合同，管理部门既是出让方，又是监督方，其权利为：出让；对未按合同规定的期限进行开发、利用、经营的，有权予以纠正，并可进行行政处罚；批准改变土地用途。

11.2.4 企业承包管理合同

企业承包管理合同使国家、企业和个人之间的关系契约化，从而使得三者之间的单纯行政管理关系演变成了法律上的权利义务关系。这有利于激发企业的自主创造能力，同时规范了国家与企业之间的权利义务关系。企业承包管理合同是一种行政合同，这表现在以下两个方面：

（1）发包人（行政机关）对承包人的生产具有监督权。例如，《全民所有制工业企业承包经营责任制暂行条例》第22条、第20条规定了这种权利："发包方有权按承包经营合同规定，对承包方的生产经营活动进行检查、监督"；"由于承包方经营管理不善完不成承包经营合同任务时，发包方有权提出解除承包经营合同"。

（2）在履行义务中，《全民所有制小型工业企业租赁经营暂行条例》规定，出租方应为租赁企业的生产发展提供必要的服务；根据承租方的要求，出租方会同有关部门协助租赁企业解决经营活动中的困难等。

11.3 行政合同的缔结、变更和解除

11.3.1 行政合同的缔结

行政合同与民事合同相比，在缔结的原则、权限、方式和对相对人的选择上均要受到一定的限制，一般没有民事合同那样自由。这些限制主要是出于公共利益的考虑，因为行政机关是国家意志的执行机关，它不能像民事活动主体那样可以处分自己的权利，同时也受制于行政主体内部的管理和决策机制以及国家的财政制度。

（一）行政合同缔结的原则

依法原则是行政合同缔结的基本原则。在何种情况下需要采用行政合同的方式必须有法律法规上的根据。首先，从依法行政的角度看，法律法规如果明确规定了必须采用行政合同这种特定行政行为的话，则行政机关不得任意改变。其次，从行政合同的内容上看，行政机关必须严格依法行使自己的职权。由于行政合同的特殊性，行政机关不能凭借自己的优越地位将某些法律未赋予的权利通过合同的方式来使自己额外地获得。最后，行政合同的缔结必须严格依照法律法规所规定的权限，不得擅自违反，否则所缔结的行政合同无效。

（二）行政合同的缔结方式

行政合同的缔结主要有招标、拍卖、邀请发价和直接磋商等方式。

（1）招标。招标是指行政机关通过一定方式、公布一定的条件，向公众发出的以订立合同为目的的意思表示。

招标是行政合同签订中最主要的方式。通过这种方式可以防止营私舞弊和财政经费的浪费。《国务院关于科学技术拨款管理的暂行规定》、《城镇国有土地使用权出让和转让暂行条例》等法律法规中均直接规定了这种形式。《政府采购法》规定，公开招标应成为政府采购的主要方式。

（2）拍卖。拍卖是指行政机关向公众发出以订立合同为目的的意思表示，拍卖人在同意拍买人的条件后合同即告成立的一种签约方式。与招标相比，两者的区别在于，相互竞争的拍买人彼此知道其他拍买人的条件，可以随时改变自己要约的内容，最后由条件最优的拍买人与拍卖人订立合同。这种方式通常仅适用于国有资产的出让，意在使国有资产变现过程中运用拍卖机制收获合理价格。

（3）邀请发价。行政机关基于政治、经济、技术等方面的原因在招标时不一定和要价最低的相对人缔结合同，而是邀请其认为适当的人发价，而行政机关在参加投标的企业中有选择合同当事人的自由。这种程序一般也是采取公开的方式。

（4）直接磋商。在某些特定情况下，行政机关可以直接与其他组织或公民进行协商，签订合同。直接磋商一方面有保密性要求，另一方面有技术门槛限制。

行政机关通过上述方式之一选择合同当事人后，即可与相对人签订行政合同。行政合

同一般采用书面形式，即为要式合同。

11.3.2 行政合同的履行

（一）行政合同履行的特点

行政合同的履行有以下两个基本特点：

第一，行政机关在合同履行中拥有特权，民事合同中的一些基本原则，在行政合同中不能严格执行。在行政合同中，行政机关为了公共利益必须保留指挥合同履行、变更合同等特权，该等行政优益权是行政合同与民事合同的典型区别。

第二，行政管理相对人的经济利益平衡。相对人在履行行政合同过程中，由于自己主观意志以外的原因而遭受到不能预见的重大损失时，不管行政机关一方有无过失均能得到补偿，从而恢复经济平衡，此举意在加强对相对人经济利益的保护。

（二）行政合同履行的原则

（1）实际履行的原则。实际履行是指必须按照合同规定的标的履行，不能任意变更标的或用违约金和赔偿损失的方法代替合同的履行。实际履行原则是行政合同中的一个重要原则，也是行政合同的一个典型特征。

当然，实际履行原则并不意味着相对人无论在何种情况下都必须绝对地按原标的履行。如果出现下列情况之一，则可以免除实际履行的义务：第一，合同的标的物已经灭失，在这种情况下，强调实际履行已无实际意义；第二，因合同的相对人履行延迟，行政机关对原定标的已完全失去了需求或继续履行会给国家造成更大损失时，实际履行已无必要；第三，行政机关已采取了代执行的制裁措施。

（2）自己履行原则。行政合同不仅要求实际履行，而且实行自己履行原则，即相对人必须本身履行，而不能由他人代替履行。也就是说，行政合同有鲜明的相对人指向，不能转移权利和义务。

（3）全面适当履行原则。全面适当履行，是指当事人按照合同规定的内容全面适当地履行，在任何条款上都不得违反合同规定。全面适当履行原则要求相对人不能只履行合同的一部分条款，而对另一部分条款置之不理；也不能在履行标的、时间、地点方式上发生错误。对于不能全面适当履行的，行政机关有权给予相应制裁。

（三）行政合同双方的权利和义务

（1）行政机关的权利。在行政合同中，行政机关有下列权利，这些权利同时也是相对人的义务，主要有：

第一，对合同的监督、指挥权。在行政合同中，基于确保公共利益的需要，行政机关不仅对合同履行的结果进行受领，而且有权对整个合同的履行过程进行监督、指挥。这种监督和指挥权主要表现为：其一，哪一种履行方式最符合公共利益应由行政机关来决定；其二，行政机关对相对人不当履行有权给予禁止。

第二，单方面变更合同标的权。由于国家和公共利益或政策在合同履行过程中可能发生变化，行政机关可以根据这一变化单方面变更合同的内容。必须注意的是，单方面变更权应受到严格限制，主要表现在：其一，变更的目的只能是出于维护国家、公共利益的需要；其二，变更后给相对人造成损失的，行政机关应进行补偿，但因相对人过错造成的除外。

第三，单方面解除合同权。行政合同的解除是指在行政合同尚未履行或尚未全部履行时，当事人提前结束约定的权利义务关系。单方面解除合同在民事合同中是双方当事人均享有的权利，而在行政合同中则是行政机关单独享有的权力，而且行政机关单方面解除合同权力的范围更广。必须注意的是，在行政合同中，解除合同是行政机关所享有的一种特权，相对人不享有这一权利。这又是行政合同与民事合同的区别，但相对人在行政机关解除合同时有权得到补偿。

第四，制裁权。相对人因不履行、不完全履行合同以及毁约等行为，行政机关具有制裁的权力。与民事合同的制裁不同，行政机关行使这一权力的目的，不仅是处罚违反合同的当事人，更主要的是保证公务的实施。因此，制裁权是行政机关保障行政合同履行的一种特权。

上述四种权利均是行政主体优益权的体现，体现了行政合同中行政主体的优越地位。

（2）相对人的权利。相对人主要有下列权利：

第一，获得报酬权。报酬通常是指行政机关对相对人所提供的服务和财产的酬金。相对人的报酬通常在合同中约定，也可以依照法律、法规的直接规定。在行政合同中，报酬条款和其他关于业务的组织和执行的条款不一样，不能由行政主体单方面变更。这是行政合同中最为核心的条款之一，也是相对人缔结行政合同的目的所在。

第二，损害赔偿请求权。相对人因行政机关过错而受到损害时，可以请求法院判决行政机关承担违约责任，并予以赔偿。

第三，必要的和有益的额外费用偿还请求权。相对人在合同以外自动地提供额外的给付时，如果这种给付是履行合同所绝对必要的或对行政机关非常有益的，可以请求行政机关偿还这些费用。

第四，不能预见的物质困难的补偿权。行政合同在执行过程中，有时可能遇到巨大的不能预见的物质困难，加重了相对人的负担，相对人可以请求相应的变更，以获得补偿。

此外，在行政合同的履行中，行政相对人还享有以下两种特有的权利：

第五，特权行为的补偿权。相对人由于行政机关的特权行为而增加的负担，不论具体的行政合同中有无规定，都可以请求行政机关予以补偿。相对人请求补偿权的范围只能以实际损失为限，不能要求可以期待的利益。

第六，如果发生因经济变动、战争、自然灾害等当事人不可预见的情况，致使合同履行极端困难时，相对人享有不可预见情况的补偿权。

上述相对人的权利是在行政合同双方地位不对等的情况下，确保相对人合法权益的关键。

11.3.3　行政合同的变更和解除

（1）行政合同的变更。行政合同的变更，是指现存合同基于行政机关的权力，如为满足公共利益的需要而行使一定的裁量权，或基于其他法律事实，如出现不可抗力，而在不改变现存合同性质的基础上，对涉及合同主体、客体或内容的条款作相应的修改、补充或限制。在行政合同中，行政主体有单方变更权，但应对相对人的损失予以补偿。

（2）行政合同的解除。行政合同的解除，是指合同尚未履行或尚未全面履行时，当事人提前结束约定的权利义务关系的行为。行政合同的解除有两种方式：一是单方解除，即行政机关基于自己单方的意思表示即可产生解除合同效力的方式；二是协议解除，即相对人提出解除合同的意思表示，在征得行政机关同意后提前终止行政合同的效力。

11.3.4 行政合同的消灭

行政合同的消灭主要是由下列原因引起的：

（1）合同履行完毕，如货物给付、工程完成等。

（2）合同期限届满，如承包到期等。

（3）双方当事人同意解除合同。

（4）行政机关因公共利益需要，单方面解除合同。

（5）行政机关因相对人的过错而采取解除合同的制裁措施。

（6）不可抗力导致合同履行已不可能。

（7）因行政机关有严重过错，法院根据相对人的申请判决解除合同。

本章小结 »

通过本章的学习，了解行政合同的概念和特征，明确行政合同的种类，掌握行政合同双方的权利和义务以及行政合同的缔结、变更和解除。

行政合同，是指国家行政机关之间，行政机关与公民、法人或其他组织之间，为了实现行政管理的目的，依双方意思表示一致，而确立、变更或消灭相互权利与义务的协议。

行政合同的种类有国家订货合同、公用征收合同、国有土地使用合同、企业承包管理合同等。

行政合同与民事合同相比，在缔结的原则、权限、方式和对相对方的选择上均要受到一定的限制，一般没有民事合同那样自由。行政机关在合同履行中拥有特权；民事合同中的一些基本原则，在行政合同中不能严格执行。行政合同履行的原则有实际履行的原则、自己履行原则、全面适当履行原则。行政合同的变更，是指现存合同基于行政机关的权力，如为满足公共利益的需要而行使一定的裁量权，或基于其他法律事实，如出现不可抗力，而在不改变现存合同性质的基础上，对涉及合同主体、客体或内容的条款作相应的修改、补充或限制。行政合同的解除，是指合同尚未履行或尚未全面履行时，当事人提前结束约定的权利义务关系的行为。

关键术语 »

行政合同　　国家订货合同　　行政合同的变更

复习思考题

1. 行政合同的特征有哪些?
2. 行政合同的种类有哪些?
3. 行政合同的原则有哪些?
4. 行政合同消灭的原因有哪些?

引例分析

本案中某县公安局与厂商、承包户签订的治安承诺协议是一种行政合同。《行政复议法》第 6 条没有明确列举行政合同属于行政复议的受理范围，而是在第 6 条第 11 项中规定，认为行政机关的其他具体行政行为侵犯其合法权益的，公民、法人或者其他组织申请行政复议，复议机关应该受理。

在本案中，县公安局与乔某签订的治安承诺协议是合法有效的，双方应当诚实履行。县公安局没有按照协议约定尽到保护乔某财产的义务，应当赔偿乔某的实际损失。在本案中，市公安局最终作出行政复议决定，责令县公安局履行义务，赔偿申请人的实际损失。

本章阅读书目

1. 余凌云:《行政契约论》，北京，中国人民大学出版社，2000。
2. 张树义:《行政合同》，北京，中国政法大学出版社，1994。
3. 王克稳:《政府合同研究》，苏州，苏州大学出版社，2007。
4. 蔺耀昌:《行政契约效力研究》，北京，法律出版社，2010。
5. 步兵:《行政契约履行研究》，北京，法律出版社，2011。

第12章

行政程序

引例

国家计委（现国家发展和改革委员会）依据铁道部（现已被撤销）报送的相关材料，批准对部分旅客列车运价实行政府指导价。铁道部依据国家计委的批复，发出《关于2001年春运期间部分旅客列车实行票价上浮的通知》，规定节前（1月13日至22日）自广州（集团）公司、北京、上海铁路局始发，节后（1月26日至2月17日）自成都、郑州、南昌、上海铁路局始发的部分直通客车票价上浮，其中新型空调列车上浮20%，其他列车上浮30%。除夕、正月初一、初二不上浮。儿童、学生、现役军人、革命伤残军人票价不上浮。

乔占祥购买了2001年1月17日2069次从石家庄到磁县的车票和2001年1月22日2069次从石家庄到邯郸的车票。第一张车票比涨价前多支出了5元，第二张车票比涨价前多支出了4元。据此，乔占祥认为铁道部关于涨价的通知因程序上违法侵害了其合法权益，向人民法院提起诉讼。

问：铁道部的通知在程序上是否构成违法？

行政主体的行政管理是通过行政行为实现的，而行政行为必须通过一定的程序才能达到预期目的，因此行政行为实质上是由内容和形式（程序）所构成的。在抽象意义上，行政程序是行政行为在空间和时间上的表现形式；从具体形态上看，任何程序都是由相应的具体方式、步骤和次序构成，在一定的时限内实现其内容，是一定行政行为自始至终的过程；从实战的角度来看，行政程序是保证行政行为合法性、防止行政权力恣意妄为、保障相对人合法权益、提高行政主体行政效率的重要方式。

重点问题

- 行政程序的基本原则
- 行政程序的基本制度
- 我国行政听证的适用范围
- 行政相对人的程序性权利

12.1　行政程序的含义

12.1.1　行政程序的概念

行政程序是指行政主体在行使行政职权，实施行政管理活动过程中所应遵循的方式、步骤、次序以及时限的总和。对于这一概念可从两个方面理解。

(1) 行政程序是就行政行为而言的。凡不属于行政行为本身所包含或所必须经过的程序，都不在行政程序的范畴之内，以此区别于司法程序、立法程序等。

(2) 行政程序是行政行为的时间和空间的表现形式。任何行政行为都有反映在时间和空间上的形式。所谓空间形式，是指行政行为过程的表现形式，如口头形式、书面形式、动作形式等。所谓时间形式，是指行政行为过程的先后顺序以及所必须履行的每个环节。

12.1.2　行政程序的意义

(1) 行政程序可以确保行政权的有效行使。在行使行政权的过程中，实体法律的意义仅仅在于确认法律上行政权的存在，确定其必备的要件，但如何确认行政相对人的行为事实，则必须通过设定法定程序来实现。

(2) 通过行政相对人的民主参与，扩大公民行使参政权的途径，确保公民民主权利实现。行政行为由行政主体的单方意志支配，这是形成行政行为专横、滥用权力的重要条件之一，也是引起行政争议的重要原因。因此，赋予行政相对人在行政程序中的参与权利，建立与健全行政程序中的行政相对人参与机制，是防止行政专横和滥用职权、减少行政争议的有效途径。保证相对人的参与权也是行政程序的重要功能之一，最典型的就是听证程序。

(3) 从程序上保证行政相对人的合法权益。行政相对人的程序权益和实体权益是紧密联系在一起的。程序权益是实现实体权益的前提和基础；离开了程序权益的法律保护，实体权益也就难以完全实现。如果不从法律程序上对行政权行使的前提及过程进行规范，那么，便无从判定实体意义上行政权的行使是否合法，也无从补救行政相对人的权益。

（4）提高行政效率。行政程序为行政权的运行设定了必要的方式、步骤，并且具有明确的时间限制。而且，行政程序的一系列制度，也为行政效率的实现提供了保障：一是时效制度，它是指行政主体在法定期限内不作为，待法定期限届满后即产生相应不利的法律后果；二是代理制度，它是指行政主体不履行或无法履行法定义务时，依法由他人代而为之；三是不停止执行制度，它是指行政相对人因不服行政决定而提起申诉后，除法律规定的情形外，行政决定必须执行；四是紧急处置制度，它是指行政机关在某些法定的特殊情况下，可以省略某些程序而采取紧急措施的制度。这些程序确保了行政行为的效率和权威。

12.2 行政程序的基本原则

12.2.1 行政民主原则

行政民主原则是指行政程序必须贯穿民主精神、体现民主意志、符合民主要求。行政民主原则要求行政程序的内容更注重于行政民主化和对公民民主权利的保障。必须从保障公民民主的角度出发，通过对行政主体职责、权限、行为方式的规范，对行政权的运行进行控制、监督。

12.2.2 行政法治原则

行政法治原则是指行政程序必须贯穿法治精神，实行依法行政。行政法治原则是中国行政程序的基本原则，也是中国行政程序法的基本原则，它是法治原则在行政程序领域的具体运用，是依法行政的具体体现，也是行政程序最为基本重要的原则。

12.2.3 行政公平原则

行政公平原则是指行政机关在实施行政行为时要在程序上平等对待行政相对人，排除各种可能造成不平等或偏见的因素。行政公平原则是现代行政程序最基本的原则，是行政程序民主化的必然要求。

12.2.4 行政效率原则

行政效率原则是指为了保证行政活动的高效率，行政程序的各个环节应当有时间上的限制。另外，对行政行为顺序的要求也是行政效率原则的一个重要内容。

如前文所述，行政程序中一系列的制度安排，可以提高行政效率。

12.2.5 行政公开原则

行政公开原则是指对重要的行政行为，对与公民权利义务直接相关的行政行为，要通过一定的行政程序让公民了解。这些行政行为主要是指制定行政规范、作出行政处理决定和处罚决定、实施强制执行等行为。行政公开原则实际上是行政程序的特有原则，也是行政程序法区别于行政实体法的根本标志。行政公开不仅是治理行政贪腐的良药，也是保证公民参与有效性的前提和基础。为保证行政公开原则的实现，国务院于2007年制定了《政府信息公开条例》。

12.2.6 行政公正原则

行政公正原则是指行政主体在实施行政行为过程中，在程序上要公正、平等；对待各方当事人，要排除各种可能不平等或不公正的因素。

行政公正原则要求行政行为应当具有正当性、衡平性和说理性。

12.3 行政程序的基本制度

12.3.1 保障公正的基本制度

为了保证公正原则的真正实现，各国一般通过法律或政策确立如下制度：

(1) 回避制度。这是指与行政行为有利害关系的行政人员不得参与该行政行为的制度。如行政人员同行政案件的当事人有近亲属关系或行政人员本人或其近亲属同行政行为的结果有直接的利害关系等，则行政人员在处理行政案件时，应当自行申请回避，当事人也可以向行政机关提出回避申请；行政机关如发现应当回避的情况时，也可以直接令其工作人员回避。回避制度意在保证行政行为的公正性与权威性。

(2) 合议制度。这是指行政机关对于某些重大的问题，特别是专业性强、技术性要求较高的事务，或者公共性强的问题，应由若干公务员组成一定的会议或委员会，采取少数服从多数的原则作出行政决定或裁决的制度。合议制度意在保证行政行为和行政决策的科学化与民主化。

(3) 听证制度。为确保当事人能够行使这一权利，许多发达国家都建立了听证制度。我国《行政处罚法》也确定了听证制度。行政主体在对相对人作出不利的行政决定之前，应当听取当事人的陈述、申辩和质证，这种听取当事人意见的程序，就是听证程序。听证制度就是规定听证程序的法律制度，意在保证当事人的知情权与参与权。

听证制度是许多国家特别是西方发达国家的行政程序法都规定了的制度。它适用的范围广泛，无论是行政立法，还是行政执法，或者是行政裁判，都可以采用听证制度，其目的在于赋予当事人了解决定依据的事实、理由并为自己辩护的权利，以促进行政活动的公正性。因此，听证制度被认为是一种特别有利于公众参与，防止行政偏私和权力滥用，保证行政公正和反映相对人利益的制度。

（4）调查制度。为确保公共利益的真正实现，并维护行政相对人的合法权益，行政主体要作出某具体行政行为，必须首先进行充分的调查，以查明与具体行政行为的作出有关的一切事实真相。调查制度意在保证行政行为的合理性与科学性。

12.3.2 保障行政相对人参与的基本制度

（1）表明身份程序。行政主体在实施行政行为时，要通过一定方式向行政相对人表明自己的身份，包括配有明显标志或出示证件，特别是在行政处罚时尤其需要注意表明身份。

（2）行政相对人有了解行政行为内容并要求说明理由的权利。说明根据、理由不仅是现代民主政治的要求，也有利于相对人理解相应的行政行为，从而减少行政主体在实施、执行中的困难或阻力，以提高行政效率。

（3）听证程序和调查程序。行政相对人有对可能影响自己权益的行政行为发表意见的权利，这也包括了申辩、陈述、听证等具体的制度设计。

（4）行政相对人享有知道为保护自己的权益如何寻求救济途径的权利，行政主体在作出行政行为时应告知相对人寻求救济的方式及期限。

12.3.3 保障效率的基本制度

（1）时效限制的规定。任何行政行为的作出必然要经过一定的时间，但时间应有一定的限制，并且要与行政活动的特点和效率性相一致。

（2）行为方式在时间上有先后顺序的规定。行为方式的环节顺序在时间上也需要有先后安排，如先调查、取证，然后作出裁决。

（3）简易程序的适用。在紧急情况下或者对于比较简单的事项，从提高行政效率的角度出发，可采用简易程序，但法律对简易程序适用有较为严格的条件限制，意在保证简易程序不被滥用。

12.3.4 保障公开的基本制度

我国除《立法法》、《行政法规制定程序条例》、《规章制定程序条例》、《法规规章备案条例》、《行政处罚法》、《行政许可法》等单行法律、法规对行政公开作出规定外，《政府信息公开条例》对保障公开的基本制度亦作出了比较系统明确的规定。

（1）政府信息公开的原则。

第一，应当遵循公正、公平、便民的原则。

第二，应当及时、准确地公开政府信息。

第三，应当建立健全政府信息发布协调机制。

第四，不得危及国家安全、公共安全、经济安全和社会稳定。

（2）公开的范围。

第一，应当主动公开的政府信息范围：涉及公民、法人或者其他组织切身利益的；需要社会公众广泛知晓或者参与的；反映本行政机关机构设置、职能、办事程序等情况的；其他依照法律、法规和国家有关规定应当主动公开的。

第二，依申请公开的范围：除上述必须主动公开的以外，公民、法人或者其他组织还可以根据自身生产、生活、科研等特殊需要，向国务院部门、地方各级人民政府及县级以上地方人民政府部门申请获取相关政府信息。

（3）不公开的范围。

第一，行政机关不得公开涉及国家秘密、商业秘密、个人隐私的政府信息。但是，经权利人同意公开或者行政机关认为不公开可能对公共利益造成重大影响的涉及商业秘密、个人隐私的政府信息，可以予以公开。

第二，行政机关对政府信息不能确定是否可以公开时，应当依照法律、法规和国家有关规定报有关主管部门或者同级保密工作部门确定。

（4）法律救济。

第一，公民、法人或者其他组织认为行政机关不依法履行政府信息公开义务的，可以向上级行政机关、监察机关或者政府信息公开工作主管部门举报。收到举报的机关应当予以调查处理。

第二，公民、法人或者其他组织认为行政机关在政府信息公开工作中的具体行政行为侵犯其合法权益的，可以依法申请行政复议或者提起行政诉讼。目前政府信息公开诉讼已经成为推动建立“阳光政府”的重要手段。

本章小结

通过本章的学习，了解行政程序的概念，明确行政程序的基本原则，掌握行政程序的基本制度。

行政程序是指行政主体的行政行为在时间和空间上的表现形式，即行政行为所遵循的方式、步骤、次序以及时限的总和。行政程序充分体现了行政权在实施过程中的个性特点，体现了行政程序对民主和效率的双重保护功能。

行政程序的基本原则包括行政民主原则、行政法治原则、行政公平原则、行政效率原则、行政公开原则、行政公正原则等。

行政程序的基本制度包括回避制度、合议制度、听证制度、调查制度、保障相对人参与的基本制度、保障效率的基本制度等。

关键术语

行政程序　　行政民主原则　　行政公平原则

复习思考题

1. 简述行政程序的概念和特征。
2. 行政程序的基本原则有哪些？
3. 行政程序的基本制度有哪些？

引例分析

《中华人民共和国价格法》第23条规定："制定关系群众切身利益的公用事业价格、公益性服务价格、自然垄断经营的商品价格等政府指导价、政府定价，应当建立听证会制度，由政府价格主管部门主持，征求消费者、经营者和有关方面的意见，论证其必要性、可行性。"也就是说，在对涉及群众切身利益的相关事项的价格进行调整之前，应该举行听证会，听证会的举行是相关价格调整的一个法定程序，如果相关价格的调整没有遵循法定程序，就属于违法行为，应该予以撤销或者确认无效。因此，对于本案而言，关键问题在于列车票价是否属于应该举行听证会的事项。

在案件审理过程中，铁道部认为，铁路运输旅客列车票价并不属于《价格法》所规定的公用事业价格、公益性服务价格、自然垄断经营的商品价格，因此不属于应当举行听证会的范围。铁道部的这一理解是不正确的。对一个法律规范含义的理解，应当侧重对其内涵的认识，只要是"制定关系群众切身利益的公用事业价格、公益性服务价格、自然垄断经营的商品价格等政府指导价、政府定价"，都应当属于举行听证会的范围。铁路运输旅客列车票价涉及几千万旅客的经济利益，可以说其社会影响巨大。同时，《价格法》中还有"等"字的表述，也是铁路运输旅客列车票价应当举行听证会的法律根据。因此，国家计委在没有举行听证会的情况下，即批准了铁道部关于2001年春运期间部分旅客列车车票涨价的请示，是违反法定程序的。所以，国家计委的批准行为应当是无效的。

本章阅读书目

1. 李春燕：《中国公共听证研究》，北京，法律出版社，2009。
2. 皮纯协主编：《行政程序法比较研究》，北京，中国人民公安大学出版社，2000。
3. 黄学贤主编：《中国行政程序法的理论与实践——专题研究述评》，北京，中国政法大学出版社，2008。
4. 胡锦光、刘飞宇：《行政处罚听证程序研究》，北京，法律出版社，2004。
5. 孙树志：《行政程序法基本制度研究》，兰州，甘肃文化出版社，2012。

第13章

行政责任

引例

游某于2003年12月2日被某市人民政府征兵办公室批准入伍。入伍前，游某曾参加省第三建筑公司招聘干部的考试。入伍后，游某得知考试被录取，便以视力不好为由，要求回地方招干。为此，在部队对新兵实施体格复检时，他弄虚作假，视力由原来在街道、市以及地区医院体检时的右眼5.0、左眼4.9，降至右眼4.2、左眼4.1，于2004年2月1日被遣回。市征兵办公室认为游某入伍动机不纯，弄虚作假，逃避服兵役，根据《省征兵工作奖罚规定》第17条之规定，于2004年2月25日对游某作出处罚决定，处以罚款600元，在3年内不准参加升学考试，不予招工、招干，不予发放营业执照。游某不服，向某地区征兵办公室申请复议，某地区征兵办公室逾期未作出复议决定，游某向法院提起诉讼，请求撤销市征兵办公室的处罚决定。

问：某市人民政府征兵办公室能否对游某进行处罚?

违法行政是违反行政合法性原则的行政行为，行政不当是违反行政合理性原则的行政行为。违法行政和行政不当都是有瑕疵的行政行为。违法行政和行政不当是行政主体承担行政责任的前提和根据。在行政法中设立行政责任制度的直接目的就是纠正违法行政和行政不当，并补救由此而给行政管理相对人造成的损害以及督促行政主体及其工作人员依法行政。

重点问题

- 违法行政的基本含义
- 行政不当的基本含义
- 行政责任的构成要件
- 行政责任的承担方式

13.1 违法行政

13.1.1 违法行政的基本含义

（一）违法行政的概念

违法行政是指行政主体所实施的、违反行政法律规范、侵害受法律保护的行政关系、尚未构成犯罪的有过错的行政行为。

（二）违法行政的特征

违法行政是一种独立的违法行为，其区别于刑事违法、民事违法的主要特征有以下几个方面：

（1）违法行政是违反行政法律规范，侵害受法律保护的行政关系的行为。违法行政行为首先是一种违反法律规范的行为，而不是一种违纪行为；其次是违反了行政法律规范，从而侵害了行政法律规范所调整和保护的行政关系，而不是违反刑事法律规范或民事法律规范的行为。这是从性质的角度界定违法行政的特征。

（2）违法行政是一种尚未构成犯罪的行为。违法行政和犯罪都是危害社会的行为，但二者有差异。前者违反行政法律规范，追究行政责任；后者侵害刑事法律规范，追究刑事责任。违法行政比犯罪的社会危害程度轻，只有情节严重的违法行政才构成犯罪。这是从社会危害性的角度界定违法行政的特征。

（3）违法行政是要承担行政法律责任的行为。违法行政主体不承担民事责任和刑事责任，只承担行政责任。违法行政是引起行政责任的根据，行政责任是违法行政的法律后果，二者在法律上具有内在的联系。这是从法律责任的角度界定违法行政的特征。

13.1.2 违法行政的构成要件

所谓违法行政的构成要件，是指由行政法规定的构成违法行政所必须具备的一切主观条件和客观条件的总和。一般认为，构成违法行政，必须同时具备四个要件。

（1）违法行为主体必须是行政主体。只有行政主体的行为才可能构成违法行政，非行政主体的行为不可能构成违法行政，行政相对人只能是行政违法的主体。

（2）行为人负有相关的法定义务。违法行政实际上就是违反法定的作为义务或不作为义务，因此，要确定行为人的行为是否构成违法行政，就必须分清行为人是否有这方面的法定义务。

（3）行为人具有不履行法定义务的行为。仅有法定义务，违法行政还只是一种可能性，只有当行政主体不履行、不承担法定义务时，才能构成违法行政。

（4）行为人主观上有过错。行为是否违法，不能只看行为在实际上是否违反法律规定，同时还应看行为是否出于行为人的过错。但是，一般只要行政主体实施了违法行为就视为其主观有过错，不再深究其主观因素了，法律另有规定的除外。这无疑加重了行政主体的责任，促使其审慎履行行政权力。

13.1.3　违法行政的分类

按照不同的标准，可以对违法行政进行不同的分类。其中最主要的分类就是根据违法行政行为的表现方式把违法行政行为分为行政失职、行政越权、行政滥用职权、事实依据错误、适用法律法规错误、程序违法和行政侵权等。

（1）行政失职。行政失职是指行政主体未履行法定的作为义务的一种违法行政。行政失职亦可理解为“行政不作为”。

（2）行政越权。行政越权是指行政主体超越法定职权范围而作出的行政行为。

（3）行政滥用职权。行政滥用职权即滥用自由裁量权，是指行政主体及其工作人员在职务范围内违反行政合理性原则的自由裁量行为。

（4）事实依据错误。事实依据错误是指行政主体据以作出行政行为的事实根据不充分的一种违法行政。

（5）适用法律、法规错误。适用法律、法规错误是指行政主体在作出行政行为时，适用了不应适用的法律、法规，或没有适用应该适用的法律、法规的违法行为。

（6）程序违法。程序违法是指行政主体违反行政程序法规定的行政行为所必须经过的步骤和必须具备的形式的一种违法行政。

（7）行政侵权。行政侵权是指行政主体不法侵害行政相对人合法权益而依法必须承担行政赔偿责任的行政行为，其主要依据为《国家赔偿法》。

13.2　行政不当

13.2.1　行政不当的基本含义

行政法上的行政不当也称行政失当，主要指行政主体的不当行为，它是专门针对行政自由裁量权的不合理行使而言的。不合法的行为属于违法行政，不合理的行为构成行政不当。

违法行政与行政不当的划分与羁束行为和裁量行为的划分相联系。违法行政既可以针对羁束行为又可以针对裁量行为，且主要是针对羁束行为而言的。

与违法行政相比，行政不当具有如下特征：

（1）行政不当不构成违法行政，它以合法为前提，是合法幅度内的失当，表现为畸轻畸重、显失公正等。

（2）行政不当只基于裁量行为，而违法行政则是针对羁束行为和裁量行为的。行政不当意味着行政自由裁量权运用不当。

（3）违法行政必然引起行政责任，可以引起惩罚性行政责任和补救性行政责任，而行政不当一般只限于补救性行政责任。

（4）违法行政一旦被确认，一般溯及其发生时，即自始无效；而行政不当可能只部分影响其效力，也可能全部影响其效力，这取决于事件性质及其影响。

13.2.2 行政不当的分类

从不同的角度出发，对行政不当行为可作不同的分类。主要的分类方法有：

（1）根据不当行为发生的领域，可将行政不当行为区分为不同行政领域的行政不当，如公安管理中的行政不当、民政管理中的行政不当、环保管理中的行政不当等。

（2）根据行政自由裁量权的内容，可将行政不当行为区分为对象不当（行为人对行为对象选择不当而发生的）、客体不当（行为人对行为内容选择不当而发生的）、时间不当（行为人对作出行为的时间选择不当而发生的）、地点不当（行为人对作出行为的地点选择不当而发生的）等。

（3）根据自由裁量行为的性质，可将行政不当行为区分为权利赋予不当和义务科以不当。前者包括权利赋予对象不当和权利赋予量不当，后者包括义务科以对象不当和义务科以量不当。

13.2.3 行政不当的后果

行政不当与违法行政一样，也会引起相应的法律后果。主要表现在以下几个方面：

（1）关于效力的后果。在这个问题上，各国的做法有所差异。目前在我国，行政不当并不一律导致该行为无效。根据《行政诉讼法》的规定，法院对于具体行政行为只进行合法性审查，不做合理性审查。

（2）关于责任的后果。行政不当与承担行政责任之间没有必然的因果联系，而且承担责任时一般也以补救性的责任为限。

（3）关于救济的后果。“有损害必有救济”是现代法治的一项要义。行政不当的一个重要的法律后果是寻求法律救济，以保障相对人的合法权益。根据《行政复议法》规定，行政复议机关在行政复议中可以审查行政行为的适当性，对明显不当的具体行政行为作出撤销、变更和责令重作的复议决定。

13.3 行政责任

13.3.1 行政责任的概念及构成要件

（一）行政责任的概念和特征

行政责任是指行政主体及其执行公务的人员因违法行政或行政不当，违反其法定职责和义务而应依法承担的否定性的法律后果。行政责任具有以下特征：

（1）行政责任是行政主体的责任，而不是行政相对人或其他行政行为主体的责任。行政相对人不能成为承担行政责任的主体。

（2）行政责任是行政主体之违法行政或行政不当所引起的法律后果。这样，行政责任便与行政主体所行使的行政职权以及所承担的法律责任紧密相连。

（3）行政责任是一种独立的法律责任。一方面，行政责任是以行政法律规范所规定的职责为基础的，以行政法律规范所设定的责任方式和内容为根据的；另一方面，行政责任是由行政法律规范加以设定的，因而，它又不同于违宪责任、民事责任、刑事责任，而是与之并列的一种法律责任。

（二）行政责任的构成要件

（1）行政责任的主体是行政主体及其执行公务的人员。行政机关及法律法规授权的组织及其执行公务的人员、行政机关委托的其他组织享有行政职权和履行行政职责。它们对其违法或不当行政的行为应承担行政责任，以保证依法行政、合理行政，这意味着“有权必有责”，要求“权责一致、权责对应”。

（2）行政责任产生的前提条件是违法行政或行政不当。行政主体及其执行公务的人员应当履行法定的职责，不滥用职权，遵循法定的程序，合理而合法地行政，这是行政主体及其执行公务人员的法定义务。

（3）行政责任是一种法律责任。行政责任必须为行政法律规范所确认，它不是一种政治上或道义上的责任，而是一种法律所明确规定的责任，因而有着其构成要件与法律后果。

（4）承担行政责任须有主观上的故意或过失。法律责任是违法行政或行政不当的必然法律后果，而违法行政或行政不当是以主观过错为必要条件的，因而行政责任的承担也应以主观上的故意或过失为要件。但是对于行政违法行为，一般认为其有过错。

13.3.2　行政责任的承担方式

（一）行政主体的行政责任承担方式

行政主体承担行政责任的方式较多，主要表现为以下几种：

（1）通报批评。这是行政主体所承担的一种惩罚性行政责任。它是指在行政主体的违法责任确定以后，由上级行政机关或行政监察机关通过文件、报刊、会议等途径对下级行政主体实施的违法行政事实、影响以及处理结果予以公布。

（2）赔礼道歉、承认错误。这是行政主体所承担的一种最为轻微的补救性行政责任。在行政主体的违法责任确定以后，由行政主体的主要负责人向行政相对人或者由行政主体以书面形式向行政相对人表示歉意、承认错误。这也是对行政相对人的精神弥补和尊重。

（3）恢复名誉、消除影响。这是行政主体所承担的一种精神上的补救性行政责任。这一措施适用于行政主体的违法行为已对行政相对人造成了名誉上的损害，产生了不良的影响的情况。

（4）返还权益、恢复原状。这是行政主体承担的一种财产上的补救性行政责任形式。它适用于行政主体的违法行为产生了剥夺行政相对人对财产的占有权及其他权益（如职务），或变更了行政相对人财产原状的后果的情况下，由行政主体采取措施返还行政相对人被剥夺的权益。具体分为三种情况：一是返还原物，指行政主体将收缴罚没的财产返还所有人；二是恢复行政相对人的其他权益；三是恢复原状，由行政主体采取修理、拆除障碍、重新建造等方法使被毁损的财产恢复原状。

（5）停止违法行为。这是由行政机关承担的一种惩戒性行政责任形式。由于行政主体的某些违法行为具有持续性，甚至行政相对人向有关机关申请法律救济时，违法行政行为仍在继续，因而由有权机关责令行为人停止进行违法行为作为行政主体承担行政责任的一种形式。

（6）撤销违法决定。这是由行政主体承担的一种惩戒性行政责任形式，是指有权机关通过法定的程序确定行政主体的决定违法以后，作出禁止性命令，要求行政主体不得再以与原决定相同的理由作出与被撤销的决定相同的决定。这是对于行政主体再次作出行政行为的限制。

（7）撤销违法的抽象行政行为。这是由行政主体承担的一种惩戒性行政责任形式，是指在经过有权机关确认作为行政主体行为依据的法规、规章或其他规范性文件违法以后，作出的否定有关行政规范性文件的效力的决定。据此，行政主体有关的抽象行政行为不再具有法律效力，并不得再作出同样的抽象行为。

（8）履行职务。这是由行政主体承担的一项行为上的补救性行政责任形式。它是基于行政主体不履行或拖延履行应当履行的行政职责而产生的由有权机关确认其构成了行为上的失职，并要求其依法履行应当履行的义务的责任形式。这是针对行政失职的责任承担方式。

（9）纠正不当。这是由行政主体承担的一种行为上的补救性责任形式。它主要是针对行政不当而产生的。行政不当不一定构成撤销行政行为的理由，但行为人有义务纠正，行政相对人有权要求行政主体及其工作人员纠正自己的不当行为，上级行政机关有权要求下级行政机关纠正不当。

（10）金钱赔偿。这是由行政主体承担的一种财产上的补救性行政责任形式。它是在行政主体的违法具体行政行为产生了损害行政相对人合法权益的后果的时候，行政主体依法向行政相对人进行的赔偿，典型的如《国家赔偿法》所确定的赔偿情形。

（二）行政主体工作人员承担行政责任的方式

行政主体工作人员的行政责任承担方式是指行政主体工作人员在违反行政法律义务时，承担法定的否定性后果的具体形式。我国行政立法通常对行政主体工作人员在行政管理活动中的违法责任的承担方式作出明确规定，在确认行政主体对行政行为负有责任的前提下，考察行政主体工作人员的主观态度，如存在故意或者重大过失的情况，往往也确定行政主体的负责人和直接责任人应当承担的行政责任。行政主体工作人员承担行政责任的方式主要有通报批评、赔礼道歉、承认错误、停止违法行为、赔偿损失、行政处分等，在有故意或重大过失时，亦可向责任人追偿。

13.3.3 行政责任的追究

行政责任的追究是指在行政责任的基础上，有权机关强制负有责任的行为人履行一定的义务。在我国，法定有权追究行政责任的国家机关有三类：权力机关、行政机关和司法机关。

(一) 权力机关的追究

行政机关是权力机关的执行机关，权力机关有监督行政机关的活动，并通过一定的手段、方式追究行政机关的法律责任的权力。权力机关一般对行政机关不合法或不适当的决定、命令、规范性文件等抽象行政行为，采用撤销的方式，追究责任，实施监督，并有权对政府组成人员追究行政责任。因此权力机关的追究形式一般是立法监督与政治监督。

(二) 行政机关的追究

行政机关依法定的职权对行政机关及其执行公务的人员的行政责任进行追究，大体有以下三种方式：

(1) 行政主体依法自我承担行政责任。这是指行政主体通过自我监督检查发现职权行为的违法或不当，而主动以撤销、纠正、返还权益等形式承担责任。

(2) 行政主体的上级机关通过监督检查的方式发现其职权行为违法或者不当，以撤销、纠正或责令行政主体撤销、纠正等形式，要求行政主体承担责任，并可对执行公务人员进行行政处分。

(3) 行政复议制度。行政复议机关接受公民、法人或其他组织的复议请求，通过解决行政争议的方式，追究违法行政或行政不当的法律责任。

(三) 司法机关的追究

司法机关追究的主要方式是通过行政诉讼程序。人民法院按照《行政诉讼法》的规定，以司法裁判的方式追究行政主体的行政责任。这在行政诉讼章节将会详细介绍。

本章小结

通过本章的学习，了解违法行政的概念、特征、构成要件，掌握行政不当的特征以及行政责任的追究方式。

违法行政是指行政主体所实施的、违反行政法律规范、侵害受法律保护的行政关系、尚未构成犯罪的有过错的行政行为。违法行政的构成要件是指由行政法规定的构成违法行政所必须具备的一切主观和客观条件的总和。根据违法行政行为的表现方式，可以把行政违法行为分为行政失职、行政越权、行政滥用职权、事实依据错误、适用法律法规错误、程序违法和行政侵权等。

行政法上的行政不当也称行政失当，主要是指行政主体的不当行为，它是专门针对行政自由裁量权的不合理行使而言的。

行政责任是指行政主体及其执行公务的人员因行政违法或行政不当，违反其法定职责和义务而应依法承担的否定性的法律后果。行政责任的承担方式包括行政主体的行政责任承担方式和行政主体执行公务的人员承担行政责任的方式。行政责任的追究形式包括权力机关的追究、行政机关的追究和司法机关的追究。

关键术语

行政责任　　违法行政　　行政不当　　行政失职　　行政越权　　滥用职权　　适用法律法规错误　　自由裁量权

复习思考题

1. 违法行政的构成要件有哪些？
2. 违法行政的种类有哪些？
3. 行政不当的特征是什么？
4. 行政责任的承担方式有哪些？
5. 行政责任的追究形式有哪些？

引例分析

某市人民政府征兵办公室认定本案事实的主要证据不足。主要证据是指能够证明案件基本事实的证据。如果主要证据不足，基本事实就不能认定。而行政诉讼的举证责任应由作出该具体行政行为的行政机关承担，如举不出足以证明行政相对人的违法行为存在的证据，实施处罚就是主要证据不足。本案中游某入伍后经所在部队复检认定不合格，某市人民政府征兵办公室认定游某弄虚作假的依据仅是入伍前后两次体检的对比。而原告在举证中提出其在中学念书期间体检时即有近视的证据。因此某市人民政府征兵办公室作出的处罚主要证据不足。根据《行政诉讼法》第 54 条第 2 项之规定，行政机关的具体行政行为主要证据不足的，人民法院应当判决撤销。

行政主体合法是具体行政行为合法有效的要件之一。行政主体合法的要求是：(1) 必须是法定的行政主体；(2) 必须是在法定的职责权限范围内实施行政行为。根据《兵役法》和该省《省征兵工作奖惩规定》的规定，县（市）人民武装部是同级人民政府的兵役机关，行使兵役行政管理职权。本案中，某市人民政府征兵办公室是根据国务院、中央军委发布的《征兵工作条例》规定，由某市人民政府组织兵役机关和公安、卫生及其他有关部门成立的临时机构，在征兵期间，依照《征兵工作条例》行使职权。根据上述法律、法规的有关规定，征兵办公室对游某作出行政处罚决定，超越其法定职权范围。因此，人民法院根据《行政诉讼法》的规定，对于行政机关超越职权的具体行政行为，依法应予判决撤销。

本章阅读书目

1. 陈党：《问责法律制度研究》，北京，知识产权出版社，2008。

2. 王世涛：《行政侵权研究》，北京，中国人民公安大学出版社，2005。
3. 沈开举、王钰：《行政责任研究》，郑州，郑州大学出版社，2004。
4. 胡肖华：《走向责任政府：行政责任问题研究》，北京，法律出版社，2006。
5. 韩志明：《行政责任的制度困境与制度创新》，北京，经济科学出版社，2008。

第 14 章

行政复议

引例

2002 年 3 月，卫生部（现国家卫生和计划生育委员会）经过调查，取得了某市海鲜城经营新鲜河豚鱼的证据。主要有：在海鲜城拍摄的厨房冰箱内河豚鱼的照片两张；海鲜城经营河豚鱼的广告；有关海鲜城的河豚鱼进货及经营情况的现场询问笔录两份；海鲜城与某食品有限公司签订的“关于去毒河豚鱼订购协议”一份；被没收的 30 公斤河豚鱼（冷冻保全物）。2002 年 3 月 15 日，卫生部根据上述证据，认定海鲜城经营新鲜河豚鱼，违反了《食品卫生法》第 9 条的规定，并依据《食品卫生法》第 42 条的规定，处以没收销毁河豚鱼 30 公斤，罚款人民币 5 万元的处罚。海鲜城对该处罚决定不服，向卫生部提起行政复议。卫生部经过研究作出复议决定：维持卫生部的行政处理决定。海鲜城不服卫生部的行政复议决定，向国务院申请裁决。

问：对行政复议决定不服时，当事人应当怎么办?

在我国，行政复议制度作为一项重要的行政法律制度，本质上是行政机关内部自我纠正错误的监督制度。建立一套完善、系统的行政复议制度，对于纠正违法和不当的具体行政行为，监督行政机关依法行使职权，切实保护公民、法人或其他组织的合法权益，具有重要的意义。为配合《行政诉讼法》的施行，1990 年 12 月 24 日国务院通过了《行政复议条例》，对行政复议制度作了比较系统的规定。1999 年 4 月 29 日九届全国人大常委会第九次会议通过的《行政复议法》于 1999 年 10 月 1 日起施行，进一步完善了我国的行政复议制度。2007 年国务院依据行政复议法制定了《行政复议法实施条例》。

重点问题

- 行政复议的受理标准
- 行政复议机关的确定
- 行政复议的审理
- 行政复议决定

14.1　行政复议概述

14.1.1　行政复议的基本含义

行政复议是指公民、法人或者其他组织认为行政机关的具体行政行为侵犯其合法权益，依法向上级行政机关或者法律、法规规定的其他机关提出申请，由受理申请的行政机关对具体行政行为依法进行审查并作出处理决定的活动。对于行政机关来说，行政复议是行政机关系统内部自我监督的一种重要形式；对于行政相对人来说，行政复议是对其被侵犯的权益的一种救济手段或途径。行政复议具有以下几个方面的特征：

(1) 行政复议是行政机关的行政行为。行政复议的主体即复议机关是行政机关，行政复议是行政机关行使行政复议权的行为。虽然行政复议呈现出准司法的特征，但归根结底是行政行为。

(2) 行政复议是以行政争议为处理对象的行为。行政争议是由于相对人认为行政机关行使行政管理权，侵犯其合法权益而引起的争议。行政复议只以行政争议为处理对象，它不解决民事争议和其他争议。

(3) 行政复议以具体行政行为为审查对象，并附带审查部分抽象行政行为。《行政复议法》第 6 条列举了各种具体行政行为，第 7 条确定了对抽象行政行为的附带性审查的范围。

(4) 行政复议是由行政相对人启动的。一般的行政行为都是由行政机关依照法律规定的职权主动进行，是行政机关单方的行为。而行政复议只能由行政相对人启动，没有行政相对人的申请，行政机关不能主动进行复议活动。因此行政机关对行政复议的启动是“消极的”。

(5) 行政复议是一种行政司法行为。行政复议虽然是一种行政行为，但创设这项制度的目的是为了解决行政争议。从公正性的要求考虑，行政复议需要比较严格的程序，这些程序与司法程序类似，而与一般的行政程序有较明显的区别。因此，可以说行政复议是一种行政司法行为，或者称为“准司法行为”。

14.1.2　行政复议的原则

《行政复议法》规定的行政复议基本原则与《行政复议条例》相比，内容更加全面，重点更加突出，表达方式十分凝练，充分反映了行政复议固有的特点和作用，是对行政复议活动所遵循的基本准则的高度概括和抽象。

（一）合法原则

合法原则是指行政复议机关必须严格地按照宪法和法律规定的职责权限，以事实为根据，以法律为准绳，对行政管理相对人申请复议的具体行政行为，按法定程序进行审查。

（1）主体合法。复议机关应当是依法成立并享有法律、法规赋予的复议权的行政机关。复议机关只能受理其管辖范围内的行政案件，不属其管辖的不能受理，无权复议。当然，在出现了多行政机关享有管辖权时，行政复议人可以作出选择。

（2）程序合法。《行政复议法》以及其他有关法律、法规都明确规定了相关的行政复议程序，复议机关必须予以遵守。《行政复议法》规定了详细的申请、受理与决定的步骤和顺序。

（3）依据合法。复议机关复议行政案件，以法律、法规、规章和上级行政机关依法制定的其他规范性文件为依据。

（二）公正原则

公正原则是指复议机关在行使复议权时应当公正地对待复议双方当事人，不能有所偏袒，而应公正地作出行政复议决定。《行政复议法》之所以增加该项原则，其原因在于，行政复议与其他行政司法活动一样，除坚持合法原则之外，还必须公允、合理、无偏私，特别是在行政自由裁量权较大的情况下，必须公正复议。复议机关可以对行政行为的合理性进行审查，对明显不当的行政行为可以决定变更。

（三）公开原则

公开原则是指行政复议活动应当公开进行。除涉及国家秘密、个人隐私和商业秘密外，复议案件的受理、审理、决定都应公之于众。这一原则的主要内容体现在以下两方面：

（1）行政复议过程公开。它要求行政复议机关尽可能听取申请人、被申请人和第三人的意见，让它们更多地介入行政复议程序。

（2）行政资讯公开。它要求行政复议机关在申请人、第三人的请求下，公开与行政复议案件有关的一切材料，确保申请人和第三人有效地参与行政复议程序。

（四）及时原则（或称效率原则）

及时原则是指行政复议机关应当在法律规定的期限内，尽快完成复议案件的审查，并作出相应的决定。及时原则是对行政复议机关效率的要求，对此《行政复议法》对行政复议的受理决定与执行均规定了严格的期限。

（五）便民原则

便民原则是指复议机关应当采取方便申请人进行复议的方式方法，以确保公民、法人或其他组织能够有效地行使复议的权利，保护其合法权益。便民原则在行政复议中表现为以下几个方面：

（1）在管辖上，原则上让申请人自己选择。《行政复议法》规定，对县级以上地方各级人民政府工作部门的具体行政行为不服的，由申请人选择，可以向该部门的本级人民政府申请行政复议，也可以向上一级主管部门申请行政复议。管辖选择有利于申请人选择更为便捷、公正的复议机关。

(2) 在申请的形式上，规定了可以口头申请。《行政复议法》规定，申请人申请行政复议，可以书面申请，也可以口头申请；口头申请的，行政复议机关应当当场记录申请人的基本情况、行政复议请求、申请行政复议的主要事实、理由和时间。

(3) 放宽了申请复议的时限。《行政复议法》放宽了申请复议的时限，规定公民、法人或者其他组织认为具体行政行为侵犯其合法权益的，可以自知道该具体行政行为之日起60 日内提出行政复议申请；但是法律规定的申请期限超过 60 日的除外。因不可抗力或者其他正当理由耽误法定申请期限的，申请期限从障碍消除之日起继续计算。

(4) 行政复议机关受理行政复议申请，不得向申请人收取任何费用。此举意在保障经济困难者提起复议的权利。申请人不交申请费，一方面使行政机关易于了解行政管理中的违法和不足，另一方面为切实保护行政相对人的合法权益提供了便利，使行政复议在花费上比行政诉讼更显优越。

(六) 有错必纠原则

有错必纠原则是指复议机关发现原行政机关行政行为错误违法的，必须及时予以纠正。有权机关发现复议机关及复议人员在行政复议中有违法违纪行为的，也必须及时纠正。这一原则可以防止违法行政、滥用复议权现象的发生，保证行政复议制度发挥其应有的作用。

(七) 保障法律法规正确实施的原则

该原则要求行政复议活动不仅要纠正违法不当的具体行政行为，而且要保障和监督行政机关行使职权，使有关的法律法规得到忠实的执行和落实。

(八) 诉讼终局原则（或称司法最终原则）

该原则是指行政复议活动是行政机关内部层级监督与救济的重要方式之一，但不是最终的救济方式。当事人对行政复议决定不服的，除法律规定的例外情况，均可以向人民法院提起行政诉讼。该原则是确定行政复议与行政诉讼关系的重要准则，也涉及行政救济与司法救济制度的衔接与过渡，使申请人权利得到更为全面的救济与保障。

14.1.3　行政复议与行政诉讼的比较

(一) 行政复议和行政诉讼的区别

行政复议与行政诉讼有许多相似之处，二者都是因具体行政行为而引起，都是以解决行政争议为直接目的，都是以对具体行政行为的合法性进行审查为核心，因而适用的很多规则是相同的。二者既有联系，也有区别。它们的区别主要体现在以下方面：

(1) 性质不同。行政复议是由上一级行政机关对下一级行政机关所作行政行为进行的审查，整个过程都在行政系统内部进行，因而具有形式意义上的行政行为的特征。行政诉讼则是人民法院对行政机关所作行政行为实施的司法监督，属于司法行为。当然，诚如上文指出的，二者之间存在衔接机制。

(2) 受理机关不同。行政复议的受理机关是作出行政行为的行政机关所属的人民政府或其上一级主管部门，而受理行政诉讼的机关则是人民法院。

（3）受案范围不同。人民法院所受理的行政案件，只是公民、法人或其他组织认为行政机关的行政行为侵害其合法权益的案件，而复议机关所受理的则既有行政违法案件，也可以有行政不当案件。这意味着行政复议的受案范围比行政诉讼要广。

（4）审查范围不同。人民法院只审查具体行政行为的合法性，而一般不审查其是否适当；复议机关不仅要审查具体行政行为是否合法，还要审查其是否适当。行政诉讼是“不告不理”，行政复议则是“有错必纠”，这意味着复议的范围不局限于申请人的申请。因此，行政复议的审查范围要大于行政诉讼。

（5）审理程序和规则不同。人民法院审理行政案件完全是按照司法程序进行的，而行政复议由于是行政系统内部上级对下级的监督，故二者在审理程序规则方面存在许多差别。作为行政行为的行政复议，较之行政诉讼更为便捷、高效。

（二）行政复议与行政诉讼的衔接

行政复议与行政诉讼之间的联系主要表现为程序上的衔接。行政复议与行政诉讼在程序上的衔接可以分为以下几种情况：

（1）选择型，即由公民、法人或其他组织在行政复议与行政诉讼之间自由选择，在选择了行政复议后如对复议决定不服，仍可提起行政诉讼。我国绝大多数法律、法规都是这样规定的。

（2）选择兼终局型，即由公民、法人或其他组织自由选择行政复议或行政诉讼，但选择了行政复议后即不得再提起行政诉讼，如《行政复议法》第 14 条规定的复议裁决。

（3）必经型，即行政复议是行政诉讼的必经程序，通常称为复议先行或复议前置。公民、法人或其他组织不服行政机关的具体行政行为，必须先向行政机关申请复议，如不服复议决定，再行起诉，未经复议不得起诉。在此种模式下，复议与诉讼是一种递进承接的关系。

（4）复议终局型，即以行政复议决定为终局决定，公民、法人或其他组织只能申请复议，不能提起行政诉讼，且行政复议决定产生最终的法律效力。

14.1.4 行政复议的作用

我国《行政复议法》明确规定行政复议法的指导思想是“为了防止和纠正违法的或者不当的具体行政行为，保护公民、法人和其他组织的合法权益，保障和监督行政机关依法行使职权”。因此，我国行政复议制度的作用具有两重性。

（一）保护公民、法人和其他组织的合法权益，体现它的救济性

由于行政权最终要由具体的行政机关和公务员来行使，某些违法或不当的行政行为难以避免，这些违法或不当的行政行为会对相对人的权利造成损害。因此，必须给予行政相对人一定的权利救济措施，这就是行政诉讼制度和行政复议制度存在的必要性。与行政诉讼制度相比，行政复议制度具有受案范围广、效率高、不收费等优点，且在行政系统内部，易于为公民、法人和其他组织所接受。因此，对于作为行政管理相对人的公民、法人和其他组织来说，行政复议是一种有效的权利救济措施。

（二）保障和监督行政机关依法行使职权，体现它的监督性

根据我国《宪法》和有关组织法的规定，行政系统内部上下级机关之间是一种领导与被领导、监督与被监督的关系，这是保证行政效率和行政机关内部运行良好的需要。行政复议由上级机关通过对具体行政争议的合法性和合理性进行审查，以监督下级机关的行为是否违法或不当。因此，对于行政机关来说，行政复议制度又是一种监督机制。与行政复议的权利救济作用相比，其保障和监督的作用是次要的和附带性的，因此在行政复议过程中要以保障公民权利为出发点和归宿。

14.2 行政复议范围

行政复议范围是指行政相对人认为行政机关作出的行政行为侵犯其合法权益，依法向行政复议机关请求重新审查的范围。《行政复议法》规定了可申请复议的行政行为和不可申请行政复议的事项，在确定受案范围的方式上，采取了概括加列举的方法，从抽象与具体两个方面规定了行政复议的范围，也为受案范围的扩张预留了制度空间。

14.2.1 我国行政复议范围的确定标准

（一）具体行政行为标准，兼及对抽象行政行为的附带审查

行政复议是围绕着具体行政行为进行的。《行政复议法》明确规定，公民、法人或其他组织认为行政机关的具体行政行为侵犯其合法权益的，有权向行政机关提出行政复议申请，并明确列举了各种作为或不作为的违法具体行政行为。

以具体行政行为作为标准，并不意味着把抽象行政行为一概排除。《行政复议法》将抽象行政行为部分地、有限地纳入复议范围，规定在对具体行政行为不服申请复议时，可以一并对作出该具体行政行为所依据的法规、规章以外的规范性文件要求审查。

（二）违法和不当标准

违法和不当标准是指行政复议机关只受理公民、法人或其他组织认为违法或不当行政行为侵犯其合法权益的行政争议案件。这一点与人民法院受理行政诉讼案件有很大区别。人民法院受理行政诉讼案件通常以行政行为是否合法为标准，但行政复议机关不仅要审查具体行政行为是否合法，还要审查具体行政行为是否适当。只要公民、法人或其他组织认为侵犯其合法权益的行政行为违法或不当，就可以申请复议，复议机关就应当予以受理。这也使行政复议较之行政诉讼在审查标准上更具深度。

（三）合法权益标准

《行政复议法》规定，行政复议机关只受理侵犯公民、法人或其他组织合法权益引发的行政争议。不受法律保护的其他权益被剥夺或限制，则不属于行政复议范围。之所以采取合法权益标准，是因为行政行为是以影响他人的权益为特征，合法地剥夺或限制他人的人身权或财产权利，不产生侵犯公民合法权益的问题。凡是公民、法人或其他组织所享有的法定权利，只要行政机关实施了违法具体行政行为，而且这些行为侵犯了公民、法人或其他组织的合法权益，均可成为行政复议的对象，受侵犯的公民、法人或其他组织均可提

起行政复议。这使得行政复议受案范围的广度大大扩展，也使相对人权益得到更为周延的保障。

14.2.2 可申请复议的行政行为

《行政复议法》是通过两种方式扩大行政复议范围的：一是扩大复议机关受理的行政行为的范围，包括具体行政行为和抽象行政行为；二是扩大行政复议法所保护的公民、法人或其他组织的权利范围。

（一）可申请复议的具体行政行为

（1）对行政机关作出的行政处罚决定不服的。行政处罚是行政复议范围内最主要的具体行政行为，包括警告、罚款、没收违法所得、没收非法财物、责令停产停业、暂扣或者吊销许可证、暂扣或者吊销执照、行政拘留等。

（2）对行政机关作出的行政强制措施决定不服的。根据 2012 年起开始实施的《行政强制法》的规定，行政强制措施的种类包括限制公民人身自由，查封场所、设施或者财物，扣押财物，冻结存款、汇款等。

（3）对行政机关作出的有关许可证、执照、资质证、资格证等证书变更、中止、撤销的决定不服的。这类证书通常是行政相对人从事某种职业的前提条件。

（4）对行政机关作出的关于确认不动产的所有权或者使用权的决定不服的。根据法律规定，这些不动产主要是指土地、矿藏、水流、森林、山岭、草原、荒地、滩涂、海域等自然资源。

（5）认为行政机关侵犯合法经营自主权的。行政机关侵犯合法经营自主权主要是指行政机关非法干预、截留、限制或取消法律、法规赋予行政相对人在生产经营活动中处理其所属人、财、物以及决定产、供、销等方面的权利，特别是其对财产享有的占有、使用和依法处分的权利。

（6）认为行政机关变更或者废止农业承包合同，侵犯其合法权益的。

（7）认为行政机关违法要求履行义务的。行政相对人的义务必须由法律事先规定。如果行政机关在法律规定之外要求行政相对人履行义务，这种具体行政行为就属于行政复议的受案范围。这主要是针对行政主体滥用行政职权所提起的。

（8）认为行政机关不依法办理行政许可等事项的。包括行政相对人认为自己符合法定条件而向行政机关申请许可证、执照、资质证、资格证等证书，或者申请行政机关审批、登记有关事项的，行政机关拒绝办理或者不予答复的。这主要是针对行政主体的行政失职或行政不作为提起的。

（9）认为行政机关不履行保护人身权、财产权、受教育权法定职责的。

（10）认为行政机关不依法发放抚恤金、社会保险金或者最低生活保障费的。这是特殊群体才可以依法提起的。

（11）认为行政机关其他具体行政行为侵犯其合法权益的。这是一条概括性的规定，凡不属于上述列举情形的具体行政行为，只要侵犯了行政相对人的合法权益，行政相对人均可以提起行政复议申请。

（二）可申请附带复议的抽象行政行为

《行政复议法》第7条规定，行政相对人认为行政机关的具体行政行为所依据的下列规定不合法，在对具体行政行为申请行政复议时，可以一并向行政复议机关提出对该规定的审查申请：国务院部门的规定；县级以上地方人民政府及其工作部门的规定；乡、镇人民政府的规定。此处需要注意的有两点：一是审查方式只能是附带性审查；二是审查范围仅限于规章以下的规定性文件。

14.2.3　不可申请复议的行政行为

（一）国务院制定的所有抽象行政行为和规章

国务院制定的所有抽象行政行为，包括行政法规和行政法规以外的其他抽象行政行为，以及有权制定规章的行政机关制定的规章，行政相对人不服的，可以向有关国家机关提出，由有关国家机关依照法律、行政法规的有关规定处理，而不能向行政复议机关提出复议。对此，公民可以按照《立法法》的规定提出审查申请，因而被排除在行政复议之外。

（二）内部行政行为

行政机关对其所属公务员作出的行政处分或者其他人事处理决定，属于内部行政行为，被处分或被处理的人不服，不能申请复议，但可依照有关法律和行政法规的规定提出申诉。

（三）居间行为

行政机关对公民、法人或者其他组织之间的民事纠纷作出的调解、仲裁等行为，对双方当事人的约束力取决于其自愿接受，因此，一方当事人如不服，可以向人民法院提起民事诉讼或者向仲裁机关申请仲裁，但不能申请行政复议。

14.3　行政复议基本制度

14.3.1　一级复议制度

一级复议制度是指公民、法人或者其他组织对行政机关作出的具体行政行为不服，可以向该行政机关的上一级行政机关或者法律、法规规定的行政机关申请复议；对复议决定不服，只能依法向人民法院提起行政诉讼，不得再向复议机关的上一级行政机关申请复议。该制度又可以理解为一次复议制度。当然，如果法律、行政法规规定了两级或多级复议的，从其规定。多级复议主要适用于技术性、业务性很强的具体行政行为。

14.3.2　书面复议制度

《行政复议法》第22条规定："行政复议原则上采取书面审查的办法，但是申请人提出要求或者行政复议机关负责法制工作的机构认为有必要时，可以向有关组织和人员调查情况，听取申请人、被申请人和第三人的意见。”所谓书面复议制度，是指行政复议机关对行政复议申请人提出的申请和被申请人提交的答辩，以及有关被申请人作出具体行政行为的规范性文件和证据进行非公开对质性的审查，并在此基础上作出行政复议决定的制度。

书面复议制度可以提高行政复议的效率，及时解决行政争议，减少行政复议的成本；可以减轻行政复议中申请人与被申请人的对抗情绪，有利于行政争议在行政程序中获得解决。但是对于复杂的案件，行政复议机关可以进行调查，以查清事实并据此作出决定。

14.3.3 依法复议不调解制度

依法复议不调解制度，是指行政机关复议行政案件只能依法对被申请复议的具体行政行为的合法性、适当性进行裁判，合法的予以维持，违法的予以撤销，不当的予以变更，不应进行调解，也不得以调解方式结案。但是，2007 年国务院制定的《行政复议法实施条例》规定了部分案件可以按照合法自愿的原则进行调解。

在行政复议过程中，依行政行为的合法性双方当事人之间不得调解或和解。但是，在以下两个方面可以进行调解或和解：（1）具体行政行为的合理性争议；（2）行政赔偿争议。行政复议调解书经双方当事人签字，即具有法律效力。

14.3.4 复议不停止执行制度

复议不停止执行制度，是指具体行政行为不因相对人申请行政复议而停止执行。复议不停止执行是保证国家行政管理的连续性、有效性的重要手段，是行政法上的一项重要制度，该制度的理论基础是国家意志先定力的理论和公权力优先理论或公务优先理论。公权力优先理论或公务优先理论的基本观点是行政权力是一种公共权力，行政权力的行使是为了维护公共利益。当行政相对人对行政权力的行使产生异议，即私权利与公权力发生冲突时，应优先使公权力得到实现。

一般情况下，行政复议不停止执行，但是也存在例外。《行政复议法》第 21 条规定，下列几种情况可以先停止执行：（1）被申请人认为需要停止执行的；（2）行政复议机关认为需要停止执行的；（3）申请人申请停止执行，行政复议机关认为其要求合理，决定停止执行的；（4）法律规定停止执行的。该条例外的上述情形有利于保障在复议期间申请人的权益，防止造成更大的损害。

14.3.5 被申请人承担举证责任的制度

根据《行政复议法》第 23 条和第 28 条的规定，被申请人承担对具体行政行为合法性和适当性的举证责任。被申请人举证范围不只限于具体行政行为的事实证据，还包括行政机关作出具体行政行为的规范性文件。举证时间为收到复议申请书副本 10 日内，如果被申请人不按照规定提交作出具体行政行为的全部证据、依据和其他有关材料的，视为该具体行政行为没有证据、依据，复议机关有权撤销该具体行政行为。另外，被申请人在复议过程中，不得自行向申请人和其他有关组织或个人收集证据。被申请人承担举证责任的制度，促使行政主体在作出行政行为时更加审慎与严格。

对于申请人与第三人的举证责任问题，《行政复议法》未作规定。实际上，申请人和其他复议参加人也必须承担一定的举证责任。当然，与被申请人承担的举证责任相比，申请人的举证责任是次要的、第二位的、补充性的。

14.4 行政复议机关与管辖

14.4.1 行政复议机关

行政复议机关是指依照法律的规定，有权受理行政复议的申请，依法对被申请的行政行为进行合法性、适当性审查并作出决定的行政机关。行政复议机关只能是拥有复议权的行政机关。

（一）行政复议机关的种类

根据我国现行法律、法规的规定，行政复议机关的种类主要有以下方面：

（1）作出被申请行政行为的行政主体。如对国务院所属部门和省、自治区、直辖市人民政府作出的具体行政行为引起的行政复议，国务院所属部门和省、自治区、直辖市人民政府是行政复议机关。它违背了“自己不得裁决自己案件”的公正原则，容易引起行政复议申请人对行政复议公正性的怀疑，因此，不宜扩大其适用的范围。

（2）作出被申请行政行为的行政主体的上一级行政机关。如我国治安行政处罚的行政复议即为此种情形。由作出被申请行政行为的行政主体的上一级行政机关作为行政复议机关，尽管会给行政复议的申请人增加不便，但是，它可以尽可能地确保行政复议的公正性，还可以利用上一级行政机关的领导权和监督权提高行政复议的权威性。同时，上一级行政机关的专业性也是保证行政复议公正权威的条件之一。

（3）作出被申请行政行为的行政主体所属的人民政府。由本级人民政府作为行政复议机关，既有利于行政复议申请人申请行政复议，也有利于行政复议机关利用人民政府的权威及时、有效地解决行政争议，使矛盾就地化解。

在行政复议的管辖中，国务院等机关的最终裁决的复议管辖较为特殊。我国主要有两部法律分别规定了行政复议机关的最终裁决。

一是国务院作出的行政复议决定为终局的决定。《行政复议法》第14条规定，对国务院部门或者省、自治区、直辖市人民政府的具体行政行为不服的，先原级复议。对复议决定不服的，可以向人民法院提起行政诉讼；也可以向国务院申请裁决，国务院依照该法的规定作出最终裁决。《行政复议法》第30条还规定，行政机关根据国务院或者省、自治区、直辖市人民政府对行政区划的勘定、调整或者征用土地的决定，确认土地、矿藏、水流、森林、山岭、草原、荒地、滩涂、海域等自然资源的所有权和使用权的行政复议决定为最终裁决。以上类型的案件中，国务院就是最终行政复议管辖机关。当然，前一种是“选择兼终局型”，后一种是“复议终局型”。

二是对公安机关的罚款或者拘留处罚不服的外国人，如果选择上一级公安机关提出复议的，上一级公安机关作出的复议决定是终局的决定。《出境入境管理法》第 64 条即属于此种类型。

（二）行政复议机构

与行政复议机关联系的是行政复议机构。行政复议机构是享有行政复议权的行政机关内部设立的一种专门负责复议案件受理、审查和裁决工作的办事机构。行政复议机构不是行政主体，它不能以自己的名义对外行使职权，上下级行政复议机关的行政复议机构之间没有领导和监督关系，它们各自对所属的行政复议机关负责。根据《行政复议法》第 3 条的规定，行政复议机关负责法制工作的机构为行政复议机构。

14.4.2 行政复议管辖

行政复议管辖是指不同行政复议机关之间受理复议案件的权限和分工。它解决的是具体行政争议该由哪一个行政机关复议的问题。根据《行政复议法》和其他法律、法规的规定，行政复议的管辖可以分为以下几种：

（一）一般管辖

行政复议申请的一般管辖，是指在通常情况下不服行政机关具体行政行为的复议申请管辖。它主要包括以下三种情况：

（1）不服县级以上各级人民政府工作部门具体行政行为的复议申请管辖。《行政复议法》第 12 条规定：“对县级以上地方各级人民政府工作部门的具体行政行为不服的，由申请人选择，可以向该部门的本级人民政府申请行政复议，也可以向上一级主管部门申请行政复议。”这一规定更多地体现了公正性和便于申请人申请复议的原则。但“对海关、金融、国税、外汇管理等实行垂直领导的行政机关和国家安全机关的具体行政行为不服的，向上一级主管部门申请行政复议”。之所以这样规定，是由于这些机关行使的职权属于中央政府的职权，需要保持高度的集中统一。

对国务院部门的具体行政行为不服的，向作出该具体行政行为的国务院部门申请行政复议；对行政复议决定不服的，可以向人民法院提起行政诉讼，也可以向国务院申请作出最终裁决，即属于“选择兼终局型”的行政复议。

（2）不服地方各级人民政府具体行政行为的复议申请管辖。《行政复议法》第 13 条规定：“对地方各级人民政府的具体行政行为不服的，向上一级地方人民政府申请行政复议。”《行政复议法》第 14 条对省、自治区、直辖市人民政府具体行政行为的复议申请管辖作出了例外规定，即对其行为不服的，向作出该具体行政行为的省级人民政府申请行政复议；对复议决定不服的，可以向人民法院提起行政诉讼或申请国务院作出最终裁决，这也属于“选择兼终局型”的行政复议选择类型。

（3）不服省、自治区人民政府依法设立的派出机关所属的县级人民政府具体行政行为的复议申请管辖。《行政复议法》第 13 条第 2 款规定：“对省、自治区人民政府依法设立的派出机关所属的县级地方人民政府的具体行政行为不服的，向该派出机关申请行政复议。”这一规定明确了行政公署的复议机关地位，使行政公署也具备了复议职能。

（二）特殊管辖

行政复议申请的特殊管辖是指除一般管辖之外的特殊的管辖情形。根据《行政复议法》第 15 条的规定，特殊管辖主要有以下五种：

（1）不服地方人民政府派出机关具体行政行为的复议申请管辖。《行政复议法》第 15 条第 1 款第 1 项规定：“对县级以上地方人民政府依法设立的派出机关的具体行政行为不服的，向设立该派出机关的人民政府申请行政复议”。在我国，派出机关包括行政公署（省级政府设立）、区公所（县级政府设立）、街道办事处（市辖区设立）。这些派出机关代表设立它的人民政府履行行政职能，对其作出的具体行政行为不服，只能向设立这些派出机关的人民政府申请复议。

（2）不服政府工作部门设立的派出机构依法以自己名义作出的具体行政行为的复议申请管辖。《行政复议法》第 15 条第 1 款第 2 项规定：“对政府工作部门依法设立的派出机构依照法律、法规或者规章规定，以自己的名义作出的具体行政行为不服的，向设立该派出机构的部门或者该部门的本级地方人民政府申请行政复议”。

（3）不服法律、法规授权组织的具体行政行为的复议申请管辖。《行政复议法》第 15 条第 1 款第 3 项规定：“对法律、法规授权的组织的具体行政行为不服的，分别向直接管理该组织的地方人民政府、地方人民政府工作部门或者国务院部门申请行政复议”。

（4）不服两个或两个以上行政机关以共同名义作出的具体行政行为的复议申请管辖。《行政复议法》第 15 条第 1 款第 4 项规定：“对两个或两个以上行政机关以共同名义作出的具体行政行为不服的，向其共同上一级行政机关申请行政复议”。

（5）不服被撤销的行政机关在撤销前作出的具体行政行为的复议申请管辖。《行政复议法》第 15 条第 1 款第 5 项规定：“对被撤销的行政机关在撤销前所作出的具体行政行为不服的，向继续行使其职权的行政机关的上一级行政机关申请行政复议。”这使得即使行政机关被撤销，行政相对人也仍可以寻求行政复议救济。

对上述五类属特殊管辖的行政复议案件，申请人也可以向具体行政行为发生地的县级地方人民政府提出行政复议申请，并由该县级地方人民政府将不属于自己管辖的复议申请按照特殊管辖的其他规定，于接到行政复议申请之日起 7 日内转送其他行政复议机关，并告知申请人。这体现了行政复议的便民原则。

（三）转送管辖与指定管辖

（1）转送管辖。转送管辖是指接受属特别管辖的行政复议案件的县级地方人民政府，对不属于自己受理的行政复议申请，应当在收到该复议申请之日起 7 日内转送有关复议机关，并告知申请人。转送管辖体现了便民原则的要求，可以协助申请人确定复议机关。

（2）指定管辖。指定管辖是指对某一行政复议案件，上级行政机关或同级人民政府指定某一行政机关管辖。指定管辖可以基于下列情况发生：第一，有管辖权的行政机关由于特殊原因不能行使管辖权，或行使管辖权确有困难；第二，行政复议机关因复议案件管辖权发生争议，争议双方协商达不成协议；第三，由于法律、法规规定较为笼统、模糊，从而产生行政复议案件管辖权不明确的情况。指定管辖一般意在保证行政复议的权威与公正。

14.5 行政复议参加人

行政复议参加人是指行政复议当事人以及与行政复议当事人法律地位相类似的人。行政复议当事人通常指申请人与被申请人，在某些情况下还包括行政复议中的第三人。与行政复议当事人法律地位相类似的人，包括法定代理人和法定代表人。限于篇幅，本节只阐述行政复议申请人、被申请人和第三人。

14.5.1 申请人

申请人是指认为具体行政行为侵犯其合法权益，依法以自己的名义向行政复议机关提出申请，要求对该具体行政行为复查并依法作出裁决的公民、法人或者其他组织。

（一）申请人的法律特征

根据法律、法规的规定，申请人应具有如下法律特征：

（1）申请人必须是行政管理相对人，包括公民、法人或其他组织以及外国人、无国籍人。这是对申请人法律性质的要求。

（2）申请人必须是认为具体行政行为侵犯其合法权益的公民、法人或其他组织。这是指出行政复议的前提条件。

（3）申请人必须是以自己的名义申请行政复议的公民、法人或其他组织。如果以他人的名义申请行政复议，则是复议代理人。

（二）申请人的范围

行政复议申请人的范围，主要包括以下三种：

（1）公民。这里所讲的公民，是指具有中华人民共和国国籍的自然人。公民可以申请行政复议，从而成为行政复议申请人。如果有权申请行政复议的公民在申请行政复议期限内死亡，其近亲属继受其行政复议申请人的地位，以自己的名义（而不必以死者的名义）直接申请行政复议。在现实中，公民是最常见的行政复议申请人。

（2）法人。法人是指具有民事权利能力和民事行为能力，依法独立享有民事权利和承担民事义务的组织。在我国，法人包括企业法人、机关事业单位法人和社会团体法人。它们作为组织，是与公民相互区别的具有自己的独立利益的一类法律主体。

（3）法人以外的其他组织。所谓法人以外的其他组织，是指不具备法人资格的所有组织。在实践中，法人以外的其他组织很多，如合伙企业、法人的分支机构等。外国法人或者其他组织在我国境内，也可以依法申请行政复议。

（三）申请人的资格转移

一般情况下，具体行政行为侵害的当事人是行政复议的申请人，但在特定条件下，行政复议申请人的资格也可能发生转移。根据《行政复议法》第 10 条的规定，行政复议申请人资格转移的情况主要集中于原具有资格的申请人死亡或主体资格灭失，主要有以下方面：

（1）有权申请行政复议的公民死亡的，其近亲属可以申请行政复议。近亲属包括配偶、父母、子女、兄弟姐妹、祖父母、外祖父母、孙子女、外孙子女。

（2）有权申请行政复议的法人或者其他组织终止的，承受其权利的法人或者其他组织可以申请行政复议。

14.5.2　被申请人

被申请人是指其具体行政行为被行政复议的申请人指控违法侵犯其合法权益，并由行政复议机关通知参加行政复议的行政主体。被申请人包括行政机关和法律、法规授权的组织。

（一）被申请人的法律特征

被申请人的法律特征主要有以下几点：

（1）被申请人必须是行政主体。行政主体是指享有行政执法权的行政机关或法律法规授权的组织。

（2）被申请人必须实施了具体行政行为。没有实施具体行政行为的行政主体不能作为被申请人，即被申请人是作出该具体行政行为的主体。

（3）被申请人必须是相应具体行政行为受申请人指控并由行政复议机关通知参加行政复议的行政主体。

（二）被申请人的种类

根据《行政复议法》的规定，被申请人主要有以下几种：

（1）申请人对行政机关作出的具体行政行为不服，直接申请复议的，该行政机关是被申请人。

（2）两个或两个以上行政机关以共同名义作出同一具体行政行为的，共同作出具体行政行为的行政机关是被申请人。

（3）法律、法规授权的组织作出的具体行政行为引起行政复议，该组织是被申请人。

（4）行政机关委托的组织作出的具体行政行为引起行政复议，委托的行政机关是被申请人。

（5）作出具体行政行为决定的行政机关被撤销的，继续行使其职权的行政机关是被申请人。

（6）经上级行政机关批准的具体行政行为引起的行政复议，批准机关为被申请人。

14.5.3　第三人

行政复议中的第三人是指同申请复议的具体行政行为有利害关系，经复议机关批准参加复议的公民、法人或者其他组织。

（一）第三人的法律特征

第三人的法律特征主要有以下方面：

（1）第三人同申请复议的具体行政行为有利害关系，这种利害关系必须是直接的而非间接的，即具体行政行为和行政复议裁定会直接影响第三人的权益。

（2）第三人是以自己的名义，并且是为了维护自己的合法权益而参加复议的。其既不依附于申请人，也不依附于被申请人，享有与申请人基本相同的复议权利，具有独立的法律地位。这是第三人与代理人的区别所在。

（3）第三人是在行政复议开始后、终结前，经过行政复议机关批准参加复议的。这是第三人进入复议程序的时间要求。

（二）第三人的种类

从行政复议的实践来看，行政复议中的第三人通常包括以下几种：

（1）在治安、食品卫生、药品管理等行政处罚案件中，被处罚人或被侵害人一方申请行政复议，另一方可以作为第三人申请参加复议。

（2）在食品卫生、药品管理等行政处罚复议案件中，同申请人所受的具体行政行为的处理有利害关系的另一方公民、法人或者其他组织。如食品卫生监督检验部门以某商店出售劣质食品为由，对其进行处罚，该商店不服申请复议，并称所售食品是从某生产厂家购进，而该厂有产品检验合格证。这时，如果行政复议机关维持原食品卫生监督检验部门的处罚决定，就意味着生产厂家的食品不合格。因此，该生产厂家可以作为第三人参加复议。

（3）行政处罚案件中的共同被处罚人。在有共同被处罚人的行政处罚案件中，有一部分被处罚人提起行政复议的，另外的被处罚人可以作为第三人参加行政复议。

（4）在行政确权案件中，被驳回请求的人申请复议，被授予权利的人或者其他被驳回请求的人，可以作为第三人申请参加复议。

（5）两个或两个以上行政机关基于同一事实，针对相同的行政管理相对人作出互相矛盾的几个具体行政行为，相对人对其中一个具体行政行为不服申请复议，其他行政机关可以作为第三人申请参加行政复议。

（6）行政机关因越权处罚被申请复议时，被越权的行政机关作为第三人参加复议。行政机关超越权限作出具体行政行为，被越权的行政机关必然与该行为之间有利害关系，因而该行为被提起复议时，被越权的行政机关具有以第三人身份参加复议的资格。

行政复议第三人在复议程序中享有独立的法律地位，其权利义务与申请人大致相当。

14.6 行政复议程序

行政复议程序是指申请人向复议机关申请行政复议至行政复议机关作出复议决定的各项步骤、形式、顺序和时限的总和。根据《行政复议法》的规定，行政复议程序大体上依次经过五个阶段，即申请、受理、审理、决定和执行。

14.6.1 申请与受理

（一）复议申请

复议申请是指行政相对人不服行政主体的具体行政行为而向复议机关提出要求撤销或变更该具体行政行为的请求。在整个行政复议过程中，复议申请是行政复议的出发点和启动标志，也是行政复议程序不可缺少的环节。

(1) 申请复议的条件。公民、法人或者其他组织认为具体行政行为侵犯其合法权益，可以在法定期限内向有管辖权的行政机关申请复议。申请复议应当具备以下条件：第一，申请人合格，申请人必须是认为具体行政行为侵犯其合法权益的公民、法人或者其他组织；第二，有明确的被申请人；第三，有具体的复议请求和事实根据；第四，属于申请复议范围；第五，属于受理复议机关管辖；第六，法律、法规规定的其他条件。申请复议的条件为形式性的要求，并不涉及案件内容。

(2) 申请复议期限。申请复议期限是指复议申请人提出复议申请的法定有效期限。根据《行政复议法》第 9 条的规定，行政相对人应当在知道相应具体行政行为之日起 60 天内提出复议申请，法律另有规定的除外。因不可抗力或者其他正当理由耽误法定申请期限的，申请期限自障碍消除之日起继续计算。

(3) 复议申请形式。根据《行政复议法》第 11 条的规定，申请人申请行政复议，可以书面申请，也可以口头申请。这也是方便申请人提起行政复议的便利措施。

《行政复议法》第 16 条第 2 款规定，公民、法人或者其他组织向人民法院提起行政诉讼，人民法院已经依法受理的，不得申请行政复议。这意味着针对同一案件，不可同时进行复议和诉讼。

（二）复议受理

复议受理是指行政复议机关基于审查申请人所提出的复议申请是否有正当理由而决定是否收案和处理。根据《行政复议法》第 17 条、第 20 条的规定，复议机关在收到复议申请后，应当在收到之日起 5 日内，依法对申请书进行审查并作出如下处理：

(1) 对于符合申请复议条件的，且没有向人民法院提起诉讼的，依法应当决定受理。

(2) 对于不符合申请复议条件的，依法决定不予受理，并告知申请人不予受理的理由。

(3) 对于复议申请请求的内容有欠缺的复议申请，依法决定发还申请人并限期补正。

(4) 对于复议申请符合行政复议法规定，但不属该机关管辖的，应当告知申请人向有管辖权的复议机关提出。

(5) 公民、法人或者其他组织依法提出行政复议申请，行政复议机关无正当理由不予受理的，上级行政机关应当责令其受理；必要时，上级行政机关也可以直接受理。这是对行政复议受理的监督与救济。

14.6.2 审理与决定

（一）复议审理

复议审理是指行政复议机关对受理的行政争议案件进行合法性和适当性审查的过程，

是行政复议程序的核心。

（1）审理前的准备。审理前的准备工作，主要是指复议文书的发送和有关证据材料的收集。根据《行政复议法》第 23 条的规定，行政复议机关负责法制工作的机构应当自行政复议申请受理之日起 7 日内，将行政复议申请书副本或者行政复议申请笔录复印件发送被申请人。被申请人应当自收到申请书副本或者申请笔录复印件之日起 10 日内，提出书面答复，并提交当初作出具体行政行为的证据、依据和其他有关资料。审前准备主要是文书送达与证据提交。

（2）审理的内容。行政复议是监督行政的一种形式。行政复议机关在审查行政争议案件时，不仅可以对具体行政行为是否合法和适当进行审查，还可以对有关抽象行政行为进行附带审查。这是行政复议与行政诉讼在审理内容上的重大差别。

（3）审理的方式。行政复议采取以书面审理为主、其他方式为辅的审理方式。所谓“书面审理”，是指复议机关仅就双方所提供的书面材料进行审查后作出决定的一种审理方式。复议机关认为必要时，可以向有关组织和人员调查情况，听取申请人、被申请人和第三人的意见，或者采取听证方式，通过双方对争议的事实、法律依据进行质证、辩论，最后由复议机关作出决定的审查方式。这种审查方式适用于较为复杂、影响较大的行政复议案件。

（4）审理依据。行政复议机关审理复议案件，以法律、行政法规、地方性法规、规章以及上级行政机关依法制定和发布的具有普遍约束力的决定、命令为依据。

（5）审理期限。行政复议机关应当自受理申请之日起 60 日内作出行政复议决定；法律规定的行政复议期限少于 60 日的除外。情况复杂、不能在规定期限内作出行政复议决定的，经行政复议机关的负责人批准，可以适当延长，并告知申请人和被申请人；延长期限最多不超过 30 日。

（6）举证责任。《行政复议法实施条例》规定，一般由被申请人提交作出具体行政行为的证据、依据及其他有关材料。但是在申请人认为被申请人不履行法定职责时，应提供其曾主张履行的证据；提出行政赔偿请求的，应提供受损害的证明。

（7）复议申请的撤回。复议申请的撤回是指复议申请被复议机关受理后，复议决定作出前，经复议机关同意，复议申请人撤回复议申请，终止复议审理的制度。《行政复议法》第 25 条规定：“行政复议决定作出前，申请人要求撤回行政复议申请的，经说明理由，可以撤回；撤回行政复议申请的，行政复议终止。”

（二）复议决定

行政复议决定是指复议机关对行政复议案件进行审理后所作的具有法律效力的评价。根据《行政复议法》的有关规定，行政复议机关根据不同情况应当在受理行政复议申请之日起 60 日内分别作出不同决定，法律另有规定的除外。

（1）维持决定。具体行政行为认定事实清楚，证据确凿，适用依据正确，程序合法，内容适当的，决定维持。行政复议维持决定适用的具体条件是：

第一，具体行政行为事实清楚、证据确凿。事实是指主要事实或基本事实。衡量所认定的事实是否有相应的可靠的证据证明，既是事实性要求，也是首先需要查证的。

第二，适用依据正确。这是指具体行政行为作出时所依据的规范性文件正确，具体行政行为与所依据的规范性文件之间相互匹配。

第三，程序合法。程序合法是指作出具体行政行为时遵守了法定程序，符合法定程序的要求。

（2）履行决定。被申请人不履行法定职责的，决定其在一定期限内履行。

（3）撤销、变更和确认违法决定。具体行政行为有下列情形之一的，决定撤销、变更或者确认该具体行政行为违法；决定撤销或者确认该具体行政行为违法的，可以责令被申请人在一定期限内重新作出具体行政行为：

第一，主要事实不清，证据不足。行政机关作出具体行政行为必须有一定的事实作为根据，有一定的证据能够证明。如果在事实没有查清、证据不充分的情况下就作出具体行政行为，这样的行为不能保证正确合法。主要事实不清，指作出具体行政行为所依据的基本事实缺乏证据或者证据不充分。

第二，适用依据有错误。具体表现形式包括：未适用应当适用的法规，未适用应当适用的法规条款；违反了法律不溯及既往的原则，适用了已被废止的法规等。适用依据有错误，必然导致作出违法的具体行政行为，复议机关应予撤销。

第三，违反法定程序。遵守法定程序是作出合法、适当的具体行政行为的重要保证，违反法定程序，就容易作出错误的决定。

第四，超越职权或者滥用职权。超越职权是指行政机关及其工作人员超越职务权限的行为。行政越权主要有两种情形，一是纵向越权，二是横向越权。滥用职权是指行政机关及其工作人员武断专横地运用行政职权的行为，即行政机关虽然在其职权范围内，但不合理、不适当地行使行政职权。滥用职权表现为违反法定目的，不符合法定条件和理由。

第五，具体行政行为明显不当。具体行政行为明显不当是指该行为虽然合法，但却明显不妥当。这类行为主要发生在自由裁量领域。基于行政事务的复杂性，行政机关享有广泛的自由裁量权，但自由裁量权并非任意裁量权，自由裁量权同样不能滥用。这意味着行政复议可以对行政行为的合理性进行审查。

另外，被申请人不按照《行政复议法》第 23 条的规定提出书面答复、提交当初作出具体行政行为的证据、依据和其他有关资料的，视为该具体行政行为没有证据、依据，决定撤销该具体行政行为。这是通过举证责任的方式，督促被申请人参与行政复议程序。

（4）赔偿决定。申请人在申请行政复议时可以一并提出行政赔偿请求，行政复议机关对符合《国家赔偿法》的有关规定应当给予赔偿的，在决定撤销、变更具体行政行为或者确认具体行政行为违法时，应当同时作出被申请人依法给予申请人赔偿的决定。

申请人在申请行政复议时如果没有提出行政赔偿请求，行政复议机关在依法决定撤销或者变更罚款、撤销违法集资、没收财物、征收财物、摊派费用以及对财产的查封、扣押、冻结等具体行政行为时，应当同时作出责令被申请人返还申请人财产，解除对申请人财产的查封、扣押、冻结措施，或者赔偿相应价款的决定。

（5）对抽象行政行为的处理决定。申请人在申请行政复议时，一并提出对有关抽象行政行为的审查申请的，行政复议机关对该抽象行政行为有权处理的，对该行为的审查，应当在 30 日内依法作出处理决定；无权处理的，应当在 7 日内按照法定程序转送有权处理的行政机关，有权处理的行政机关应当在 60 日内依法作出处理决定。此外，行政复议机关在对被申请人作出的具体行政行为进行审查时，认为具体行政行为的依据（如行政法规、规章等）不合法，行政复议机关有权处理的，应当在 30 日内依法处理；无权处理的，应当在 7 日内按照法定程序转送有权处理的国家机关依法处理。此时应按《立法法》确定的规范性法律文件的审查程序处理。处理期间，复议机关中止对具体行政行为的审查。

14.6.3 执行

根据《行政复议法》第 32 条的规定，被申请人应当履行行政复议决定。被申请人不履行或者无正当理由拖延履行行政复议决定的，行政复议机关或者有关上级行政机关应当责令其限期履行。

根据《行政复议法》第 33 条的规定，申请人逾期不起诉又不履行行政复议决定的，或者不履行最终裁决的行政复议决定的，按照下列规定分别处理：

（1）维持具体行政行为的行政复议决定，由作出具体行政行为的行政机关依法强制执行，或者申请人民法院强制执行。

（2）变更具体行政行为的行政复议决定，由行政复议机关依法强制执行，或者申请人民法院强制执行，具体可以适用《行政强制法》的规定。

本章小结 »

通过本章的学习，了解行政复议的概念、特点、基本原则和内容，明确行政复议的受案范围和管辖，掌握行政复议的程序。

行政复议是指公民、法人或者其他组织认为行政机关的具体行政行为侵犯其合法权益，依法向上级行政机关或者法律、法规规定的其他机关提出申请，由受理申请的行政机关对具体行政行为依法进行审查并作出处理决定的活动。行政复议基本原则包括合法原则、公正原则、公开原则、及时原则、便民原则、有错必纠原则、保障法律法规正确实施的原则和诉讼终局原则。

我国行政复议范围的确定标准有具体行政行为标准、违法和不当标准、合法权益标准。可申请复议的行政行为包括可申请复议的具体行政行为和可申请附带复议的抽象行政行为。不可申请复议的行政行为包括制定行政法规和规章的行为、内部行政行为、居间行为等。

行政复议基本制度包括一级复议制度、书面复议制度、依法复议不调解制度、复议不停止执行制度、被申请人承担举证责任的制度等。

行政复议机关是指依照法律的规定，有权受理行政复议的申请，依法对被申请的行政行为进行合法性、适当性审查并作出决定的行政机关。行政复议管辖是指不同行政复议机关之间受理复议案件的权限和分工，它解决的是每个具体行政争议该由哪一个行政机关复议的问题。

行政复议参加人包括申请人、被申请人、第三人等。

行政复议的程序包括申请与受理、审理与决定、执行等。

关键术语

行政复议　行政复议的原则　一级复议制度　复议不停止执行制度　申请人　被申请人　第三人

复习思考题

1. 行政复议的特征是什么?
2. 行政复议与行政诉讼的区别有哪些?
3. 行政复议的原则有哪些?
4. 简述可申请行政复议的范围。
5. 简述不可申请行政复议的范围。
6. 行政复议的制度有哪些?
7. 行政复议的管辖种类有哪些?
8. 行政复议的参加人有哪些?
9. 行政复议的程序有哪些?

引例分析

《行政复议法》第14条规定:“对国务院部门或者省、自治区、直辖市人民政府的具体行政行为不服的,向作出该具体行政行为的国务院部门或者省、自治区、直辖市人民政府申请行政复议。对行政复议不服的,可以向人民法院提起行政诉讼;也可以向国务院申请裁决,国务院依照本法的规定作出最终裁决。”本条规定是《行政复议法》对原《行政复议条例》的重大突破,具有深远的意义。过去,国务院不能成为复议或者裁决的机关。这样,公民、法人或者其他组织对国务院部门或者省、自治区、直辖市人民政府的具体行政行为不服的,只能向作出该具体行政行为的省、自治区、直辖市人民政府申请行政复议。虽然对复议不服的,还可以向人民法院提起行政诉讼,但是,国务院不作为行政复议机关,使行政相对人缺少一条重要的救济途径。《行政复议法》对此作出重大改进,规定了国务院可以进入复议程序。但是,国务院的裁决是终局的,行政相对人对国务院的裁决不服,不能再向人民法院提起行政诉讼。这是因为,根据《宪法》、《国务院组织法》的规定,国务院行使国家的最高行政权力,作出的具体行政行为应是终局决定。

就本案来看,海鲜城对卫生部的行政处罚决定不服,只能向卫生部申请行政复议。当然,在卫生部内,作出行政处罚的机构和负责行政复议的机构是分离的,它们分别行使各自的职能,不能相互混淆。行政复议机构经过审查,作出复议决定:维持卫生部的行政处理决定。

海鲜城对卫生部的行政复议决定不服,根据《行政复议法》第14条的规定,它可以选择向人民法院提起行政诉讼,或者向国务院申请裁决,二者只能选择其一。最后,海鲜城选择了向国务院申请裁决。

本章阅读书目

1. 皮纯协主编：《行政复议法论》，北京，中国法制出版社，1999。
2. 杨小君：《我国行政复议制度研究》，北京，法律出版社，2002。
3. 胡锦光主编：《行政法案例分析》（第二版），北京，中国人民大学出版社，2006。
4. 石佑启、杨勇萍编著：《行政复议法新论》，北京，北京大学出版社，2007。
5. 樊华辉：《行政复议制度新论》，北京，法律出版社，2012。

第15章

行政赔偿与行政补偿

引例

2003年7月10日，原告成某之子即受害人酒后到市区黄某的饮食店内寻衅滋事，砸坏店内玻璃。经他人劝说，受害人承认打破玻璃错误并表示要赔偿。此时，恰巧碰到某县公安局某派出所所长张某，张某口头传唤受害人去派出所接受处理，受害人不从。张某即打受害人两巴掌，扭推受害人，欲将其带往派出所处理。当张某扭推受害人时，致受害人跌倒在地，头部撞在水泥地面上，致其死亡。同年8月5日，张某被判处有期徒刑5年，但对于原告成某的赔偿请求，某县公安局拒不答复。原告成某于同年9月8日向人民法院起诉，要求赔偿。

问：行政赔偿请求人死亡后，请求人资格如何转移？

行政赔偿实质上是国家赔偿的一部分，行政赔偿的发展过程是伴随着国家责任和国家赔偿制度的发展而发展的，“有权利就必须有救济”已成为现代社会公民保障的一项基本原则。1982年《宪法》中重申了赔偿原则，1989年颁布的《行政诉讼法》对行政赔偿作了专章的概括性规定，1994年颁布的《国家赔偿法》（2012年全国人大常委会第二次修正）则更加完善、健全了行政赔偿制度。

重点问题

- 行政赔偿的构成要件
- 行政赔偿的程序
- 行政赔偿的范围
- 行政补偿的范围

15.1　行政赔偿概述

15.1.1　行政赔偿的基本含义

（一）行政赔偿的概念

行政赔偿是指行政主体及其行政工作人员在行使行政职权的过程中，因其行为违法而侵犯了公民、法人或其他组织的合法权益并造成了损害，由行政主体给予赔偿的法律制度。

（二）行政赔偿的特征

（1）行政赔偿实质上是一种国家赔偿。行政职能属于国家职能，行政权也属于国家权力。行政主体及其工作人员行使职权所实施的职务活动，是代表国家进行的，根本上是一种国家活动。因此行政赔偿是一种国家赔偿，是国家对于行政侵权行为的赔偿。

（2）行政赔偿的起因是行政侵权行为。行政侵权行为是行政主体作出的侵犯并损害了公民、法人或其他组织的合法权益的行政行为。只有这种行为才能够引起国家行政赔偿责任。

（3）行政赔偿的义务主体只能是侵权行政机关。侵权行政机关是指作出侵权行政行为的行政机关和实施侵权行政行为的公务员所在的行政机关。法律法规授权的行使行政职权的组织也可视为侵权行政机关，从而具有行政赔偿义务主体的资格。当然，在法律规定的情况下，可能发生对行政机关工作人员的追偿，但这并不属于行政赔偿。

（4）行政赔偿范围以具体行政行为造成的侵权损害为限。依照我国法律的规定，除具体行政行为以外的抽象行政行为以及国防、外交等国家行为不在国家承担行政赔偿责任的范围之内。

（5）行政赔偿的责任形式是损害赔偿。这一点将行政赔偿责任与其他行政责任区别开来。

（6）行政赔偿的法律责任主体是行政主体。虽然行政赔偿是国家赔偿，但国家是个抽象主体，在行政法中，只能由具体享有行政职权的行政主体来承担法律上的具体赔偿责任，即由行政机关代表国家进行损害赔偿。

15.1.2　行政赔偿的归责原则

伴随着行政赔偿制度的变迁，行政赔偿的归责原则也发生着变化，并呈现出多元化的局面。当今世界上，行政赔偿的归责原则可归纳为违法责任原则、过错责任原则及无过错责任原则等。

（一）违法责任原则

违法责任原则是指国家机关及其工作人员在执行职务中，违反法律造成他人权益损害的，国家承担赔偿责任。这一原则以行为是否违法为标准，而不问行为人有无主观过错。一般认为，违法原则中所包含的“法”应作广义的解释，除了法律规范以外，还包括相应的法律原则，比如诚信原则、公序良俗原则等。我国的国家赔偿法也采取了“违法责任原则”。

（二）过错责任原则

过错责任原则是指致害行为人存在着主观过错（主体的故意或过失）或者客观过错（行为的客观缺陷），从而成为承担赔偿责任的根据。一般认为，这一原则包含两个方面，即主观过错和客观过错。实行这一原则的国家有英国、美国等。

（三）无过错责任原则

无过错责任原则是指只要损害结果发生，不管行为人有无过错以及行为是否违法，都必须承担赔偿责任。这一原则旨在将行政活动所带来的风险由个人承担转而由社会的全体人员承担，以实现责任的社会化。由于这一原则的苛刻性，各国在适用这一原则时都避免其一般化，而仅仅将其作为过错责任原则的补充。因此，这一原则始终处于辅助的地位。采纳这一原则的国家有美国、英国、法国等。

行政赔偿的归责原则确定了行政赔偿的责任依据。我国《国家赔偿法》第 2 条也规定：“国家机关和国家机关工作人员违法行使职权侵犯公民、法人和其他组织的合法权益造成损害的，受害人有依照本法取得国家赔偿的权利。”根据这一规定，我国行政赔偿的归责原则为违法责任原则。违法的内容有适用法律、法规错误，违反法定程序，超越职权，滥用职权，不履行或拖延履行法定职责等。违法的形式有作为和以法定作为义务为前提的不作为。违法责任原则一般不考虑行为人主观上是否存在过错，而仅以合法性为判断标准，比较简明易行。

15.1.3　行政赔偿责任的构成要件

（一）行政侵权行为

行政侵权行为是构成行政赔偿责任的首要条件。行政侵权行为具有以下三个要素：(1) 实施行政侵权行为的人必须是国家行政机关的公务员或其他被授权或被委托行使行政管理职能的人员。(2) 行政侵权行为必须是执行行政职务的行为。这就排除了国家机关工作人员造成的民事侵权行为。(3) 行政侵权行为必须是违法侵犯公民、法人或其他组织的合法权益并造成损害的行为。

（二）损害事实

损害事实是指当事人的合法权益受到了行政侵权行为的客观损害。该损害必须是现实的损害，而非将来的或是臆想的损害。

（三）侵权行为与损害事实之间有因果关系

侵权行为与损害事实之间是一种直接因果关系，即行为与结果之间存在着逻辑上的直接的关系。

（四）法律规定

属于行政赔偿范围的，国家才承担赔偿责任，这在《国家赔偿法》的第 3 条、第 4 条有明确的规定。

15.2 行政赔偿的范围

行政赔偿范围是指国家对行政机关及其工作人员在行使职权时对受害人所遭受的哪些损害应予赔偿。它是行政赔偿制度的核心问题，我国行政赔偿的范围是以人身权、财产权来确定行政赔偿范围的。

15.2.1 对侵犯人身权的行政赔偿

《国家赔偿法》规定了五种行政机关及其工作人员在行使行政职权时侵犯人身权，受害人有权要求赔偿的情形。

（一）违法拘留或者违法采取限制公民人身自由的行政强制措施的

我国《行政处罚法》第9条明确规定了限制人身自由的行政处罚，只能由法律设定。因此就拘留而言，任何不具备充分法律依据的拘留行为，包括以那些效力低于法律的规范性文件（规章、规定等）为依据的拘留行为，都应当承担行政赔偿责任。违法采取限制公民人身自由的强制措施包括违法劳动教养、违法强制约束、违法强制隔离等。

（二）非法拘禁或者以其他方法剥夺公民人身自由的

引起行政赔偿的非法拘禁是指无权采取限制人身自由强制措施的行政机关及其工作人员超越职权，采取拘留、禁闭、关押等方法剥夺公民人身自由的行为。

（三）以殴打、虐待等行为或者唆使、放纵他人以殴打、虐待等行为造成公民身体伤害或死亡的

我国于1988年9月5日加入《禁止酷刑和其他残忍不人道或有辱人格的待遇或处罚公约》。我国《国家赔偿法》也作出了相应的规定，对于暴力行为，应当承担行政赔偿责任，而不论其主观故意与否。

（四）违法使用武器、警械造成公民身体伤害或者死亡的

《中华人民共和国人民警察使用警械和武器条例》对使用武器、警械的时间、种类以及如何使用等都作了明确规定，凡是违法违规使用并造成损害的，都应当承担行政赔偿责任。

（五）造成公民身体伤害或者死亡的其他行为

这是一款兜底规定，以概括的方式弥补列举方式的不足。对公民人身权利的侵犯是最严重的行政侵权行为，因此也是行政赔偿的重要对象。

15.2.2 对侵犯财产权的行政赔偿

《国家赔偿法》对行政机关及其工作人员在行使行政职权时侵犯财产权，受害人有权

求偿的情形规定了四种：

(1) 违法实施罚款、吊销许可证和执照、责令停产停业、没收财物等行政处罚。

(2) 违法对财产采取查封、扣押、冻结等行政强制措施。

(3) 违法征收、征用财物。

(4) 造成财产损害的其他违法行为。

15.2.3 国家不承担赔偿责任的情形

在某些特殊情况下，由于损害并非由行政机关的行为造成，或者损害虽发生在行政活动中，但由不可抗力造成，因而国家不负赔偿责任。《国家赔偿法》第 5 条明确规定，在以下四种情况下，国家不承担赔偿责任：

(1) 行政机关工作人员与行使职权无关的个人行为。

(2) 因公民、法人和其他组织自己的行为致使损害发生。

(3) 法律规定的其他情形。这里所说的“法律”是指全国人大及其常委会依照立法程序制定的规范性文件，而不包括法规、规章等规范性文件。目前，法律规定不承担赔偿责任的情形主要有不可抗力、意外事件、第三人过错、通过其他途径可以得到补偿等。

(4) 对国家行为和抽象行政行为造成的损害不予赔偿。

《国家赔偿法》通过正反两方面的列举，以及关于“违法责任原则”的规定，明确了行政赔偿的范围。

15.3 行政赔偿请求人和赔偿义务机关

在赔偿案件中，存在两方当事人：一方为受到国家机关及其工作人员违法侵害的赔偿请求人；另一方为承担赔偿义务的行政机关。明确赔偿案件的双方当事人，不仅有利于受害人行使赔偿请求权，也便于国家赔偿主体履行赔偿义务，使得行政赔偿关系法律的主体更加明晰。

15.3.1 行政赔偿请求人

(一) 行政赔偿请求人的范围

行政赔偿请求人是指因其合法权益受到国家机关及其工作人员的不法侵害造成实际损失而依法请求国家予以赔偿的公民、法人或者其他组织。根据《国家赔偿法》的规定，国家赔偿请求人主要有以下几类：

(1) 一般情况下的赔偿请求人。根据《国家赔偿法》的规定，因行政侵权行为受到直接损害的公民、法人或其他组织依法享有行政赔偿请求权。

(2) 特殊情况下的赔偿请求人。第一，受害的公民死亡的，其继承人是赔偿请求人。

根据《国家赔偿法》的规定，在受害的公民死亡后，其继承人有权请求行政赔偿。第二，受害的公民死亡的，与其有扶养关系的亲属是赔偿请求人。与其有扶养关系的亲属是指除了该公民的法定继承人以外，与该公民有扶养关系的亲属，既包括由该公民扶养的亲属，也包括扶养该公民的亲属。第三，受害的法人或其他组织终止的，承受其权利的法人或者其他组织是赔偿请求人。这意味着在具有求偿资格的主体灭失后，其权利承继者有权继续请求行政赔偿。

（3）外国人、外国企业和组织的赔偿请求权。根据《国家赔偿法》的规定，外国人、外国企业和组织可以成为行政赔偿案件的请求人。

（二）请求人行使权利的时效

根据《国家赔偿法》第39条的规定，赔偿请求人请求国家赔偿的时效为两年，自其知道或者应当知道国家机关及其工作人员行使职权时的行为侵犯其人身权、财产权之日起计算，但被羁押等限制人身自由期间不计算在内。

请求人在赔偿请求时效的最后六个月内，因不可抗力或者其他障碍不能行使请求权的，时效中止。从中止时效的原因消除之日起，赔偿请求时效期间继续计算。行政赔偿时效的起算及中止有利于请求人行使权利。

（三）请求人行使权利的经济保障

请求权的实现需要提供相应的权利保障措施。我国的国家赔偿立法非常注重从经济方面为权利的行使提供保障。《国家赔偿法》第41条规定："赔偿请求人要求国家赔偿的，赔偿义务机关、复议机关和人民法院不得向赔偿请求人收取任何费用。对赔偿请求人取得的赔偿金不予征税。"

15.3.2 行政赔偿义务机关

（一）确立行政赔偿义务机关的原则

在确定具体的赔偿义务机关时，需遵守的原则一般有：

（1）谁损害谁负责原则。这一原则的确立，一方面增进了行政机关的责任心，促使其依法行政，另一方面也有利于赔偿争议的顺利解决。

（2）便于赔偿请求人行使请求权原则。设立赔偿义务机关的宗旨在于：使行政赔偿主体由抽象实体转化为具体实体，便于受害人请求赔偿。因此，在确定赔偿义务机关时，应尽可能地减少赔偿请求人的耗费，这也是"便民原则"的要求。

（3）行政效率原则。国家行政机关除了承担赔偿责任以外，还有大量的其他工作，不能陷于赔偿事务中。因此，确定赔偿义务机关时，要从效率原则出发，合理配置行政资源。

（二）一般情况下的行政赔偿义务机关

《国家赔偿法》第7条第1款规定："行政机关及其工作人员行使行政职权侵犯公民、法人和其他组织的合法权益造成损害的，该行政机关为赔偿义务机关。"这一规定表明在通常情况下，谁实施致害行为，谁就有赔偿义务。这是最常见的赔偿机关的情形。

（三）特殊情况下的行政赔偿义务机关

（1）两个以上行政机关共同实施致害行为时的赔偿义务机关。作为共同赔偿义务机关，赔偿请求人有权向其中的任何一个提出赔偿请求，该机关必须受理，不能互相推诿。这有利于请求人获得行政赔偿。因共同赔偿义务机关在赔偿方面承担连带责任，赔偿金额大小如何分配，由共同赔偿义务机关根据在致害行为中应该承担的责任大小协商解决。

(2) 致害主体为非行政机关时的赔偿义务机关。第一，授权组织实施致害行为时的赔偿义务机关。《国家赔偿法》第 7 条第 3 款规定："法律、法规授权的组织在行使授予的行政权力时侵犯公民、法人和其他组织的合法权益造成损害的，被授权的组织为赔偿义务机关。"第二，受委托的组织或个人实施致害行为时的赔偿义务机关。《国家赔偿法》第 7 条第 4 款规定："受行政机关委托的组织或者个人在行使受委托的行政权力时侵犯公民、法人和其他组织的合法权益造成损害的，委托的行政机关为赔偿义务机关。"由委托的行政机关作为赔偿义务机关，是因为根据委托关系的原理，被委托人是以委托人的名义实施致害行为的，所以，其委托行为产生的法律后果也必然由委托人承担。由此，授权与委托情况下，行政赔偿责任归属遵循不同的原则。

(3) 赔偿义务机关被撤销情形下的赔偿义务机关的确定。《国家赔偿法》第 7 条第 5 款规定："赔偿义务机关被撤销的，继续行使其职权的行政机关为赔偿义务机关；没有继续行使其职权的行政机关的，撤销该赔偿义务机关的行政机关为赔偿义务机关。"这保证了原机关被撤销的情况下，请求人仍可以获得救济。

(4) 经过行政复议情形下的赔偿义务机关。《国家赔偿法》第 8 条规定："经复议机关复议的，最初造成侵权行为的行政机关为赔偿义务机关，但复议机关的复议决定加重损害的，复议机关对加重的部分履行赔偿义务。"这种确认体现了侵权行为主体与赔偿义务机关一致的原则。经复议机关复议决定维持或减轻的，行政侵权行为是由原行为机关所作，因此，应由最初造成侵权的行政机关为赔偿义务机关；复议决定加重损害的，加重的损害是由复议决定导致的，因此，加重部分应由作出加重决定的复议机关为赔偿义务机关。也就是说，谁造成的侵权损害，应由谁负责并作为赔偿义务机关履行赔偿义务。这实际上也督促复议机关审慎履行复议职权。

15.4 行政赔偿程序

15.4.1 行政赔偿程序概述

实体法规范与程序法规范规定于一个法律文件之中是国家赔偿法不同于刑法、民法、诉讼法等法律部门的一个重要特点。国家赔偿法如果只规定公民、法人和其他组织取得国家赔偿的实体权利，而不规定实现这些权利的手段和途径，那么国家赔偿法只能是可望而不可即的空中楼阁。

鉴于行政赔偿与刑事赔偿各自具有不同的特点，《国家赔偿法》没有规定统一的赔偿程序，而是分别规定了行政赔偿程序与刑事赔偿程序，两者在程序上也存在诸多区别，下文将详述。

所谓行政赔偿程序，是指行政赔偿请求人向国家行政赔偿义务机关请求行政赔偿，行政赔偿义务机关给予行政赔偿以及通过人民法院解决行政赔偿纠纷的方式、方法和步骤。广义的行政赔偿程序还包括行政赔偿义务机关对有故意和重大过失的国家行政机关工作人员行使追偿权的程序在内。

与普通民事赔偿的程序不同的是，行政赔偿程序由非诉讼程序（行政程序）与诉讼程序（司法程序）两个部分组成。原则上行政赔偿请求人必须首先向行政赔偿义务机关提出赔偿请求，由行政赔偿义务机关先行通过行政程序予以解决；当行政赔偿义务机关不接受、不理睬行政赔偿请求人的赔偿请求或者行政赔偿请求人对赔偿数额有异议时，行政赔偿请求人再诉请人民法院予以裁决。这有利于行政机关内部化解纠纷，符合行政的特点。

行政赔偿程序与刑事赔偿程序虽然都是国家赔偿的程序，但两者的差别也是十分明显的。首先，在行政赔偿程序中，赔偿请求经赔偿义务机关处理后，请求人不服的，不需要再向赔偿义务机关的上一级机关提请复议。在刑事赔偿程序中，请求人对赔偿义务机关的行为不服的不能马上诉请法院解决，而必须向赔偿义务机关的上一级机关申请复议，这道程序是行政赔偿所没有的。其次，行政赔偿请求人在赔偿义务机关先行处理之后可以向人民法院起诉，请求人民法院作出裁决；而刑事赔偿请求人在赔偿义务机关的上一级机关复议之后，不能以赔偿义务机关为被告向法院起诉，要求法院作出司法判决，而只能申请法院就刑事赔偿问题通过特别程序而非一般的诉讼程序作出决定。为此，中级以上的人民法院专门设立就有关刑事赔偿问题作出决定的赔偿委员会，这个机构在行政赔偿程序中是不存在的。最后，行政赔偿请求可以在行政复议或行政诉讼时附带提起，此时不需要经过赔偿义务机关先行处理，而刑事赔偿请求毫无例外地必须先向赔偿义务机关提起。

15.4.2 行政先行处理原则

（一）行政处理与诉讼解决的关系

关于行政赔偿的程序，各国均规定了行政处理与诉讼解决两套彼此相关的程序制度。所谓行政处理，就是由行政机关按照行政程序审理行政机关及其工作人员或受行政机关委托的组织和个人违法行使职权，侵害公民、法人或其他组织的人身权或财产权的案件。诉讼解决则是由法院通过司法程序解决政府与民众之间的侵权损害争议，使人民的合法权益得到公正、有效的保护，它是现代民主制度的必然要求。

行政机关是国家法律的执行者，对于保护公民的合法权益自当责无旁贷。由于行政赔偿案件是由行政机关及公务人员违法行使行政职权的行为引起的，行政机关对其是否违法、违法程度如何、造成的损害有多大，均能有直接明了的认识，因此，法律亦赋予其处理行政侵权损害赔偿事件的权力，旨在通过简便的行政程序，使相对人遭受的违法侵害得到迅速有效的赔偿，体现法律保护人民合法权益的精神。因此，行政处理与诉讼解决便成为当今世界解决行政侵权损害赔偿案件的两大途径。

由于行政程序较诉讼程序简便、迅速，更能便利公众主张权利，因此，许多国家在处理两个程序的关系时，大都奉行“先行政后诉讼”的原则，即行政先行原则。但如果请求人对行政处理结果不服，还可以申请进入司法程序，寻求司法救济。

（二）行政先行处理原则的内容

行政先行处理原则是指在行政赔偿请求人向法院提起行政赔偿诉讼之前，应先向行政赔偿义务机关要求赔偿，由行政机关依法进行处理。如果行政处理未能解决争端，则请求权人方可提起赔偿的诉讼程序。我国《行政诉讼法》和《国家赔偿法》也规定，行政赔偿案件必须先经行政机关处理，才能提请人民法院司法解决。

我国《行政诉讼法》第 67 条第 2 款规定，“公民、法人或者其他组织单独就损害赔偿提出请求，应当先由行政机关解决”，但并未明确规定受害人向哪一级、哪一个行政机关请求。《国家赔偿法》与《行政诉讼法》相衔接，既规定了行政先行处理原则，又明确规定损害赔偿的要求应由赔偿义务机关管辖和受理，规定当收到请求人的赔偿要求之后，赔偿义务机关必须在法定期限内依法给予赔偿。

15.4.3　行政赔偿请求的提出

（一）单独提出行政赔偿请求及先行程序

单独提出行政赔偿请求是指受害人的请求仅限于赔偿，对于行使行政职权的行为是否合法并无争议。单独提出行政赔偿请求适用行政赔偿的先行程序。行政赔偿请求的先行程序是指赔偿请求人如果单独提出赔偿请求，应首先向赔偿义务机关提出，在赔偿义务机关不予赔偿或赔偿请求人对赔偿数额有异议时，赔偿请求人才可以向赔偿义务机关的上一级行政机关申请复议或向人民法院提起诉讼。

单独提出赔偿请求一般对于行政行为合法性不存在争议，但对于赔偿金额存在争议。

（二）一并提出行政赔偿请求

一并提出行政赔偿请求是指请求人在申请行政复议、提起行政诉讼中一并提出赔偿请求，其特点是：将确认行政行为违法与要求赔偿二项请求一并提出，并要求并案审理。复议机关或人民法院通常先确认行政行为的合法性，再决定是否赔偿。

（三）提出数项赔偿请求

无论是单独式还是一并式，赔偿请求人都可以根据受到的不同伤害，同时提出数项赔偿请求。当然，如果损害是单一的，请求人只能就该项损害提出赔偿请求，不得就该损害造成的其他间接损失提出赔偿请求。

（四）书面请求

请求赔偿属于要式法律行为，受害人无论是向赔偿义务机关提出赔偿请求，还是向法院提起赔偿诉讼，都应以书面形式进行。

赔偿请求人当面递交申请书的，赔偿义务机关应当当场出具加盖本行政机关印章并注明收讫日期的书面凭证。申请材料不齐全的，赔偿义务机关应当当场或者在五日内告知赔偿请求人需要补正的全部内容。

（五）法定期限内提出

赔偿请求应当在法定期限内提出。《国家赔偿法》规定，赔偿请求人请求国家赔偿的时效为两年。自其知道或者应当知道国家机关及其工作人员行使职权时的行为侵犯其人身权、财产权之日起计算，但被羁押等限制人身自由期间不计算在内。以附带的方式提起行政赔偿请求的，一般按申请复议、提起诉讼的法定期限确定附带请求赔偿的期限，即申请行政复议的期限为知道该具体行政行为之日起 60 日，但是法律规定的申请期限超过 60 日的除外；提起行政诉讼的期限为知道作出具体行政行为之日起三个月。

15.4.4 行政赔偿义务机关的受案与处理

（一）行政赔偿义务机关的受案

行政赔偿义务机关收到行政赔偿申请书后，要进行受案前的初步审查，如果经审查认为该申请书符合行政赔偿条件的，赔偿义务机关应决定受理并通知赔偿请求人，且应自收到申请书之日起两个月内依法履行赔偿义务。

赔偿义务机关对申请书的初步审查主要包括以下几项内容：第一，申请是否符合行政赔偿的要件；第二，申请书的内容和形式是否符合要求；第三，申请人所要求赔偿的损害是否确由本行政机关及其工作人员或受本机关委托的组织或个人的违法侵权行为所造成；第四，赔偿请求人所要求的行政赔偿是否属于《国家赔偿法》所规定的赔偿范围。这意味着初步审查只是形式审查，而不涉及具体案情。

如果经过初步审查，上述要求均已达到，则应决定立案处理，并通知赔偿请求人。

（二）行政赔偿义务机关的处理

行政赔偿义务机关收到申请书之后，经审查认为赔偿申请符合条件的，应通知赔偿请求人，并在收到申请书之日起两个月内作出处理决定。逾期不予赔偿或赔偿请求人对赔偿数额有异议的，请求人可以自期间届满之日起三个月内向人民法院提起行政赔偿诉讼。

（1）赔偿义务机关处理申请的期限。《国家赔偿法》规定，行政赔偿义务机关应当自收到赔偿申请之日起两个月内作出赔偿或不予赔偿的决定。

（2）赔偿义务机关处理赔偿的内容。赔偿义务机关应当依照《国家赔偿法》提出赔偿方案。

（3）赔偿处理不成。行政赔偿义务机关在法定期限内如出现下列情形，视为处理不成：第一，赔偿义务机关对赔偿申请不予理睬或对自己提出的方案不予实施的；第二，赔偿请求人对赔偿义务机关的方案有异议的，包括对赔偿方式、金额、履行期限有不同意见的。

处理不成，自两个月期间届满之日起三个月内，赔偿请求人可以向人民法院提起行政赔偿诉讼。此时便由行政程序转入司法程序，接受司法审查。

15.4.5 行政赔偿诉讼

行政赔偿诉讼是一种特殊的诉讼形式，它是人民法院根据赔偿请求人的诉讼请求，依照行政诉讼程序和国家赔偿的基本原则及基本制度裁判赔偿争议的活动，在起诉条件、审理形式、证据规则及适用程序等方面都有其自身特点。

（一）起诉条件

从起诉条件看，在单独提起赔偿诉讼时，要以行政赔偿义务机关先行处理为前提条件，即应满足“行政先行处理原则”的要求。按照《最高人民法院关于审理行政赔偿案件若干问题的规定》第 21 条的要求，赔偿请求人单独提起行政赔偿诉讼时，应当符合下列条件：原告具有请求资格；有明确的被告；有具体的赔偿请求和受损害的事实根据；加害行为为具体行政行为的，该行为已被确认为违法；赔偿义务机关已先行处理或超过法定期限不予处理；属于人民法院行政赔偿诉讼的受案范围和受诉人民法院管辖；符合法律规定的起诉期限。

在一并提起赔偿请求时，通常以行政复议或行政诉讼确认行政行为违法为先决条件。

（二）诉讼当事人

从诉讼当事人看，行政赔偿诉讼以行政赔偿义务机关为诉讼被告，实行“国家责任，机关赔偿”制度。致害的公务员或行政机关的工作人员不作为诉讼被告，而应将作出该具体行政行为的行政主体列为被告。

（三）审理形式

从审理形式看，赔偿诉讼可以适用调解作为结案方式。行政案件的审理不适用调解，这是行政诉讼的一项特殊规则，但行政赔偿诉讼可以调解。双方当事人之间因权利受损而发生赔偿争议，人民法院可以从中进行调解，以解决赔偿争议。

（四）证据规则

从证据规则看，行政赔偿诉讼不完全采取“被告负举证责任”的原则，而是参照民事诉讼规则，实行举证责任合理分配。例如，证明损害事实的存在，自己所受损害与被告行为之间有相当因果关系，这应当由原告（赔偿请求人）负责举证；而证明被控行为合法或从未实施过该行为，则是被告（赔偿义务机关）的责任。

15.4.6 行政追偿程序

（一）行政追偿的性质

行政追偿是指行政赔偿义务机关代表国家向行政赔偿请求人支付赔偿费用以后，依法责令有故意或重大过失的行政机关工作人员或受委托的组织或个人承担部分或者全部赔偿费用的制度。因此，追偿实际上是一种制裁。它的着眼点在于监督责任人员恪尽职守、依法行政，防止行政人员滥用职权，而不在于计较财力上的负担。

（二）行政追偿的要件

行政追偿必须具备以下两个条件：

(1) 行政赔偿义务机关已经向受害人支付了赔偿费用。追偿本身的性质决定了只有具备国家承担赔偿责任这一前提条件，才可能产生追偿问题。应将行政赔偿与追偿区别开来，二者性质与原则有重大差别。

(2) 行政机关工作人员或者受行政机关委托的组织或个人所为致害行为有故意或重大过失。只有责任人员的过错在达到“故意”或“重大过失”时，行政机关才能行使追偿权。这是对于责任人员主观方面的条件，也限制了追偿的范围。

（三）行政追偿的金额

行政追偿制度中所给付的均为金钱。追偿金额应以赔偿义务机关向受害人所支付的损害赔偿金额为限。按照《国家赔偿法》的有关规定，金额负担分为完全负担和部分负担两种。金额负担的确定应遵守以下原则：

（1）金额负担大小与过错程度相适应，过错重的负担应大一些，过错轻的负担应小一些，即追偿金额与过错程度相适应。

（2）金额负担大小应考虑工作人员的薪金收入，即追偿金额与收入水平相适应。

（3）金额负担的大小应与赔偿金额的大小相适应。

（四）行政追惩

行政追偿制度解决的是赔偿义务机关与工作人员在赔偿金额负担方面的问题。此外，行政工作人员可能在实施致害行为中也违反了职业道德和职业纪律，甚至可能有某些违法犯罪行为。因此，这些行为必须通过追惩制度加以解决。《国家赔偿法》规定，对有故意或者重大过失的责任人员，有关机关应当依法给予行政处分；构成犯罪的，应当依法追究刑事责任。

追惩制度主要有两项基本内容：

（1）行政处分。行政处分即行政机关对于在致害行为中有故意或重大过失的责任人员给予职务上的惩戒制裁。

（2）追究刑事责任。追究刑事责任即人民法院对在致害行为中有故意或重大过失的责任人员，情节严重，构成犯罪的，给予刑事制裁。一般适用刑法中的贪污贿赂罪与渎职罪。

在追惩过程中，适用于追偿的原则也同样适用。

15.5 国家赔偿的方式、计算标准

15.5.1 国家赔偿的方式

《国家赔偿法》第 32 条规定：“国家赔偿以支付赔偿金为主要方式。能够返还财产或者恢复原状的，予以返还财产或者恢复原状。”由此可见，我国国家赔偿立法采取的是以金钱赔偿为主、以返还财产或者恢复原状为辅的赔偿方式。这一赔偿方式实际上包含着三种具体的赔偿方法，即金钱赔偿、返还财产、恢复原状。除此之外，针对精神损害还规定了恢复名誉、赔礼道歉等精神抚慰方式。

（一）金钱赔偿

金钱赔偿就是以货币形式支付赔偿金额。以金钱支付的方式赔偿，省时、省力，可以使受害人的赔偿请求迅速得到满足，也便于国家行政机关正常开展工作。同时，金钱赔偿适用范围较广，无论是公民人身自由还是生命健康权的损害，以至于精神损害的抚慰赔偿，都可以通过计算或者估算进行适当的金钱赔偿。所以，金钱赔偿是行政赔偿的主要方式。

（二）返还财产

返还财产是国家机关将违法占有或控制的受害人的财产返还给受害人的赔偿方式。例

如返还罚款，返还没收的财物，返还查封、扣押、冻结的财产等。采取返还财产的赔偿方式，应当具备一定的条件，这些条件主要有：(1) 原物存在，没有损毁。(2) 采用这一方式比采用金钱赔偿更为便利。(3) 采取这一方式不影响公务活动的正常进行。

(三) 恢复原状

恢复原状是公民、法人或者其他组织的财产因国家行政机关及其工作人员的违法分割或毁损而遭到破坏后，若有可能恢复的，应当由赔偿义务机关负责修复，以恢复财产原状的一种赔偿方式。将恢复原状作为我国行政赔偿的一种辅助的方式，其优点是能够对受害人实行充分的和公正的救济，其缺点是在具体操作上比较复杂并且要求具备一定的条件。恢复原状的条件主要有：(1) 需要有受害人的请求。(2) 侵权前的原本状态的资料齐备。(3) 侵权后能够恢复到原本状态。(4) 采用恢复原状的方式进行赔偿，是符合法律规定的，并且不会造成违法的后果。因此，恢复原状在现实行政赔偿中运用较少，主要以金钱赔偿为主。

15.5.2 国家赔偿的计算标准

(一) 国家赔偿计算标准的确定

国家赔偿的计算标准是国家赔偿立法所确立的根据损害程度确定赔偿金额的准则，是侵权的受害人获得实际赔偿的重要前提。我国国家赔偿采用的主要是抚慰性标准，即支付的赔偿金不以补足受害人的实际损失为目标，只是在一定范围内对受害人予以赔偿。按照该标准，国家支付的赔偿额往往少于受害人实际所受损失。随着国家财力增强，以及人权保障水平提高，应提高国家赔偿的计算标准。

(二) 国家赔偿的具体计算标准

《国家赔偿法》对不同类型的损害规定了不同的赔偿标准。

(1) 侵犯公民人身自由的赔偿计算标准。《国家赔偿法》第 33 条规定："侵犯公民人身自由的，每日赔偿金按照国家上年度职工日平均工资计算。"国家上年度职工日平均工资数额，应当按职工年平均工资除以全年法定工作日数的方法计算。年平均工资以国家统计局公布的数字为准。因此该赔偿数额往往很低，与公民遭受的损失也不相称。

(2) 侵犯公民生命健康权的赔偿计算标准。根据《国家赔偿法》第 34 条的规定，侵犯公民生命健康权的，赔偿金按照规定计算，并且从造成身体伤害、致残和造成死亡三个方面分别规定了赔偿标准：

第一，造成身体伤害的，应当支付医疗费、护理费，以及赔偿因误工减少的收入。减少的收入每日的赔偿金按照国家上年度职工日平均工资计算，最高额为国家上年度职工年平均工资的 5 倍。

第二，造成部分或者全部丧失劳动能力的，应当支付医疗费、护理费、辅助器具费、康复费等因残疾而增加的必要支出和继续治疗所必需的费用，以及残疾赔偿金。残疾赔偿金根据丧失劳动能力的程度，按照国家规定的伤残等级确定，最高不超过国家上年度职工年平均工资的 20 倍。造成全部丧失劳动能力的，对其扶养的无劳动能力的人，还应当支付生活费。生活费的发放标准，参照当地最低生活保障标准执行。

第三，造成死亡的，应当支付死亡赔偿金、丧葬费，总额为国家上年度职工年平均工资的 20 倍。对死者生前扶养的无劳动能力的人，还应当支付生活费。生活费的发放标准，参照当地最低生活保障标准执行。被扶养的人是未成年人的，生活费给付至 18 周岁止；其他无劳动能力的人，生活费给付至死亡时止。

总体而言，目前对于人身侵害的国家赔偿数额较低，计算方式也比较僵化。

（3）侵犯财产权的计算标准。根据《国家赔偿法》第 36 条的规定，侵犯公民、法人和其他组织的财产权造成损害的，按照不同情形分别处理：

第一，处罚款、罚金、追缴、没收财产或者违法征收、征用财产的，返还财产。

第二，查封、扣押、冻结财产的，解除对财产的查封、扣押、冻结，造成财产损坏或者灭失的，按照损害程度给付相应的赔偿金。

第三，应当返还的财产损坏的，能够恢复原状的恢复原状，不能恢复原状的，按照损害程度给付相应的赔偿金。

第四，应当返还的财产灭失的，给付相应的赔偿金。

第五，财产已经拍卖或者变卖的，给付拍卖或者变卖的所得的价款；变卖的价款明显低于财产价值的，应当支付相应的赔偿金。

第六，吊销许可证和执照、责令停产停业的，赔偿停产停业期间必要的经常性费用开支。

第七，返还执行的罚款或者罚金、追缴或者没收的金钱，解除冻结的存款或者汇款的，应当支付银行同期存款利息。

第八，对财产权造成其他损害的，按照直接损失给予赔偿。

15.5.3 关于精神损害的赔偿

《国家赔偿法》第 35 条规定："有本法第三条或者第十七条规定情形之一，致人精神损害的，应当在侵权行为影响的范围内，为受害人消除影响，恢复名誉，赔礼道歉；造成严重后果的，应当支付相应的精神损害抚慰金。"这就是说，赔偿义务机关在予以金钱赔偿的同时，对受害人造成的名誉权、荣誉权等人格方面的损害，还要以精神赔偿的方式，为其消除影响、恢复名誉、赔礼道歉。这与民事领域的精神损害赔偿相对应。

消除影响、恢复名誉和赔礼道歉主要适用于下列行为：违法拘留或违法采取限制人身自由的行政强制措施的；非法拘禁或者以其他方法非法剥夺公民人身自由的；对没有犯罪事实或者没有事实证明有犯罪重大嫌疑的人错误拘留的；对没有犯罪事实的人错误逮捕的；依照审判监督程序再审改判无罪，原判刑罚已经执行的。概括起来，就是主要适用于限制人身自由的强制措施或刑罚的错误适用。

15.5.4 国家赔偿的费用

国家赔偿的费用是指行政赔偿义务机关依照国家赔偿法的规定，应当向赔偿请求人支付的费用。我国《国家赔偿法》第 37 条规定："赔偿费用列入各级财政预算。"2010 年 12

月 29 日国务院发布实施了《国家赔偿费用管理条例》，该条例对我国国家赔偿费用的来源和支付提供了明确的法律依据。

(一) 赔偿费用的来源

根据《国家赔偿法》的有关规定，国家赔偿费用列入各级财政预算，由各级财政按照财政管理体制分级负担。这既可以保障赔偿支付的便捷，也彰显了国家赔偿的性质。

(二) 赔偿费用的支付

国家赔偿费用由赔偿义务机关先从本单位预算经费和留本单位使用的资金中支付，支付后再向同级财政机关申请核拨。

赔偿义务机关向赔偿请求人支付国家赔偿费用，赔偿请求人应当出具收据或其他凭证，赔偿义务机关应当将收据或其他凭证的副本报送同级财政机关备案。

此外，赔偿请求人要求国家赔偿的，赔偿义务机关不得向赔偿请求人收取任何费用。《国家赔偿法》规定，对赔偿请求人取得的赔偿金不予征税，即赔偿请求人获得的赔偿金不用缴纳任何税款，这有利于维护赔偿请求人的权益，也显示国家在进行赔偿时的“诚意与歉意”。

15.6 行政补偿

15.6.1 行政补偿概述

(一) 我国行政补偿制度的历史发展及其根据

行政补偿制度的确立和发展，有利于调整公共利益和个体利益、全局利益和局部利益，它是现代法治国家行政法制建设中的一个重要内容。世界上许多国家都以宪法明确规定行政补偿责任。为了避免行政活动带来极不公平的现象，在剥夺或者限制公民、法人或其他组织的财产权时，一般应该由全体社会成员来负担由此而产生的损失，以求得有关利害的调整。这种财产上的损失填补及利害调整，就是传统上人们所理解的行政损失补偿，简称行政补偿。

1954 年中华人民共和国第一部《宪法》第 97 条规定：“中华人民共和国公民对于任何违法失职的国家机关工作人员，有向各级国家机关提出书面控告或者口头控告的权利。由于国家机关工作人员侵犯公民而受到损失的人，有取得赔偿的权利。”这一规定不仅隐含着确定国家赔偿责任的要求，而且也可以理解为国家补偿责任的宪政基础。当然，该规定本身不够清晰，关于国家机关工作人员侵权造成损害或者损失后应向谁控告、由谁赔偿或补偿等，《宪法》本身没有规定。由于一系列的原因，虽然我国没有制定统一的法律来贯彻这一宪法精神，但是，在有关土地管理，营建铁路、矿山、荒山造林、垦殖、兴建水利工程，征用农业用地，将荒山、林地收归国有，房屋拆迁等法律法规中都对行政补偿作了规定。这是我国早年行政补偿制度的历史情况。

(二) 行政补偿的含义与特征

(1) 行政补偿的含义。行政补偿是指行政机关及其公务员在行使职权的过程中，因其合法行为给公民、法人或者其他组织的合法权益造成损失，依法由国家给予的补偿。如国家对征用土地的补偿、城市房屋拆迁补偿、公用征调补偿、军事征用补偿、民事征调补偿、执行治安职务损失补偿等。虽然我国并没有统一的行政补偿法律法规，但是行政补偿的实践大量存在。行政补偿与行政赔偿是一对相近的制度，不同之处主要在于行政赔偿是以违法行政行为为前提的，而行政补偿是合法行政行为引起的。但是对于相对人来说，都是由于行政权的行使而遭受损失，结果都是由国家给予相应的救济。

（2）行政补偿的特征。行政补偿具有以下法律特征：

第一，行政补偿是对合法行使行政职权而给公民、法人或者其他组织造成的损失所给予的补救。行政补偿的前提是行政行为的合法性，这是它与因违法行政造成损失的救济制度——行政赔偿的主要区别。此外，行政补偿是对行政行为造成的损害给予的补救，因此，它与民法上的损害赔偿也不同。这是行政补偿在前提与结果上的构成要件。

第二，行政补偿是为了公共利益不得已而损害了公民、法人或者其他组织的合法权益，是对无义务的特定人所作出的特别牺牲而给予的补偿，作为遭受损害的相对人并没有特别的义务要承受这一负担。

第三，行政补偿主要是一种财产上的补偿。行政补偿一直是作为保障财产权的救济制度而出现的，其中以土地征用最为典型。

第四，行政补偿一般为事前补偿。引起行政补偿的行政行为是基于达到行政目的的需要而发生的，因此，除紧急情况外，行政补偿一般发生在行政行为之前，通过事先确定补偿的条件、标准等进行；在条件允许时，行政主体应与相对人协商确定补偿数额及其他补偿性条件。而行政赔偿只能是违法行为发生后才产生，并依照法律的规定进行。

15.6.2 行政补偿责任的构成条件

国家承担行政补偿责任应当符合下列条件：

（1）造成损害的行为必须是合法的行政行为。行政补偿责任承担的是合法的行政行为造成的损害，且应当是法律法规确定的可以发生补偿的行政行为的范围。

（2）必须存在直接的物质损失。合法行使行政权造成的损害，行政机关并没有过错，国家给予补偿是基于公平负担考虑。因此，多数国家的法律规定，补偿仅限于对直接损失给予补偿，如果没有直接损失，国家不承担补偿责任。这意味着行政补偿的对象不包括间接损失及精神损害。

（3）受到损害的必须是无法定义务的特定人。行政补偿是基于公平负担而由国家承担的责任，是由于无义务的特定人承担了额外的损失，因此，获得补偿的公民必须是无法定义务的特定人。公民对因履行法律规定的义务而受到的损害，不能要求补偿，比如法定的纳税、服兵役的义务等。

15.6.3 行政补偿的范围与方式

（一）行政补偿的原则

对于相对人因合法行政行为所造成的损失基于什么原则予以补偿，国外的补偿理论有不同观点：

（1）完全补偿论。完全补偿论是指对合法行政行为给相对人造成的损失，国家应给予完全、等价的补偿。完全补偿论是从尊重私有财产权出发，认为财产权具有绝对性，任何对私有财产造成的损害都应得到补偿。

（2）适当补偿论。适当补偿论是指对合法行政行为给相对人造成的损失，应当按照当时社会的一般观念给予公正合理的补偿。各国的立法和实践一般认同适当补偿论，在个别情况下，也承认完全补偿。

在我国，涉及行政补偿的法律、法规，大多规定了“相应补偿”的原则，如《中华人民共和国城市房地产管理法》第 19 条规定：“国家对土地使用者依法取得的土地使用权，在出让合同约定的使用年限届满前不收回；在特殊情况下，根据社会公共利益的需要，可以依照法律程序提前收回，并根据土地使用者使用土地的实际年限和开发土地的实际情况给予相应的补偿。”此外，《中华人民共和国外资企业法》、《中华人民共和国中外合资经营企业法》、《中华人民共和国台湾同胞投资保护法》等也规定了相应补偿的原则。至于什么是相应补偿，法律上没有作出解释。也有的法律、法规规定合理补偿、妥善安置的原则，如《归侨侨眷权益保护法》第 13 条第 2 款规定，依法征用、拆迁归侨、侨眷私有房屋的，建设单位应当按照国家有关规定给予合理补偿和妥善安置。

也有的规定了适当补偿的原则，如《中华人民共和国草原法》第 39 条第 1 款规定：“因建设征用集体所有的草原的，应当依照《中华人民共和国土地管理法》的规定给予补偿；因建设使用国家所有的草原的，应当依照国务院有关规定对草原承包经营者给予补偿。”因此我国显然并非适用完全补偿原则，而大致类似于适当补偿，但其具体范围有待细化。

（二）行政补偿的范围

行政补偿的范围就是对哪些行政行为造成的损失予以补偿。从理论上说，一切合法行政行为给相对人造成损害，都应当给予补偿。但是，在我国，相对人因行政行为所受到的损害是否能实际得到补偿，一般还需要有法律、法规或规章的规定。从立法来看，下列行为应当给予补偿：

（1）土地征用。根据《土地管理法》第 47 条第 1 款规定，“征用土地的，按照被征用土地的原用途给予补偿”。此外，和土地征用补偿相似的行政补偿制度有草原征用补偿（《草原法》第 39 条），水面、滩涂征收补偿（《渔业法》第 14 条）等。

（2）房屋拆迁。虽然城市房屋拆迁的拆迁人并不是行政机关，但房屋拆迁都是因城市建设的需要而进行的，拆迁人是依据行政机关的批准文件和拆迁许可证进行的，拆迁带有一定的行政强制性。因此，因拆迁而引起的补偿，也应当是行政补偿。根据 2011 年《国有土地上房屋征收与补偿条例》第 2 条规定，为了公共利益的需要，征收国有土地上单位、个人房屋，应当对被征收房屋所有权人给予公平补偿。

（3）军事征调。军事征调是指用于国家处于紧急状态下的军事目的，军事机关依法征调财物或劳务的活动。军事机关依法征调财物或劳务后，对被征调人给予的补偿，称为军事征调补偿，如《国防法》第 48 条之规定。

（4）公用征收。《外资企业法》第 5 条规定：“国家对外资企业不实行国有化和征收；

在特殊情况下，根据社会公共利益的需要，对外资企业可以依照法律程序实行征收，并给予相应的补偿。”《中外合资经营企业法》也有类似的规定。

（5）民事征调。在紧急情况下，行政机关为了处理临时性、突发性的事件，可以征用公民或组织的财物或人力，但事后也应当给相应的补偿。如《自然灾害救助条例》第15条规定，在自然灾害救助应急期间，县级以上地方人民政府或者人民政府的自然灾害救助应急综合协调机构可以在本行政区域内紧急征用物资、设备、交通运输工具和场地，自然灾害救助应急工作结束后应当及时归还，并按照国家有关规定给予补偿。民事征用一般是出于公共利益的考量，且事出紧急。

（6）公务合作行为。公民或组织协助行政机关履行职权而造成的损害，可以获得补偿。如《人民警察法》规定，公民和组织因协助人民警察执行职务，造成人身伤亡或者财产损失的，应当按照国家有关规定给予抚恤或者补偿。

（三）行政补偿的方式

行政补偿的方式一般以金钱补偿为主。除金钱补偿外，还可以采用支付实物予以补偿。如《天津市城市房屋拆迁管理规定》第25条规定：“拆迁补偿安置的方式可以实行货币补偿，也可以实行房屋产权调换。除本规定第二十八条第二款、第三十三条规定外，被拆迁人可以选择补偿安置方式。涉及国家和市重点工程建设的拆迁项目，在同一区位内有定向还迁安置房屋并且建筑面积不低于被拆迁房屋建筑面积的，以房屋产权调换为主。”因此其方式是多样化的，有利于当事人进行选择。

为了更好地补偿相对人所受到的损失、帮助其恢复生产生活，或者融入新的环境，我国的法律法规在经济补偿之外，还会规定就业方面的优先和照顾，作为行政补偿的一种形式。如2006年9月1日起施行的《大中型水利水电工程建设征地补偿和移民安置条例》第42条规定，国家在移民安置区和大中型水利水电工程受益地区兴办的生产建设项目，应当优先吸收符合条件的移民就业；第45条规定，各级人民政府及其有关部门应当加强对移民的科学文化知识和实用技术的培训，加强法制宣传教育，提高移民素质，增强移民就业能力。如此，构建完善的补偿和保障体系，有助于消除相对人的后顾之忧，便于移民工作的开展。

15.6.4 行政补偿的标准与程序

（一）补偿标准

由于受行政行为损害的权益的内容不同，行政补偿标准也不一样，具体由单行法律、法规或规章作出规定。如根据《国有土地上房屋征收与补偿条例》规定，对被征收的房屋价值的补偿，不得低于房屋征收决定公告之日被征收房屋类似房地产的价格。被征收房屋的价值，由具有相应资质的房地产价格评估机构按照房屋征收评估办法确定。

（二）补偿程序

（1）补偿主体。行政补偿主体是指行政补偿责任承担者。从理论上讲，行政机关进行一定的行政行为是代表国家行使行政权，其行为的后果应由国家承担。行政行为给相对人合法权益造成损害，应当由国家承担补偿责任，国家是行政补偿责任主体。国家承担补偿责任时，一般由作出具体行政行为的行政机关给予补偿，从国库中开支，以此体现国家补偿的性质。

在有些情况下，给相对人合法权益造成损害的合法行政行为是为了第三人的利益，这时，应由受益的第三人承担补偿责任。如《中华人民共和国归侨侨眷权益保护法》第 13 条规定："国家依法保护归侨、侨眷在国内私有房屋的所有权。依法征用、拆迁归侨、侨眷私有房屋的，建设单位应当按照国家有关规定给予合理补偿和妥善安置。"

(2) 补偿程序。任何行政行为都需依一定的程序进行，行政补偿也不例外。但是，到目前为止，还没有相应的法律对补偿程序作出比较统一的规定，一些涉及行政补偿的单行法律、法规也很少规定程序。因此，多数行政补偿是按照事实程序而非法律程序进行的。也有的法律、法规对补偿程序作了规定，如 2011 年的《国有土地上房屋征收与补偿条例》就对补偿程序进行了详细规定。

本章小结

通过本章的学习，了解行政赔偿的概念和特征，明确行政赔偿的范围和行政赔偿义务机关，掌握行政赔偿的程序，掌握国家赔偿的计算标准，理解行政补偿的范围与方式、标准与程序。

行政赔偿是指行政主体及其行政工作人员在行使行政职权的过程中，因其行为违法而侵犯了公民、法人或其他组织的合法权益并造成了损害，由行政主体给予赔偿的法律制度。行政赔偿责任的构成要件有：行政侵权行为、损害事实、侵权行为与损害事实之间有因果关系。

行政赔偿的范围包括侵犯人身权的行政赔偿、侵犯财产权的行政赔偿。

行政赔偿请求人是指因其合法权益受到国家机关及其工作人员的不法侵害造成实际损失而依法请求国家予以赔偿的公民、法人或者其他组织。行政机关及其工作人员行使行政职权侵犯公民、法人和其他组织的合法权益造成损害的，该行政机关为赔偿义务机关。

行政赔偿程序包括行政赔偿请求的提出、行政赔偿义务机关的受案与处理、行政赔偿诉讼、行政追偿程序等。

国家赔偿方式是指国家承担赔偿责任的具体形式。我国国家赔偿立法采取的是以金钱赔偿为主，以返还财产或者恢复原状为辅的赔偿方式。这一赔偿方式实际上包含三种具体的赔偿方法，即金钱赔偿、返还财产、恢复原状。赔偿义务机关在予以金钱赔偿的同时，对受害人造成的名誉权、荣誉权等人格方面损害的，还要以精神赔偿的方式，为其消除影响、恢复名誉、赔礼道歉。

国家赔偿的计算标准是国家赔偿立法所确立的根据损害程度确定赔偿金额的准则，是被侵权的受害人获得实际赔偿的重要前提。

行政补偿是行政机关在行政行为合法的情况下，给公民、法人或者其他组织的合法权益造成损失而承担的经济责任。

关键术语

行政赔偿　　行政赔偿的范围　　行政赔偿请求人　　行政赔偿义务机关　　行政赔

偿程序　行政追偿　国家赔偿方式　国家赔偿的计算标准　行政补偿

复习思考题

1. 简述行政赔偿的概念和特征。
2. 行政赔偿的构成要件有哪些？
3. 试述行政赔偿请求人的范围。
4. 试述行政赔偿义务机关的范围。
5. 行政赔偿程序有哪些？
6. 国家赔偿的方式有哪些？
7. 行政赔偿的范围有哪些？
8. 国家不承担赔偿责任的范围有哪些？
9. 国家赔偿的计算标准如何确定？
10. 试述行政补偿与行政赔偿的区别。
11. 试述行政补偿的程序。

引例分析

法院认为，被告某县公安局所属人员张某在执行职务过程中违法，侵犯公民的人身权，造成受害人死亡，被告某县公安局应承担赔偿责任。根据《国家赔偿法》第6条“受害的公民死亡，其继承人和其他有扶养关系的亲属有权要求赔偿”之规定，本案受害人的父亲成某是本案适格的赔偿请求权人，遂判决被告某县公安局赔偿原告成某所有因此而遭受的损失。

在本案的处理过程中，主要涉及在行政赔偿案件中，受害人死亡后赔偿请求权人的确定问题。取得赔偿是公民的权利，这种权利并不因为公民的死亡而丧失。应当认为，赔偿请求权是一种债权，在债权人死亡后，其继承人可以继承其债权。因此，《国家赔偿法》规定了受害的公民死亡，其继承人和其他有扶养关系的亲属有权要求赔偿，这与行政诉讼关于原告资格转移的规定不同。《行政诉讼法》规定，原告死亡的，其近亲属有权起诉。但赔偿请求权还不同于诉权，它主要是一种财产权，与继承、扶养等关系更为密切。继承人包括法定继承人和遗嘱继承人；有扶养关系的亲属既可以是尊亲属，也可以是卑亲属，既可以是近亲属，也可以是远亲属，但必须存在扶养关系。

本章阅读书目

1. 高家伟：《国家赔偿法》，北京，商务印书馆，2004。
2. 杨小君：《国家赔偿法律问题研究》，北京，北京大学出版社，2005。
3. 沈开举主编：《行政补偿法研究》，北京，法律出版社，2004。
4. 王太高：《行政补偿制度研究》，北京，北京大学出版社，2004。
5. 应松年、杨小军主编：《国家赔偿制度的完善》，北京，国家行政学院出版社，2008。

第16章

行政诉讼概述

引例

2003年8月27日晚11时许，顺达公路中心地段发生了一起车祸，肇事者为陶某。事故发生后，某市公安局派员及时赶到现场勘察，受害人——一名年轻男子经抢救无效死亡，某市公安局将尸体送往殡仪馆冰冻保存。9月2日，某市公安局依法在报纸上刊登了认尸启事。之后多人前来认尸，其中顾某夫妇与原告杨锦、陈雪夫妇见尸后，均称死者是自己的亲属，尤其是原告及其邻居和乡、村干部等五六十人多天多次前来认尸，均称是。2003年9月8日，某市公安局在双方争执不下的情况下，请法医对死者的耻骨进行了鉴定，结论为该男尸的年龄在24岁左右。某市公安局同时宣布，因顾某夫妇提供的失踪人年龄为37岁，而原告提供的年龄为29岁，因而尸体既不属于顾家也不属于原告，属于无主尸体，并决定进行火化。原告对某市公安局的决定提出异议，强烈要求对死者声带、毛发、血型等作鉴定。某市公安局同意尸体暂缓火化，原告先后向殡仪馆交纳800元尸体保护费，费用已交至2003年9月26日。后原告于2003年10月向法院提起行政诉讼。在行政诉讼过程中，某市公安局认为原告肆意干扰行政机关的工作，造成了公安局工作的停滞，给公安局的声誉造成了极坏的影响。因此，市公安局在诉讼过程中提起反诉，要求原告赔偿市公安局的损失5 000元。人民法院裁定驳回。

问：在行政诉讼中，行政机关能否提起反诉？

行政诉讼主要解决行政机关作出的具体行政行为的合法性问题，其原告只能是公民、法人或者其他组织，而被告只能是行政机关或者法律法规授权的组织。这一法律制度是为公民、法人或者其他组织在认为行政机关或者法律法规授权的组织所作出的具体行政行为侵犯自己的合法权益时，提供的法律上的救济手段，故又称“民告官”。《行政诉讼法》于1989年颁布，并于1990年开始实施，形成了对其他行政立法的“倒逼之势”。由此《国家赔偿法》(1994年)、《行政处罚法》(1996年)、《行政复议法》(1999年)、《行政许可法》(2003年)、《公务员法》(2005年）相继出台。同时，因为具体的国情不同，我国的行政诉讼制度与其他国家的行政诉讼制度有较大的差异。要了解和掌握我国行政诉讼法的基本内容，就必须首先了解我国行政诉讼、行政诉讼法的概念等一般性问题。

重点问题

- 行政诉讼的基本特征
- 行政诉讼的构成要件
- 行政诉讼法的立法目的
- 行政诉讼的基本原则

16.1 行政诉讼的概念与构成要件

16.1.1 行政诉讼的概念和特征

(一) 行政争议

行政诉讼是解决行政争议的重要法律制度。所谓行政争议，是指行政机关和法律法规授权的组织因行使行政职权而与另一方发生的争议。行政争议也分为内部行政争议和外部行政争议。外部行政争议即行政机关或者法律法规授权的组织因行使外部行政职权而与公民、法人或者其他组织之间发生的争议。在我国，解决外部行政争议的法律制度主要有行政复议和行政诉讼，解决内部行政争议的法律制度主要有行政监察和行政申诉。

(二) 行政诉讼的概念

在我国，行政诉讼是指公民、法人或者其他组织认为行政机关和法律法规授权的组织作出的具体行政行为侵犯其合法权益，依法定程序向人民法院起诉，人民法院在当事人及其他诉讼参与人的参加下，对具体行政行为的合法性进行审查并作出裁决的制度。行政诉讼与民事诉讼、刑事诉讼并列，是诉讼的基本类型。

(三) 行政诉讼的特征

我国的行政诉讼具有如下特征：

(1) 行政案件由人民法院受理和审理。在我国，法院组织只设立一套人民法院系统，根据《行政诉讼法》第3条的规定，人民法院行使对行政案件的审判权，人民法院在其内部设立行政审判庭，专门审理行政案件。同时，根据最高人民法院的司法解释，专门人民法院、人民法庭不受理和审理行政案件。事实上，早在1986年，湖南省汨罗县法院就建立了第一个基层法院行政审判庭。

(2) 人民法院审理的行政案件只限于就行政机关作出的具体行政行为的合法性发生的

争议。行政机关作出的抽象行政行为及具体行政行为的合理性不具有可诉性，即不是人民法院直接审理的对象，不能通过行政诉讼的方式解决。这实际上对法院审理对象进行了限制，即仅能对具体行政行为合法性进行审查。

(3) 行政复议不是行政诉讼的必经阶段或者前置程序。除法律、法规规定向人民法院起诉之前必须经过行政复议者外，是否经过行政复议，由公民、法人或者其他组织自行选择。同时，即使是必须经过行政复议才能向人民法院起诉的行政案件，其行政复议的次数通常为一级，无须经过再复议程序。

(4) 行政案件的审理方式原则上为开庭审理。依据《行政诉讼法》的规定，人民法院在审理一审案件时必须开庭审理，二审法院在审理上诉案件时，只有在事实清楚的情况下，才可以采用书面审理方式。显然，开庭审理更有利于查清案件事实。

16.1.2 我国行政诉讼制度的历史发展

1982 年颁布的《民事诉讼法（试行）》（现已失效）第 3 条第 2 款规定，“法律规定由人民法院审理的行政案件，适用本法规定”，从而正式确立了行政诉讼制度。1983 年在人民法院内设立经济审判庭，受理经济行政案件。1986 年 9 月颁布的《治安管理处罚条例》（现已失效）规定，公民对公安机关及其工作人员的行政违法行为，可以向人民法院起诉，从而确立了我国治安行政诉讼制度。此后，各级地方人民法院陆续建立了行政审判庭。

1989 年 4 月，全国人大审议通过了《行政诉讼法》，于 1990 年 10 月施行。这是中国法律史上第一部社会主义性质的独立的行政诉讼法典。它是中国行政诉讼制度最终确立并走向成熟的标志，也对其后的行政立法进程产生了极大的推动作用。

16.1.3 行政诉讼法律关系

(一) 行政诉讼法律关系的含义

行政诉讼法律关系是指人民法院和一切诉讼人之间的、以诉讼权利义务为内容的、由行政诉讼法律规范所调整的、以人民法院为主导的具体社会关系。它不同于行政法律关系、民事诉讼法律关系和行政诉讼关系。行政诉讼法律关系是行政诉讼法律规范作用于特定社会关系的结果，具有以下特点：

(1) 行政诉讼法律关系是人民法院和一切诉讼参与人之间所形成的一种社会关系。只有公民、法人或者其他组织将行政争议起诉，人民法院受理后，才产生人民法院同当事人及其他诉讼参与人之间的行政诉讼法律关系。而且，在行政诉讼参与人之间并不存在直接的诉讼权利义务关系，如当事人一方的诉讼权利并不直接表现为另一方相应的诉讼义务，它们诉讼权利和义务的行使、履行要通过人民法院，以人民法院为中介——它们各自和人民法院发生行政诉讼法律关系。

(2) 人民法院在行政诉讼法律关系中始终处于主导地位。人民法院对整个行政诉讼法律关系的产生、发展与消灭起引导和指挥作用。

（3）行政诉讼法律关系的主体中，必有一方是作为被告的行政机关。这是行政诉讼法律关系区别于其他诉讼法律关系的显著特点之一。我国《行政诉讼法》第 25 条规定行政诉讼的被告是作出具体行政行为的各种行政机关，第 41 条规定提起行政诉讼必须“有明确的被告”。没有作为被告的行政机关，行政诉讼不能发生，行政诉讼法律关系也就不能产生。行政诉讼一旦成立，必有一方是作为被告的行政机关。

（4）引发一系列行政诉讼法律关系产生的起诉行为只能由公民、法人或者其他组织实施。行政诉讼法律关系的产生必须有起诉行为，人民法院不能主动开始行政诉讼。行政诉讼实行不告不理的原则，法院居于中立、消极的地位。行政机关在行政管理中是管理者，如认为管理相对人没有依法履行义务，依职权对违法者进行处罚，而无须作为原告向人民法院提起行政诉讼、借助法院的强制力以审判的方式进行行政管理和制裁一般违法行为者，但是行政机关在符合法定条件下，可以申请人民法院强制执行。公民、法人或者其他组织在行政管理中作为“弱者”身份出现，没有行政机关所拥有的诸多权力，为了保护其合法权益，法律赋予其起诉权，以通过司法程序获得救济。

（5）行政诉讼法律关系具有直接监督行政权的性质。人民法院审理行政案件时，如发现行政机关的具体行政行为主要证据不足、适用法律法规错误、违反法定程序、超越职权或滥用职权，可以撤销；如发现行政管理中存在问题，可通过司法建议向有关行政机关提出，以改进行政机关的行政管理工作。人民法院通过司法审查，监督行政机关的具体行政行为，是权力制约原则的表现，也是行政诉讼法律关系不同于其他诉讼法律关系的明显特点。因此保障公民权利与监督制约公权力，二者是统一的。

（6）行政诉讼法律关系中双方当事人的诉讼权利和诉讼义务不对等。行政诉讼双方当事人在行政诉讼中法律地位平等，但双方诉讼利义务不对等。在起诉权上，只有公民、法人或者其他组织享有，而行政机关只有作为被告享有答辩权，没有起诉权和反诉权。在举证责任上，被告负有举证责任，如不能举出据以作出具体行政行为的主要证据及法律依据，就要承担败诉的法律后果，而一般情况下原告没有这个义务；并且被告在诉讼期间不得自行取证，其代理律师在诉讼过程中也不能自行取证，而对原告及原告的代理律师则没有限制。与民事诉讼法律关系中原告、被告诉讼权利义务的对等性相比，这是行政诉法律关系的一大特色。

（7）行政诉讼法律关系中人民法院的审判权限受到一定限制。人民法院对行政案件的受案范围仅限于《行政诉讼法》第 11 条规定的涉及人身权、财产权等且属于具体行政行为引起的案件。在审查内容上，人民法院主要是对行政机关具体行政行为的合法性进行审查，对于具体行政行为的合理性原则上不予审查评价。在裁判权限上，人民法院只享有维持、撤销、判决履行及对显失公正的行政处罚可以行使有限的变更权。总之，人民法院在行政诉讼法律关系中的审判权限要小于在民事诉讼法律关系中的审判权限。这意味着，司法权应对行政权保持必要的信任，其监督的范围和深度受到限制。

（二）行政诉讼法律关系的要素

行政诉讼法律关系由主体、客体和内容三要素构成。

（1）行政诉讼法律关系的主体。行政诉讼法律关系的主体是指行政诉讼权利义务的承担者，即行政诉讼法律关系的参加者。行政诉法律关系的主体包括人民法院、诉讼参加人及其他诉讼参与人（共同诉讼人、第三人和诉讼代理人）。

第一，人民法院。人民法院是行政诉讼法律关系最重要的主体，也是最重要的行政诉讼主体，没有人民法院的参加，就不可能有行政诉讼。在行政诉讼过程中，人民法院享有审理权、裁判和指挥权，决定着整个诉讼程序的发生、变更或消灭，或者说主导整个行政诉讼程序。

第二，诉讼参加人。诉讼参加人是指参加诉讼维护自己的合法权益的当事人以及与当事人诉讼地位类似的人。狭义当事人指原告、被告；广义当事人除原告、被告外，还包括第三人和共同诉讼人。与当事人诉讼地位类似的人指法定代表人和诉讼代理人。诉讼参加人除诉讼代理人外都同诉讼结果有直接利害关系，在行政诉讼中有使诉讼程序发生、变更或消灭的权利（被告只能使诉讼程序变更或消灭，而没有使诉讼程序发生的权利），既是行政诉讼法律关系的主体，又是行政诉讼主体。诉讼参加人在法院引导下参与诉讼程序，并且受到判决结果的直接影响。

第三，其他诉讼参与人。诉讼参与人是指参与行政诉讼活动的除人民法院以外的一切人，包括当事人、共同诉讼人、第三人、诉讼代理人、证人、鉴定人、翻译人员和勘验人员。其他诉讼参与人是指除诉讼参加人以外的参与行政诉讼活动的人，即证人、鉴定人、翻译人员和勘验人员，他们与被诉具体行政行为和诉讼结果没有法律上的利害关系。这意味着其他诉讼参与人并不是行政诉讼的主体。

（2）行政诉讼法律关系的客体。行政诉讼法律关系的客体是指行政诉讼法律关系主体的诉讼权利义务所指向的对象，即行政诉讼所要解决的问题。人民法院与其他行政诉讼法律关系主体之间的诉讼权利义务不同，诉讼权利义务所指向的对象也不完全相同。

第一，人民法院与当事人之间的行政诉讼权利义务所指向的对象是查明案件事实真相，解决行政纠纷。人民法院与当事人之间的行政诉讼法律关系的客体是案件的事实和实体权利的请求。

第二，人民法院与证人、鉴定人、翻译人员和勘验人员之间的行政诉讼权利义务所指向的对象是查明案件事实（案件事实的一部分或主要部分）。人民法院与证人、鉴定人、翻译人员和勘验人员之间的行政诉讼法律关系的客体是案件的事实。在这层意义上，法院与其他诉讼参与人的目的是一致的。

（3）行政诉讼法律关系的内容。行政诉讼法律关系的内容是指行政诉讼法律关系主体依照行政诉讼法律规范所享有的诉讼权利和所承担的诉讼义务。行政诉讼法律关系的主体不同，享有的诉讼权利和承担的诉讼义务也各不相同。

第一，人民法院的诉讼权利和义务。人民法院是行使国家审判权的机关，是最重要的行政诉讼法律关系主体，在行政诉讼中享有的诉讼权利主要有受理权、收集证据权、审理权、指挥诉讼权、判决裁判决定权、排除诉讼障碍权、强制执行权、收取诉讼费用权；承担的诉讼义务主要有依法及时准确地审理行政案件和作出公正的裁判，以保护公民、法人或者其他组织的合法权益，维护和监督行政机关依法行使职权，保证行政判决可以得到及时执行。

第二，诉讼参加人的诉讼权利和义务。诉讼参加人除诉讼代理人的情况特殊外，在行政诉讼中享有的诉讼权利和承担的诉讼义务大致相同。它们享有的诉讼权利主要有：委托诉讼代理人的权利、辩论权、申请回避权、使用本民族语言文字诉讼权、申请查阅和补正庭审笔录权、申请保全证据权、上诉权、申请强制执行权。其中仅为原告享有的诉讼权利有：起诉权、撤诉权和变更诉讼请求权；仅为被告享有的诉讼权利有：答辩权、变更原具体行政行为权和强制执行权。除举证责任分配不同外，其义务与民事诉讼大致相同。

第三，其他诉讼参与人的诉讼权利和义务。在行政诉讼中，证人、鉴定人、翻译人员和勘验人员享有的诉讼权利是实事求是地提供证言、证物、鉴定笔录、翻译和勘验笔录等；承担的诉讼义务是服从人民法院的指挥、准确和实事求是地提供服务、不徇私舞弊、不作伪证等。

16.2 行政诉讼法的含义与立法目的

16.2.1 行政诉讼法的概念

行政诉讼法是指有关调整人民法院和当事人及其他诉讼参与人在审理行政案件过程中所进行的各种诉讼活动以及所形成的各种诉讼关系的法律规范的总和。

行政诉讼法有狭义和广义之分。狭义的行政诉讼法又称形式意义的行政诉讼法，仅指行政诉讼法典。在我国即指 1989 年通过的《行政诉讼法》。广义的行政诉讼法又称实质意义的行政诉讼法，既包括行政诉讼法典，也包括民事诉讼法及其他法律、法规中有关或者适用于行政诉讼的原则、制度和一些具体规定等。

行政诉讼法是我国三大诉讼法之一，也是与行政实体法律规范对应的程序法。

16.2.2 行政诉讼法的渊源

我国广义即实质意义的行政诉讼法的渊源主要有：

（一）《中华人民共和国行政诉讼法》

《中华人民共和国行政诉讼法》1989 年 4 月 4 日由七届全国人大二次会议通过，并于 1990 年 10 月 1 日起施行，共 11 章 75 条，对我国行政诉讼的基本原则、受案范围、管辖、诉讼参加人、证据、起诉和受理、审理和判决、执行、侵权赔偿责任、涉外行政诉讼等行政诉讼各方面的问题，作出了比较系统的规定，成为我国广义行政诉讼法的主体部分，是我国的“行政诉讼法典”。

（二）单行法律、法规中有关行政诉讼问题的规定

《行政诉讼法》第 11 条第 2 款规定：“除前款规定外，人民法院受理法律、法规规定可以提起诉讼的其他行政案件”；第 37 条第 2 款规定：“法律、法规规定应当先向行政机关申请复议，对复议不服再向人民法院提起诉讼的，依照法律、法规的规定”；第 38 条规定，法律、法规另有规定的除外等。因而，法律、行政法规、地方性法规、自治条例和单行条例中有关行政诉讼的规定，也属于行政诉讼法的一部分。典型的如《国家赔偿法》、

《治安管理处罚法》中有关行政诉讼的条款。

（三）民事诉讼法中可以适用于行政诉讼的规定

最高人民法院在 2000 年所作的《关于执行〈中华人民共和国行政诉讼法〉若干问题的解释》（简称《若干解释》）第 97 条规定："人民法院审理行政案件，除依照行政诉讼法和本解释外，可以参照民事诉讼的有关规定。"事实上，在《行政诉讼法》颁行之前，机关行政诉讼就是主要依据民事诉讼法进行的。

（四）最高人民法院和最高人民检察院关于审理行政案件的司法解释

如 1991 年最高人民法院制定了《关于贯彻执行〈中华人民共和国行政诉讼法〉若干问题的意见（试行）》，共 115 条，较为系统地对行政诉讼法作了解释和补充规定。2000 年最高人民法院根据行政诉讼的实际情况和新的需要，又制定了《若干解释》，共 98 条。此外，比较重要的司法解释还有《关于行政诉讼撤诉若干问题的规定》（2008 年）、《关于行政诉讼证据若干问题的规定》（2002 年）等。最高人民检察院于 1990 年制定了《关于执行行政诉讼法第六十四条的暂行规定》，共 9 条。

（五）国际条约和行政协定中有关行政诉讼的规定

在涉外行政诉讼中，要适用我国参加的国际条约和行政协定（我国声明保留的条款除外）。

16.2.3 行政诉讼法的效力范围

行政诉讼法的效力范围是指行政诉讼法在怎样的空间和时间范围内，对哪些人具有适用的效力。具体包括：

（1）空间效力，即行政诉讼法所适用的地域范围。原则上讲，我国行政诉讼法适用于我国国家主权所及的一切空间领域。但是在香港和澳门特别行政区不适用大陆地区的行政诉讼法。

（2）时间效力，即行政诉讼法的生效、失效时间以及对该法生效前发生的行政案件是否具有溯及力。如依《若干解释》第 98 条的规定，该解释的生效时间是 2000 年 3 月 10 日；根据《立法法》第 84 条的规定，行政诉讼法原则上不溯及既往，但为保护公民、法人或其他组组织的合法权益，行政诉讼法有明确规定时，则可例外。

（3）对人的效力，即行政诉讼法对哪些人有效，对哪些人无效。我国行政诉讼法原则上采取属地主义原则。如《行政诉讼法》第 70 条、第 71 条规定，外国人、无国籍人、外国组织在中华人民共和国进行行政诉讼的，适用本法，其同中华人民共和国的公民、组织有同等的诉讼权利和义务，但是对外国人及外国组织适用"对等原则"。

16.2.4 行政诉讼法的立法目的

我国行政诉讼法具有以下三个方面的立法目的：

（一）保证法院正确、及时地审理行政案件

（1）行政诉讼法主要从人民法院依法独立行使行政审判权、审判原则、证据制度、行政诉讼强制措施、审判依据、两审终审制及审判监督程序等方面，对保证人民法院正确审理行政案件作出了规定。

（2）为了防止行政案件久拖不决，行政诉讼法作了一系列的期限规定，如申请行政复议期限、复议审理期限、起诉期限、受理期限、诉讼审理期限等，这一系列法定期限之间又是互相衔接的。公正与效率是法院审判的要求，其中公正优先、兼顾效率。

（二）保障公民、法人或者其他组织的合法权益

（1）行政诉讼法的制定和实施，为公民、法人或者其他组织在认为行政机关或者法律法规授权的组织的行政行为侵犯其合法权益时提供了比较有效的司法救济途径。在行政复议与行政诉讼之间，公民可以选择对自己有利的救济方式。

（2）《行政诉讼法》第11条规定了人民法院的受案范围，即公民、法人或者其他组织受到司法机关保护的范围。这一规定与该法制定之前的状况相比较，大大扩大了司法机关保护的范围。

（3）用专章规定了行政机关的行政侵权赔偿责任，对申请赔偿的程序、排斥责任以及赔偿费用的来源等，作了明确规定。

（4）规定了公民、法人或者其他组织在诉讼过程中的程序性权利。程序性权利也可以保障实体性的诉讼请求的实现。

（三）维护和监督行政机关依法行使行政职权

（1）人民法院经过审理，认为行政机关的具体行政行为是合法的和公正的，应判决维持，驳回原告的起诉。这就维护了行政机关的威信，保证了行政效率，稳定了行政秩序。

（2）行政机关及其工作人员由于种种原因，其具体行政行为侵害了公民、法人或者其他组织的合法权益，由人民法院经过审理，根据不同情况，判决撤销、变更行政处理决定或者强制行政机关履行义务，从而起到了司法权监督行政权的作用，以保证行政机关严格依法行政，实现权力制衡的初衷。

16.3 行政诉讼的基本原则

16.3.1 行政诉讼与其他诉讼的共有原则

（一）人民法院独立行使国家审判权原则

《宪法》第126条和《中华人民共和国人民法院组织法》第4条均规定："人民法院依照法律规定独立行使审判权，不受行政机关、社会团体和个人的干涉。"《行政诉讼法》第3条规定："人民法院依法对行政案件行使审判权，不受行政机关、社会团体和个人的干涉。"但是中国语境下的独立审判，与西方的司法独立还是存在很多区别的。

（二）以事实为根据、以法律为准绳原则

《行政诉讼法》第4条规定："人民法院审理行政案件，以事实为根据，以法律为准绳。"事实和法律是审判活动的两个基本要素，弄清事实是行使审判权的前提和基础，法律则是对处于争议中的客观事实进行判断的依据。该原则是三大诉讼法共享的原则。

(三) 合议、回避、公开审判和两审终审原则

《人民法院组织法》第 7 条、第 10 条、第 12 条、第 16 条分别规定，人民法院审理案件，除涉及国家机密、个人隐私和未成年人犯罪外，一律公开进行；实行合议制；实行两审终审制；实行回避制。《行政诉讼法》第 6 条规定："人民法院审理行政案件，依法实行合议、回避、公开审判和两审终审制度。"

(四) 当事人法律地位平等原则

《行政诉讼法》第 7 条规定："当事人在行政诉讼中的法律地位平等。"《民事诉讼法》和《刑事诉讼法》也有相似的规定，其含义是法律面前人人平等，禁止任何人享有超越宪法和法律的特权，但这并不意味着当事人的权利义务是完全相同的。

(五) 使用本民族语言文字进行诉讼原则

《行政诉讼法》第 8 条规定："各民族公民都有用本民族语言、文字进行行政诉讼的权利。"另外两大诉讼法也有一致的规定。

(六) 当事人有权辩论原则

《行政诉讼法》第 9 条规定："当事人在行政诉讼中有权进行辩论。"辩论原则是指在人民法院主持下，当事人有权就案件的事实和争议的问题，各自陈述自己的主张和根据，互相进行反驳和答辩，以维护自己的合法权益。辩论有利于查清案件事实，甄别证据真伪。

(七) 检察机关监督原则

《宪法》规定，人民检察院是国家的法律监督机关。《行政诉讼法》第 10 条规定："人民检察院有权对行政诉讼实行法律监督。"

16.3.2　行政诉讼的特有原则

(一) 当事人选择复议原则

当事人选择复议原则，是指对属于人民法院受案范围的行政案件，在法律、法规没有明确规定必须经过复议的情况下，当事人对具体行政行为不服时，既可以先向上一级行政机关或者法律规定的特定机关申请复议，对复议决定不服，再向法院起诉，也可以不经复议直接向法院起诉。简言之，在我国，复议原则上不是进行行政诉讼的必经程序，是否经过复议，由当事人自己选择。当事人据此可以选择对己方有利的救济方式，国家应该尊重当事人的选择。

在我国，行政复议与行政诉讼有以下几种关系：(1) 必须经过复议才能向法院提起行政诉讼。(2) 是否经过复议再向法院提起行政诉讼，由当事人选择。(3) 行政复议和行政诉讼由当事人任择其一。(4) 法律规定复议决定为终局决定，当事人不得向人民法院提起行政诉讼。(5) 当事人对行政复议决定不服，或者向国务院申请裁决，或者向法院提起行政诉讼。其中，由当事人选择是先向复议机关申请复议再向法院起诉，还是直接向人民法院起诉，是处理行政复议与行政诉讼关系的最基本的原则。

(二) 审查具体行政行为合法性原则

《行政诉讼法》第 2 条规定："公民、法人或者其他组织认为行政机关和行政机关工作

人员的具体行政行为侵犯其合法权益，有权依照本法向人民法院提起诉讼。”据此，具体行政行为是行政诉讼中的起诉对象，而抽象行政行为不是行政诉讼的起诉对象。但是法院对规章以下的规范性法律文件可以选择性适用。

对行政机关作出的具体行政行为的要求应当包括两个方面，即合法性和合理性。《行政诉讼法》考虑到法院的性质和司法权与行政权的关系，在第5条规定：“人民法院审理行政案件，对具体行政行为是否合法进行审查。”因此，公民、法人或者其他组织只有在对具体行政行为的合法性提出异议时，才能通过行政诉讼的方式解决，而行政机关在法律、法规授予的行政自由裁量权范围内作出的具体行政行为是否合理、适当的问题，原则上只能通过行政复议由行政机关自行判断和处理。

（三）具体行政行为不因诉讼而停止执行原则

这一原则的基本内涵是，具体行政行为作出以后，当事人即使提起了行政诉讼，仍要按照具体行政行为所规定的内容履行自己的义务，否则，行政机关或者行政机关通过人民法院有权对当事人采取强制措施，迫使当事人履行义务。

我国的一些其他法律也对这一原则作了规定。如《行政复议法》规定，具体行政行为不因复议而停止执行；《行政处罚法》规定，行政处罚决定不因行政复议和行政诉讼而停止执行。这是行政行为“公定力原则”的要求，在未被判定为违法之前，应推定该行政行为具有合法性和执行力。

行政诉讼法同时也考虑到在某些特殊情况下，具体行政行为应当停止执行，否则将可能造成难以弥补的损失。《行政诉讼法》第44条规定，在以下三种情况下，具体行政行为要停止执行：(1) 被告认为需要停止执行的。(2) 原告在提起行政诉讼的同时，申请法院停止执行具体行政行为，法院认为该具体行政行为的执行将会造成难以弥补的损失，并且停止执行不损害社会公共利益的，裁定停止执行。(3) 法律、法规规定停止执行的。

在诉讼过程中，被告或者具体行政行为确定的权利人申请人民法院强制执行被诉具体行政行为，人民法院不予执行；但不及时执行可能给国家利益、公共利益或者他人合法权益造成不可弥补的损失的，人民法院可以先予执行；后者申请强制执行的，应当提供相应的财产担保。

（四）不适用调解原则

不适用调解原则，是指人民法院审理行政案件，既不能把调解作为行政诉讼过程中的一个必经阶段，也不能把调解作为结案的一种方式。《行政诉讼法》第50条规定：“人民法院审理行政案件，不适用调解。”调解的前提是，当事人对双方所发生争议的标的具有处分权，即双方当事人对争议的标的，可以互谅互让，互相妥协，可以退让或者放弃。

《行政诉讼法》第67条规定：“赔偿诉讼可以适用调解。”这是因为，行政诉讼和行政赔偿诉讼是两种性质的诉讼。行政诉讼的标的是具体行政行为是否合法，而行政赔偿诉讼涉及两个问题：一是具体行政行为是否造成了实际损害；二是损害的程度如何。相应地，人民法院审理这类案件也是解决两个问题：一是是否赔偿；二是赔偿的数额。而这两个问题均不涉及行政机关的法定职权，仅在于对损害事实的认定及相应的赔偿。因此，双方可以通过协商，本着互谅互让的原则，解决行政赔偿责任问题。在行政复议制度中也确立了类似的制度。

（五）司法变更权有限原则

《行政诉讼法》既考虑到最大限度地保护当事人合法权益的需要及保障司法权行使的有效性，又考虑到法定的权力分配关系，在第 54 条第 4 项规定，人民法院认为“行政处罚显失公正的，可以判决变更”。因此，法院享有司法变更权。

《行政诉讼法》中的司法变更权有限原则作为行政诉讼的特有原则，其限制条件包括：(1) 人民法院可以行使变更权的领域仅限于行政处罚，对于除此以外的具体行政行为，人民法院经过审理认为违法也不能行使变更权。(2) 只有在行政处罚显失公正的情况下，人民法院才可以予以变更。(3) 在行政处罚显失公正的情况下，人民法院“可以”变更，而不是必须变更，是否变更由人民法院视具体情况而定。这也是对“合法性审查”的适当延伸与拓展，对上述行为进行一定程度的“合理性审查”。

此外，“被告行政机关负举证责任原则”，也是行政诉讼中的一项重要原则，这一原则的内容及其原因将在行政诉讼证据部分作详细介绍。

本章小结

通过本章的学习，了解行政诉讼的概念和特征，明确行政诉讼法的含义，掌握行政诉讼的基本原则。

行政诉讼是指公民、法人或者其他组织认为行政机关和法律法规授权的组织作出的具体行政行为侵犯其合法权益，依法定程序向人民法院起诉，人民法院在当事人及其他诉讼参与人的参加下，对具体行政行为的合法性进行审查并作出裁决的制度。行政诉讼案件由以下五个要件构成：原告是认为行政机关及法律法规授权组织作出的具体行政行为侵犯其合法权益的公民、法人或者其他组织；被告是作出被原告认为侵犯其合法权益的具体行政行为的行政机关及法律、法规授权组织；原告提起行政诉讼必须是在法律、法规规定属于法院受案范围内及属于受诉法院管辖的行政争议；原告必须是在法定期限内起诉；法律、法规规定起诉前必须经过行政复议的，已进行了行政复议，而自行选择行政复议的，复议机关已作出复议决定或者逾期未作出复议决定。

行政诉讼法是指有关调整人民法院和当事人及其他诉讼参与人在审理行政案件过程中所进行的各种诉讼活动以及所形成的各种诉讼关系的法律规范的总和。我国广义即实质意义的行政诉讼法的渊源主要有：《中华人民共和国行政诉讼法》；单行法律、法规中有关行政诉讼问题的规定；民事诉讼法中可以适用于行政诉讼的规定；最高人民法院和最高人民检察院关于审理行政案件的司法解释；国际条约和行政协定中有关行政诉讼的规定。

行政诉讼的基本原则可以分为两类：共有原则和特有原则。行政诉讼的特有原则包括当事人选择复议原则、审查具体行政行为合法性原则、具体行政行为不因诉讼而停止执行原则、不适用调解原则、司法变更权有限原则。

关键术语

行政争议　　行政诉讼　　行政诉讼法　　行政诉讼的基本原则　　司法变更权有限

原则

复习思考题

1. 行政诉讼的特征是什么？
2. 行政诉讼案件的构成要件有哪些？
3. 行政诉讼法的渊源有哪些？
4. 行政诉讼的基本原则有哪些？
5. 如何理解具体行政行为不因诉讼而停止执行原则？
6. 如何理解司法变更权有限原则？

引例分析

在我国，根据案件性质的不同和解决这些不同案件的需要，形成了三类不同的诉讼，即民事诉讼、刑事诉讼和行政诉讼。在这三类诉讼中，行政诉讼与民事诉讼具有更多的共同点。我国的行政诉讼是从民事诉讼中分离出来的，其发展之初往往适用民事诉讼程序，但是行政诉讼与民事诉讼作为两种不同的诉讼程序，它们之间存在着许多差异。其中诉讼权利不同是最重要的一个差异。在民事诉讼中，双方当事人的诉讼权利是对等的，如一方起诉，另一方可以反诉。《民事诉讼法》第52条规定，被告有权提起反诉。本案中的被告某市公安局也是认为自己可以依据《民事诉讼法》的该条规定，向人民法院提起反诉。但行政诉讼双方当事人的诉讼权利是不对等的。因为行政诉讼的前提是具体行政行为的存在和行政主体行使行政职权，而作为反诉被告一方的主体往往是非行政主体。因此，在行政诉讼中，只能由公民、法人或者其他组织一方起诉，行政主体一方没有起诉权和反诉权。正是基于行政诉讼和民事诉讼的不同，行政诉讼中的被告没有反诉权，所以本案中的人民法院裁定驳回某市公安局的反诉请求。如果某市公安局认为原告的行为确实损害了其声誉，可以提起民事诉讼，而不能够在行政诉讼过程中提起反诉。

本章阅读书目

1. 马怀德主编：《行政诉讼原理》，北京，法律出版社，2003。
2. 马怀德主编：《司法改革与行政诉讼制度的完善》，北京，中国政法大学出版社，2004。
3. 孙宁华编著：《行政诉讼法学》（第三版），北京，中国检察出版社，2008。
4. 何海波：《行政诉讼法》，北京，法律出版社，2011。
5. 张树义主编：《行政诉讼法学》，北京，中国政法大学出版社，2007。

第 17 章

行政诉讼的受案范围与管辖

引例

刘某系北京大学 92 级无线电电子学系博士研究生。1994 年 4 月 27 日，刘某通过北京大学安排的笔试考试，并于当年 5 月 10 日通过了博士研究生综合考试，成绩为良。之后，刘某进入博士论文答辩准备阶段。1995 年 12 月 22 日，刘某提出答辩申请，并将其博士论文提请相关人士评阅。其中，同行评议人认为其论文已达到博士论文水平，同意答辩；评阅人意见为“同意安排博士论文答辩”。1996 年北京大学论文学术评议，同行评议汇总意见为“达到博士论文水平，可以进行论文答辩”。1996 年 1 月 16 日，论文答辩委员会作出决议“建议授予刘某博士学位，建议刘某对论文作必要的修订”。1996 年 1 月 19 日，刘某所在系学位评定委员会讨论授予博士学位问题，应到委员 13 人，实到委员 13 人，同意授予刘某博士学位者 12 人，不同意授予刘某学位者 1 人。表决结果为：建议授予博士学位。1996 年 1 月 24 日，北京大学学位评定委员会召开第 41 次会议，应到委员 21 人，实到委员 16 人，同意授予刘某博士学位者 6 人，不同意授予刘某博士学位者 7 人，3 人弃权。该次会议将 3 票弃权票计算在反对票中，其表决结果为：校学位评定委员会批准授予刘某博士研究生结业证书，而非博士研究生毕业证书。

刘某于 1999 年 9 月 24 日以北京大学学位评定委员会不批准授予其博士学位以及北京大学拒绝颁发博士研究生毕业证书为由向海淀区人民法院提起行政诉讼。

问：公民的受教育权被侵犯时能否向法院提起行政诉讼?

行政诉讼受案范围，又称“人民法院主管范围”，是行政诉讼的基础性问题。行政诉讼受案范围，标志着行政主体受司法监督的程度，限定行政终局裁决的内容，制约法院主管行政争议案件的范围，反映国家通过行政诉讼途径对行政相对方的合法权益的保护程度，也影响行政相对人提起行政诉讼的权利能力，因而它的确立是行政诉讼制度的核心问题之一，在行政诉讼制度中占有非常重要的地位。行政诉讼的管辖，也是行政诉讼的基础性问题。行政诉讼管辖是指上下级法院之间和同级法院之间受理第一审行政案件的分工和权限。从受理和审理的角度，它解决的是法院内部的分工和权限；从起诉的角度，它解决的是公民、法人或者其他组织认为属于法院受案范围的具体行政行为侵犯了自己的合法权益时，向哪一级哪一个人民法院起诉的问题。因此行政诉讼的受案范围与管辖，是面对具体案件时，首先需要判断的问题。

重点问题

- 行政诉讼受案范围的确定标准
- 法院不予受理的事项范围
- 中级人民法院管辖的案件范围
- 特殊地域管辖

17.1　行政诉讼的受案范围

17.1.1　确立受案范围的原则和方式

（一）行政诉讼受案范围的概念

行政诉讼受案范围，又称“人民法院主管范围”、“行政审判权范围”、“可诉行为范围”、“司法审查范围”等，是指法院受理一定范围行政诉讼案件的权限，即确定法院与其他国家机关在解决行政争议案件上的分工。行政诉讼受案范围要由法律作出明确规定，这是行政诉讼的特点，也是行政诉讼和民事诉讼的重要区别之一。民事诉讼中，只要符合民事诉讼法规定的起诉条件，无论是什么性质的民事纠纷、争议的标的额大小，法院都应该受理，即奉行“法院不得拒绝裁判”的原则。而行政诉讼则不同，不是所有的行政争议都可以向法院起诉，可以向法院起诉的行政案件的范围，要由行政诉讼法律作出明确规定。

（二）行政诉讼受案范围的确立原则

行政诉讼以行政争议为处理对象，而行政争议的范围和种类极其广泛，法院不可能受理并审理所有的行政争议。《行政诉讼法》在规定人民法院的受案范围时主要考虑了两方面的因素：一是尽可能扩大人民法院的受案范围以给当事人的合法权益提供更有力的司法保护；二是人民法院在我国政权体制中的地位、人民法院的审判力量、人民法院与行政机关的关系及目前的行政诉讼意识。事实证明，这两方面因素的考量都是必要的、稳妥的。

根据《行政诉讼法》的规定，行政诉讼受案范围的设定标准有下述三项：

(1) 具体行政行为标准。具体行政行为标准是指人民法院只受理因行政机关的具体行政行为引起的争议案件。《行政诉讼法》第 2 条明确规定，行政相对人认为行政机关和行政机关工作人员的具体行政行为侵犯其合法权益，有权依照该法向人民法院提起诉讼。

根据《行政诉讼法》的规定，行政诉讼的标的是具体行政行为，抽象行政行为则被排除在受案范围之外。在这一点上，行政诉讼制度与行政复议制度存在不同。但是《行政诉讼法》规定，法院审理行政案件依据法律法规、参照规章。这就意味着法院对于规章以下的规范性文件可以不予适用，进行消极审查。

(2) 人身权、财产权标准。《行政诉讼法》第 11 条第 1 款前七项首先列举了七类可诉的具体行政行为。这些行为原则上符合具体行政行为的一般特征并被认为侵犯了行政相对人的人身权、财产权。

原则上讲，只有具体行政行为侵犯到了行政相对人的人身权、财产权时才具有可诉性，但人身权、财产权标准也存在例外。依《行政诉讼法》第 11 条第 2 款的规定，只要法律、行政法规、地方性法规、自治条例、单行条例有明确规定，行政相对人因人身权、财产权以外的其他权益受具体行政行为侵害而提起的诉讼，也属于人民法院的受案范围，比如在《劳动法》中的劳动权，在符合其他条件下，可以纳入受案范围。

(3) 法律上利害关系标准。《若干解释》第 12 条规定，与具体行政行为有法律上利害关系的行政相对人对该行为不服的，可以依法提起行政诉讼。依照该条的规定，行政相对人与具体行政行为是否存在法律上利害关系上升为行政诉讼受案范围的又一重大标准。

对于何为法律上的利害关系，实践当中难以界定。针对这种情况，《若干解释》第 13 条列举了一些情形。该条规定："有下列情形之一的，公民、法人或者其他组织可以依法提起行政诉讼：(一) 被诉的具体行政行为涉及其相邻权或者公平竞争权的；(二) 与被诉的行政复议决定有法律上利害关系或者在复议程序中被追加为第三人的；(三) 要求主管行政机关依法追究加害人法律责任的；(四) 与撤销或者变更具体行政行为有法律上利害关系的。"

涉及相邻权或公平竞争权的，是存在法律上利害关系的新规定，行政相对人可以提起诉讼。相邻权源自民法，指相邻各方在各自不动产的所有和使用过程中，要求对方依法应当给予方便或接受限制而发生的权利。

公平竞争权，是指行政相对人在参与竞争的过程中，享有的公平参与的权利。当多数人对一特定事项的限额许可参与竞争时，其中一人获得了行政机关的许可证，其他没有获得许可证的当事人认为自己的公平竞争权受到了行政机关的非法侵害，据此当事人可以提起行政诉讼。实际上，相邻权与公平竞争权并不属于典型意义上的财产权范畴。司法解释以"法律上的利害关系"为标准将其纳入受案范围，无疑扩大了当事人寻求救济的范围。

(三) 行政诉讼受案范围的确定方式

行政诉讼受案范围的确定方式决定着受案范围的宽窄。《行政诉讼法》根据我国的具体情况，在确定人民法院的受案范围时，采用了结合式，但又具有我国的特色。

(1) 总的概括规定。《行政诉讼法》第 2 条规定："公民、法人或者其他组织认为行政机关和行政机关工作人员的具体行政行为侵犯其合法权益，有权依照本法向人民法院提起诉讼。”据此，人民法院总的受案范围为因具体行政行为发生的争议，排除了因抽象行政行为发生的行政争议的可诉性。

（2）限定的概括规定。《行政诉讼法》第5条规定：“人民法院审理行政案件，对具体行政行为是否合法进行审查。”据此，人民法院的受案范围又进一步限定为具体行政行为的合法性，排除了因具体行政行为是否合理发生的争议的可诉性。

（3）肯定式分类列举。《行政诉讼法》第11条第1款第1项至第8项列举了八类因具体行政行为合法性发生的争议。这一规定又进一步限定了受案范围为明确列举的八类具体行政行为因是否合法而发生的争议，排除了除此之外的其他具体行政行为合法性发生的争议的可诉性。

（4）肯定式个别列举。《行政诉讼法》第11条第2款规定，人民法院除受理行政诉讼法规定的八类行政案件外，还受理法律、法规规定可以提起诉讼的其他行政案件。这一规定为将来在不修改《行政诉讼法》的前提下，通过单行法律、法规列举的方式逐渐扩大人民法院的受案范围提供了法律依据，从而为受案范围的扩张预留了制度空间。

（5）否定式分类列举。《行政诉讼法》第12条列举了因四类事项发生的争议不属于人民法院的受案范围。这种否定式列举有两种情况：一是进一步明确抽象行政行为不属于人民法院的受案范围；二是在肯定式分类列举中排除对某些事项的司法审查，如内部行政行为、国家行为及法律规定由行政机关最终裁决的行为。

通过概括规定及正反两方面列举，《行政诉讼法》基本上建立起完整、封闭的行政诉讼受案范围，现阶段扩大受案范围成为社会和学界的吁求。

17.1.2 人民法院受理的行政案件

人民法院受理公民、法人或者其他组织对下列具体行政行为不服提起的九类诉讼。

（一）对拘留、罚款、吊销许可证和执照、责令停产停业、没收财物等行政处罚不服的

行政处罚行为是行政机关对相对人的一种惩处，是典型的具体行政行为，也是对相对人权利义务产生直接影响的侵益行政行为。行政处罚的种类主要有以下几种：

（1）申诫罚。包括警告和通报两种方式。虽然申诫罚主要是对行政相对人精神上的惩戒，一般影响的是相对人的人身权，但有时也会对相对人的财产权造成侵犯。

（2）财产罚。包括罚款、没收违法所得和没收非法财物，是对行政相对人财产权的剥夺。

（3）行为罚。行为罚是一种限制或剥夺行政相对人从事特定行为的能力或资格的制裁，可分为以下两种：一是责令停产停业和暂扣许可证、执照。这两种处罚形式均是对被处罚人已具有的权能施以一定期间的限制，在被限制期间内，被处罚人不得从事依许可证、执照能够从事的活动。二是吊销许可证、执照。这种处罚形式从根本上剥夺了被处罚人从事一定行为的能力或资格，而且有时对被处罚人还有后续性影响。因此第二种行为罚又可称为“资格罚”。

（4）人身自由罚。主要指行政拘留和劳动教养，是对被处罚人人身自由的一种限制。

违法的行政拘留会严重侵害公民的人身权乃至财产权，是最为严厉的行政处罚类型。

(二) 对限制人身自由或者对财产的查封、扣押、冻结等行政强制措施不服的

行政强制措施是行政机关根据需要对有关人员的人身或财产施加限制的强制性手段。根据《行政强制法》的规定，行政强制措施的种类主要包括：限制公民人事自由；查封场所、设施或者财物；扣押财物，冻结存款、汇款等。行政相对人因不服这些行为而提起的行政诉讼，属于人民法院的受案范围。

需要注意的是，如果行政相对人是因为不服行政强制措施所执行的具体行政行为而不服行政强制措施的，应该以所执行的具体行政行为为诉讼标的提起行政诉讼；如果认为行政强制措施执行错误，比如超范围划拨，方可单独起诉执行行为。

(三) 认为行政机关侵犯法律规定的经营自主权的

此处的“法律”包括法律、法规和行政规章。经营自主权是市场主体依法享有的自主调配和使用其人力、财产和物力的权利。保持自身的独立性、参与市场竞争是获取经济利益的必要条件。实践中侵犯市场主体经营自主权的主要表现形式有：强行上缴税收利润；强制变更企业名称、改变企业性质；强行联营、分立或者兼并，改变企业隶属关系；核定资产的使用权与所有权；强行签订、变更、解除合同，非法确认合同的效力；干预、限制供销渠道，撤换依法应由职工代表大会或股东大会、董事会选举或聘任的企业领导人、法定代表人；强行定价，干预人事管理权等。这些行为均侵犯到市场主体自主调配、自我决定的经营自主权。行政相对人对以上诸种行为不服的，均可以提起行政诉讼。

(四) 认为符合法定条件申请行政机关颁发许可证和执照，行政机关拒绝颁发或者不予答复的

行政许可诉讼是指相对人认为符合条件申请行政机关颁发许可证，行政机关拒绝颁发或不予答复而提起的诉讼。在行政相对人提出申请后，行政机关如果拒绝颁发，说明申请人不符合从事该项行为与活动的法律条件，相对人也就不能从事该项活动或行为，无法取得相应的经济利益。而如果行政机关迟迟不予答复，即消极的不作为，申请人依旧无法取得许可证与执照。行政主体在两种情况下的行为方式不同，前者是积极拒绝，后者是消极不予回复，但都影响到相对人获取行政许可的权利。因此，上述两种行为引发的争议均属于人民法院的受案范围。

(五) 申请行政机关履行保护人身权、财产权法定职责，行政机关拒绝履行或者不予答复的

保护行政相对人的人身权、财产权是许多行政机关的法定职责。如《人民警察法》第2条规定，人民警察的任务之一是保护公民的人身安全、人身自由和合法财产。因此，公安机关有维持管辖区域内社会治安的法定职责，当行政相对人的人身权、财产权受到侵犯时，行政相对人有权要求警察予以保护，警察如不予答复则构成不作为。对于因为警察的不作为而引发的相对人的损失，人民法院应该根据公安机关的不作为行为在该相对人的损失中的原因程度承担责任。

行政机关不履行保护人身权、财产权法定职责的后果有两种：一种是影响行政相对人权益的实现，另一种是给行政相对人的人身权、财产权造成实际损害。两种情况下，相对人的诉求是不同。对行政机关不履行职责的行为，行政相对人如果认为行政机关继续履行

职责仍有必要的，可提起行政诉讼；如果实际损害已经造成，行政机关继续履行职责已无意义，行政相对人可以提起行政诉讼，得到人民法院作出的确认判决，然后提起行政赔偿诉讼。

（六）认为行政机关没有依法发给抚恤金的

抚恤金是军人、国家机关工作人员、参战民兵、民工等因公牺牲或者因病伤残、死亡后，国家为死者家属或者伤残者本人设立的一项基金，用以补助他们的生活，维持其本人或家属的日常生活的有关款项。

对抚恤金应作广泛意义的理解，即凡属涉及公民人身权利和财产权利而又应由行政机关发给的救济金、福利金、保险金、奖励金等都在此范围，其与抚恤金一样，都属于以金钱给付为基本内容的受益性行政行为，都受行政诉讼制度的保护。

（七）认为行政机关违法要求履行义务的

行政相对人在行政法上的义务是由法律、法规设定的，如纳税、缴费、服兵役、提供劳务等，行政相对人必须依法履行。但除法定义务外，行政机关不得违法要求行政相对人履行法定外义务。

行政机关要求行政相对人履行义务通常包括财物上的义务和行为上的义务。财物上的义务是要求交付一定的财物，如交纳费用或实物；行为上的义务是要求作出或不作出一定的行为，要求作出一定的行为如要求服兵役等，要求不作出一定的行为如不得进入某地域或者某地段行走等。无论哪种形式，都会涉及行政相对人的人身权和财产权。

《行政诉讼法》规定，人民法院受理行政相对人认为行政机关违法要求履行义务而提起的诉讼。对该类行为提起诉讼应注意，以下几点均在行政诉讼受案范围之列：第一，法律、法规没有设定义务，但行政机关以无权设定义务的规范性文件来设置义务并要求履行，甚至无任何根据以具体行政行为随意决定义务，如乱收费、乱摊派等；第二，行政相对人已依法履行了应有的义务，但行政机关仍重复要求履行该义务；第三，行政机关在要求履行义务时违反法定程序，如收费不出具法定的收据，任意改变履行义务的期限等；第四，行政机关要求履行义务超出了法律、法规规定的种类、幅度和方式等。

（八）认为行政机关侵犯其他人身权、财产权的

"其他人身权、财产权"是指除上述七类案件所涉及的有关人身权、财产权以外的人身权、财产权。这也可以看作《行政诉讼法》对人身权、财产权保护的一种概括规定，即在我国，公民、法人或者其他组织认为行政机关侵犯任何一种人身权、财产权，都可以向人民法院提起行政诉讼。这实际上是通过概括式兜底条款，扩张了受案范围。

根据我国现行法律、法规的规定，法院受理的侵犯其他人身权、财产权的案件，主要有：

（1）行政裁决行为。行政裁决行为不同于以民事争议双方当事人自愿为基础的行政调解行为和旨在解决劳动争议的行政仲裁行为。对行政仲裁不服的，当事人可以提起民事诉讼。它的作出不以民事争议双方当事人的同意为前提，产生了处分民事争议双方当事人权利、义务的法律效果。由此引发的争议属行政诉讼的受案范围。

（2）行政确认行为。行政确认是指行政机关依法证明和确定某种既存事实或者某种法律关系的具体行政行为。比如民政机关对烈属、军属、残废军人、优抚对象身份的证明行

为，对现役军人死亡性质、伤残性质的确认。

行政确认行为实质是一种公权力的宣告，虽然只是对行政相对人既存的法律地位的确认和宣告，但行政确认行为可能会影响到行政相对人的人身权、财产权。比如对伤残等级的确认可能影响到被确认人所获的民事赔偿数额，对亲属关系的确认可能影响被确认人的继承权的享有等。因此，行政相对人不服行政确认行为，可以提起行政诉讼。

(3) 行政合同行为。在行政合同法律关系之中，行政机关与行政相对人的权利义务具有不对等性，行政机关所行使的诸如单方面变更合同、对不履行合同义务相对人的制裁权均是行政权力，其运用具有单方性和强制性。在行政合同中，行政主体行使优益权需要接受司法审查。因此，因行政合同的缔结、解除、变更、废除而引发的争议，也属人民法院的受案范围。

(4) 行政检查行为。行政检查是行政主体基于行政职权依法对行政相对人是否遵守法律的情况进行的检查，常以诸如审查、调查、检查、责令提供必要的资料和凭证等方式进行。行政检查行为是行政机关取得信息，进行行政管理的必要手段，比如工商机关对农贸市场的各种摊贩是否合法经营进行的检查行为等。但违法的行政检查行为也会扰乱被检查人正常的生活和生产经营秩序，侵犯相对人的人身权和财产权，因而其引发的争议属于行政诉讼的受案范围。

(九) 法律、法规规定可以提起诉讼的其他行政案件

此处的“法律”是指全国人大及其常委会制定的规范性文件；“法规”是指行政法规、地方性法规。所谓“其他行政案件”是指行政机关侵犯人身权、财产权和经营自主权以外的其他权利而引起的行政争议。如根据《教育法》的规定，公民的受教育权受到侵犯时，有权向人民法院提起行政诉讼。

17.1.3　人民法院不予受理的事项

(一) 国防、外交等国家行为

国家行为又称“统治行为”、“政治行为”，是指涉及国家之间关系、国家安全以及其他涉及国家重大利益的政治性行为。一般认为，国家机关根据宪法和法律授予的自由裁量权就国家重大政治问题所采取的行动，属于政治性行为而非法律性行为。因此，因国家行为产生的争议，不能由司法机关而只能由人民或者政治性机关来追究责任。各国一般都将国防和外交这两种行为视为国家行为。在法治国家中，法院通常会以政治行为作为理由而拒绝审查。最高人民法院《若干解释》第 2 条指出，国家行为是指国务院、中央军事委员会、国防部、外交部等根据宪法和法律的授权，以国家的名义所实施的有关国防和外交事务的行为，以及特定机关宣布紧急状态、实施戒严、总动员的行为。国家行为应当是由以上有权代表国家的机关，以国家名义作出的行为，其他机关则无此权，这实际上也限定了“国家行为”的主体范围。

(二) 抽象行政行为

抽象行政行为是指行政机关针对广泛、不特定对象作出具有普遍约束力的、能反复适用的行政规范性文件的行为。根据宪法规定，国务院制定的同宪法、法律相抵触的行政法

规以及具有普遍约束力的决定和命令，只有全国人大常委会有权撤销；地方各级人民政府及其部门制定的同宪法、法律、法规相抵触的行政规章或者其他具有普遍约束力的决定、决议、命令，只有其上级行政机关或同级人大常委会或上级人大常委会才有权撤销。可见，在我国，法院不享有对抽象行政行为的司法审查权，这是由宪法所确定的政治体制所决定的。

当然，法院在审理行政案件的过程中，可以在查明事实的基础上正确适用法律。如果发现抽象行政行为与更高层次的法律事件相抵触或者同等效力的抽象行为之间相互矛盾，有权送请有关机关作出解释或进行裁决，相应程序在《立法法》中作了规定。

（三）内部行政行为

人民法院不受理公民、法人或其他组织就行政机关对其工作人员的奖惩、任免等决定提起的诉讼。因为这些决定是行政机关管理其内部事务的行政行为，人民法院对此不能通过审判程序加以干涉，以避免用司法权代替行政权。同时，行政机关奖惩、任免工作人员的决定一般以内部规定为依据，法院很难判断这些决定是否合法与适当，有学者将其称为“特别行政关系”理论。因此，因行政机关任免、奖惩等内部行政行为遭受利益损失的公务员，可以向上级行政机关、人事部门或监察部门申诉，而不能提起行政诉讼。

（四）法律规定由行政机关最终裁决的行为

此处的“法律”仅指狭义的法律，不包括法规和规章。引起行政纠纷的具体行政行为，如果法律规定由行政机关最终裁决的，不能提起行政诉讼。这主要是考虑到有些行政机关的行政行为具有很强的专业性、技术性，而让具有掌握本行业专业知识和技术的人才和专家的行政机关解决此类纠纷，更为适宜。但是，对这类规定应严格限制。

在我国，目前由行政机关行使最终裁决权的具体行政行为有三种情况：

(1) 根据 2012 年颁布的《出境入境管理法》第 64 条规定：“外国人对依照本法规定对其实施的继续盘问、拘留审查、限制活动范围、遣送出境措施不服的，可以依法申请行政复议，该行政复议决定为最终决定。”

以上情况中，当事人可以在复议和起诉中选择，但复议决定为终局决定。这些规定显然是考虑到解决这类纠纷的时效性，如果经过复议程序再进入诉讼程序，耗费的时间将很长，如果规定直接进入诉讼程序，又与我国的选择复议原则不一致。

(2)《行政复议法》第 14 条规定：“对国务院部门或者省、自治区、直辖市人民政府的具体行政行为不服的，向作出该具体行政行为的国务院部门或者省、自治区、直辖市人民政府申请行政复议。对行政复议决定不服的，可以向人民法院提起行政诉讼；也可以向国务院申请裁决，国务院依照本法的规定作出最终裁决。”这是选择兼终局模式。

(3)《行政复议法》第 30 条第 2 款规定：“根据国务院或者省、自治区、直辖市对行政区划的勘定、调整或者征用土地的决定，省、自治区、直辖市人民政府确认土地、矿藏、水流、森林、山岭、草原、荒地、滩涂、海域等自然资源的所有权或者使用权的行政复议决定为最终裁决。”这是典型的终局性模式。

（五）刑事司法行为

刑事司法行为，主要是指公安、国家机关依照刑事诉讼法明确授权所实施的刑事侦查行为。公安机关具有特殊性，它既有刑事侦查的职权，又有行政管理的职权。在司法实践中，如何区分刑事侦查行为和行政管理行为，是一个难题。《若干解释》采取了严格的"授权"标准，只要公安机关、国家安全机关实施的行为具有刑事诉讼法上明确的依据，就不可以对其提起行政诉讼。一般认为，刑事司法行为在我国司法体制下属于司法行为，而不作为行政行为对待，且刑事司法行为受到检察机关的监督，故将其排除在行政诉讼受案范围之外。

（六）行政调解行为

行政调解是指由国家行政机关主持的，以争议双方自愿为原则，通过行政机关的说服教育等方式，促使当事人互谅互让，达成和解协议，从而解决与行政管理有关的民事纠纷的活动。

行政调解行为虽然也是行政机关的行为，但是，行政机关始终处于居中调停的地位，并没有行使强制性的行政权力。而且民事主体始终处于意思自治状态，可以不经调解或未达成调解协议而直接起诉，也可以不遵守调解协议而起诉。因此，对行政调解行为不服的，不能提起行政诉讼。

（七）法律规定的行政仲裁行为

行政仲裁是指行政主体以中立者的身份，对当事人之间的民事争议，按照法定的程序，作出具有法律拘束力的判定的行为。将"仲裁"限定为"法律规定的"，这里的"法律"仅指由全国人大及其常委会制定、通过的规范性文件。因此，只要不是"法律"所规定的行政仲裁行为，不能排除行政相对人对该"仲裁行为"提起行政诉讼。选择仲裁这种纠纷解决方式，意味着双方自愿接受一裁终局的结果，放弃向人民法院起诉的权利，也不得据此提起行政诉讼。

（八）行政指导行为

人民法院不受理行政相对人对不具有强制力的行政指导行为提起的诉讼。行政指导是指行政机关在其所管辖的事务范围内，根据国家的政策规定或者法律原则，针对特定的行政相对人，用非强制性的方法或手段，取得该行政相对人的同意或协助，有效地实现一定的行政目的的主动的管理行为。行政指导行为的一个最重要的特征是对行政相对人不具有法律约束力，公民、法人或其他组织没有服从的义务，行政机关与行政相对人之间不产生法定的权利义务关系，也无强制性约束，故排除在行政诉讼受案范围之外。

（九）行政重复处理行为

行政重复处理行为是指行政机关所作出的没有改变原有行政法律关系，没有对当事人的权利义务发生新的影响的行为。最高人民法院《若干解释》把行政重复处理行为的情形限制为：当事人对处理历史遗留问题的行政行为，对已过诉讼期间的行政行为或行政机关具有终极裁判权的行为不服，向行政机关提出申诉，行政机关经过审查，维持原有的行为，驳回当事人的申诉。

（十）对公民、法人或者其他组织的权利义务不产生实际影响的行为

这里主要是指还没有最终正式作出的，尚在形成中的行政行为，如通知、调查、咨询等准备性行为。此类行为对相对人的权利义务未产生实际影响，可称之为尚未成熟的行政行为，可诉时机未成熟，一般不能纳入行政诉讼受案范围。

17.2 行政诉讼管辖

17.2.1 行政诉讼管辖概述

（一）行政诉讼管辖的概念

行政诉讼管辖是指上下级法院之间、同级法院之间受理第一审行政案件的分工和权限。从受理和审理的角度看，它解决的是法院内部的分工和权限；从起诉的角度看，它解决的是公民、法人或者其他组织认为属于法院受案范围的具体行政行为侵犯了自己的合法权益时，向哪一级哪一个人民法院起诉的问题。行政诉讼管辖的确定是开展行政诉讼的首要步骤。

（二）确定管辖的原则

《行政诉讼法》所确定的行政诉讼管辖，体现了以下原则：

（1）人民法院内部的合理分工。这包括上下级人民法院之间、同级人民法院之间的合理分工，避免畸轻畸重。

（2）便于人民法院及时合法地办理案件。人民法院办理行政案件主要有两个步骤：一是查明事实；二是适用法律。而查明事实又是办案的关键。因此，在确定管辖时就要便于法院查明案件事实。如《行政诉讼法》规定的“行政案件由最初作出具体行政行为的行政机关所在地人民法院管辖”，“因不动产提起的行政诉讼，由不动产所在地人民法院管辖”等，都是从便于人民法院查明案件事实方面加以考虑的。

（3）有利于人民法院公正地审理案件。行政案件的当事人一方是行使行政权的国家行政机关，它有可能利用行政权干预人民法院的审理活动。因此，《行政诉讼法》规定，对国务院各部门或者省、自治区、直辖市人民政府所作的具体行政行为提起诉讼的案件由中级人民法院审理；高级人民法院管辖本辖区内重大、复杂的第一审行政案件；最高人民法院管辖全国范围内重大、复杂的第一审行政案件。这样有利于法院在审理行政诉讼案件时排除干扰、公正审判。

（4）根据不同情况，便于原告或者被告参加诉讼。一般情况下，采取“原告就被告”的原则。这是因为：第一，具体行政行为是被告作出的，由被告所在地人民法院管辖，既有利于人民法院的审理活动，又有利于裁判的执行；第二，通常情况下，原告、被告同处一地，在特殊情况下，则作了便于原告诉讼的规定。如《行政诉讼法》第 18 条规定：“对限制人身自由的行政强制措施不服提起的诉讼，由被告所在地或者原告所在地人民法院管辖。”第 20 条规定：“两个以上人民法院都有管辖权的案件，原告可以选择其中一个人民法院提起诉讼。”

（5）原则性与灵活性相结合。《行政诉讼法》对最高人民法院和地方各级人民法院所管辖的第一审行政案件作了分工，又规定了管辖权的转移，作为级别管辖的补充；《行政诉讼法》既规定了地域管辖，又规定了指定管辖作为地域管辖的补充。这样可以针对不同类型的案件，采用不同的管辖种类。

（三）行政诉讼管辖的种类

行政诉讼管辖分为级别管辖、地域管辖和裁定管辖三类，其中级别管辖和地域管辖是由法律明确规定的，又合称为“法定管辖”。

17.2.2　级别管辖

级别管辖是指上下级人民法院受理第一审行政案件的分工和权限。级别管辖是从纵向上解决哪些第一审行政案件应由哪一级法院受理和审理的问题。《行政诉讼法》关于级别管辖的规定是：

（一）基层人民法院管辖的案件

基层人民法院管辖除上级人民法院管辖的第一审行政案件以外的其他第一审行政案件。

《行政诉讼法》第 13 条规定：“基层人民法院管辖第一审行政案件。”一般来说，行政案件都由基层人民法院管辖。这是因为在多数情况下基层人民法院既是原告和被告所在地，又是行政机关和行政争议的发生地，如此规定便于人民法院和行政机关参加诉讼，也有利于人民法院及时公正地处理行政争议，同时有利于将行政争议在基层解决掉，维护社会稳定。

（二）中级人民法院管辖的案件

根据《行政诉讼法》第 14 条的规定，中级人民法院管辖下列第一审行政案件：

（1）确定发明专利权的案件和海关处理的案件。由于确认发明专利权案件的被告是设在北京的国家知识产权局内的专利复审委员会，因而由北京市中级人民法院作为第一审法院。确认发明专利案件和海关处理的案件都属专业性、技术性较强的案件，由中级人民法院管辖，有利于提高办案质量以及判决的权威性。

（2）对国务院各部门或者省一级政府所作的具体行政行为提起诉讼的案件。这些机关所作的行政行为，往往影响广泛、牵涉面广，有较强的政策性，因而需要慎重对待。

（3）本辖区重大、复杂的案件。对于何者为中级法院辖区内容重大、复杂的案件，《若干解释》作了进一步具体说明，主要包括四种情形：第一，被告为县级以上政府，但以县级以上人民政府名义办理不动产物权登记的案件可以除外。第二，社会影响重大的共同诉讼、集团诉讼案件。社会影响较小的共同诉讼、集团诉讼案件，由基层人民法院管辖；社会影响重大的则由中级人民法院管辖。第三，重大涉外及涉港、澳、台案件。这指原告、第三人是外国公民或组织以及香港、澳门特区、台湾地区的公民或组织，而且影响重大的行政案件。第四，其他重大、复杂案件。因此，判断具体案件是否重大、复杂，主要是从被告行政级别、原告人数或身份以及案件影响范围等因素予以确定。

（三）高级人民法院管辖的案件

高级人民法院管辖本辖区内重大、复杂的第一审行政案件。《行政诉讼法》第 15 条规定：“高级人民法院管辖本辖区内重大、复杂的第一审行政案件。”高级人民法院设置在省、自治区、直辖市一级，因而它管辖的是省、自治区、直辖市范围内重大复杂的案件。

（四）最高人民法院管辖的案件

最高人民法院管辖全国范围内重大、复杂的第一审行政案件。《行政诉讼法》第 16 条规定：“最高人民法院管辖全国范围内重大、复杂的第一审行政案件。”

17.2.3 地域管辖

地域管辖又称“区域管辖”，是指同级人民法院之间受理第一审行政案件的分工和权限。它是在级别管辖确定的前提下，对管辖权的深化，即先确定由哪个级别的法院管辖，再确定由该级别中哪个区域的法院管辖。它主要根据人民法院的辖区与当事人所在地或者与诉讼标的所在地的关系确定第一审行政案件的管辖。《行政诉讼法》所确定的地域管辖分为一般地域管辖和特殊地域管辖。

（一）一般地域管辖

又称“普通地域管辖”，是指按照最初作出具体行政行为的行政机关所在地确定的管辖。根据《行政诉讼法》的规定，以下两种情况下，由最初作出具体行政行为的行政机关所在地人民法院管辖：(1) 凡是未经行政复议而直接向人民法院起诉的；(2) 经过行政复议，行政复议机关维持原决定的。

（二）特殊地域管辖

又称“特别管辖”，是指根据具体行政行为的特殊性或者标的物所在地来确定管辖的人民法院。又分为：

(1) 共同管辖，即两个或者两个以上的人民法院对同一行政案件都有管辖权。共同管辖有两种情况：

第一，经过行政复议，行政复议机关改变原具体行政行为的，由最初作出具体行政行为的行政机关所在地或者由复议机关所在地的人民法院管辖。此时当事人可以在二者之中进行选择。所谓“改变原具体行政行为”，包括三种情况：一是改变原来具体行政行为所认定的主要事实和证据的；二是改变原具体行政行为所适用的规范依据且对定性产生影响的；三是撤销、部分撤销或者变更原具体行政行为处理结果的。具有以上三种情形之一的，均属于改变原具体行政行为。

第二，对限制人身自由的行政强制措施不服提起的行政诉讼，由被告所在地或者原告所在地人民法院管辖。所谓“原告所在地”，包括原告的户籍所在地、经常居住地和被限制人身自由地。

行政机关基于同一事实既对人身又对财产实施行政处罚或者采取行政强制措施的，被限制人身自由的公民、被扣押或者没收财产的公民、法人或者其他组织对上述行为均不服的，既可以向被告所在地人民法院提起诉讼，也可以向原告所在地人民法院提起诉讼，受诉人民法院可一并管辖。

在上述情况下，原告可以选择两个或者两个以上有管辖权的人民法院中的一个起诉。如果原告同时向两个或者两个以上有管辖权的人民法院起诉的，由最先收到起诉状的人民法院管辖。

(2) 专属管辖，即因不动产提起的行政诉讼，由不动产所在地人民法院管辖。在此情况下，确定管辖的其他标准均不适用。这主要是由不动产的特殊性质所决定的。

17.2.4 裁定管辖

裁定管辖是指人民法院在某些特殊情况下，以裁定的方式确定行政案件的管辖法院。裁定管辖是法定管辖的补充。裁定管辖分为：

（一）移送管辖

移送管辖，是指某一人民法院受理行政案件后，发现本法院对该案件没有管辖权，将案件移送给有管辖权的法院审理。当然，移送的前提是根据法律规定，该案件属于人民法院的受案范围。如果人民法院受理某一案件，而该案件不属于人民法院的受案范围，人民法院应当裁定驳回起诉。

移送管辖必须具备下列条件：移送法院已经受理了该案件；移送法院对该案件没有管辖权；接受移送的法院必须对该案件有管辖权。

移送法院在移送时，作出移送裁定，移送裁定对接受移送的法院具有约束力，接受移送的法院不得再自行移送。接受移送的法院如果认为移送的案件也不属于自己管辖，应说明理由，报请共同上一级法院，由其指定某个下级法院管辖。移送管辖只限于同级法院之间行政案件的移送。

需要特别注意移送管辖的条件及其与管辖权的转移的区别。

（二）指定管辖

指定管辖，是指上级人民法院以裁定的方式指定某一下级人民法院管辖某一行政案件。指定管辖适用于以下两种情况：(1) 由于特殊原因，有管辖权的人民法院无法行使管辖权。(2) 人民法院之间对管辖权发生争议，协商不成的。在共同管辖或者行政区域变动的情况下，两个或者两个以上的人民法院都要管辖该案件或者都不管辖该案件时，首先由争议的人民法院之间进行协商，协商不成时，由共同的上级人民法院指定其中的一个人民法院行使管辖权。因此，指定管辖的第二种情形发生在管辖权争议之时。

（三）管辖权的转移

(1) 管辖权转移的条件。管辖权的转移，是指行政案件的管辖权在上下级人民法院之间的移动。管辖权的转移必须具备三个条件：一是移交的人民法院审理的第一审行政案件；二是移交的人民法院对该案件有管辖权；三是移交的人民法院与接受移交的人民法院之间具有上下级审判监督关系。实际上，管辖权的转移是在法律对行政案件的管辖权已经确定的前提下，对某一案件有管辖权的上级人民法院或者下级人民法院因种种原因不行使管辖权，而将该案件的管辖权下放或者上移。但无论是下放还是上移，均必须由上级人民法院决定或者同意。因此，管辖权的转移是级别管辖的补充。

(2) 管辖权转移的情形。管辖权的转移包括三种情形：上级人民法院审理下级人民法院管辖的第一审行政案件；上级人民法院把自己管辖的第一审行政案件移交下级人民法院审理；下级人民法院把自己管辖的第一审行政案件报请上级人民法院审理。因此，管辖权的转移只能发生于上下级法院之间，而移送管辖则只能发生于同级法院之间。

（四）司法解释对裁定管辖的补充规定

依据 2007 年最高人民法院《关于行政案件管辖若干问题的规定》：

（1）当事人以案件重大复杂为由或者认为有管辖权的基层人民法院不宜行使管辖权，直接向中级人民法院起诉，中级人民法院应当根据不同情况在7日内分别作出以下处理：第一，指定本辖区其他基层人民法院管辖；第二，决定自己审理；第三，书面告知当事人向有管辖权的基层人民法院起诉。

（2）当事人向有管辖权的基层人民法院起诉，受诉人民法院在7日内未立案也未作出裁定，当事人向中级人民法院起诉，中级人民法院应当根据不同情况在7日内分别作出以下处理：第一，要求有管辖权的基层人民法院依法处理；第二，指定本辖区其他基层人民法院管辖；第三，决定自己审理。这是对于法院“消极立案”的一种补救措施。

（3）基层人民法院对其管辖的第一审行政案件，认为需要由中级人民法院审理或者指定管辖的，可以报请中级人民法院决定。中级人民法院应当根据不同情况在7日内分别作出以下处理：第一，决定自己审理；第二，指定本辖区其他基层人民法院管辖；第三，决定由报请的人民法院审理。

（4）中级人民法院对基层人民法院管辖的第一审行政案件，根据案件情况，可以决定自己审理，也可以指定本辖区其他基层人民法院管辖。

17.2.5 管辖权异议

管辖权异议，是指当事人向受诉人民法院提出的该院对于案件没有管辖权的主张。《行政诉讼法》除了要求上级人民法院加强管辖监督之外，还赋予了诉讼当事人在对案件的管辖权有不同意见时可以向受案法院提出异议的权利，即管辖异议权。

《若干解释》第10条规定：“当事人提出管辖异议，应当在接到人民法院应诉通知之日起10日内以书面形式提出。对当事人提出的管辖异议，人民法院应当进行审查。异议成立的，裁定将案件移送有管辖权的人民法院；异议不成立的，裁定驳回。”根据该条的规定，当事人提出管辖异议，必须符合下列条件：第一，主体限制。提出异议的主体是本案的当事人，案件的当事人包括原告、被告。第二，审级限制。管辖权异议的客体是第一审行政案件的管辖权。当事人只能对第一审行政案件的管辖权提出异议，对第二审行政案件不得提出管辖权异议。第三，时间限制。提出管辖权异议的时间须在接到人民法院应诉通知之日起10日内。第四，方式限制。必须以书面形式提出异议。这就对当事人提出管辖权异议的形式要件作出了规定，当事人只能以书面形式提出管辖权异议，而不能以口头形式提出管辖权异议。

本章小结

通过本章的学习，了解行政诉讼确定受案范围的原则和方式，掌握行政诉讼受案范围的具体规定，掌握行政诉讼的不同种类的管辖。

行政诉讼的受案范围，又称法院的主管范围，是指法院受理并审理行政争议的范围。《行政诉讼法》根据我国的具体情况，在确定人民法院的受案范围时，采用了结合式，但又具有我国自己的特色。

人民法院受理公民、法人或者其他组织对具体行政行为不服提起的九类诉讼。人民法院不予受理的事项包括：国防、外交等国家行为；抽象行政行为；内部行政行为；法律规定由行政机关最终裁决的行为；刑事司法行为；行政调解行为；法律规定的行政仲裁行为；行政指导行为；行政重复处理行为；对公民、法人或者其他组织的权利义务不产生实际影响的行为。

行政诉讼管辖是指上下级法院之间、同级法院之间受理第一审行政案件的分工和权限。级别管辖是指上下级人民法院受理第一审行政案件的分工和权限。级别管辖是从纵向上解决哪些第一审行政案件应由哪一级法院受理和审理的问题。地域管辖，又称“区域管辖”，是指同级人民法院之间受理第一审行政案件的分工和权限。裁定管辖是指人民法院在某些特殊情况下，以裁定的方式确定行政案件的管辖法院。裁定管辖是法定管辖的补充。

关键术语

行政诉讼的受案范围　　行政调解　　国家行为　　行政重复处理行为　　行政诉讼管辖　　级别管辖　　地域管辖　　裁定管辖　　管辖权异议

复习思考题

1. 什么是行政诉讼的受案范围?
2. 人民法院受理的行政案件有哪些?
3. 人民法院不予受理的行政案件有哪些?
4. 行政诉讼管辖的种类有哪些?
5. 中级人民法院受理的行政案件有哪些?
6. 移送管辖的条件有哪些?
7. 管辖权异议提出的条件有哪些?

引例分析

本案中存在的争议问题是，公民受教育权受到侵犯时能否提起行政诉讼。《行政诉讼法》第 11 条对此没有作出明确规定，该条中的行政诉讼所保护的权利范围出现了“人身权”、“财产权”和“经营自主权”，而没有明确出现“受教育权”。似乎“受教育权”不是行政诉讼的受案范围。但是该条第 1 款第 4 项规定，当事人“认为符合法定条件申请行政机关颁发许可证和执照，行政机关拒绝颁发或者不予答复的”，属于人民法院的受案范围。而学位证书属于许可证的一种，由此可以得出与前者相反的结论。

实际上，“受教育权”在行政诉讼的受案范围之内。这是因为：(1) 如果行政机关拒绝颁发学位证书或者对申请不予答复，就会侵犯公民的“受教育权”，而不是人身权和财产权。(2)《行政诉讼法》第 11 条第 2 款规定，除前款规定外，人民法院受理法律、法规规定可以提起诉讼的其他行政案件。而《教育法》第42条规定，受教育者可享受下列权利：对学校、教师侵犯其人身权、财产权等合法权益，提出申诉或者依法提起诉讼。此处的“等合法权益”，包括“受教育权”。也就是说，受教育者受到学校的侵犯时，有权提起行政诉讼。综合考虑以上理由，“受教育权”应属于人民法院行政诉讼的受案范围。1999年通过的《行政复议法》明确将“受教育权”纳入行政复议的受理范围，也从另一个侧面证明了这一观点。

本章阅读书目

1. 林莉红：《行政诉讼法学》（修订版），武汉，武汉大学出版社，2009。
2. 姜明安：《行政诉讼法学》，北京，北京大学出版社，2001。
3. 胡建淼等：《行政法与行政诉讼法》，北京，高等教育出版社，2012。
4. 莫于川主编：《行政法与行政诉讼法》，北京，中国人民大学出版社，2012。

第 18 章

行政诉讼参加人

引例

某市王杨被服厂系城镇集体所有制企业，该企业在取得企业法人资格后，经营活动正常，并即将与美国友谊公司洽谈，拟合资办某市南亚时装有限公司。某市港闸区王杨镇人民政府认定某市王杨被服厂经营不善，资不抵债，于 2000 年 9 月 18 日向该厂厂长达某口头宣布责令停业整顿。2000 年 10 月 14 日，镇长崔某等人将一直保管在达某处的“某市王杨被服厂”公章、“某市王杨镇被服厂合同专用章”予以收缴。又于 2001 年 3 月 31 日组织有关人员撬开该厂办公室收缴了被服厂公章数枚，还强行查封了王杨被服厂的全部财产，并随之平调给某市大东贸易公司作为其固有资产，把王杨新工房路 28 号的生产用房八间交新华村居民委员会使用。因王杨被服厂被责令停业无法开展经营活动，又无工资领取，厂长达某于 2001 年 11 月离厂另谋生路，企业职工亦先后离厂，王杨镇人民政府于 2002 年 5 月 26 日免去达某厂长职务，又于 2002 年 5 月 27 日以某市王杨被服厂的名义向某市港闸区工商行政管理局申请注销登记注册，某市港闸区工商行政管理局即于 2002 年 12 月 7 日予以核准注销。达某不服，遂以某市港闸区王杨镇人民政府为被告向某市港闸区人民法院提起诉讼。

问：非国有企业的法定代表人能否以自己的名义提起行政诉讼？

行政诉讼参加人是行政诉讼程序的发动者和整个过程的参加者，其与行政诉讼的标的有着直接的利益关系。在行政诉讼中，原告只能由公民、法人或者其他组织充当；被告只能由行政机关或者法律法规授权的组织充当，在具体案件中，需要根据一定标准确定被告；在一些案件中，除原告和被告以外，还可能有第三人；人民法院在审理具体案件时，有时必须或者可以将两个或者两个以上诉讼主体的案件合并审理，从而形成共同诉讼人的情形。

重点问题

- 行政诉讼参加人与行政诉讼当事人
- 行政诉讼原告
- 行政诉讼被告
- 行政诉讼第三人

18.1 行政诉讼参加人概述

18.1.1 行政诉讼参加人与行政诉讼参与人

行政诉讼参加人是指因与引起争议的具体行政行为存在直接利害关系而参加行政诉讼的整个过程或者主要阶段的人以及与其诉讼地位类似的人，包括当事人和诉讼代理人。

行政诉讼参与人是指除审判人员、书记员、执行人员以外的参与行政诉讼的人，包括当事人、诉讼代理人、证人、鉴定人员和翻译人员等。他们在诉讼中所处的地位不同，享有的诉讼权利和担负的诉讼义务也不同。

行政诉讼参与人的范围比行政诉讼参加人的范围更大，前者包括了后者；行政诉讼参加人以外的诉讼参与人在诉讼中的地位和重要性要次于行政诉讼参加人。因此，从当事人到行政诉讼参加人，再到行政诉讼参与人，其范围不断扩大。

18.1.2 行政诉讼当事人

（一）行政诉讼当事人的概念

行政诉讼当事人是指因具体行政行为发生争议，以自己的名义到人民法院起诉、应诉和参加诉讼，并受法律裁判约束的公民、法人或者其他组织以及行政机关，包括原告、被告和第三人。当事人在不同的诉讼程序阶段有不同的称谓，当事人的不同称谓，表明其在不同诉讼程序中所处的诉讼地位及享有的诉讼权利、承担的诉讼义务。

（二）行政诉讼当事人的特征

（1）参加诉讼的目的是为了保护自己的合法权益。这是当事人区别于其他诉讼参加人的根本特征。

（2）以自己的名义进行诉讼，包括起诉、应诉和参加诉讼。凡不以自己的名义而是以他人的名义进行诉讼的人，如诉讼代理人，都不是行政诉讼当事人。

（3）与人民法院正在审理的行政案件有直接利害关系。以自己的名义参加诉讼，但与被诉具体行政行为没有直接利害关系的人，如证人、鉴定人员等不是行政诉讼当事人。

(4) 受人民法院的裁判拘束。人民法院的裁判是为了解决当事人之间的行政争议而作出的，因而对其有拘束力。这一特征是行政诉讼当事人与其他诉讼参与人的重要区别。

18.1.3 行政诉讼当事人的诉讼权利能力与诉讼行为能力

(一) 行政诉讼当事人的诉讼权利能力

诉讼权利能力又称“当事人能力”，在这里是指能够享有行政诉讼权利和承担行政诉讼义务的资格。具备了这种法律资格，才能以自己的名义到人民法院起诉、应诉和参加诉讼，从而成为行政诉讼当事人。一般情况下，当事人能力与实体权利是同步的。

(二) 行政诉讼当事人的诉讼行为能力

诉讼行为能力又称“诉讼能力”，是指以自己的行为行使诉讼权利和履行诉讼义务的资格。在行政法上，公民的行为能力分为无行为能力、限制行为能力和完全行为能力。而在行政诉讼中，行为能力只能是有或者无，而不可能存在限制行为能力的情况。

公民的诉讼行为能力自年满 18 周岁时开始；年满 16 周岁，依靠自己的劳动收入生活的公民也具有诉讼行为能力。未满 18 周岁（上述年满 16 周岁的公民除外）和虽年满 18 周岁但患有精神病的公民无诉讼行为能力。法人和其他组织以及行政机关的诉讼行为能力和诉讼权利能力是一致的，即从它们成立时开始，至撤销、解散或者宣告破产时终止。

18.1.4 行政诉讼当事人的诉讼权利与诉讼义务

(一) 行政诉讼当事人的诉讼权利

行政诉讼当事人均享有的诉讼权利主要有：(1) 使用本民族语言文字进行诉讼的权利。(2) 在诉讼中有进行辩论的权利。(3) 委托诉讼代理人进行诉讼的权利。(4) 经人民法院许可，可以查阅本案的庭审材料，但涉及国家秘密或者个人隐私的材料除外。(5) 在证据可能灭失或者以后难以取得的情况下，可以向人民法院申请证据保全。(6) 有权申请财产保全。(7) 有申请回避权，对人民法院作出的回避决定不服时，可以申请复议。(8) 经审判长许可，有向证人、鉴定人员和勘验人员发问的权利。(9) 有查阅并申请补正庭审笔录的权利。(10) 不服人民法院第一审裁判时，可以在法定期限内提起上诉。(11) 对已生效的裁判，认为有错误的，有提出申诉的权利。上述权利，原告、被告和第三人均可以享有。

行政诉讼一方当事人享有的诉讼权利主要有：(1) 对人民法院已生效的裁判，如果败诉一方当事人在法定期限内拒绝履行义务的，胜诉一方当事人可以申请人民法院强制执行。(2) 公民、法人或者其他组织有向人民法院提起行政诉讼的权利。(3) 原告有权申请人民法院裁定停止具体行政行为的执行。(4) 原告有放弃、变更、增加诉讼请求的权利。(5) 原告有权申请先行给付。(6) 被告有应诉和答辩的权利。(7) 被告在第一审程序中有改变被诉具体行政行为的权利。上述权利，依其性质与功能，往往属于一方当事人所有。

（二）行政诉讼当事人的诉讼义务

当事人在享有上述诉讼权利的同时，必须履行下列义务：（1）当事人必须依法正确行使诉讼权利，不得滥用诉讼权利。（2）当事人必须遵守诉讼秩序，服从法庭的指挥，不得实施妨害诉讼秩序的行为。（3）当事人应当自觉履行人民法院已经生效的判决。（4）被告行政机关在行政诉讼中负有举证责任。（5）被告行政机关在诉讼过程中，不得自行向原告和证人收集证据。后两项诉讼义务是针对被告行政机关设定的，也是在行政诉讼中特有的。

18.1.5 诉讼代理人

根据法律规定或者当事人、法定代理人的委托，以被代理人的名义进行诉讼行为的，称为诉讼代理；代理当事人进行诉讼行为的权限，称为诉讼代理权；行使诉讼代理权的人，称为诉讼代理人。诉讼代理人具有以下特征：诉讼代理人只能以被代理人的名义进行诉讼活动；诉讼代理人参加诉讼的目的在于维护被代理人的合法权益；诉讼代理人在代理权限范围内所实施的诉讼行为，其法律后果由被代理人承担。当事人与诉讼代理人共同作为行政诉讼的参加人。

18.2 原告、被告和共同诉讼人

18.2.1 原告

（一）原告的基本含义

行政诉讼原告是指认为行政机关的具体行政行为侵犯其合法权益，而依法以自己的名义向人民法院起诉的公民、法人或者其他组织。行政诉讼原告的法律特征是：（1）认为行政机关的具体行政行为侵犯其合法权益。（2）以自己的名义向人民法院起诉。（3）受人民法院的裁判拘束。认为具体行政行为侵犯其合法权益，既是原告的特征之一，也是对原告资格的规定。

《行政诉讼法》第2条规定："公民、法人或者其他组织认为行政机关和行政机关工作人员的具体行政行为侵犯其合法权益，有权依照本法向人民法院提起诉讼。"同时，《行政诉讼法》第70条规定："外国人、无国籍人、外国组织在中华人民共和国进行行政诉讼，适用本法。法律另有规定的除外。"但公民、法人或者其他组织要成为某一特定案件的原告，必须是认为具体行政行为侵犯了自己的合法权益，这是作为原告提起行政诉讼的前提条件。

行政诉讼原告包括：（1）公民。指具有中华人民共和国国籍的人。如前所述，外国人和无国籍人在我国进行行政诉讼，在外国法院没有对我国公民进行资格限制的情况下，也具有原告资格。（2）法人。指依法成立并且具有民事权利能力和民事行为能力，依法独立享有民事权利、承担民事义务的组织。法人包括企业法人、机关事业单位法人和社会团体法人。(3) 其他组织。也就是法人以外的组织，或称为“非法人组织”，指不具备法人条件、没有取得法人资格的社会组织或者经济组织。

(二) 原告资格

原告资格是指特定主体成为行政诉讼原告所应具备的法定条件。凡与具体行政行为有法律上利害关系的行政相对人对该行为不服的，即可以依法提起行政诉讼，也即具备作为行政诉讼原告的资格。

(1) 必须是行政管理相对一方的行政相对人。行政诉讼的原告必须是处于行政管理活动中行使行政管理职权的行政机关的相对一方，即被管理一方的行政相对人。此时，如果该行政相对人享有法定的诉讼权利能力，则具有成为原告的条件和资格；行政机关作为管理一方时是行政主体，则不具备该条件，故没有原告资格。这有利于平衡行政管理中双方的地位与力量。

(2) 必须有法律上的利害关系，即承担具体行政行为法律后果或受其影响。对于行政机关作出的具体行政行为，并非任何行政相对人都有诉至法院的原告资格，而只有承担该具体行政行为法律后果、认为自己的合法权益受其影响的行政相对人才具有这一资格。在特定情况下，行政相对人即使不是直接相对人，只要其有充分的理由认为其权益受到该具体行政行为的影响，也可以成为行政诉讼原告。

第一，被诉的具体行政行为涉及其相邻权或者公平竞争权的。民事主体侵犯他人相邻权的行为，有时与行政机关的具体行政行为有密切的关系。例如，甲、乙为邻居，甲向当地规划部门申请建房，获得许可，但乙认为甲建房后将影响自己房屋的采光权，规划部门的批准行为将对乙的权利产生实际影响，从而可能侵犯乙的建筑物的相邻权。乙可以向法院提起行政诉讼。在有的情况下，行政机关也可能成为公平竞争的侵权者。例如，禁止本地商店销售外地的啤酒，该行为即侵害了非本地啤酒企业的公平竞争权。无论是相邻权还是公平竞争权，都是典型的关涉第三人权益的权利类型。

第二，与被诉的行政复议决定有法律上利害关系或者在复议程序中被追加为第三人的。“在复议程序中被追加为第三人的”和“与被诉的行政复议决定有法律上利害关系”是一种从属关系，前者为后者的情形之一。例如，某区公安分局认为李某殴打赵某致伤，处以李某 10 天的行政拘留，李某不服而申请复议。作为复议机关的市公安局经过审查，认定李某并没有打人，是赵某辨认错误，殴打赵某的是孙某，撤销了区公安分局对李某的处罚决定。虽然原具体行政行为与孙某没有利害关系，但复议决定涉及孙某是否违法的问题，与其存在法律上的利害关系，在市公安局的复议程序中，孙某应被追加为第三人，对行政复议决定孙某就有权提起行政诉讼。

第三，要求主管行政机关依法追究加害人法律责任的。当事人要求行政机关惩戒违法行为人是一种权利。要求主管行政机关依法追究加害人法律责任的受害方作为原告的情形大致有两种：一是受害人要求主管行政机关依法追究加害人的法律责任，而主管行政机关不作为；二是认为主管行政机关或者复议机关对加害人的处罚过轻或者不服撤销处罚的复议决定。前者是针对行政机关的不作为而提起的，后者是针对处罚内容不服而提起的。

第四，与撤销或者变更具体行政行为有法律上利害关系的。行政机关对一个已经成立、生效的具体行政行为，在认为其违法或不正当的时候，可以主动或依申请撤销或变更。但是撤销或变更行为往往会侵犯一些人的利益，受影响的这些人有权提起行政诉讼。

（3）必须是认为具体行政行为侵犯其合法权益的行政相对人。行政相对人与某一具体行政行为有利害关系，这只是使其具有原告资格的可能性，要使这一要素成为原告资格的现实条件，还要求其具备认为具体行政行为侵犯其合法权益的主观认知。合法权益是指法定权益和法定利益，核心是法定权利。享有和行使法定权利，才有可能获得法定利益。根据《行政诉讼法》的规定，合法权益主要指人身权、财产权；人身权、财产权以外的政治权利等，单行法律、法规规定可以起诉的，才属于合法权益，否则不能起诉。但对于《行政诉讼法》第 11 条所列举的七类具体行政行为（行政处罚、行政强制措施、经营自主权、行政许可等）所涉及的权益，均应视为合法权益，无论是否属于人身权、财产权的范围，均可提起行政诉讼。因此，相对于民事诉讼而言，行政诉讼对“合法权益”的判断较为严苛。

（三）几种具体情形下原告资格的确定

（1）相邻权人的原告资格。相邻权是一个民法上的概念，是指不动产的占有人在行使物权时，对相毗邻的他人的不动产享有一定的支配权。《民法通则》第 83 条规定：不动产的相邻各方，应当按照有利生产、方便生活、团结互助、公平合理的精神，正确处理截水、排水、通行、通风、采光等方面的相邻关系。给相邻方造成妨碍或者损失的，应当停止侵害，排除妨碍，赔偿损失。从《民法通则》的规定看，相邻关系是民事关系。但是，民事主体侵犯他人相邻权的行为，在很多时候与行政机关的具体行政行为有着密切关系。特别是民事主体的很多行为是在行政机关批准、许可后实施的，拥有相邻权的一方认为行政机关的批准行为侵犯了其合法权益，可以向人民法院提起行政诉讼。此处涉及民事权利与行政决定的交叉，因此引发了行政诉讼。

《若干解释》第 13 条第 1 项规定：被诉的具体行政行为涉及其相邻权的，公民可以依法提起行政诉讼。行政机关的行为侵犯相邻权人的主要表现有：第一，行政机关许可的采矿行为可能侵犯了邻地使用权人的相邻权，比如使其房屋倾斜；第二，对高层建筑的许可行为可能影响邻地使用人或邻地建筑物所有人的采光权、通风权；第三，许可在区分所有的建筑物内开设歌厅、饭馆等餐饮娱乐业，因使区分所有人得以改变原有单元房的用途而使用专有部分，从而侵犯了其他区分所有人的相邻权。

（2）公平竞争权人的原告资格。公平竞争体制的建立是市场经济体制有效运作的最主要条件。为杜绝不正当竞争行为，国家通过《反不正当竞争法》、《反垄断法》等法律明确了公平竞争规则，并赋予各市场主体公平竞争权。对市场主体公平竞争权的侵害有时来自其他市场主体，有时则来自行政机关，比如涉及垄断的认定与制裁等。

（3）受害人的原告资格。受害人是指合法权益受到另一民事主体的应受行政处罚的违法行为侵害的行政相对人。如果受害人要求行政机关追究加害人的法律责任，负有法定职责的行政机关拒绝追究或者不予答复，或者虽然追究但是受害人认为处罚过轻时，受害人的合法权益均未得到有效维护，受害人对于行政机关的上述行为均有权提起行政诉讼。

（4）与撤销或者变更具体行政行为有法律上利害关系的行政相对人的原告资格。行政机关对一个已经生效的具体行政行为，在认为其违法或不正当时，可主动或依申请撤销或变更。但是撤销或变更行为往往会侵犯到以下两种人的权益：第一，合法权益的保护依赖于被撤销或变更的具体行政行为的相对人、相关人。如行政处罚案件中的受害人。第二，具体行政行为的信赖人。信赖利益保护是行政法的重要原则之一。比如相对人拿到医药许可证，正筹集公司的建立，行政机关却以该许可违法为由撤销许可行为，这样必然会对相对人的利益构成损害。

（5）与行政复议决定有法律上的利害关系的行政相对人的原告资格。由于复议决定改变或撤销了原具体行政行为，认为原具体行政行为应予维持的相关人以及对行政复议决定不服的申请人与行政复议决定有法律上的利害关系，有权针对行政复议决定提起行政诉讼。

（6）农村集体土地使用权人的原告资格。农村土地承包人等土地使用权人对行政机关处分其使用的农村集体所有土地的行为不服，可以以自己的名义提起行政诉讼。农村集体土地使用权人是指那些依土地承包合同等形式取得农村集体所有土地使用权的个体农户、乡镇企业以及建筑物所有人等个人或组织。

（7）联营、合资、合作方的原告资格。《行政诉讼法》没有对联营、合资、合作方的原告资格作出明确规定。为明确起见，《若干解释》第 15 条规定：联营企业、中外合资或者合作企业的联营、合资、合作各方，认为联营、合资、合作企业权益或者自己一方合法权益受具体行政行为侵害的，均可以自己的名义提起诉讼。该条对于联营企业、中外合资或者合作企业的联营、合资、合作各方的诉讼权利作出了规定。联营企业、中外合资或者合作企业的联营、合资、合作各方认为自己的权益或者联营企业、中外合资或者合作企业的权益受到具体行政行为侵害的，可以以自己的名义提起行政诉讼。此项规定既可以确保联营、合资企业的利益得到维护，也保障了各合作方的诉权。

（8）非国有企业的原告资格。《若干解释》第 17 条规定：非国有企业被行政机关注销、撤销、合并、强令兼并、出售、分立或者改变企业隶属关系的，该企业或者其法定代表人可以提起诉讼。根据该条规定，企业或者法定代表人向人民法院提起行政诉讼，应该具备以下几个条件：第一，必须是非国有企业。按照所有制的划分，企业可以分为国有企业和非国有企业。第二，非国有企业被行政机关注销、撤销、合并、强令兼并、出售、分立或者改变企业隶属关系。第三，非国有企业或者其法定代表人以非国有企业的名义提起诉讼。被注销和被合并的企业具有诉讼权利能力和诉讼行为能力，该企业的诉权内容应该与未被注销和未被合并时一致。企业中的相关权力机构都有权行使诉讼权利。此项规定可以保障非国有企业在主体资格消灭的情况下仍享有诉权，以维护自身权益。

（9）合伙企业的原告资格。在我国，合伙作为一种商业组织形式，已有很长的历史。自改革开放以来，合伙组织已有很大发展。1997 年我国颁布了《中华人民共和国合伙企业法》，对合伙企业作出了规定。《合伙企业法》规定：合伙企业是指依照合伙企业法在中国境内成立的由各合伙人订立合伙协议，共同出资、合伙经营、共享收益、共担风险，并对合伙企业债务承担无限连带责任的营利性组织。

《若干解释》第 14 条第 1 款规定：合伙企业向人民法院提起诉讼的，应当以核准登记的字号为原告，由执行合伙企业事务的合伙人作诉讼代表人；其他合伙组织提起诉讼的，合伙人为共同原告。因此合伙企业作为原告，与一般法人作为原告是存在区别的。

（10）不具备法人资格的其他组织的原告资格。在诉讼法理论中，诉讼代表人有非常丰富的内涵。诉讼代表人可以是参与诉讼的组织的法定代表人或实际的负责人，也可以是临时推选的人。《若干解释》第 14 条规定：不具备法人资格的其他组织向人民法院提起诉讼的，由该组织的主要负责人作诉讼代表人；没有主要负责人的，可以由推选的负责人作诉讼代表人。

在我国诉讼实践中，非法人组织一般指以下几类组织：第一，依法登记、领取营业执照的私营独资企业；第二，依法登记、领取营业执照的合伙企业和契约型合伙组织；第三，经核准登记领取营业执照、实行独立核算、自负盈亏的乡镇、街道、村办企业；第四，破产企业的清算组织；第五，被关闭、撤销企业的清算组织；第六，中国人民银行、各专业银行设在各地的分行、支行；第七，中国人民保险公司设在各地的分公司；第八，经民政部门核准登记并领取社会团体登记证的、不具备法人资格的社会团体；第九，经国家主管部门批准或依照法定程序成立的、尚处于筹备阶段的企业事业单位等；第十，未取得我国法人资格、但经我国允许从事一定经营活动和社会活动的外国企业或组织。上述组织可以由诉讼代表人提起行政诉讼。

（11）股份制企业的原告资格。《若干解释》第 18 条规定：股份制企业的股东大会、股东代表大会、董事会等认为行政机关作出的具体行政行为侵犯企业经营自主权的，可以企业名义提起诉讼。根据该条规定，股份制企业的内部机构提起行政诉讼，应该具备以下几个条件：第一，提起诉讼的企业必须是股份制企业。股份制企业是指企业的全部资本由若干股东投资形成，而不是由单一投资主体投资而形成的企业。我国现阶段典型的股份制企业主要有有限责任公司（其中包括中外合资、中外合作企业）、股份有限责任公司。第二，必须是股份制企业的股东大会、股东代表大会、董事会等内部机构认为具体行政行为侵犯合法权益。第三，行政机关侵犯的是股份制企业的经营自主权。第四，以企业的名义提起诉讼。董事会、股东大会、股东代表大会作为股份制企业的内部机构，不具备独立的诉讼权利能力。因此，不能够以自己的名义提起诉讼，而只能以股份制企业的名义提起诉讼。

（四）原告资格的转移

原告资格的转移是指有权起诉的公民、法人或者其他组织在失去诉讼权利能力的情况下，其原告资格转移给他人的法律制度。原告资格的转移制度是为了保护接受原告资格的主体的合法权益，确保在原告主体灭失之后，可以继受获得诉讼权利。原告资格转移有两种情形：

（1）有权起诉的公民死亡。《行政诉讼法》第 24 条第 2 款规定：“有权提起诉讼的公民死亡，其近亲属可以提起诉讼。”其近亲属包括配偶、父母、子女、兄弟姐妹、祖父母、外祖父母、孙子女、外孙子女和其他具有扶养、赡养关系的亲属。

此外，公民因被限制人身自由而不能提起诉讼的，其近亲属可以依其口头或者书面委托以该公民的名义提起诉讼。此处需要注意的是，其近亲属是以该公民的名义进行起诉的。

（2）法人或者其他组织终止。《行政诉讼法》第 24 条第 3 款规定：“有权提起诉讼的法人或者其他组织终止，承受其权利的法人或者其他组织可以提起诉讼。”此时包括三种情况：组织消灭、组织分立与组织合并。

在原告资格发生转移的情况下，属于继续诉讼的，有权起诉的公民、法人或者其他组织已进行的诉讼活动对继续诉讼的公民、法人或者其他组织具有约束力。

18.2.2 被告

（一）被告的基本含义

行政诉讼被告是指作出原告认为侵犯其合法权益并向人民法院提起诉讼的具体行政行为，而由人民法院通知应诉的行政机关或者法律法规授权组织。它具有以下特征：

（1）被告只能是行使行政管理职权、作出具体行政行为的行政机关或法律法规授权的组织。这既是行政诉讼的特征，也是被告的首要特征。

（2）其作出的具体行政行为被原告指控侵害其合法权益。

（3）以自己的名义应诉，并受人民法院裁判拘束。

（二）被告的确定

人民法院对于被告的确定拥有更大的决定权。但从根本上讲，被告的确定仍是由原告掌握的。因此，如果人民法院认为原告所起诉的被告不适格，应告知原告变更被告，原告不同意变更的，只能裁定驳回起诉，而不能径行变更。法院认为应当追加的被告，原告不同意追加的，只能通知其作为第三人参加诉讼。因此在确定行政诉讼被告时，最大程度上尊重原告的选择。

行政诉讼被告应按以下原则确定：

（1）直接起诉的案件，作出被诉具体行政行为的机关是被告。《行政诉讼法》在界定被告的第 25 条第 1 款中有“直接”二字，这是特指起诉的过程而言的，对应的则是经行政复议后而起诉的情形，并非就被告本身属性而言。也就是说，无论直接起诉或经复议起诉，均以行政机关为被告，这是确定行政诉讼被告的首要原则。

所不同的是，若经过复议且复议机关改变原具体行政行为的，就以复议的行政机关为被告。直接起诉的主要有三种情况：第一，法律、法规没有规定必须先经行政复议的；第二，行政机关不作为的；第三，可以选择行政复议和行政诉讼，当事人选择提起诉讼的。

行政机关组建并赋予行政管理职能但不具有独立承担法律责任能力的机构，或者行政机关的内设机构、派出机构在没有法律、法规或规章授权的情况下，以自己的名义作出具体行政行为，均以该行政机关为被告。

（2）经上级行政机关批准的具体行政行为，在对外发生法律效力的文书上署名的机关为被告。行政机关作出的一个具体行政行为需要经过上级行政机关的批准才能生效，这样的情况在我国单行法律、法规中有不少的规定。《若干解释》第 19 条规定：当事人不服经上级行政机关批准的具体行政行为，向人民法院提起诉讼的，应当以在对外发生法律效力的文书上署名的机关为被告。如此一来，可以简捷、高效地确定行政诉讼的被告。

实践中，经过批准的具体行政行为有三种不同的情况：

第一种情况是被诉具体行政行为经过上级行政机关批准，但是上级行政机关并没有在对外发生法律效力的法律文书上署名。法律文书上署名的是下级行政机关，根据最高人民法院《若干解释》的规定，应该以下级行政机关为被告。这意味着行政机关上下级之间的决策过程并不纳入确定被告时的考量范畴。

第二种情况是被诉具体行政行为经过上级行政机关批准，在对外发生法律效力的法律文书上署名的是上级行政机关。下级行政机关只是承办了具体事务，该法律文书是以上级行政机关的名义作出的，应该以上级行政机关为被告，即严格按照署名机关为被告的原则。

第三种情况是被诉具体行政行为经过上级行政机关批准，上级行政机关和下级行政机关同时在法律文书上署名，根据《行政诉讼法》第25条第3款“两个以上行政机关作出同一具体行政行为的，共同作出具体行政行为的行政机关是共同被告”的规定，应该以下级行政机关和上级行政机关为共同被告。对于该种情况，下文将详述。

（3）两个以上行政机关共同作出同一具体行政行为的，各行政机关是共同被告。具体行政行为通常由单一行政机关作出，但也有两个以上行政机关共同作出一个具体行政行为的情形。当原告认为该行为侵犯其合法权益而向人民法院起诉时，人民法院对该行为的审查就涉及与此相关的各机关，因此，各机关都应作被告。这是共同诉讼人的一种情况。

判断一个具体行政行为是否是共同作出的，关键要确定该行为是不是两个以上行政机关以共同名义并共同签署而作出的。实践中，有行政机关和另一组织（如党团组织、工会等，法律、法规授权的组织除外）共同签署作出某一具体行政行为的情况，因该组织没有行政主体资格，不能成为行政诉讼中的共同被告，只可作为第三人参加诉讼。

（4）经复议但复议机关维持原具体行政行为的，作出原具体行政行为的行政机关是被告。对于经行政复议的行政诉讼案件应当由谁担当被告，《行政诉讼法》第25条第2款作了明确规定：“经复议的案件，复议机关决定维持原具体行政行为的，作出原具体行政行为的行政机关是被告；复议机关改变原具体行政行为的，复议机关是被告。”这是经复议案件确定被告的基本方式。

（5）经复议且复议机关改变原具体行政行为的，复议机关是被告。《行政诉讼法》第25条第2款作了这样的规定。之所以作这样的规定，其主要原因是：当复议机关改变原具体行政行为时，对公民、法人或者其他组织的权利义务发生拘束力的是复议决定，因而复议机关是直接处理涉及公民、法人或者其他组织权利义务事项的机关，故应以复议机关为被告。此时复议决定对相对人产生直接拘束力，以复议机关为被告是合理的。

复议机关改变原具体行政行为有三种情况：第一，复议机关改变原具体行政行为所认定的主要事实和证据的；第二，复议机关改变原具体行政行为所适用的法律、法规或规章，并因此对原具体行政行为的定性产生影响的；第三，复议决定撤销、部分撤销或者变更原具体行政行为处理结果的。无论上述何种情况，因复议决定成为直接处理涉及行政相对人的权利义务的具体行政行为，对行政相对方实体权利义务产生影响的也是复议决定，而非原具体行政行为，因此，复议机关理应作为被告。

（6）法律法规授权的组织作出具体行政行为的，该组织是被告。法律法规授权的组织在授权范围和幅度内，能够以自己的名义独立地对外行使行政职权，享有对特定事件和行为作出处理的权力，并能以自己的名义独立地承担法律责任。因其作出的具体行政行为引起的诉讼，由该授权组织作为被告。

根据《若干解释》规定，法律、法规或规章授权行使行政职权的行政机关内设机构、派出机构或其他组织，超出法定授权范围实施行政行为，当事人不服提起诉讼的，应当以实施该行为的机构、部门或组织为被告。这意味着，在被授权组织越权的情况下，仍以被授权组织为被告。

（7）未取得合法授权的行政机关的内部机构或者行政机关组建的机构作出具体行政行为的，以该行政机关为被告。《若干解释》规定，行政机关的内设机构或者派出机构在没有法律、法规或规章授权的情况下以自己的名义作出具体行政行为，或者行政机关组建并赋予行政管理职能但不具有独立承担法律责任能力的机构以自己的名义作出具体行政行为的，如果当事人不服提起诉讼，应以该行政机关或者组建该机构的行政机关为被告。内部机构并没有独立的行政地位，同此只能以行政机关为被告。

（8）由行政机关委托的组织所作的具体行政行为，委托的行政机关是被告。行政委托，是指依法拥有某项行政管理职权的行政机关，根据法律的规定，按照法定的程序，将其行政管理事务委托给符合法定条件的行政机关、组织办理，由受托人以委托机关的名义从事活动，并由委托机关承担该活动的法律后果的行政行为。这里授权与委托的重要区别在于：在授权情况下，被授权组织为被告；在委托情况下，则由委托机关作为被告承担法律后果。

根据《若干解释》的规定，行政机关在没有法律、法规或规章规定的情况下，授权其内设机构、派出机构或其他组织行使行政职权的，应当视为委托。当事人不服提起诉讼的，应当以该行政机关为被告。

（9）行政机关被撤销的，继续行使其职权的行政机关是被告。行政机关被撤销的时间可能发生在行政机关作出具体行政行为之后、原告尚未提起诉讼之前，或者在诉讼过程中，人民法院尚未作出裁决前。如果没有继续行使其职权的机关，则由作出撤销决定的行政机关或其指定的行政机关作为被告。此项规定可以保证在行政机关被撤销时，仍然可以找到适格的被告来应诉。

（10）应当履行保护行政相对人人身权、财产权的法定职责而拒绝履行的行政机关是被告。不作为的具体形态，包括明示的拒绝履行或默示的不予答复两种，二者仅对原告的起诉时效的起点有影响，与被告资格无关。

在行政诉讼中，原告所起诉的被告有遗漏或者不适格时，人民法院在第一审程序中，征得原告的同意后，可以依职权追加或者变更被告。应当变更被告而原告不同意变更的，裁定驳回起诉。应当追加被告而原告不同意追加的，应当通知其以第三人的身份参加诉讼。

18.2.3　共同诉讼人

（一）共同诉讼与共同诉讼人的概念

《行政诉讼法》第 26 条规定：“当事人一方或者双方为二人以上，因同一具体行政行为发生的行政案件，或者因同样的具体行政行为发生的行政案件、人民法院认为可以合并审理的，为共同诉讼。”因此，所谓共同诉讼，是指当事人一方或者双方为两个以上主体、因同一具体行政行为发生的行政案件，或者因同样具体行政行为发生的行政案件、人民法院认为可以合并审理的诉讼。

共同诉讼人是指共同诉讼案件中的当事人。原告一方是两个或者两个以上主体的，称为共同原告；被告一方是两个或者两个以上主体的，称为共同被告。

共同诉讼与集团诉讼是有区别的。共同诉讼中的共同诉讼人必须参加诉讼，而集团诉讼中由于当事人人数众多，不可能悉数到庭参加诉讼活动，因而可以选派代表人参加诉讼。如《若干解释》第 14 条第 3 款规定：“同案原告为 5 人以上，应当推选 1 至 5 名诉讼代表人参加诉讼；在指定期限内未选定的，人民法院可以依职权指定。”

根据共同诉讼成立的条件，可以将共同诉讼分为必要的共同诉讼和普通的共同诉讼。相应地，共同诉讼人也分为必要共同诉讼人和普通共同诉讼人。

（二）必要共同诉讼人

必要共同诉讼，是指当事人一方或者双方为两个以上主体，因同一具体行政行为发生的行政案件，人民法院必须合并审理的诉讼。必要共同诉讼中的当事人即为必要共同诉讼人。形成必要共同诉讼人的条件有两个：一是诉讼标的是同一的。也就是引起争议的是同一个具体行政行为的合法性的，或者是同一个具体行政行为由两个或者两个以上的行政机关作出的，或者是同一个具体行政行为针对两个或者两个以上的公民、法人或者其他组织作出的。二是人民法院必须予以合并审理。因为引起争议的是同一个具体行政行为，只是诉讼主体为多个，为了简便、迅速、全面地审理该行政争议，就必须将不同的诉讼主体予以合并。

在行政诉讼中，下列情况可以引起必要共同诉讼的发生：第一，两人以上共同实施违法行为，被行政机关在同一决定中分别制裁，被制裁人均不服而起诉的；第二，行政机关在同一决定中给予法人或者其他组织及其负责人分别制裁，二者均不服而起诉的；第三，两个以上的共同被害人不服行政机关对加害人所作的行政制裁而起诉的；第四，被制裁人和被加害人双方均不服行政机关的制裁决定而起诉的；第五，两个以上行政机关作出同一具体行政行为，当事人不服而起诉的。在上述情况中，法院必须合并审理，而不能分别审理，因为其由一个具体行政行为引发，这也是其与普通共同诉讼的区别所在。

（三）普通共同诉讼人

普通共同诉讼，是指当事人一方或者双方为两个以上主体，因同样的具体行政行为发生的行政案件，人民法院认为可以合并审理的诉讼。普通共同诉讼中的当事人即为普通共同诉讼人。普通共同诉讼人的形成需要具备以下条件：一是虽然存在两个以上的具体行政行为，但它们是同样的具体行政行为，所谓“同样”，是指具体行政行为的性质相同或作出具体行政行为的事实和理由相同；二是受同一人民法院管辖；三是人民法院认为可以合并审理。普通共同诉讼的情形更加多样，法院也有更大的决定和裁量的空间。

必要共同诉讼与普通共同诉讼的主要区别在于：必要共同诉讼是因行政机关的同一具体行政行为而引起两个以上的原告或者被告，它们之间因该具体行政行为而有着相互联系的或者共同的利害关系，法院必须合并审理；普通共同诉讼是因行政机关的同样具体行政行为而引起两个以上的原告或者被告，它们之间没有相互联系的或者共同的利害关系，当法院合并审理时，形成共同诉讼，当人民法院分开审理时，成为各个独立的案件，因而属于可分之诉。

18.3 第三人

18.3.1 第三人的基本含义

行政诉讼中的第三人是指与提起诉讼的具体行政行为有利害关系的其他公民、法人、其他组织及行政机关。行政诉讼第三人的特征有：

（1）第三人同被诉具体行政行为有利害关系，而且人民法院的判决也必然会影响其权益。

（2）第三人在法律上有独立的诉讼地位。第三人参加诉讼是为了维护自己的合法权益，可以提出既不同于原告又不同于被告的独立主张。这是第三人区别于其他诉讼参与人的重要特征。

（3）第三人在诉讼期间参加诉讼。行政诉讼第三人必须是在诉讼开始后和法院裁判前参加诉讼，这是对参诉时间的要求。

（4）经本人申请或人民法院通知参加诉讼。第三人参加诉讼有两种方式：一种是第三人主动向人民法院提出申请，经人民法院同意后参加诉讼；另一种是人民法院通知其作为第三人参加诉讼。

第三人基于与被诉具体行政行为有着直接的利害关系，以自己的名义，为维护自身的合法权益而参加诉讼，在诉讼中具有独立的地位。其既不是原告，也不是被告，既不依附于原告，也不依附于被告。从表面上看，第三人站在原告或者被告一边，维护原告或者被告的诉讼主张。但从实质上看，其最终目的是维护自己的合法权益，这也是第三人参加诉讼的根本目的。

第三人的诉讼地位，决定了其在诉讼中享有提供证据、进行辩论、委托他人代理诉讼、申请回避、提出上诉等诉讼权利，其诉讼地位与原告、被告基本一致。但是，第三人无权处分原告和被告之间的实体权利和诉讼权利，不能进行放弃或者变更诉讼请求、撤诉等原告或者被告才有权进行的诉讼行为。

18.3.2 第三人的种类

从行政审判实践来看，第三人的种类主要有以下两大类：

（一）具有原告资格而未提起诉讼的第三人

这类第三人在行政法律关系中基本上处于相对人或相关人的地位，其具有原告的资格，只有没有提起行政诉讼成为原告而已。《若干解释》第 24 条所说的“利害关系人”就是指这种类型的第三人。其表现形式有：

（1）行政处罚案件中的被处罚人或者受害人。依《行政诉讼法》及《若干解释》的规定，被处罚人和受害人均有权起诉行政处罚行为。如果只有被处罚人起诉，因受害人与处罚行为有利害关系，因而可以第三人的身份参加诉讼；如果只有受害人起诉，被处罚人也可以作为第三人。

（2）在房地产、矿产、森林等行政确权案件中的被确权人或其他主张权利的人。一般而言，被确权人对行政确认行为没有起诉的动机，但是行政确权行为一旦被诉，人民法院对其合法性的判断将直接影响到其法律地位，如行政确权行为被撤销，被确权人因该行为而取得的物权也将丧失，因此可以作为第三人参加诉讼。

（3）行政许可案件中的被许可人或许可争议人。在排他性行政许可中，被许可人对行政许可行为一般没有起诉动机，但是未获得许可的许可争议人如果起诉行政许可行为，人民法院对该行为的合法性判断将会影响到其法律地位，因而可以作为第三人参加诉讼。其他的未起诉的许可争议人同样可以作为第三人参加诉讼。

（4）行政裁决案中一方不服裁决向法院起诉的，未起诉的一方可以作为第三人参加诉讼。

（5）除以上几种情形以外，受具体行政行为影响的未起诉的其他利害关系人。

（二）其他第三人

这类第三人在行政法律关系中基本处于行政主体地位，具体又可以分为以下几类：

（1）被诉具体行政行为是被告与该行政主体的共同行为。这种第三人本应作为被告，只是无人起诉而已。此种情况是针对必要共同诉讼的一种补充情形。

（2）行政主体与其他不具有行政主体资格的个人或组织联合署名所作的具体行政行为被诉时，不具有行政主体资格的个人或组织可以第三人身份参加诉讼。这类第三人因不是行政主体而不能成为被告，但是可以成为第三人，必要时人民法院可判决由它承担一定的赔偿责任。

（3）两个作出相互矛盾具体行政行为的行政机关，一个被诉，另一个可以第三人的身份参加诉讼。

18.4 诉讼代理人

18.4.1 诉讼代理人的基本含义

根据法律规定、当事人或法定代理人的委托及法院的指定，以被代理人的名义进行诉讼行为的，称为诉讼代理；代理当事人进行诉讼行为的权限，称为诉讼代理权；行使诉讼代理权的人，称为诉讼代理人。

诉讼代理人具有以下特征：一是只能以被代理人的名义进行诉讼活动；二是参加诉讼的目的在于维护被代理人的合法权益；三是在代理权限范围内所实施的诉讼行为，其法律后果由被代理人承担。诉讼代理人与当事人共同作为行政诉讼的参加人。

18.4.2 诉讼代理人的种类

在行政诉讼中，根据诉讼代理人代理权限的来源，可将诉讼代理人分为法定代理人、委托代理人和指定代理人。

（一）法定代理人

法定代理是指根据法律的直接规定而产生的代理，法定代理人是指根据法律的直接规定行使诉讼代理权的人。《行政诉讼法》第 28 条规定："没有诉讼行为能力的公民，由其法定代理人代为诉讼。"可见，法定代理是专为无诉讼行为能力的公民进行诉讼而设立的一种代理制度。无诉讼行为能力的公民包括未成年人和精神病患者。法定代理来自法律的规定，而非当事人的委托。

法定代理人的代理权是基于监护权而产生的。未成年人的监护人可以由其父母、祖父母、外祖父母、兄、姐以及关系密切的其他亲属、朋友，或者未成年人父母所在单位或未成年人住所地的居民委员会、村民委员会、民政部门担任。精神病人的监护人由其配偶、父母、成年子女、其他近亲属、关系密切的亲属、朋友、精神病人所在单位或者住所地的居民委员会、村民委员会或者民政部门担任。法定代理人相互推诿代理责任的，由人民法院指定其中一人代为诉讼。法定代理人在参加诉讼时应当向人民法院提交身份证明，以证明与被代理人之间的监护关系。法定代理人存在的前提是被代理人没有诉讼行为能力，因此，如果被代理人具有或者恢复了诉讼行为能力，法定代理人即丧失代理资格。

（二）委托代理人

委托代理是指根据当事人、法定代理人的委托而产生的诉讼代理；被当事人、法定代理人委托代为进行诉讼行为的人是委托代理人。律师、社会团体、提起诉讼的公民的近亲属或者所在单位推荐的人，以及经人民法院许可的其他公民，可以受委托为诉讼代理人。

委托代理人的代理权是委托人授予的，其代理权限依委托人在授权委托书中所确定的授权范围而定。委托人的授权可分为一般授权和特别授权。一般授权即只在委托书上证明委托代理人仅有权代为进行诉讼行为；特别授权即委托代理人不仅有权代为进行诉讼行为，还可代为处分当事人的某些实体权利。因此，委托代理的权限来自当事人约定，而非法律直接规定。当事人委托两人代理诉讼的，授权委托书中应当分别记明委托代理人各自的代理事项和权限。委托代理人在授权范围内所进行的诉讼行为，视为被代理人的诉讼行为，对被代理人发生法律效力。委托代理人的代理权限如果发生变更或者解除，当事人应当书面告知法院，并由人民法院通知对方当事人。

（三）指定代理人

指定代理人是指受人民法院的指定而代理当事人进行诉讼活动的人。法院指定某人作为代理人的基本条件是：第一，当事人没有行为能力；第二，当事人没有法定代理人或者法定代理人没有行为能力；第三，诉讼活动必须进行。如果当事人具有行为能力，可以委托代理人进行诉讼；当事人虽然没有行为能力，但如果有法定代理人，可以由法定代理人进行诉讼；当事人没有行为能力，又没有法定代理人，如果诉讼不是必须进行，也不需要法院指定代理人进行诉讼。在行政诉讼中，上述三个条件同时具备的，通常是在第三人的情形下。如果原告没有行为能力，又没有法定代理人时，诉讼不可能必须进行；被告为行政主体，其必然具有行为能力，不存在需要法院指定代理人的问题。而在民事诉讼中，需要法院指定的情形，既包括第三人，也包括被告。

指定代理人与法定代理人都是为无行为能力的公民进行诉讼而设立的代理制度，但是，两种代理制度所产生的基础是不同的，代理人与当事人之间的法律关系和利害关系也是不同的，因此，其代理权限存在着区别。

本章小结

通过本章的学习，了解行政诉讼参加人的种类，掌握原告、被告的确定以及共同诉讼人和诉讼代理人。

行政诉讼参加人是指因与引起争议的具体行政行为存在直接利害关系而参加行政诉讼的整个过程或者主要阶段的人及与其诉讼地位类似的人，包括当事人和诉讼代理人。当事人是指因具体行政行为发生争议，以自己的名义到人民法院起诉、应诉和参加诉讼，并受法律裁判约束的公民、法人或者其他组织以及行政机关。

行政诉讼原告是指认为行政机关的具体行政行为侵犯其合法权益，而依法以自己的名义向人民法院起诉的公民、法人或者其他组织。行政诉讼被告是指作出原告认为侵犯其合法权益并向人民法院提起诉讼的具体行政行为，而由人民法院通知应诉的行政机关或者法律法规授权组织。共同诉讼人是指共同诉讼案件中的当事人。原告一方是两个或者两个以上主体的，称为共同原告；被告一方是两个或者两个以上主体的，称为共同被告。

行政诉讼中的第三人是指与提起诉讼的具体行政行为有利害关系的其他公民、法人、其他组织及行政机关。从行政审判实践来看，第三人的种类主要有以下两大类：类似于原告地位的第三人；类似于被告地位的第三人。

根据法律规定或者当事人、法定代理人的委托，以被代理人的名义进行诉讼行为的，称为诉讼代理；代理当事人进行诉讼行为的权限，称为诉讼代理权；行使诉讼代理权的人，称为诉讼代理人。在行政诉讼中，根据诉讼代理人代理权限的来源，可将诉讼代理人分为法定代理人、委托代理人和指定代理人。

关键术语

行政诉讼参加人　　当事人　　原告　　被告　　第三人　　共同诉讼人　　诉讼代理人

复习思考题

1. 行政诉讼参加人的种类有哪些？
2. 行政诉讼中当事人的特征是什么？
3. 确定行政诉讼被告的标准是什么？

4. 行政诉讼中的原告有哪些?
5. 第三人的特征有哪些?
6. 委托代理人的范围和诉讼地位是什么?

引例分析

本案涉及被免职的原厂长达某是否享有诉权的问题。被告认为，达某被免职，已经与王杨被服厂没有任何关系，因而不能向人民法院提起行政诉讼。但是，根据《行政诉讼法》第 2 条规定，公民、法人或者其他组织认为行政机关和行政机关工作人员的具体行政行为侵犯其合法权益，有权依照该法向人民法院提起诉讼。王杨镇人民政府免去达某厂长职务的行为侵犯了企业民主管理权，况且，原企业被责令解散后，职工自主谋生，只有原法定代表人才能代表全体职工，担负起维护全体职工合法权益的责任。所以，原厂长达某无论是维护自身的权益，还是维护本企业的权益，均是适格的原告。

实际上，关于非国有企业被强制合并后，该企业的法定代表人是否有权提起行政诉讼的问题，《行政诉讼法》并没有作出明确的规定。2000 年颁布的《若干解释》第 17 条规定，非国有企业被行政机关注销、撤销、合并、强令兼并、出售、分立或者改变企业隶属关系的，该企业或者其法定代表人可以提起诉讼。非国有企业是指国有企业以外的所有企业，主要包括集体企业和私营企业。《行政诉讼法》第 11 条第 1 款第 3 项规定，公民、法人或者其他组织认为行政机关具体行政行为侵犯法律规定的经营自主权的，有权提起行政诉讼。非国有企业被行政机关注销、撤销、合并、强令兼并、出售、分立或者改变企业隶属关系均属于涉及企业经营自主权的情形，因此企业有权提起诉讼。该条一方面肯定了非国有企业被行政机关强制终止后，企业的合法权益仍应受法律的保护，应当赋予其诉权；另一方面规定了非国有企业被行政机关强制终止后，该企业与企业的法定代表人均有权提起行政诉讼。为什么如此规定呢？这是因为如果企业中相关的权力机构有权行使诉讼权利，则由该企业提起行政诉讼；如果企业中相关的权力机构在企业终止后无法运作，例如企业的董事会、股东大会难以召开，此时法定代表人可以提起行政诉讼。这种规定解决了实践中存在的企业被行政机关强制终止后，无人有权提起诉讼的情形。

据此，企业或者法定代表人向人民法院提起行政诉讼，应该具备以下几个条件：(1) 必须是非国有企业。本案中王杨被服厂是一个集体企业，属于非国有企业的范畴。(2) 非国有企业被行政机关注销、撤销、合并、强令兼并、出售、分立或者改变企业隶属关系。如前所述，王杨被服厂是一个集体企业，根据《中华人民共和国城镇集体所有制企业条例》第 15 条规定，集体企业的合并、分立、停业、迁移或者主要登记事项的变更，必须符合国家的有关规定，由企业提出申请，报经原审批部门批准，依法向原登记机关办理变更登记。第 17 条规定，集体企业有下列原因之一的，应当予以终止：1) 企业无法继续经营而申请解散，经原审批部门批准；2) 依法被撤销；3) 依法宣告破产；4) 其他原因。本案中王杨镇人民政府强制注销、强令兼并王杨被服厂的行为未经任何法律程序，没有任何法律依据，明显违反了《城镇集体所有制企业条例》的有关规定，因而是无效的。

（3）非国有企业或者其法定代表人以非国有企业的名义提起诉讼。因此，达某作为原法定代表人以王杨被服厂的名义提起诉讼是正确的。

本章阅读书目

1. 高新华：《行政诉讼原告论》，北京，中国人民公安大学出版社，2006。
2. 胡肖华：《行政诉讼基本理论问题研究》，长沙，湖南人民出版社，1999。
3. 王彦：《行政诉讼当事人》，北京，人民法律出版社，2005。
4. 王胜明等：《行政诉讼中的被告》，北京，中国卓越出版公司，1990。

第19章

行政诉讼证据

引例

陆某是经营食品的个体工商户，在一次进货中进了大量的饼干，由于销售情况不好，保管不善，造成大量饼干发霉、变质。陆某眼见将要面临损失，心有不甘，为了减少损失，陆某将变质饼干自行处理后继续出售。饼干售出后，有顾客食用后身体不适，住院治疗，遂向当地县卫生局举报。县卫生局接到举报后，并没有赶到陆某的商店里调查取证，仅根据有关人员的举报，就作出了给予陆某警告并罚款500元的行政处罚决定。

陆某接到县卫生局的处罚决定后，认为县卫生局并没有调查取证，就草率地作出了行政处罚决定，属于事实不清，证据不足。陆某据此向人民法院提起诉讼，要求人民法院依法撤销县卫生局作出的具体行政行为。法院将起诉书送达县卫生局之后，县卫生局迅速赶到陆某的食品店调查、取证。在调查过程中，发现了确凿的证据，凭此证据，完全能够对陆某作出上述行政处罚决定。县卫生局据此请求人民法院作出判决，维持被告作出的行政处罚决定。

人民法院在审理该案的时候，发现被告提供的证据中存在问题，经调查发现，被告的主要证据是在原告提起行政诉讼、人民法院受理之后，自行向原告收集的。人民法院根据《行政诉讼法》以及《若干解释》的有关规定，依法判决撤销了县卫生局的行政处罚决定。

问：法院是否应当采信被告行政机关在法院受理行政案件后收集的证据？

任何诉讼都是由两个环节构成的，一是查明案件的事实，二是正确适用法律。而查明案件事实离不开证据。证据是指用以证明案件事实的一切材料和事实，行政诉讼证据就是指在行政诉讼中用以证明案件事实情况的一切材料和事实。行政诉讼证据与其他诉讼证据在基本规则上是相同的，但由于行政诉讼自身的特殊性，行政诉讼证据在形式、举证责任、证据的收集和采用上都有自己的特点，这点特点反映了行政诉讼的特殊之处。在行政诉讼中，规范证据制度的主要法律文件是《行政诉讼法》、最高人民法院的《若干解释》及 2002 年《最高人民法院关于行政诉讼证据若干问题的规定》（简称《证据规定》）。

重点问题

- 行政诉讼证据的特点
- 行政诉讼证据举证原则
- 法院不予采信的证据范围
- 证据效力大小的判断标准

19.1 行政诉讼证据概述

19.1.1 行政诉讼证据的基本含义

（一）证据

证据是指用以证明案件事实的一切材料和事实。可见，证据不单纯是材料和事实，这些材料和事实是要用来揭示案件事实真相的。证据的收集与甄别与查清案件事情有直接关联。

（二）行政诉讼证据

行政诉讼证据是指在行政诉讼中用以证明案件事实情况的一切材料和事实。受行政诉讼性质决定，其证据制度具有如下特点：

（1）行政诉讼证据所要证明的最终事实是被诉具体行政行为是否合法，而在民事诉讼和刑事诉讼中证据最终在于形成法律事实。人民法院在审查被诉具体行政行为是否合法时，主要审查两方面的内容：一是被诉具体行政行为合法性的事实依据；二是被诉具体行政行为合法性的法律依据。相应地，当事人所提供证据的证明对象包括事实依据和法律依据两个方面。

（2）行政诉讼被告必须自始至终地承担证明被诉具体行政行为合法的法定举证责任，但是在特殊情况下原告也承担部分证明责任。

（3）行政诉讼被告在诉讼过程中，不得自行向证人和原告收集证据，作为被告代理人的律师也不得自行向原告和证人收集证据，这也是行政诉讼证据规则的特色之一。

（4）人民法院在行政诉讼中有收集证据的权力，而无收集证据的义务，其主要任务是审查判断证据。

19.1.2　行政诉讼证据的种类

行政诉讼中的证据分为学理意义上的证据种类和法律意义上的证据种类。

（一）学理意义上的证据分类

在学理上，根据不同的需要和标准，可以将行政诉讼证据分为以下几种：

（1）本证和反证。按照行政诉讼证据与当事人主张的关系，证据可以分为本证与反证。本证是指当事人为支持和证明自己所提主张的证据。反证是指当事人为反驳对方当事人主张所提出的证据。这种分类的作用是：第一，有助于判断证据的利益倾向。一般地说，本证对主张提出者有利，反证对反驳对方主张者有利。第二，有助于判断主张的变化情况。本证用于证明新主张、新事实，反证则用于对业已提出的主张和事实的反驳。

（2）直接证据和间接证据。按照证据与证明对象的关系，可以将证据分为直接证据和间接证据。直接证据是仅以证据本身具有的性质、特征和内容就可以证明案件事实的证据。间接证据是需要借助于其他证据支持才能对案件事实产生证明作用的证据。直接证据能够独立地证明案件事实，证明方式简便，证明效力强，证明可靠性大。间接证据不能单独证明案件事实，需要其他证据的辅助和配合。使用间接证据，应当注意间接证据的证明对象的一致性。各间接证据结合起来共同证明一个案件事实时，各间接证据结合起来得出的证明结合应当是唯一的、排他的。因此，直接证据和间接证据在证明力及证据使用上有较大差别。

（3）原始证据和派生证据（传来证据）。按照证据的来源，可以将证据分为原始证据和派生证据。原始证据是直接来源于案件事实或者在案件事实直接作用下形成的证据，派生证据是从原始证据中衍生出来或者在信息传递中间环节中形成的证据。原始证据的证明力比派生证据强，可信度高，能够直接反映案件的真实情况。所以证明活动中应当尽量收集和采用原始证据。原始证据不可再生，需要特别注意对原始证据的保全。

（4）人证和物证。这也是按照诉讼证据的来源所作的分类。人证是指来源于当事人、证人、鉴定人员和审判人员的证据，如当事人陈述、证人证言、鉴定结论以及勘验、现场笔录等。物证即以物的形状、大小、颜色、性能等特征反映案件真实情况的证据。区分人证与物证的关键并不在于证据载体，而在于证据来源。把行政诉讼证据划分为人证和物证，对于人民法院根据证据来源的不同特点审查和判断证据具有一定意义。

（5）主要证据和次要证据。这是根据证据所证明的案件事实对于解决案件的重要性所作的分类。主要证据是证明案件主要争议事实存在与否的证据。次要证据是证明案件主要争议事实以外的其他事实的证据。在行政诉讼中对主要证据负有法定举证责任的被告如举不出主要证据，则将败诉。次要证据在诉讼中的作用主要是加强或者削弱主要证据的证明力。

（二）法律规定的证据种类

根据《行政诉讼法》第 31 条的规定，行政诉讼证据分为七类。

（1）书证。书证是指以文字、符号、图案等形式记载的，能够表达人的思想和行为的、能证明案件事实的物品，例如各种文件、书信、委托书、证明书等。按照不同的标准可以将书证分为若干种类，例如国家机关依职权制作的文书，是公文书证；私人制作的文书，是私人书证；能够引起法律关系发生、变更或消灭的，是处分性书证；表明某一法律事实存在的，是报道性书证。书证的主要特征在于：一是它以文字、符号或图画的方式来反映人的思想和行为；二是它能将有关的内容固定于纸面或者其他有形物品上，而不管其载体与制作方法具体为何。

（2）物证。物证是指以其本身固有的形态、品质、规格等证明案件事实的物品或痕迹，例如被检查扣押的伪劣商品，从事违法活动使用的工具器材等。物证的主要特征包含下列方面：一是具有特定性。物证具有的形态、品质和规格是特定物品本身所固有的，不可改变也不能代替。二是具有客观性。物证是独立于人们意志以外的客观物质，有较强的客观性质。

物证与书证有着密切的关系。在某些情况下，同一物品可以同时作为书证和物证使用。如果以其书写的内容来证明待证事实，就是书证；如果以其外部特征来证明待证事实，就是物证。它们的区别在于：一是书证是以其记载的内容证实人的思想或行为，物证的证明途径则是不具有思想内容的物质的外部特征；二是法律对某些书证的内容有特殊的条件要求，不具备法定条件的书面记载不能起证明作用。因此，书证与物证的区别不在于外在载体，而在于其证明方式和途径。

（3）视听资料。视听资料是指用以证明案件事实，利用录音、录像等设备取得的音响图像材料和利用电脑等设备取得和存储的数据材料，例如录音带、录像片、电影胶卷、电话录音等。视听资料证据的主要特征是：一是取得和储存手段的科学性。就是说，这类证据的取得和储存必须借助科学设备和技术。二是使用和保存的便利性。它能够生动真实地记录和再现案件事实，利用起来方便，且体积小、重量轻，易于收集和保管。

（4）证人证言。证人证言是指证人就其所了解的案件事实向人民法院或当事人所作的陈述。证人是指接受人民法院询问、当事人的调查或者到法庭上作证的单位或个人。证人证言的主要特征是：一是证人与案件审理结果没有法律上的利害关系。诉讼参加人不能作证人。办理本案的审判人员、书记员、鉴定人员、翻译人员、检察人员和诉讼代理人不应当成为证人。二是证人证言只能是对案件事实本身的陈述。证人对案件情况的分析、评价、推测和猜想不是证言，不是证人亲身经历和耳闻目睹的陈述不是证言。所以并非所有证人的言论均可作为证言，仅是针对案件事实本身的亲身经历方能成为证言。

（5）当事人的陈述。当事人的陈述，是指诉讼当事人在诉讼过程中就案件的有关事实向人民法院所作的说明。仅就案件的争议事实而言，在民事诉讼中，当事人的陈述包括当事人自己说明的案件事实和对案件事实的承认。在行政诉讼中情况有所不同。行政诉讼原告只能是公民、法人或者其他组织。它们的陈述，限于对有关具体行政行为合法性和自己的合法权益受到具体行政行为侵害的事实所提出的情况说明，包括对被告方主张的反驳。行政诉讼被告只能是国家行政机关。它的陈述限于其行使国家行政职权作出具体行政行为的事实和所依据的规范性文件，包括对原告方主张的反驳。

（6）鉴定结论。鉴定结论是指鉴定人员运用其专门知识，或者同时利用专门材料和设备对有关案件事实的专门技术性问题进行分析鉴别所作出的科学判断和结论，例如医学鉴定、审计鉴定、交通事故鉴定和其他鉴定。鉴定结论的主要特征是：一是证明的独立性。

鉴定结论是鉴定人员以自己的专门知识，按照科学技术的标准对案件事实所作的独立结论，往往可以不靠佐证而独立地起证明作用，这往往要求鉴定机构及鉴定人员需要有专门资质。二是事实判断性。鉴定结论仅是对专门性问题的科学判断，属于客观事实判断，不是法律价值评价。

（7）勘验笔录、现场笔录。勘验笔录是指行政机关工作人员或者人民法院审判人员对与行政案件有关的现场或者物品进行勘查、检验、测量、绘图、拍照等所作的记录。勘验与案件有关的现场或者物品，有关工作人员应当出示工作证件，并邀请当地基层组织或者当事人所在单位派人参加。

现场笔录是指行政机关工作人员在行政管理过程中对与行政案件有关的现场情况及其处理所作的书面记录，如行政机关工作人员在作出行政处罚决定过程中对违法当事人的违法行为的事实、情节、程度以及当场作出处罚的情况所作的记录。由于这种笔录是行政机关工作人员单方进行的，为了保证其具有证据力，要求行政机关工作人员在作出笔录时应严格按照法定程序进行，并至少有两名工作人员同时在场，有当事人或者现场见证人签名。

行政机关及其工作人员制作的现场笔录和勘验笔录，由于其主要体现了行政机关的判断与认知，因此必须在法庭上经过当事人进行质证，才能作为认定案件事实的证据。

19.1.3 行政诉讼的证明对象

（一）行政诉讼的证明对象

行政诉讼上的证明是指人民法院和当事人收集并运用证据证实或查明案件真实情况的诉讼活动。

行政诉讼的证明对象又称待证事实，是指行政诉讼中真实情况不明、需要加以证明的、对案件的解决具有重要意义的事实。

（1）待证事实是对案件的解决具有重要意义的事实。所谓对案件的解决具有重要意义的事实，是指依法能够引起争议行政法律关系产生、变更和消灭的法律事实，这些事实与当事人的主张或答辩具有法律上的因果关系，它们的存在与否决定当事人的诉讼主张或答辩能否成立。

（2）待证事实是真相不明的法律事实。并非所有与争议行政法律关系有关的法律事实都需要运用证据予以证明，有些事实是无须证明的。一般来说，案件的待证事实是真相不明、当事人之间发生争议以及与争议有关的事实。

（3）待证事实不仅包括案件事实，而且包括证据事实。证据须经人民法院审查属实才能作为定案的根据，因而当证据事实的真实性不明时，证据本身也是证明的对象，其真实性需通过其他真实性无须证明的证据来证明。

（4）行政诉讼的待证事实还包括被告行政机关作出具体行政行为所依据的规范性文件。这是行政诉讼证据证明对象的一个显著特点，即在行政诉讼过程中，作为被告的行政机关需要提供其作出该具体行政行为的规范依据。

（二）无须证明的事实

（1）众所周知的事实。在诉讼中，众所周知的事实不是证明对象，当事人不必加以证明，法院有权对这些事实进行“司法认知”。这些众所周知的事实不仅包括生活性常识，也包括审判人员的职权知识。

（2）法院预决的事实。本案案件事实的一部分已由法院在其他案件中作出判决，这一判决生效后对法院审理与该判决有联系的其他案件具有约束力。这种由法院在已生效的判决中先行确定的事实称为法院预决的事实。当事人对法院预决的事实不必加以证明，只需提供判决书副本即可，这可以保证法院判决的一致与连贯。

（3）当事人承认的事实。当事人承认的事实指当事人一方对另一方提出的案件事实和证据事实表示承认其存在的事实。承认可以用口头或书面方式作出。经当事人承认的事实一般不再是证明对象。在待证事实中除去当事人承认的事实有利于把人民法院和诉讼当事人的注意力集中在案件中有争议的事实以及与争议事实有关的事实上，从而节省时间和诉讼费用。

（4）推定的事实。推定的事实是指当某些事实被证明以后依照法律的规定假定其存在的另一些事实。由于从某一事实推定出另一事实是法律规定的，并免除了当事人双方或一方对推定的事实进行证明的责任，因此，这种推定称为法律上的推定或证据的推定。法律推定可分为：

第一，不可反驳的法律推定，这种推定不能被当事人提供的反证推翻。如我国《行政诉讼法》1990 年 10 月 1 日施行以后即推定本法的内容已为每个公民所知晓，尽管实际上可能存在有的公民不了解行政诉讼法内容的情况，但他们仍不得通过证明其不知道行政诉讼法关于诉讼时效的规定来要求恢复因时效丧失而失去的诉权。

第二，可以反驳的法律推定，又称相对的法律推定，即当事人可用足够的证据予以辩驳的法律推定。例如，《民事诉讼法》第 69 条规定，经过法定程序公证证明的法律事实和文书，人民法院应当作为认定事实的根据，但有相反证据足以推翻公证证明的除外。由此可见，与前一种类型不同，可以反驳的法律推定在一定条件下可以被反驳和推翻。可以反驳的法律推定免除了因推定事实的存在对其有利而本应存在的责任，却把从反面证明推定事实不存在的责任施加到另一方当事人身上。可见，可以反驳的法律推定具有改变当事人负担举证责任一般规则的作用。

19.1.4 行政诉讼证据的审查和采用

行政诉讼证据的审查和采用，是人民法院依照证据法对合法取得和接受的证据进行审查、核对和证实，确定其证据效力和证据作用，并用以证明和确定案件事实的活动。审查是采用的前提，只有符合法定要求的证据，才能采用去证明案件事实。

（一）可定案证据的特征

可定案证据是行政诉讼证据中可以被法院用作定案根据的证据，也称可采性证据。凡可定案证据都具有真实性、相关性和合法性三个特征，人民法院据此判断证据是否为可定案证据。

（1）可定案证据的真实性。真实可靠是行政诉讼证据发生证明力的首要条件，如果在定案时人民法院采用了不真实的证据必然会作出错误的结论。真实的证据是客观存在的证据，它的对立面是虚假证据。真实性是证据审查首先需要确定的，接下来才是对证据相关性与合法性的审查。

(2) 可定案证据的相关性。与案件事实没有关系的证据即使真实可靠也毫无证明价值可言。相关性是人民法院审查、判断证据一个重要标准。证据的相关性必须同时具备两项独特的要素：第一，它必须有助于证明或否定一个事实结论；第二，这个事实结论与一项指控、请求或答辩有因果关系。证据与待证事实之间的因果关系是判定证据相关性的基准。

(3) 可定案证据的合法性。凡具有真实性和相关性的证据都具有证明价值，但有证明价值的证据不一定都能为法院所采纳。法律可以排除某项具有证明价值的证据的可采性。我国法律没有规定在何种情况下应依法排除具有证明价值的证据，但传统诉讼法理论认为证据的形式和取得证据的方式、方法合法是证据成为可定案证据的条件之一。

(二) 法院不予采信的证据

当事人所提交的证据只有符合上述三种特性，法院才能将其作为定案的依据。根据最高人民法院的司法解释，下列证据材料因不能同时具备上述三种特性而不能作为定案的依据：

(1) 严重违反法定程序收集的证据材料。

(2) 以偷拍、偷录、窃听等手段获取的侵害他人合法权益的证据材料。

(3) 以利诱、欺诈、胁迫、暴力等不正当手段获取的证据材料。

(4) 当事人无正当事由超出举证期限提供的证据材料。

(5) 在中华人民共和国领域外或者在中华人民共和国特别行政区和台湾地区形成的未办理法定证明手续的证据材料。

(6) 当事人无正当理由拒不提供原件、原物，又无其他证据印证，且对方当事人不予认可的证据的复制件或者复制品。

(7) 被当事人或者他人进行技术处理而无法辨明真伪的证据材料。

(8) 不能正确表达意志的证人提供的证言。

(9) 以违反法律禁止性规定或者侵犯他人合法权益的方法获得的证据。

(10) 被告及其诉讼代理人在作出具体行政行为后或者在诉讼过程中自行收集的证据。

(11) 被告在行政程序中非法剥夺公民、法人或者其他组织依法享有的陈述、申辩或者听证权利所采用的证据。

(12) 原告或者第三人在诉讼程序中提供的、被告在行政程序中未作为具体行政行为依据的证据。

(13) 复议机关在复议程序中收集和补充的证据，或者作出原具体行政行为的行政机关在复议程序中未向复议机关提交的证据，不能作为法院认定原具体行政行为合法的依据。

(14) 不具备合法性和真实性的其他证据材料。

(三) 人民法院审查核实证据的原则

人民法院审查核实证据的基本原则是全面客观。这个原则的法律基础是《民事诉讼法》第64条的规定。首先，人民法院应当将收集和接受的所有证据全部纳入审查范围，不因其来源和种类而舍此就彼。其次，人民法院应当站在完全客观公正的立场上进行对证据的审查，避免先入为主或者主观臆测。

实事求是长期以来一直是我国诉讼法学界公认的人民法院审查、判断证据的原则。它要求人民法院从实际出发，忠实于案件事实真相，按照事物的本来面目审查、判断证据。实事求是原则要求在证据审查核实过程中，应当按照法律确定的步骤和方式，对证据的真实性、相关性与合法性作出公允判断。

（四）人民法院审查核实证据的程序

人民法院对证据的审查程序，应当依法进行。按照《行政诉讼法》的规定，各类证据都要经过法庭审查属实，才能作为定案的根据。

法庭审查证据的进行，主要内容是在人民法院的主持和指挥下，将合法取得和接受的证据在法庭上出示，证人出席法庭作证或者由他人宣读证词，当事人质证并可进行辩论。

一切证据原则上均应在法庭上出示，并经庭审质证，才能作为定案的依据，即使是法院调取的证据也应经过这一程序。因此，在经合法传唤，被告无正当理由拒不到庭而需要依法缺席判决时，被告提供的证据因未经质证而不能作为定案的依据。对当事人申请法院调取的证据，由申请调取证据的当事人在庭审中出示，并由当事人质证；对法院依职权调取的证据，应由法庭出示，并可就调取该证据的情况进行说明，听取当事人意见。

19.2 行政诉讼的举证责任

19.2.1 行政诉讼举证责任的负担原则

举证责任，又称“证明责任”，是指当事人双方必须就应当由自己举证的事实加以证明，否则便承担败诉风险及不利诉讼后果的诉讼法律责任。举证责任包括两方面的内容：一是由谁负责提供证据证明特定的案件事实，即举证责任的分配；二是不能履行举证责任时可能引起何种法律后果。

举证责任的分配是诉讼的关键所在；行政诉讼中举证责任的分配，是行政诉讼的特色。

在诉讼过程中，举证责任通常采用“谁主张，谁举证”原则来确定承担者，即哪一方当事人提出了诉讼主张，就由其提供证据证明自己的主张能够成立，否则法院不予承认。《行政诉讼法》第32条规定：“被告对作出的具体行政行为负有举证责任，应当提供作出该具体行政行为的证据和所依据的规范性文件。”2002年《证据规定》也对原告承担某些举证责任作出了明确规定。可见，行政诉讼法确定的是主要由被告行政机关负举证责任，原告也承担某些举证责任的原则。其基本根据是：

（1）人民法院审理行政案件是对具体行政行为的合法性进行审查，而被诉具体行政行为又是由行政机关作出的，因而由行政机关举证证明其所作出的具体行政行为合法，符合自然公正原则，也有利于督促行政机关审慎合法地行使行政职权。

（2）依据法治原则，行政机关必须依法行政，由此产生对行政机关的两项基本要求：

一是根据正当法律程序的要求，行政机关必须在有充分事实根据的基础上，才能对当事人作出具体行政行为，即“先取证，后决定”；二是行政机关必须根据明确的法律规定，才能对当事人作出具体行政行为。当公民、法人或者其他组织认为行政机关的具体行政行为侵犯自己的合法权益，向人民法院起诉后，行政机关应当有责任证明其所作出的具体行政行为是有充分的事实根据和法律根据的。

（3）被告行政机关的举证能力比原告强，行政机关是在某一领域的专门管理部门，技术手段先进，人员素质高，特别是在环境保护、食品卫生、发明专利等专业性很强的行政案件中，行政机关的举证能力显然强于原告。并且对作出具体行政行为的记录与档案也由行政机关保存，由行政机关举证也更为便利。

（4）与原告相比，被告行政机关对其作出的具体行政行为的根据更为了解。

行政诉讼法确定由被告行政机关负担举证责任，也就意味着当人民法院受理原告的起诉时即假定被诉具体行政行为违法，需要被告提供事实依据和法律依据来证明自己的具体行政行为是合法的，从而推翻违法假定。当被告不能提供事实根据和法律根据证明自己的具体行政行为是合法的，则违法假定成立，这与在行政过程中行政行为的“公定力”恰好是相辅相成的。

19.2.2 行政诉讼证据的来源

行政诉讼证据来源于三个方面：一是被告举证；二是原告举证；三是人民法院依职权收集和保全证据。由于被告行政机关负担主要举证责任，因此行政机关举证是行政诉讼证据的主要来源。

（一）被告举证

（1）被告举证的事项包括：第一，提供当事人行为违法的事实根据和法律根据；第二，提供被诉具体行政行为合法性具有充分确实根据的证据；第三，提供被诉具体行政行为符合法定程序和要件的证据；第四，提供被诉具体行政行为合法性的规范性文件依据；第五，认为原告起诉超过法定期限的，提供必要的证据等。

（2）被告举证的期限。根据《行政诉讼法》第 32 条和第 43 条的规定，被告行政机关应当在收到起诉状副本之日起十日内提交答辩状，并提供作出具体行政行为时的证据、依据；被告不提供或者无正当理由逾期提供的，应当认定该具体行政行为没有证据、依据。

（3）被告对行政诉讼证据的收集。《证据规定》第 3 条规定：“在诉讼过程中，被告及其诉讼代理人不得自行向原告和证人收集证据。”这一规定意味着被告及其代理人在诉讼过程中自行向原告和证人收集的证据，以及被告在作出具体行政行为之后至原告起诉人民法院受理之前自行向原告和证人收集的证据，无论该证据是否合法、客观，人民法院均不承认其证据效力。但同时也有例外情况，即《证据规定》第 2 条规定：“原告或者第三人提出其在行政程序中没有提出的反驳理由或者证据的，经人民法院准许，被告可以在第一审程序中补充相应的证据。”

行政诉讼之所以确立了这一规则，主要是因为：

第一，先取证再作出具体行政行为，是具体行政行为合法的前提。如果被告是在没有取得证据的条件下作出具体行政行为的，则其具体行政行为已构成违法。在行政诉讼过程中再收集证据，即使其收集的证据是真实的和有证明力的，也不能使其违法的行政行为取得合法性。这要求行政机关在作出行政行为时要符合程序性要求。

第二，在行政管理中被告享有种种权力，能采取各种强制手段。如果允许其在行政诉讼过程中自行向原告和证人收集证据，则被告有可能利用其行政权力和强制手段，对原告和证人进行威逼利诱，制造出假证据，或诱使原告和证人提供虚假证词，以掩盖其具体行政行为的违法情形。这是基于行政诉讼现实状况而设计的制度防范。

第三，进入诉讼程序后，行政机关继续自行收集证据，恰恰说明行政机关的具体行政行为是在无事实根据或者没有足够证据的情况下作出的。对这种先裁决后取证的做法的认可，是对违法行为的认可，不利于行政机关依法行使职权，不利于维护公民、法人或者其他组织的合法权益。

因此，行政机关在诉讼过程中收集证据应该遵循以下规则：第一，禁止在行政诉讼过程中自行向原告和证人收集证据；第二，在诉讼期间的诉讼代理人也不得在行政诉讼过程中自行向原告和证人收集证据；第三，在诉讼期间，禁止委托其下属机构、社会中介组织或者以其他名义实施的收集本案证据的行为；第四，复议机关在复议过程中收集和补充的证据，虽然从复议角度讲完全是合法的，但也不能作为人民法院维持原具体行政行为的根据。

（4）被告举证不能的法律后果。被告在行政诉讼中不能妥善履行或者拒绝履行上述举证义务，应视为被诉具体行政行为没有事实根据或者法律依据，被告应承担败诉的法律后果。具体而言：

第一，如果被告不能提供作出具体行政行为或不作为的事实根据，人民法院应以“主要证据不足”为理由，判决撤销被诉具体行政行为或判决被告作出具体行政行为。

第二，如果被告提供的证据不够充分，未能证明主要的案件事实，人民法院应判决撤销被诉具体行政行为，并判决被告重新作出具体行政行为。

第三，如果被告不能提供据以作出具体行政行为的法律、法规和规章，则应以“适用法律、法规错误”判决撤销被诉具体行政行为。

第四，如果被告不能提供据以作出具体行政行为的法律、法规，仅提出有关行政规章，则人民法院应对规章的制定依据进行分析，如法律、法规对本案相关内容确实尚未规定，且规章的制定有法律的依据，可以参照规章的规定认定具体行政行为的合法性。

第五，如果其他法律、法规对本案内容已有规定或规章本身缺乏立法依据，则人民法院不应参照规章，而应以“适用法律、法规错误”判决撤销被诉具体行政行为。这事实上赋予了法院对规章合法性的审查权力，可以决定规章在个案中是否适用。

第六，如果被告未能提供法律、法规、规章，仅提供其他规范性文件，或被告在提供法律、法规、规章的同时，还提供了其他规范性文件，但其具体行政行为主要是依据其他规范性文件作出的，人民法院不能认为被告已经提供了法律根据，应以“适用法律、法规错误”判决撤销被诉具体行政行为。

第七，如果被告在提供法律、法规、规章的同时，还提供了其他规范性文件，其具体行政行为虽然符合法律、法规、规章的原则规定，但有关行政程序的规定、行政自由裁量权的行使是以其他规范性文件为依据的，则人民法院应审查具体行政行为是否符合有关的程序规定，对不符者以“违反法定程序”为由撤销被诉具体行政行为，并判决被告行政机关重新作出具体行政行为。同时，人民法院还应审查行政自由裁量权的行使是否符合其他规范性文件的精神，对不符者则以“滥用职权”为由撤销被诉具体行政行为。

（二）原告举证

（1）原告对下列事项承担举证责任：

第一，提供其符合起诉条件的相应的证据材料。

第二，在起诉被告不作为的案件中，提供其在行政程序中曾经提出申请的证据材料，但被告应当依职权主动履行法定职责的、原告因被告受理申请的登记制度不完备等正当理由不能提供相关证据材料并能够作出合理说明的除外。

第三，在一并提起的行政赔偿诉讼中，证明因受被诉行为侵害而造成损失的事实。

第四，其他应当由原告承担举证责任的事项。

另外，《证据规定》第 6 条规定，原告可以提供证明被诉具体行政行为违法的证据，原告提供的证据不成立的，不免除被告对被诉具体行政行为合法性的举证责任。因此在行政诉讼中，原告的举证责任是补充性的，主要举证责任由被告负担。

（2）原告举证的期限。原告或者第三人应当在开庭审理前或者人民法院指定的交换证据之日提供证据。因正当事由申请延期提供证据的，经人民法院准许，可以在法庭调查中提供。逾期提供证据的，视为放弃举证权利。原告或者第三人在第一审程序中无正当理由未提供而在第二审程序中提供的证据，人民法院不予采纳。

（三）人民法院依职权收集和保全证据

在诉讼过程中，当事人负有举证责任，如果当事人提供的证据不足，人民法院有权要求补充证据。人民法院只在特殊情况下，依职权向有关行政机关以及其他组织、公民调取证据。根据《证据规定》的规定，需要由人民法院收集和调查的证据，主要有两类：一是涉及国家利益、公共利益或者他人合法权益的事实认定的，涉及依职权追加当事人、中止诉讼、终结诉讼、回避等程序的；二是原告或者第三人及其诉讼代理人提供了确切线索，但无法自行收集而申请人民法院调取的证据，包括由国家有关部门保存而须由人民法院调取的证据材料，涉及国家秘密、商业秘密、个人隐私的证据材料，确因客观原因不能自行收集的其他证据材料等。

19.2.3 证据保全

《行政诉讼法》第 36 条规定：“在证据可能灭失或者以后难以取得的情况下，诉讼参加人可以向人民法院申请保全证据，人民法院也可以主动采取保全措施。”

所谓证据保全，就是人民法院在证据可能灭失或者以后难以取得的情况下，采取制作笔录、绘图、拍照、录音、录像、提取并保管有关证据等措施，使证据的证明价值保存下来的一种诉讼行为。诉讼证据是人民法院查明事实、分清是非的依据，是正确处理案件的关键。没有充足的证据，具体行政行为的合法性便无法确认，行政争议也无法解决。所以，在诉讼前或者诉讼中，如果出现证据可能灭失或者以后难以取得的情况，需采取证据保全措施，使对案件审理具有重要意义的证据得以保存下来，从而为人民法院查明案件事实，正确、合法、及时地作出裁决提供有力的保障。

根据《行政诉讼法》第36条的规定，证据保全可以通过两个途径进行：一是诉讼参加人申请，人民法院采取保全措施；二是人民法院依职权主动采取证据保全措施。但是，无论采用何种办法，采取证据保全措施一般都应当具备以下条件：第一，进行证据保全应当在行政诉讼发生之后，人民法院进入调查程序之前。第二，保全的证据与行政案件诉讼标的法律关系的发生、变更、消灭具有关联性。第三，必须存在可能灭失或者以后难以取得的情况，如证人患重病危在旦夕或即将出国，可用作证据的物品将要或者正在腐烂、变质，当事人有隐匿、转移有关证据的迹象等。只有同时具备了以上三个条件，才能进行证据保全。这实际上为证据保全提出了限制性条件，可以防止证据保全被滥用。

19.3 证据效力强弱的判断

在对证据进行审核认定过程中，如果发现证明同一事实的数个证据，其证明效力一般可以按照以下情形分别进行认定：

（1）国家机关以及其他职能部门依职权制作的公文文书优于其他书证。

（2）鉴定结论、现场笔录、勘验笔录、档案材料以及经过公证或者登记的书证优于其他书证、视听资料和证人证言。

（3）原件、原物优于复制件、复制品。

（4）法定鉴定部门的鉴定结论优于其他鉴定部门的鉴定结论。

（5）法庭主持勘验制作的勘验笔录优于其他部门主持勘验制作的勘验笔录。

（6）原始证据优于传来证据。

（7）其他证人证言优于与当事人有亲属关系或者其他密切关系的证人提供的对该当事人有利的证言。

（8）出庭作证的证人证言优于未出庭作证的证人证言。

（9）数个种类不同、内容一致的证据优于一个孤立的证据。

以上情形认定为行政诉讼中判断具体证据的证明力提供了直接的规范依据。

本章小结

通过本章的学习，了解行政诉讼证据的概念和分类，明确行政诉讼的举证责任，掌握行政诉讼证据的来源。

行政诉讼证据是指在行政诉讼中用以证明案件事实情况的一切材料和事实。

根据不同标准，可以将证据分为直接证据和间接证据、原始证据和传来证据、主要证据和次要证据、言词证据和实物证据、本证和反证等。《行政诉讼法》根据证据的来源和表现形式，将其分为以下七类：书证，物证，视听资料，证人证言，当事人陈述，鉴定结论，勘验笔录、现场笔录。

行政诉讼的举证责任，又称“证明责任”，是指当事人双方必须就应当由自己举证的事实加以证明，否则便承担败诉风险及不利诉讼后果的诉讼法律责任。

行政诉讼证据来源于三个方面：一是被告举证；二是原告举证；三是人民法院依职权收集和保全证据。

关键术语

证据　行政诉讼证据　直接证据　间接证据　本证　反证　原始证据　行政诉讼的举证责任

复习思考题

1. 什么是行政诉讼的证据？
2. 行政诉讼证据的种类有哪些？
3. 行政诉讼的举证责任如何分配？
4. 行政诉讼证据的来源有哪些？

引例分析

在本案中陆某因所进饼干太多，导致很多饼干发霉变质，陆某为减少损失，私自加工处理变质饼干并出售，无疑是违法行为。但是由于县卫生局违反了法定程序，并没有经过调查取证，只凭举报就对陆某作出了行政处罚决定，属于事实不清，证据不足，已经违反了“先取证，后裁决”的程序规则。直至人民法院受理该行政案件之后，县卫生局才赶到陆某的食品店调查、取证，这种行为又违反了法律规定。所以，根据有关法律，虽然县卫生局在诉讼过程中收集、提交的证据能够证明案情，但是，因为该证据不具有合法性，不能为法庭所采用。因此，人民法院裁决撤销县卫生局的具体行政行为是正确的。

对此案，有不同意见认为，被告在诉讼期间的取证行为，是对原具体行政行为的补证，虽然没有经过人民法院准许，但是只要查证属实，仍可以作为认定被诉具体行政行为合法性的依据。如果对此种补证行为一概予以否认，势必影响行政管理的有效性，使违法行为得不到应有的法律制裁。

这实际上是对《行政诉讼法》第33条的理解的问题。有人理解为，被告只要经过人民法院允许，就可以在诉讼过程中向原告和证人收集证据。事实上该条文的原意并非如此，因为该条并没有表达“经过人民法院允许”的意思。在被告的取证实践上，被告不能“自行”决定，人民法院也不能允许被告私下进行取证。要取证应当是在开庭时，在法庭的主持下进行。被告可以根据《行政诉讼法》第34条的规定，请求人民法院向原告调取证据或者要求提供、补充证据。

基于以上理由，被告在诉讼期间不应该、也没有必要自行向原告和证人取证。被告如果在行政诉讼期间，违反《行政诉讼法》的相关规定自行向原告和证人取证，就要承担相应的败诉责任，虽然其取证的行为是基于良好的愿望，但这并不能掩盖其违法的本质。而且如果允许这种情况发生，其危害性要远远大于由此而带来的有益性，可能直接导致行政诉讼中的原告权利得不到保障，进一步鼓励被告违规操作、粗暴执法、漠视人权的行为，这是与法治精神不相符合的。

本章阅读书目

1. 甘文：《行政诉讼法司法解释之评论——理由、观点与问题》，北京，中国法制出版社，2000。

2. 徐继敏：《行政证据研究》，北京，中国法制出版社，2006。

3. 吕立秋：《行政诉讼举证责任》，北京，中国政法大学出版社，2001。

4. 胡建森等：《行政诉讼证据的实证与理论研究》，北京，中国法制出版社，2010。

5. 吴淞豫：《行政诉讼证据合法性研究》，北京，法律出版社，2009。

第20章

行政诉讼程序

引例

某镇人民政府批准将某村第一大街与区管道交叉口西北角的一块空地给予刘某，让刘某作为宅基地使用，并核发了005801号房屋准建证，准建房屋4间。6个月后，刘某准备开工的时候，镇政府以规划有变动为由，令刘某暂停开工，等规划下来之后再按照规划动工。但是此后不久，镇政府又以208号建设工程规划许可证，将批给刘某使用的宅基地重新批给了另一村民张某使用。刘某认为镇政府作出的208号建设工程规划许可证将同一块土地重复发证给别人，侵犯了自己的土地使用权，故依法向某市某区人民法院提起行政诉讼，请求人民法院判决撤销镇政府的具体行政行为。某区人民法院受理该案后，及时向镇政府送达诉状副本，告知其10日内提交答辩状及有关证据、材料。镇政府在法定期限内，既不答辩，也不提供有关证据、材料。某区人民法院两次确定了开庭日期，依照法定程序传唤被告镇政府到庭参加审理，但是镇政府无正当理由拒绝到庭应诉。

某区人民法院经过审理认为：被告不答辩、不举证，且经过人民法院两次合法传唤，无正当理由拒不出庭参加诉讼，依照《行政诉讼法》的有关规定，可以缺席判决，撤销了被告作出的208号建设工程规划许可证。

问：被告拒不出庭应诉，法院能否作出判决？

行政诉讼程序主要由起诉与受理、第一审程序、第二审程序、审判监督程序、执行程序构成。行政诉讼是人民法院解决行政争议的司法活动，其活动的基本原则是“不告不理”，因此行政诉讼只有原告起诉，法院才能受理，并进而进行审理。行政诉讼的审理程序有自身的特点，它围绕着行政主体具体行政行为的合法性进行审理活动。行政诉讼的执行程序因为一方是行政主体而具有其自身的特点。

重点问题

- 原告起诉的条件
- 法院受理的法律意义
- 行政诉讼一审程序的特点
- 被告改变被诉具体行政行为的限制

20.1 起诉与受理

20.1.1 起诉

（一）起诉的含义与类型

在行政诉讼中，起诉是指公民、法人或者其他组织认为自己的合法权益受到行政机关具体行政行为的侵害，而向人民法院提出诉讼请求，要求人民法院通过行使审判权，依法保护自己合法权益的诉讼行为。起诉是行政诉讼程序的启动，也是原告行使起诉权的单方诉讼行为。行政诉讼中的起诉有两种类型：

（1）直接向人民法院起诉。法律、法规没有明确规定必须经过复议的，公民、法人或者其他组织对具体行政行为不服时，没有选择复议而直接向人民法院起诉。

（2）经复议后向人民法院起诉。又分为两种情况：一是法律、法规明确规定必须经过复议程序才能向人民法院起诉的，当事人经过了行政复议，因对行政复议决定不服而向人民法院起诉；二是虽然法律、法规没有规定必须经过复议才能起诉，但公民、法人或者其他组织自愿选择先申请复议，因对复议决定不服，再向人民法院起诉。前一种为“复议前置型”，法律有特别规定时才必须先经过复议；后一种是更为常见的类型。

（二）起诉的条件

为防止公民、法人或者其他组织滥用起诉权，同时也为便于监督人民法院的受理工作，《行政诉讼法》第 41 条对起诉设定了以下条件：

（1）原告必须是认为具体行政行为侵犯其合法权益的公民、法人或者其他组织。首先，原告必须是具体行政行为侵犯其合法权益的公民、法人或者其他组织，合法权益没有受到侵犯的公民、法人或者其他组织不具备原告资格。其次，公民、法人或者其他组织必须是“认为”具体行政行为侵犯其合法权益，而这种“认为”是一种主观上的认为，并不一定必须是客观上构成了侵犯，是否侵犯由法院通过审理活动才能得出结论。当然，此处的“侵犯”既包括行政行为直接调整的权益，也包括受其间接影响的权益。

（2）有明确的被告。原告在提起诉讼时，必须明确指出其诉讼对象是哪个行政机关或者哪个法律法规授权的组织。如果原告在起诉时不指明被告是谁，人民法院就无法进行审理活动，更无法解决争议。

(3) 有具体的诉讼请求和事实根据。具体的诉讼请求是指原告要求人民法院给予审判保护的具体内容。根据《行政诉讼法》和《若干解释》的规定，原告的诉讼请求有四种基本类型：第一，撤销之诉，即请求人民法院撤销违法的具体行政行为；第二，限期履行之诉，即行政机关不履行或者拖延履行法定职责的，请求人民法院判决其在一定期限内履行；第三，变更之诉，即在行政处罚显失公正的情况下，请求人民法院予以变更；第四，确认之诉，即在行政机关实施事实侵权行为时，请求人民法院确认该行为的违法性。

事实根据包括案情事实和证据事实。案情事实是关于发生争议的行政法律关系发生、变更或者消灭的事实。证据事实是指为证明案情事实的存在所必需的证明材料。此时的提供证明材料不同于举证责任，在行政诉讼中举证责任一般由被告承担。

(4) 属于人民法院的受案范围和受诉人民法院管辖。原告起诉的案件必须是《行政诉讼法》以及其他法律、法规规定的由人民法院审判的行政案件，对人民法院没有审判权的行政争议，不得向人民法院起诉。属于人民法院审判的行政案件，原告还必须向有管辖权的人民法院提起诉讼，否则该人民法院将因无管辖权而不予受理。对于受案范围和管辖规则，在《行政诉讼法》中也进行了详细规定。

(三) 起诉与诉讼时效

诉讼时效是指法律规定的关于保障权利人通过诉讼实现其请求权利的有效期限。当事人必须在诉讼时效内提起诉讼，超过诉讼时效，即意味着当事人丧失了起诉权。诉讼时效设置的目的在于保障社会关系和社会秩序的稳定性，也可以督促当事人尽快行使诉权。《行政诉讼法》规定了两种诉讼时效：

(1) 经过复议向人民法院起诉的一般时效是，在收到复议决定书之日起 15 日内，或者在复议机关逾期不作出复议决定时自逾期之日起 15 日内，向人民法院提起诉讼。如果其他法律另行规定了诉讼时效，依照这些法律规定的诉讼时效。

(2) 直接向人民法院起诉的一般时效是，在知道作出具体行政行为之日起三个月内，向人民法院提起诉讼。如果其他法律另行规定了诉讼时效，依照这些法律规定的诉讼时效。主要有两种特殊时效的规定：第一，15 日。如《食品卫生法》第 50 条的规定。第二，30 日。如《土地管理法》第 16 条的规定。

最高人民法院的《若干解释》对于实践中的某些特殊情况作了如下规定：

(1) 判断行政机关不履行法定职责的期限。最高人民法院规定，公民、法人或者其他组织申请行政机关履行法定职责，行政机关在接到申请之日起 60 日内不履行的，公民、法人或者其他组织向人民法院提起诉讼，人民法院应当依法受理。这样规定显然有利于保障当事人在行政机关不作为时行使诉权。法律、法规、规章和其他规范性文件对行政机关履行职责的期限另有规定的，从其规定。公民、法人或者其他组织在紧急情况下请求行政机关履行保护其人身权、财产权的法定职责，行政机关不履行的，起诉期限不受 60 日的限制。

(2) 行政机关作出具体行政行为时，未告知公民、法人或者其他组织诉权或者起诉期限的，起诉期限从公民、法人或者其他组织知道或者应当知道诉权或者起诉期限之日起计算，但从知道或者应当知道具体行政行为内容之日起最长不得超过两年。复议决定未告知公民、法人或者其他组织诉权或者法定起诉期限的，也适用前述规定。

(3) 公民、法人或者其他组织不知道行政机关作出的具体行政行为内容的，其起诉期限从知道或者应当知道该具体行政行为内容之日起计算。对涉及不动产的具体行政行为从作出之日起超过20年、其他具体行政行为从作出之日起超过5年提起诉讼的，人民法院不予受理。规定诉讼时效的上限意在保护业已形成的社会关系的稳定性。

(4) 因人身自由受到限制而不能提起诉讼的，被限制人身自由的时间不计算在起诉期间内。

此外，公民、法人或者其他组织因不可抗力或者其他特殊情况耽误法定期限的，在障碍消除后的10天内，可以申请延长期限，由人民法院决定。

(四) 起诉的方式及起诉状的内容

《行政诉讼法》没有规定行政案件的起诉方式和起诉状的内容。因此，应当参照《民事诉讼法》的有关规定。《民事诉讼法》第120条规定了两种起诉方式，即书面起诉和口头起诉。

根据《民事诉讼法》第121条的规定，起诉状应当包括以下内容：第一，当事人的情况。原告的姓名、性别、民族、职业、工作单位和住址；原告是法人或者其他组织的，要写明其名称、性质、住所和法定代表人或者主要负责人的姓名、职务。被告行政机关的名称、住所、法定代表人或者主要负责人的姓名、职务。第二，诉讼请求。第三，诉讼请求所根据的事实和理由。包括纠纷形成的事实，双方争议的焦点，提出诉讼请求的事实根据和法律根据等理由。第四，证据和证据来源。第五，接受起诉状的人民法院的名称，起诉的年、月、日，并由起诉人签名或者盖章。

20.1.2 受理

(一) 受理的概念及其审查

受理是指原告起诉后，经受诉人民法院审查，认为符合起诉条件，决定立案审理的行为。

人民法院应当组成合议庭对原告的起诉进行审查，经过审查认为起诉符合法定受理条件的，应当在7日内立案，并通知原告；认为不符合起诉条件的，应当在7日内作出裁定，通知原告不予受理。7日内不能决定是否受理的，应当先予受理；受理后审查不符合起诉条件的，裁定驳回起诉。原告对不予受理和驳回起诉的裁定不服，可以在接到裁定之日起10内向上一级人民法院提起上诉。

受诉人民法院在7日内既不立案，又不作出裁定的，起诉人可以向上一级人民法院申诉或者起诉。上一级人民法院认为符合受理条件的，应予受理；受理后可以移交或者指定下级人民法院审理，也可以自行审理。

行政诉讼法规定了严格的审查期限及救济途径，使当事人更好地行使诉权，保证法院立案的规范性和效率。

(二) 应当受理的特殊情形

从理论上说，不管是否符合《行政诉讼法》关于起诉条件规定的，人民法院都应当予以受理。实践中，在受理方面，存在一些特殊情形：

(1) 原告或者上诉人未按规定的期限预交案件受理费，又不提出缓交、减交、免交申请，或者提出申请未获批准的，按自动撤诉处理。在按撤诉处理后，原告或者上诉人在法定期限内再次起诉或者上诉，并依法解决诉讼费预交问题的，人民法院应予受理。

(2) 人民法院判决撤销行政机关的具体行政行为后，公民、法人或者其他组织对行政机关重新作出的具体行政行为不服向人民法院起诉的，人民法院应当依法受理。

(3) 行政机关作出具体行政行为时，没有制作或者没有送达法律文书，公民、法人或者其他组织不服向人民法院起诉的，只要能证明具体行政行为存在，人民法院就应当依法受理。

(三) 不予受理的情形

有下列情形之一的，人民法院应当裁定不予受理；已经受理的，裁定驳回起诉：(1) 请求事项不属于行政审判权范围的；(2) 起诉人无原告诉讼主体资格的；(3) 起诉人错列被告且拒绝变更的；(4) 法律规定必须由法定或者指定代理人、代表人为诉讼行为，未由法定或者指定代理人、代表人为诉讼行为的；(5) 由诉讼代理人代为起诉，其代理不符合法定要求的；(6) 起诉超过法定期限且无正当理由的；(7) 法律、法规规定行政复议为提起诉讼必经程序而未申请复议的；(8) 起诉人重复起诉的；(9) 人民法院裁定准许原告撤诉后，原告以同一事实和理由重新起诉的；(10) 诉讼标的为生效判决的效力所羁束的；(11) 起诉不具备其他法定要件的。

上述所列情形可以补正或者更正的，人民法院应当指定期间责令补正或者更正；在指定期间已经补正或者更正的，应当依法受理。在此过程中，对于立案的注意事项，法院应给予当事人必要的指导。

(四) 受理的法律后果

起诉一经受理，即产生以下法律后果：

(1) 对具体行政行为的法律后果：第一，起诉被受理后，被诉具体行政行为暂不具有最终的法律效力，有待人民法院判决确定。第二，根据《行政诉讼法》第 44 条的规定，诉讼期间不停止具体行政行为的执行，只在特殊情况下例外，即以“诉讼不停止执行”为原则。

(2) 程序法上的后果：受诉人民法院一旦受理某一案件，该案件的诉讼系属即予确定，除法律规定的特殊情况外，人民法院不得随意解除与当事人的诉讼法律关系；起诉与应诉双方也分别相应取得了原告与被告的诉讼地位，各自依法享有诉讼权利，承担诉讼义务；原告不得自行就同一案件再向该人民法院或者其他人民法院另行起诉；被告行政机关也不得自行向原告和证人收集证据。

20.2 第一审程序

20.2.1 审判组织形式和审理方式

人民法院审查起诉后，决定立案审理，引起第一审程序的开始。第一审程序是人民法院依照法定管辖权限，对案件进行的初次审理。

（一）组成合议庭

人民法院审理行政案件一律实行合议制，合议庭是实现合议制审判制度的基本组织形式。合议庭有两种组织形式：一是由审判员组成合议庭；二是由审判员与陪审员组成合议庭。陪审员参加审理案件的，是合议庭的组成人员，具有与审判员同等的权利。合议庭的人数必须是三人以上的单数。

合议庭由院长或者行政审判庭庭长指定合议庭中审判员一人担任审判长；院长或者庭长参加合议庭审理案件时，由其担任审判长。合议庭在审判长组织领导下进行活动。审判员与陪审员在合议庭讨论时有同等的表决权利。

（二）开庭审理

开庭审理是指在当事人和其他诉讼参与人共同参加下，合议庭在审判法庭上按照一定程序主持审理行政案件的整个过程。在行政诉讼的第一审程序中，人民法院不得进行书面审理，应当一律实行开庭审理。开庭审理是贯彻公开审判原则的最主要形式。开庭审理有两种方式：

（1）公开审理。人民法院审理行政案件的活动，除法律另有规定者外，必须公开进行。公开审理要求不仅要对所有诉讼参与人公开，也应当对社会公开。

（2）不公开审理。不公开审理的案件包括涉及国家秘密、个人隐私和法律另有规定的案件。在司法实践中，涉及未成年人、商业技术秘密的案件也不公开审理。不公开审理是开庭审理原则的例外。

人民法院在审理行政案件时，不得以调解为必经审理程序及结案方式。但是，行政赔偿诉讼可以适用调解。

20.2.2 审理前的准备事项

审理前的准备是合议庭开庭审理行政案件之前必须经过的诉讼阶段。人民法院审理前的准备工作包括以下各项：

（1）向被告发送起诉状副本和应诉通知书，将答辩状副本发送原告。

（2）审查决定是否需要并案审理或者分案审理。

（3）初步审查诉讼文书和证据材料。

（4）决定是否裁定停止具体行政行为的执行。

（5）准备并研究审理本案所需要依据的法律文件。

人民法院对于因一方当事人的行为或者其他原因，可能使具体行政行为或者人民法院生效裁判不能或者难以执行的案件，可以根据对方当事人的申请作出财产保全的裁定；当事人没有提出申请的，人民法院在必要时也可以依法采取财产保全措施。

人民法院审理起诉行政机关没有依法发给抚恤金、社会保险金、最低社会保障费等案件，可以根据原告的申请，依法书面裁定先予执行。财产保全既可以依当事人申请作出，也可以由法院依职权主动作出，而先予执行只能根据当事人的申请而启动。

当事人对财产保全或者先予执行的裁定不服的，可以申请复议。复议期间不停止裁定的执行。

20.2.3　开庭审理的程序

（一）开庭前准备阶段

开庭前的准备事项主要有以下几点：

（1）召开合议庭准备会议。研究确定案件能否开庭审理，是否公开审理，开庭的日期、时间、地点，应当传唤、通知的当事人和其他诉讼参与人，开庭审理时应当注意的重点或者主要问题，合议庭成员在开庭审理过程中的分工等。

（2）传唤、通知当事人和其他诉讼参与人。人民法院在开庭审理的三日前，用传票通知当事人，用出庭通知书通知其他诉讼参与人。

（3）公告。公开审理的案件，应当在开庭三日前，向社会公告，内容包括当事人的姓名、单位、案由、开庭日期、时间、地点。

（二）出庭情况审查阶段

出庭情况审查内容是：

（1）查明当事人和其他诉讼参与人是否到庭。

（2）由书记员宣布法庭纪律。

（3）书记员宣布：请诉讼参加人和其他诉讼参与人入席；请审判长、审判员（陪审员）入席。

（4）审判长宣布开庭。

（5）宣布案由，告知当事人的诉讼权利和义务。当事人申请回避，应当说明理由，回避申请应当在案件开始审理时提出；回避事由在案件开始审理后知道的，应当在法庭辩论终结前提出。申请回避可以口头提出，也可以书面提出。被申请回避的人员，在人民法院作出是否回避的决定前，应当暂停参与本案的工作。但是，案件需要采取紧急措施的除外。回避程序是庭审阶段最重要的程序之一，法律对回避事由作了详细规定，意在保证审判的公正与权威。

人民法院对当事人提出的回避申请，应当在申请提出的三日内，以口头或者书面形式作出决定。申请人对驳回回避申请决定不服的，可以向作出决定的人民法院申请复议一次。复议期间，被申请回避的人员不停止参与本案的工作。对申请人的复议申请，人民法院应当在三日内作出复议决定，并通知复议申请人。

（三）法庭调查阶段

法庭调查的内容是：（1）原告宣读起诉状，被告宣读答辩状。（2）当事人陈述和询问当事人。（3）询问证人，审查证人证言材料。（4）询问鉴定人员、勘验人员，审查鉴定结论、勘验笔录。（5）审查书证、物证及视听资料。

如果合议庭认为案件事实已经查清，审判长即可宣布法庭调查结束，进入辩论阶段。在事实复杂的情况下，亦可在查清部分事实后进行辩论，二者交叉进行，一事一辩。

（四）法庭辩论阶段

法庭辩论的顺序是：先由原告及其诉讼代理人发言，再由被告及其诉讼代理人答辩，然后双方相互辩论。第三人参加诉讼的，应在原告、被告发言后再发言。

当审判长认为应该查明的事实已辩论清楚，即可宣布结束辩论。审判长在按顺序征询原告、被告的最后的意见后，宣布休庭，合议庭进行评议。

（五）合议庭评议阶段

在评议时，合议庭成员可以平等地表明自己对案件的处理意见。合议庭成员意见不一致时，适用少数服从多数的原则，按多数意见作出裁决。评议过程制成评议笔录，评议中不同意见必须如实记入笔录，由合议庭全体成员签名。确定本案是否属于重大、疑难的行政案件，是否提请院长提交审判委员会讨论决定。

（六）公开宣判阶段

行政案件无论是否公开审理，都应当公开宣判。能够当庭宣判的，由审判长在休庭结束、恢复开庭后当庭宣判，并在一定期日内向当事人发送判决书。不能当庭宣判需要报审判委员会讨论决定的案件，应当定期宣判。宣判后立即发给当事人判决书。

在宣读裁决后，应告知当事人以下事项：

（1）本庭在10日内发送判决书（裁定书或者行政赔偿调解书）。

（2）当事人不服本判决，应在收到本判决书的次日起15日内，向本院提交上诉状及副本，上诉到×××人民法院，即告知当事人上诉的权利及途径。

（3）由书记员宣读庭审笔录。如不当庭宣读庭审笔录，经审判长同意后，可以告知当事人、诉讼代理人和其他诉讼参与人，在5日内来庭查阅、签名。如有遗漏、差错，有权申请补正。

（七）闭庭

由审判长宣布闭庭。

20.2.4 法庭笔录

法庭笔录，又称庭审笔录，是指人民法院书记员对开庭审理全过程所作的记录，是记载法庭审理全部活动的一种重要诉讼文书。法庭笔录要载明下列事项：

（1）开庭审理的时间、地点，公开审理或者不公开审理的根据，合议庭组成人员、书记员的姓名，案由。

（2）当事人及其法定代理人、诉讼代理人的姓名、工作单位、职务等情况。

（3）审判长告知当事人的诉讼权利和义务。询问当事人是否申请审判人员或者其他人员回避。

（4）当事人的陈述。

（5）法庭上对事实的调查和对证据的核实；当事人对各种证据的辨认和提出的意见、要求；当事人、第三人、诉讼代理人法庭辩论、发言情况和内容。

（6）如有证人到庭作证，勘验人员、鉴定人员宣读勘验或者鉴定结果，应记明证人、勘验人员和鉴定人员的姓名、工作单位、职务；交代证人的权利和义务；证实的内容或者勘验、鉴定的结果。

（7）当事人在审理中提出新证据，对证人、鉴定人员等的发问；原告提出的增加、变更或者撤回诉讼的请求，第三人提出的请求等；审判长采取的处理措施。

（8）审判长对法庭认定的事实及责任的归纳。

（9）行政赔偿案件中，当庭调解的情况。

（10）合议庭的评议，应另作评议笔录附卷。

（11）宣判的时间、地点，审判人员对判决所作的说明要点以及告知上诉等事项。

（12）庭审中发生的意外、特殊情况或者需要处理的问题，如延期审理的原因及决定等的记载。

20.2.5 诉讼阻却

诉讼阻却是指由于某些特定的原因，使诉讼过程中断或者不能按正常程序进行审理和裁判。在行政诉讼中，诉讼阻却的情形主要有以下几种：

（一）延期审理

延期审理即人民法院在开庭审理之前或者审理过程中，由于特殊情况，以致无法按预定的时间开庭审理，而将开庭审理的时间推迟。行政诉讼中需要延期审理的情况包括：（1）因行政机关改变被诉具体行政行为；（2）因必须到庭的当事人和其他诉讼参与人没有到庭；（3）因当事人申请回避不能进行审理；（4）需要通知新的证人到庭，调取新的证据，重新鉴定、勘验或者需要补充证据；（5）因合议庭成员临时有紧急任务或者特殊、意外情况不能出庭且无人代替；（6）其他需要延期审理的情况。当这些情况出现时，人民法院作出延期审理的决定。延期审理是针对突发状况而设置的应急程序，非法定事由不得延期审理。

（二）延长审限

延长审限即人民法院在审理行政案件过程中，由于发生特殊情况而无法在规定的审理期限内结案，经高级人民法院或者最高人民法院批准而延长审理期限的诉讼行为。根据《行政诉讼法》的规定，法院应当在立案之日起三个月内作出第一审判决；上诉案件应当在两个月内作出终审判决。有特殊情况需要延长审限的，由高级人民法院批准；基层人民法院申请延长审理期限，应当直接报请高级人民法院批准，同时报中级人民法院备案；高级人民法院需要延长审限的，由最高人民法院批准。该审理期限是指从立案之日起至裁判宣告之日止的期间，鉴定、处理管辖争议或者异议以及中止诉讼的时间不计算在内。延长审限有严格的批准程序，意在防止案件久拖不决，以提高诉讼效率。

（三）撤诉

撤诉即原告在人民法院宣告判决或者裁定前，按照法律规定的程序，放弃其起诉权的诉讼行为。撤诉经人民法院批准将导致诉讼终结。撤诉分为两种情况：

（1）申请撤诉，即原告自愿放弃起诉权的行为。其原因包括原告在被告改变被诉具体行政行为后表示同意而申请撤诉和在被告未改变被诉具体行政行为的情况下自愿申请撤诉。

（2）视为申请撤诉或推定申请撤诉。有三种情况：一是经人民法院两次合法传唤，原告无正当理由拒不到庭的；二是在开庭审理期间，原告未经法庭许可中途退庭，拒不返回的；三是原告在法定期间内未预交诉讼费用，又没有提出缓交、免交诉讼费用等的申请的。

上述两类撤诉都必须经人民法院准许，因为诉讼程序已然启动，形成了诉讼法律关系。起诉是原告行使起诉权的诉讼行为，因而在原告申请撤诉或者有可视为申请撤诉的行为时，人民法院一般裁定准许。但是，当原告撤诉可能导致因无法对违法的具体行政行为进行司法审查，损害国家利益、集体利益或者社会利益时，人民法院应当裁定不准许撤诉，原告拒不到庭的，人民法院可以缺席判决。

人民法院裁定准许原告撤诉，原告再起诉的，人民法院不予受理。但是，如果原告因在法定期限内未预交诉讼费用，又没有提出缓交诉讼费用等的申请，按自动撤诉处理的，原告在起诉期限内再次起诉，人民法院应予受理。

最高人民法院《关于行政诉讼撤诉若干问题的规定》指出：

(1) 人民法院经审查认为被诉具体行政行为违法或者不当，可以在宣告判决或者裁定前，建议被告改变其所作的具体行政行为。

(2) 被告改变被诉具体行政行为，原告申请撤诉，符合条件的，人民法院应当裁定准许。被告改变具体行政行为后，原告如不撤诉，法院应对原具体行政行为审查并作出判决。

(3) 有下列情形之一的，属于《行政诉讼法》第 51 条规定的“被告改变其所作的具体行政行为”：1) 改变被诉具体行政行为所认定的主要事实和证据；2) 改变被诉具体行政行为所适用的规范依据且对定性产生影响；3) 撤销、部分撤销或者变更被诉具体行政行为处理结果。

(4) 有下列情形之一的，可以视为“被告改变其所作的具体行政行为”：1) 根据原告的请求依法履行法定职责；2) 采取相应的补救、补偿等措施；3) 在行政裁决案件中，书面认可原告与第三人达成的和解。

(5) 被告改变被诉具体行政行为，原告申请撤诉，有履行内容且履行完毕的，人民法院可以裁定准许撤诉；不能即时或者一次性履行的，人民法院可以裁定准许撤诉，也可以裁定中止审理。

(6) 申请撤诉不符合法定条件，或者被告改变被诉具体行政行为后当事人不撤诉的，人民法院应当及时作出裁判。

（四）缺席判决

缺席判决即合议庭开庭审理时，在当事人缺席的情况下，经过审理作出的判决。缺席判决在行政诉讼中适用于以下三种情况：(1) 经人民法院两次合法传唤，被告无正当理由拒不到庭的；(2) 被告虽然到庭参加诉讼，但未经法庭许可中途退庭的；(3) 原告申请撤诉，人民法院裁定不予准许的，原告经合法传唤，无正当理由拒不到庭或者未经法庭许可而中途退庭的。第三人经合法传唤无正当理由拒不到庭，或者未经法庭许可中途退庭的，不影响案件的审理。在我国诉讼制度中，民事和行政诉讼均存在缺席判决，而刑事审判则无法缺席判决。

（五）诉讼中止

诉讼中止即在诉讼过程中，由于发生某种无法克服和难以避免的特殊情况，人民法院裁定暂时停止诉讼程序的进行。

在行政诉讼中，有下列情形之一的，中止诉讼：(1) 原告死亡，须等待其近亲属表明是否参加诉讼的；(2) 原告丧失诉讼行为能力，尚未确定法定代理人的；(3) 作为诉讼一方当事人的行政机关、法人或者其他组织终止，尚未确定权利义务承受人的；(4) 一方当事人因不可抗力的事由，不能参加诉讼的；(5) 案件涉及法律适用问题，需要送请有关机关作出解释或者确认的；(6) 案件的审理须以相关民事、刑事或者其他行政案件的审理结果为依据，而相关案件尚未审结的；(7) 其他应当中止诉讼的情形。诉讼中止由人民法院作出裁定，当事人不服，不得申请复议和提起上诉。在诉讼中止期间，当事人及其他诉讼参与人的诉讼活动全部停止，待上述法定事由消除后，诉讼活动继续进行。

(六) 诉讼终结

诉讼终结即在诉讼过程中，因出现使诉讼不能继续进行且不能恢复或者诉讼继续进行已经没有实际意义的情况，人民法院裁定结束正在进行的诉讼程序。在诉讼终结的情况下，人民法院对当事人之间的争议因没有必要而没有作出实体处理。导致诉讼终结的情况有以下两类：(1) 诉讼继续进行已经没有实际意义。如原告撤诉，法院同意，就可以终结诉讼。(2) 诉讼无法继续进行。如原告死亡，没有近亲属或者近亲属放弃诉讼权利的；作为原告的法人或者其他组织终止后，其权利义务的承受人放弃诉讼权利的。当事人不服终结诉讼的裁定，不得复议或者上诉。裁定一经送达即发生法律效力。诉讼终结后，当事人不得以同一事实和理由再行起诉。

(七) 被告改变被诉具体行政行为

一方面，出于诉讼成本等方面考虑，应允许被告在诉讼过程中改变原具体行政行为；另一方面，为了保证法院权威，应对被告的改变权予以限制。

被告改变后的新的具体行政行为并不能从送达给当事人之日起生效，其生效的条件有二：一是原告同意并向人民法院申请撤诉；二是人民法院裁定准予撤诉。如果原告不同意行政机关新的具体行政行为而不向人民法院提出撤诉申请，或者原告向人民法院提出撤诉申请而人民法院经过审查不予同意，新的具体行政行为都不能生效。人民法院应当继续审理作为原告起诉对象的具体行政行为。因此，被告在一审期间改变被诉具体行政行为的，除告知原告外，还应当书面告知人民法院。

被告改变原具体行政行为，原告不撤诉，人民法院经审查认为原具体行政行为违法的，应当作出确认其违法的判决；认为原具体行政行为合法的，应当判决驳回原告的诉讼请求。原告起诉被告不作为，在诉讼中被告作出具体行政行为，原告不撤诉的，参照上述规定处理。

原告对改变后的具体行政行为不服而向法院起诉，法院予以受理的，原具体行政行为失去效力，法院审理改变后的具体行政行为。此应当视为新的诉讼，由法院重新进行审查。

在第一审程序中允许行政机关改变其所作出的具体行政行为，如果在第二审程序继续允许行政机关行使改变权，则第一审法院的权威就可能受到损害。因此，在第二审程序中，上诉人如因行政机关改变其具体行政行为而申请撤回上诉的，人民法院一律不予准许。

(八) 移送

移送即人民法院在诉讼过程中，把自己审理的案件或者案件材料全部或者部分送交有关部门处理的措施。在行政诉讼中，有必要移送的情形有：(1) 移送管辖。人民法院发现受理的案件不属于自己管辖，将整个案件移送给有管辖权的人民法院管辖。(2) 违纪材料移送。人民法院在审理行政案件中，认为行政机关的主管人员、直接责任人员违反政纪的，应将有关材料移送该行政机关或者其上一级行政机关或者监察、人事机关。(3) 犯罪案件移送。人民法院在审理行政案件中，发现被处罚人的行为构成犯罪，应当追究刑事责任的，如果对刑事责任的追究不影响本案审理的，应继续审理，并应及时将有关犯罪材料移送有关机关；如果对刑事责任的追究影响本案审理的，应中止诉讼，将有关犯罪材料移送有关机关处理，在有关机关作出最终处理后，再恢复诉讼。

20.3 第二审程序

20.3.1 第二审程序的基本含义

第二审程序是指上一级人民法院依照法律规定，根据当事人在法定期限内提起的上诉，对下一级人民法院作出的尚未生效的行政判决或者裁定进行重新审理的程序。第二审程序是根据当事人的上诉而发生，故又称“上诉审程序”；我国实行两审终审制，故第二审程序又称“终审程序”。

设置第二审程序的意义在于：第一，在行政复议制度中，实行以选择复议为原则，必经复议为补充的基本原则，设置第二审程序，能够以比较健全的司法程序来保护公民、法人或其他组织的合法权益；第二，通过第二审人民法院的审判活动，可以纠正第一审裁判中的错误，保护当事人的合法权益；第三，能够帮助当事人服判息诉，减少纠纷和缠讼，增强行政审判的良性效果。因此，第二审程序既是为当事人提供更多的救济机会，也是对一审判决的审查监督。

20.3.2 上诉的提起和受理

（一）上诉的概念和条件

行政诉讼中的上诉是指当事人不服第一审人民法院所作出的未生效的行政裁判，在法定期限内声明不服，提出上诉状请求上一级人民法院对行政案件进行第二次审理并撤销或者改变第一审裁判的行为。上诉是法律赋予当事人的一项诉讼权利，既不可被剥夺，也不可被限制。无论第一审裁判是否正确，当事人都可提起上诉。只要依法提起上诉，就必然引起第二审程序。当事人提起上诉，必须依法具备以下条件：

(1) 上诉人和被上诉人必须适格。第一审程序的当事人，包括原告、被告、第三人及其法定代理人、法人和其他组织的法定代表人，都有资格提起上诉；委托代理人必须经被代理人的特别授权，才能以被代理人的名义提起上诉。被上诉人必须是提起上诉的当事人的对方当事人。这就意味着，在上诉程序中不能增加新的当事人。

（2）存在法律允许提起上诉的对象，即未生效的第一审行政判决。最高人民法院的第一审行政裁判是终审的裁判，不能成为上诉的对象。

（3）上诉必须在法定期限内提起。当事人不服人民法院第一审判决的，有权在判决书送达之次日起 15 日内向上一级人民法院提起上诉；当事人不服人民法院第一审裁定的，有权在裁定书送达之次日起 10 日内向上一级人民法院提起上诉。当事人逾期不上诉的，即丧失上诉权。

（4）上诉必须递交上诉状。上诉状是表明当事人上诉意愿和请求的书面诉讼文书。上诉状一般包括如下内容：当事人的姓名、法人或者其他组织的名称及其法定代表人的姓名，原审人民法院的名称，案件编号和案由，上诉的请求和理由。上诉状一般通过原审法院递交。

（5）在递交上诉状的同时交纳诉讼费用。

（二）上诉的提起和受理

上诉由不服第一审人民法院未生效裁判的当事人在法定上诉期限内向原审人民法院的上一级人民法院提出。上诉状应当通过原审人民法院提出，并按照对方当事人的人数提出副本。当事人直接向第二审人民法院上诉的，第二审人民法院应当在 5 日内将上诉状发回原审人民法院。原审人民法院或者第二审人民法院收到上诉状后，应当立即通知对方当事人。上诉人上诉超过法定期限的，应由第一审人民法院裁定驳回上诉。

当事人提出上诉，应当按照其他当事人或者诉讼代表人的人数提出上诉状副本。原审人民法院收到上诉状后，应在 5 日内将上诉状副本送交对方当事人。对方当事人收到上诉状副本，应在 10 日内提出答辩状。当事人不提出答辩状的，不影响人民法院审理。原审人民法院应当在收到答辩状之日起 5 日内将副本送达当事人。

（三）上诉的撤回

在二审法院受理上诉至作出二审裁判之前，上诉人认为自己的上诉理由不充分或者接受一审裁判等，可以向二审法院申请撤回上诉。撤回上诉应当递交撤诉状。撤回上诉是否准许，应由二审法院裁定。二审人民法院不得准许撤回上诉的情形有：

（1）发现行政机关对上诉人有胁迫的情形或者行政机关为了息事宁人对上诉人作出了违法让步的。

（2）在第二审程序中，行政机关不得改变原具体行政行为，而上诉人因行政机关改变原具体行政行为而申请撤回上诉的。

（3）双方当事人都提出上诉，而只有一方当事人提出撤回上诉的。

（4）原审人民法院的裁判确有错误，应予纠正或者发回重审的。

二审人民法院对于当事人撤回上诉的申请应作出准予或者不准予撤回上诉的裁定。因此，应制作裁定书，由合议庭成员和书记员签字并加盖法院的印章。

20.3.3　上诉案件的审理

第二审与第一审审理的是同一诉讼案件，诉讼当事人没有改变，只是称谓发生了变化。第一审是第二审的基础，第二审是第一审的继续。两者所适用的程序基本相同，但第二审有自己的特点。

（1）审判组织形式。在审判组织形式上，二审人民法院审理上诉案件一律由审判员组成合议庭，合议庭成员必须是三人以上的单数。这也意味着二审中不得由陪审员参加审判，意在保证二审判决的权威与专业性。

（2）审理的方式。二审人民法院审理上诉案件，有开庭审理和书面审理两种方式。二审人民法院对上诉案件，认为事实清楚的，可以实行书面审理。书面审理是指人民法院只对当事人所提出的诉状、答辩状以及其他书面材料和证据进行审查，不需要开庭而作出裁判的审判方式。人民法院采取书面审理方式，必须具备两个条件：第一，必须是审理上诉案件，在一审案件中不允许书面审理，必须开庭审理。第二，必须是认为案件事实已经清楚。如果事实不清楚，仍要开庭审理；即使事实清楚，人民法院认为必要，也可以开庭审理。当事人对原审人民法院认定的事实有争议的，或者第二审人民法院认为原审人民法院认定事实不清楚的，第二审人民法院应当开庭审理。可见，开庭审理是原则，书面审理是例外。

（3）审查的内容。二审人民法院对上诉案件的审理，必须全面审查一审人民法院认定的事实是否清楚，适用的法律、法规是否正确，有无违反法定程序等，不受上诉范围的限制。同时，应当对原审人民法院的裁判和被诉具体行政行为是否合法进行全面审查。因此，二审的对象实际上包含两方面：一是被诉具体行政行为；二是一审判决。

（4）在二审人民法院审理过程中，被告不得改变被诉具体行政行为。

当事人在二审期间提出行政赔偿请求的，二审人民法院可以进行调解；调解不成的，应当告知当事人另行起诉。

20.4 审判监督程序

20.4.1 审判监督程序概述

（一）审判监督程序的基本含义

审判监督程序是指人民法院发现已经发生法律效力的判决、裁定违反法律、法规规定，依法对案件再次进行审理的程序。审判监督程序不是必须经过的审理程序，不具有审级的性质，是第一审、第二审以外的检验法院已结案件办案质量的一种监督程序，因此不能将审判监督程序视为“第三审”。审判监督程序包括再审程序和提审程序两种程序。

（1）再审分为两种：一是自行再审，即人民法院自行按照审判监督程序对本院裁判已经生效的行政案件进行审理；二是指令再审，即上级人民法院按照审判监督程序，指令原审人民法院对裁判已经生效的行政案件的审理。

（2）提审程序是指上级人民法院按照审判监督程序对下级人民法院裁判已经生效的行政案件进行审理的活动。

（二）审判监督程序与二审程序的关系

审判监督程序与二审程序既有共同点，又有区别。两者的共同点在于，都是以人民法院已经作出的裁判为基础，都是对人民法院的审判工作进行监督，保证办案质量的程序。两者的区别在于：

(1) 提起的主体不同。提起审判监督程序的主体必须是法律明确规定的各级人民法院院长和上级人民法院、最高人民法院以及各级人民检察院。在审判监督程序中，当事人的申诉往往能为该程序的提起提供线索，但其自身并不能直接引起该程序的发生。而有权提起上诉的，则是享有上诉权的当事人，并且当事人的上诉必然引起第二审程序的发生。相比较而言，审判监督程序的启动主体代表了国家意志，而上诉程序则主要体现当事人个人意志。

(2) 提起的条件不同。只有发现已经生效的判决、裁定违反法律、法规，才能提起审判监督程序；只要当事人不服一审未生效的判决、裁定，无论判决、裁定是否违反法律、法规，即可在法定期限内提起第二审程序。

(3) 有无期限限制的不同。审判监督程序在判决、裁定生效后的任何时间内都可提起，而第二审程序只能在法定的上诉期限内提出。

(4) 审理的主体不同。适用审判监督程序的行政案件，既可由原审人民法院审理，也可由原审人民法院的上级人民法院审理；适用第二审程序的行政案件，则只能由第一审人民法院的上一级法院审理。

(5) 审理的对象不同。适用审判监督程序审理的是已经生效的判决、裁定，而适用第二审程序的则是尚未生效的第一审判决、裁定。

(6) 程序的性质不同。审判监督程序是为了纠正人民法院生效判决、裁定的错误而设置的一种特殊程序，不具有审级性质，是对人民法院生效裁判的一种事后监督和补救措施；第二审程序是按照两审终审的审级制度设置的，是对第一审行政案件的继续审理。行政案件实行两审终审制，案件经过上诉程序判决即是终审裁判。

20.4.2 审判监督程序的提起

(一) 审判监督程序提起的原因

根据《行政诉讼法》第 63 条的规定，提起审判监督程序的根据是已经生效的判决、裁定“违反法律、法规规定”。属于违反法律、法规规定的情形有：(1) 原判决、裁定认定的事实主要证据不足；(2) 原判决、裁定适用法律、法规确有错误；(3) 违反法定程序，可能影响案件正确裁判；(4) 其他违反法律、法规的情形。也就是说，事实（证据）、法律与程序方面的错误都有可能启动审判监督程序。

(二) 审判监督程序的提起程序

因提起审判监督程序的主体不同，分别适用以下三种提起程序：

(1) 人民法院院长通过审判委员会决定再审。人民法院院长对本院已经发生法律效力的判决、裁定，发现违反法律、法规规定，认为需要再审的，应当提交审判委员会决定是否再审。

(2) 上级人民法院提审或者指令再审。上级人民法院对下级人民法院有审判监督权，因此，上级人民法院对下级人民法院已经发生法律效力的判决、裁定，发现违反法律、法规规定的，有权提审或者指令下级人民法院再审。经上级人民法院审理的上诉案件需要再审时，应由该上级人民法院再审，不得指令下级人民法院再审。上级人民法院决定提审或者指令下级人民法院再审的，应当作出裁定，裁定应当写明中止原判决的执行；情况紧急的，可以将中止执行的裁定口头通知负责执行的人民法院或者作出生效判决、裁定的人民法院，但应当在口头通知后十日内发出裁定书。

(3) 人民检察院抗诉。检察机关为法律监督机关，因而最高人民检察院对地方各级人民法院的生效裁判、上级人民检察院对下级人民法院的生效裁判，如果发现违反法律、法规的，有权提出抗诉。对人民检察院按照审判监督程序提出抗诉的案件，人民法院应当再审。这是检察院对行政审判的监督方式之一。

当事人申请再审，应当在判决、裁定发生法律效力后两年内提出。当事人对已经发生法律效力的行政赔偿调解书，提出证据证明调解违反自愿原则或者调解协议的内容违反法律规定的，可以在两年内申请再审。人民法院在接到当事人的再审申请后，经审查，符合再审条件的，应当立案并及时通知各方当事人；不符合再审条件的，予以驳回。由此可见，当事人的申请并不必然导致启动再审程序，关键在于法院的审查。

20.4.3 再审案件的审理程序

再审案件的审理程序是：

(一) 裁定中止原裁判的执行

人民法院按照审判监督程序决定再审的案件，必须以裁定中止原判决、裁定的执行。裁定由院长署名，加盖人民法院印章。

(二) 重新组成合议庭

原合议庭成员应自行回避，不再参与该案件的审理，以免先入为主，影响案件的公正审理。

(三) 分别适用第一审、第二审程序

人民法院按照审判监督程序再审的案件，发生法律效力的判决、裁定是由第一审人民法院作出的，按照第一审程序审理，所作的判决、裁定，当事人可以上诉；发生法律效力的判决、裁定是由第二审人民法院作出的，按照第二审程序审理，所作的判决、裁定是发生法律效力的判决、裁定；上级人民法院按照审判监督程序提审的，按照第二审程序审理，所作的判决、裁定是发生法律效力的判决、裁定。所以再审案件的审级取决于原审发生法律效力裁判的审级。

人民法院审理二审案件和再审案件，对原审人民法院受理、不予受理或者驳回起诉错误的，应当分别情况作如下处理：

(1) 第一审人民法院作出实体判决后，第二审人民法院认为不应当受理的，在撤销第一审人民法院判决的同时，可以径行驳回起诉。

(2) 第二审人民法院维持第一审人民法院不予受理裁定错误的，再审法院应当撤销第一审、第二审人民法院裁定，指令第一审人民法院受理。

(3) 第二审人民法院维持第一审人民法院驳回起诉裁定错误的，再审法院应当撤销第

一审、第二审人民法院裁定，指令第一审人民法院审理。

人民法院审理再审案件，发现生效裁判有违反回避、开庭审判等重大程序瑕疵的，应当裁定发回作出生效判决、裁定的人民法院重新审理。

20.5　执行程序

20.5.1　执行程序概述

执行是指人民法院按照法定程序，对已经生效的法律文书，在负有义务的一方当事人拒不履行义务时，强制其履行义务，保证生效法律文书的内容得到实现的活动。

行政案件的执行分为三种类型：第一，公民、法人或者其他组织一方拒绝履行法院的生效裁判，行政机关向人民法院申请强制执行；第二，行政机关拒绝履行人民法院的生效裁判，公民、法人或者其他组织申请人民法院强制执行；第三，公民、法人或者其他组织拒不履行具体行政行为，又不在规定的期限内起诉的，作出该具体行政行为的行政机关依法向人民法院申请强制执行。

20.5.2　执行根据和执行条件

(一) 执行根据

执行根据是指人民法院据以采取执行措施的生效法律文书。能够成为执行根据的法律文书必须具备两个条件：一是该法律文书已经发生法律效力；二是该法律文书具有执行力，即法律文书的内容需要当事人作出一定的行为才能实现。行政案件的执行根据有两大类：

(1) 人民法院制作的发生法律效力并具有执行内容的法律文书。这包括：第一，行政判决书。第二，行政裁定书。在行政诉讼中，具有或者有可能具有执行内容的裁定有三种：一是关于财产保全和先行给付的裁定；二是对行政判决书中的错误进行补正的裁定；三是人民法院制作的承认和执行外国法院行政判决的裁定。第三，行政赔偿判决书。第四，行政赔偿调解书。第五，行政附带民事判决书或调解书。第六，决定书。决定书主要有两种：一是对妨碍诉讼的行为的实施者处以罚款或者拘留的决定；二是对拒不履行判决、裁定的行政机关的罚款的决定。一般来说，法院的相关裁判文书和决定书类型比较简单，也易于法院直接执行。

(2) 行政机关制作的发生法律效力并具有执行内容、依法由人民法院强制执行的法律文书。行政机关申请执行其具体行政行为，应当具备以下条件：第一，具体行政行为依法可以由人民法院执行；第二，具体行政行为已经生效并具有可执行的内容；第三，申请人是作出该具体行政行为的行政机关或者法律、法规、规章授权组织；第四，被申请人是该具体行政行为所确定的义务人；第五，被申请人在具体行政行为确定的期限内或者行政机关另行指定的期限内未履行义务；第六，申请人在法定期限内提出申请；第七，被申请执行的行政案件属于受理申请执行的人民法院管辖。

法律、法规没有赋予行政机关强制执行权的，行政机关申请人民法院强制执行，人民法院应当依法受理。法律、法规规定既可以由行政机关依法强制执行，也可以申请人民法院强制执行，行政机关申请人民法院强制执行的，人民法院可以依法受理。对于行政强制执行，新颁布的《行政强制法》进行了系统规定。

行政机关申请人民法院强制执行其具体行政行为，应当提交申请执行书、据以执行的行政法律文书、证明该具体行政行为合法的材料和被执行人财产状况以及其他必须提交的材料。享有权利的公民、法人或者其他组织申请人民法院强制执行的，人民法院应当向作出裁决的行政机关调取有关材料。

（二）执行条件

行政案件执行程序的发生，除有执行根据外，还必须同时具备以下条件：

（1）当事人拒绝履行作为人民法院执行根据的法律文书所规定的义务。“拒绝履行”意味着当事人有履行能力而故意不履行义务。因不可抗力或者其他意外事件造成当事人不能履行义务的，应当延长履行期限。

（2）必须在法定期限内申请执行或者由人民法院移送执行。一般而言，行政机关在法定起诉届满 180 日内提起强制执行的申请。

20.5.3 执行程序的提起与执行准备

（一）执行管辖

执行管辖分为以下两种情况：

（1）发生法律效力的行政判决书、行政裁定书、行政赔偿判决书和行政赔偿调解书，由第一审人民法院执行。第一审人民法院认为情况特殊需要由第二审人民法院执行的，可以报请第二审判人民法院执行；第二审人民法院可以决定由其执行，也可以决定由第一审人民法院执行。

（2）行政机关申请人民法院强制执行其作出的法律文书的，由被执行人所在地的基层人民法院受理。执行对象为不动产的，由不动产所在地的基层人民法院受理。基层人民法院认为执行确有困难的，可以报请上级人民法院执行；上级人民法院可以决定由其执行，也可以决定由下级人民法院执行。

（二）执行程序的提起方式与执行准备

（1）执行程序的提起方式有两类：

第一，申请执行。对发生法律效力的行政判决书、行政裁定书、行政赔偿判决书和行政赔偿调解书，负有义务的一方当事人拒绝履行的，对方当事人可以依法申请人民法院执行。

执行申请必须在法定期限内提出。申请人是公民的，申请执行生效的行政判决书、行政裁定书、行政赔偿判决书和行政赔偿调解书的期限为 1 年，申请人是行政机关、法人或者其他组织的为 180 日。

行政机关或者具体行政行为确定的权利人申请人民法院强制执行前，有充分理由认为被执行人可能逃避执行的，可以申请人民法院采取财产保全措施。后者申请保全措施的，应当提供相应的财产担保。

人民法院受理行政机关申请执行其具体行政行为的案件后，应当在 30 日内由行政审判庭组成合议庭对具体行政行为的合法性进行审查，并就是否准予强制执行作出裁定；需要采取强制执行措施的，由本院负责强制执行非诉行政行为的机构执行。

被申请执行的具体行政行为有下列情形之一的，人民法院应当裁定不准予执行：明显缺乏事实根据的；明显缺乏法律依据的；其他明显违法并损害被执行人合法权益的。法院有权对被申请强制执行的具体行政行为的合法性进行审查，并作出相应决定。

第二，移送执行。移送执行是指人民法院的审判人员依职权主动将发生法律效力的法律文书交付执行人员予以执行的诉讼行为。案件是否需要移送执行，由该案的审判人员根据法律规定，结合案件的实际情况而定。一般说来，下列生效法律文书可以采用移送执行的方式：一是人民法院作出的执行内容涉及国家利益和社会利益的判决；二是人民法院作出的先行给付和诉讼保全的裁定；三是人民法院作出的有执行内容的决定。

（2）执行前审查。人民法院执行庭负责审查和执行申请执行书或者移交执行书以及有关的法律文书，没有执行庭的，由行政审判庭负责审查和执行。审查的内容为：是否有执行根据、申请人是否为适格的当事人、提起执行的手续是否完备、申请执行是否超过法定期限等。

人民法院执行员接到申请执行书或者移交执行书，应当在十日内了解案情，分别不同情况作出处理：第一，符合执行条件的，应当迅速立案，并通知被执行人在指定的期限内履行。逾期不履行的，强制执行。第二，申请人不适格的，须向其说明应由符合条件的当事人申请执行。第三，申请执行的事项不符合法律文书内容的，应说明理由，让其改正，不改正的，驳回执行申请。第四，执行根据不明确、有漏项或对被执行物品的名称、牌号、规格、质量、数量、颜色、特征等规定不清，双方发生争执，执行员无法认定的，应退回原裁判或者决定机关补充裁判或者决定。如果法律文书事实不清，适用法律错误，应附加书面意见，退回原裁决法院，建议再审。如果申请执行的行政机关法律文书在认定事实或者适用法律上有错误的，应提出书面意见，报院长批准后退回申请机关复议。申请机关拒绝复议，或者复议后仍坚持错误的，不予执行。

法院对执行状况应进行审查，并根据不同情况作出相应处理，这实际上也为案件合法性控制增加了一层保障机制。

20.5.4　强制执行措施的适用

《行政诉讼法》根据当事人的不同情况，规定了不同的强制执行措施。

（一）对公民、法人或者其他组织的执行措施

这类措施主要有：划拨或者转交、扣留、提取被执行人的存款或者劳动收入；查封、扣押、冻结、变卖被执行人的财产；强制迁出房屋、强制拆除违章建筑或者强制退出土地。人民法院在对公民、法人或者其他组织采取强制措施时，应注意下列事项：

（1）人民法院在对公民、法人或者其他组织的财产采取强制执行措施时，不得超出被执行人应当履行义务的范围；被执行人是公民的，应当保留被执行人及其所扶养家属的生活必需品和生活必需费用。

（2）人民法院查封、扣押财产时，被执行人是公民的，应当通知被执行人或者其成年家属到场；被执行人是法人或者其他组织的，应当通知其法定代表人或者主要负责人到场。拒不到场的，不影响执行。被执行人是公民的，其工作单位或者财产所在地的基层组织应当派人参加。

（3）对于查封、扣押的财产，执行员必须造具清单，由在场人员签名或者盖章后，交被执行人一份。被执行人是公民的，也可以将清单交给其成年家属一份。

（4）财产被查封、扣押后，执行员应当责令被执行人在指定期间内履行法律文书确定的义务。被执行人逾期不履行的，人民法院可以按照规定交有关单位拍卖或者变卖被查封、扣押的财产。

（5）强制迁出房屋、强制拆除违章建筑或者强制退出土地，由院长签发公告，责令被执行人在指定的期间内履行。被执行人逾期不履行的，由执行员强制执行。强制执行时，被执行人是公民的，应当通知被执行人或者其成年家属到场；被执行人是法人或者其他组织的，应当通知其法定代表人或者主要负责人到场。拒不到场的，不影响执行。被执行人是公民的，其工作单位或者房屋、土地所在地的基层组织应当派人参加。上述执行程序主要是保证执行的合法与权威，避免对被执行人的合法权益造成侵害。

（二）对被告行政机关适用的执行措施

对被告行政机关适用的执行措施主要有：对应当归还的罚款或者应当给付的赔偿金，通知银行从该行政机关的账户内划拨；在规定期限内不履行的，从期满之日起，对该行政机关按日处以50元至100元的罚款；向该行政机关的上一级行政机关或者监察、人事机关提出司法建议，接受司法建议的机关，根据有关规定进行处理，并将处理情况告知法院；拒不履行判决、裁定，情节严重构成犯罪的，依法追究主管人员和直接责任人员的刑事责任。

20.5.5 执行阻却

执行阻却是指人民法院在执行过程中，导致执行程序不能进行的特殊情况。不能进行包括暂时不能进行和完全不能进行。人民法院分别情况，采取执行中止、执行延期以及执行终结的措施。

（一）执行中止

执行中止是指执行程序开始后，因出现特殊情况，人民法院暂时停止执行程序的实施。有下列情形之一的，人民法院可以裁定中止执行：第一，申请人表示可以延期执行的；第二，案外人对执行标的提出确有理由的异议的；第三，作为一方当事人的公民死亡，需要等待继承人继承权利或者承担义务的；第四，作为一方当事人的法人或者其他组织终止，尚未确定权利义务承受人的；第五，人民法院认为应当中止执行的其他情形。

（二）执行延期

执行延期是指因遇到某种特殊情况，而将法律文书确定的或者执行员指定的执行期限延长到另一期限。执行延期与执行中止的区别在于：前者的恢复执行期限是确定的，而后者的则是不确定的。遇有下列情形之一，人民法院可以延期执行：第一，被执行人因事外出，在一定时间内可以返回的；第二，申请或者移送执行的法律文书内容不清、数字不准、手续不全，需要将法律文书退回更正或者补充的；第三，人民法院认为应当延期的其他情况。

（三）执行终结

执行终结是指因发生某种特殊情况，使执行程序没有必要或者不可能继续执行，从而结束执行程序。导致执行终结的情形有：第一，申请人撤销执行申请的；第二，作为执行根据的法律文书被撤销的；第三，作为被执行人的公民死亡，无遗产可供执行，又无义务承担人的；第四，追索抚恤金案件的权利人死亡的；第五，人民法院认为应当终结执行的其他情况。执行终结的裁定一经送达即发生法律效力。当事人认为裁定有错误，可申请复议一次，但复议期间不停止裁定的执行。

20.5.6　执行回转和再执行

（一）执行回转

执行回转是指执行程序完毕后，因据以执行的法律文书依法被撤销，或者出现其他原因，又由执行人员采取措施，恢复到执行前的状况。执行回转的根本目的在于还原至执行以前的状态。执行回转是纠正执行错误的一项补救制度。实践中，导致执行回转的情况有：第一，第一审人民法院先行给付的裁定执行完毕后，该人民法院又裁定终结诉讼的，或者第一审人民法院的原判决被第二审人民法院撤销的；第二，人民法院的裁判执行完毕，但在再审程序中，被改判、撤销或者裁定终结诉讼的；第三，行政机关申请执行其具体行政行为，人民法院执行完毕后，行政机关撤销或者变更原具体行政行为的。

（二）再执行

执行程序结束后，因发生某些特殊情况需要再次执行的，称为再执行。再执行适用于应执行而没有执行的情况。人民法院既可依职权，也可依当事人申请再执行。再执行程序适用一般执行程序。

本章小结

通过本章的学习，了解行政诉讼中起诉和受理的概念与条件，掌握一审、二审、审判监督、执行程序的具体内容。

在行政诉讼中，起诉是指公民、法人或者其他组织认为自己的合法权益受到行政机关具体行政行为的侵害，而向人民法院提出诉讼请求，要求人民法院通过行使审判权，依法保护自己合法权益的诉讼行为。受理是指原告起诉后，经受诉人民法院审查，认为符合起诉条件，决定立案审理的行为。

人民法院审查起诉后，决定立案审理，引起一审程序的开始。一审程序是人民法院依照法定管辖权限，对案件进行的初次审理。开庭审理的程序包括：开庭前准备阶段；出庭情况审查阶段；法庭调查阶段；法庭辩论阶段；合议庭评议阶段；公开宣判阶段；闭庭。诉讼阻却是指由于某些特定的原因，使诉讼过程中断或者不能按正常程序进行审理和裁判。

第二审程序是指上一级人民法院依照法律规定，根据当事人在法定期限内提起的上诉，对下一级人民法院作出的尚未生效的行政判决或者裁定进行重新审理的程序。上诉是指当事人不服一审人民法院所作出的未生效的行政裁判，在法定期限内声明不服，提出上诉状请求上一级人民法院对行政案件进行第二次审理并撤销或者改变一审裁判的行为。

审判监督程序是指人民法院发现已经发生法律效力的判决、裁定违反法律、法规规定，依法对案件再次进行审理的程序。提起审判监督程序的原因是已经生效的判决、裁定“违反法律、法规规定”。再审案件的审理程序是：裁定中止原裁判的执行，重新组成合议庭，分别适用第一审、第二审程序等。

行政诉讼中的执行是指人民法院按照法定程序，对已经生效的法律文书，在负有义务的一方当事人拒不履行义务时，强制其履行义务，保证生效法律文书的内容得到实现的活动。

关键术语

起诉　受理　延期审理　第一审程序　上诉　第二审程序　诉讼中止　诉讼终结　撤诉　审判监督程序　再审　行政诉讼的执行　执行回转

复习思考题

1. 起诉的条件是什么？
2. 行政诉讼受理的法律后果是什么？
3. 延期审理的情形有哪些？
4. 行政诉讼中诉讼阻却的情形有哪些？
5. 当事人上诉的条件是什么？
6. 人民法院如何审理撤诉的行政案件？
7. 引起审判监督程序的情形有哪些？
8. 执行回转的条件是什么？

引例分析

对于本案中的被告不答辩、不举证、不出庭这种情况，有人认为此种行为不影响法庭开庭审理，但是作出缺席判决并撤销被诉具体行政行为，有不妥的可能性存在。万一被诉的具体行政行为合法而且适当，人民法院判决撤销就与《行政诉讼法》第54条的规定相矛盾，也会对被告的工作造成不良影响。因而，应当做被告的工作，待其出庭后再进行判决为妥。

对于以上看法，应澄清以下认识：(1) 被告不答辩、不举证、不出庭确实不能影响到人民法院开庭审理；(2) 被告不举证，就应当对自己不举证的行为承担败诉责任，因为人民法院不能在被诉具体行政行为缺乏证据证明其合法的情况下，作出维持判决；(3) 被告经人民法院两次合法传唤无正当理由拒不到庭的法律后果是缺席判决。所以，人民法院作出缺席判决合情合理，于法有据，被告应当为自己的行为承担败诉责任。

对于人民法院仅仅因为被告在诉讼程序上的问题，而不对具体行政行为作实体上的审查，就判定被告败诉，其是否适当的问题，应当以一种更全面、更长远的眼光来看待。

在行政诉讼过程中，如果被告不举证证明自己作出的具体行政行为是合法的、正确的，则人民法院只能认定被告在作出该具体行政行为的时候，没有充分的证据，或者违反了法定程序，或者违反了法律规定。在这种情况下，人民法院不能、也没有必要主动替被告收集、调取证据证明被告具体行政行为合法。人民法院不是行政机关的办事机构，而是代表国家行使审判权的机构。被告掌握着大量的社会资源，人员众多，机构严密，在举证能力上并不比人民法院差。

人民法院在被告不答辩、不举证、不出庭的情况下进行审理，并不代表人民法院没有对具体行政行为作实体上的审查，相反，人民法院正是在掌握了被告以另一种方式提供的证据、材料的基础上，对被诉具体行政行为进行实体上的审查，并根据《行政诉讼法》第 54 条的规定作出判决，认定被告作出的具体行政行为主要证据不足，从而判决撤销，这正是依法审判的表现。

本章阅读书目 »

1. 薛刚凌：《行政诉权研究》，北京，华文出版社，1999。

2. 杨伟东：《行政行为司法审查强度研究——行政审判权纵向范围分析》，北京，中国人民大学出版社，2003。

3. 蔡小雪：《行政复议与行政诉讼的衔接》，北京，中国法制出版社，2003。

4. 沈福俊：《中国行政救济程序论》，北京，北京大学出版社，2008。

5. 刘东亮：《行政诉讼程序的改革与完善》，北京，中国法制出版社，2010。

第21章

行政诉讼法律适用与裁判

引例

某市公安局经规划局批准，在居民区旁盖了一栋高层办公楼，由于距离过近，致使大批居民的住宅无法采光。于是居民将规划局诉至人民法院。人民法院经审查认为规划局的批准行为违法，此时人民法院应如何处理——究竟是拆除该违法建设的办公楼，还是放任这种违法行为继续存在？

问：行政机关的行为已成事实，法院应当怎么办？

人民法院在审理行政诉讼中的具体行政行为的合法性时，除要根据事实外，还需要依据相应的法律规范来作出判断。作为行政诉讼审理的依据，人民法院在适用法律规范时有其特殊性。行政诉讼中人民法院的裁判形式有判决、裁定和决定等。

重点问题

- 行政诉讼的审判依据
- 法院在行政诉讼中对规章的参照适用
- 法院的一审裁判类型及适用条件
- 法院的裁定类型

21.1 行政诉讼的法律适用

21.1.1 行政诉讼的审理依据

（一）诉讼程序法律规范的适用

人民法院在审理行政案件时，首先应当适用程序性法律规范。程序性法律规范包括：

（1）《行政诉讼法》的规定。1989年由全国人大制定的《行政诉讼法》，对行政诉讼程序的基本法律规范作了规定，是人民法院审理行政案件的基本程序规范依据。

（2）司法机关对《行政诉讼法》的司法解释。司法机关在适用《行政诉讼法》过程中，对《行政诉讼法》所作的司法解释也是人民法院审理行政案件时的基本程序规范依据。事实上，司法解释在行政诉讼中发挥了关键作用。

（3）单行法律法规中关于行政复议和行政诉讼的程序规定。《行政复议法》和《行政诉讼法》对单行法律法规中关于行政复议和行政诉讼的程序规定，明确肯定其作为特别规定在行政诉讼中的适用性。

（4）《民事诉讼法》中的程序性规范。总体上说，《行政诉讼法》在内容上显得比较简单，对许多在诉讼过程中必然遇到的问题没有作出规定。在我国，《民事诉讼法》对诉讼程序的规定最为具体和详尽。《民事诉讼法》中的有关规定可以在行政诉讼中参照适用。《若干解释》第97条明确规定："人民法院审理行政案件，除依照行政诉讼法和本解释外，可以参照民事诉讼的有关规定。"

（二）实体法律规范的适用

实体法律规范的适用是指人民法院在行政诉讼中应当适用哪些法律规范作为审判依据来判明被诉具体行政行为是否合法。根据《行政诉讼法》的规定，人民法院审理行政案件的实体法依据有：

（1）法律。包括全国人大制定的基本法律和全国人大常委会制定的基本法律以外的其他法律。

（2）行政法规。行政法规即由国务院根据宪法、法律制定的各种规范性法律文件的总称，其名称有条例、规定、办法等。

（3）地方性法规。地方性法规即由省、自治区、直辖市人大和人大常委会，省、自治区人民政府所在地的市的人大和人大常委会，国务院批准的较大的市的人大和人大常委会，在不与宪法、法律、行政法规相抵触的前提下，制定的各种规范性文件的总称。地方性法规在该地域内发生效力，也是法院的审判依据。

（4）自治条例和单行条例。自治条例和单行条例即自治区、自治州、自治县的人大依据本民族的政治、经济、文化特点，制定的各种规范性文件的总称。它是民族自治地方行使自治权的重要表现。人民法院审理发生在制定该自治条例和单行条例的民族自治地方的行政案件时，应当把它作为审理依据。

（5）参照规章。根据《行政诉讼法》的规定，人民法院在审理行政案件时可以参照规章。可见，规章在行政审判中的适用有自身的特点：

第一，规章只具有参照适用的效力。所谓“参照适用”，是指人民法院在审理行政案件时，对符合法律、行政法规规定的行政规章，可以作为衡量具体行政行为是否合法的标准；对于不符合或者不完全符合法律、行政法规原则精神的规章，可以有灵活处理的余地。这实际上赋予法院一定意义上的审查权。

第二，根据《行政诉讼法》第53条第2款的规定，人民法院参照适用行政规章有两种情况：一是人民法院对部门规章之间、部门规章与地方政府规章之间相抵触的，应由最高人民法院送请国务院作出解释和裁决。在这种情况下，人民法院无权选择适用。二是对某一个规章与更高层次的规范性文件是否一致存在疑问时，人民法院有权进行审查，并予以选择适用，但一般不宜直接宣布该规章违反上位法。

第三，人民法院作出判决或者裁定需要参照规章时，在判决书或者裁定书中的理由部分应当写明“根据《中华人民共和国行政诉讼法》第53条，参照××行政规章（条、款、项）的规定，判决（或裁定）如下：……”

人民法院审理行政案件，适用最高人民法院司法解释的，应当在裁判文书中援引。

此外，我国地方各级人大及其常委会、地方各级人民政府还制定地方性法规及地方政府规章以下的规范性文件。制定规章以下的规范性文件是这些国家机关行使相应权力的表现，这些规范性文件在国家管理中并不是可有可无的，对被管理者而言是具有法律效力的。因而，对这些规范性文件中合法的部分，人民法院应予适用；对不合法的部分，人民法院应不予适用。这意在通过法院的选择适用，对规范性法律文件进行一定范围内的消极审查。

21.1.2　法律规范冲突及其适用规则

人民法院在审查具体行政行为的合法性时，除要根据事实外，还需要依据相应的法律规范来作出判断。在适用法律规范的过程中，有时会出现同时有几个法律规范均适用于该具体行政行为，而几个法律规范之间却不相一致的情形，即法律规范之间发生某种冲突。实践中，法律规范之间发生的冲突主要有两类。

（一）不同等级的法律规范之间的冲突

我国法律体系的层级主要是宪法、法律、行政法规、地方性法规、规章。不同等级的法律规范之间的冲突主要有：行政法规、地方性法规、规章与法律之间的冲突，地方性法规、规章与行政法规之间的冲突，地方政府的规章与地方性法规之间的冲突等。

这类法律规范冲突的适用规则是，因下一位阶法律规范的法律效力低于上一位阶法律规范，在下一位阶法律规范与上一位阶法律规范之间发生冲突时，下一位阶法律规范无效，人民法院应当适用上一位阶法律规范。

根据我国《宪法》规定，民族自治地方的自治条例和单行条例的制定前提是根据本民族的政治、经济和文化特点。可见，宪法规定的精神是，只要自治条例和单行条例在制定时经过了法定国家权力机关的批准，是允许其与法律、行政法规相冲突的。也就是说，自治条例和单行条例具有优先适用的法律地位。

（二）相同等级的法律规范之间的冲突

这种冲突分为两种情况：一是同一机关制定的法律规范之间的冲突，如法律之间、行政法规之间、地方性法规之间、规章之间、自治条例和单行条例之间的冲突；二是不同机关制定的法律规范之间的冲突，如部门规章之间的冲突、部门规章与地方政府规章之间的冲突、部门规章与地方性法规之间的冲突。

人民法院适用这些冲突的法律规范时的基本规则如下：

（1）适用同一机关制定的相互冲突的法律规范的规则。

第一，在分为一般法和特别法、一般条款和特别条款的情况下，当一般法与特别法之间、一般条款与特别条款之间发生冲突时，以“特别法优于一般法、特别条款优于一般条款”的原理处理，人民法院应当适用特别法、特别条款。

第二，特别法、特别条款之间或者一般法、一般条款之间发生冲突时，以“新法优于旧法”（后法优于前法）的原理处理，人民法院应当适用新法。

（2）适用不同机关制定的相互冲突的法律规范的规则。

第一，在两个以上规章相互之间发生冲突时，送请或者报请有权机关进行解释或者裁决。《行政诉讼法》第 53 条第 2 款规定：“人民法院认为地方人民政府制定、发布的规章与国务院部、委制定、发布的规章不一致的，以及国务院部、委制定、发布的规章之间不一致的，由最高人民法院送请国务院作出解释或者裁决。”这是根据《宪法》与《立法法》规定设计的符合我国政治体制的法律规范中央的解决方案。

第二，国务院部委制定、发布的规章与地方性法规之间不一致的，根据《立法法》的规定，适用地方性法规。

21.2　行政裁判

21.2.1　判决

行政案件的判决是指人民法院根据事实，依据法律、法规，参照规章，对具体行政行为的合法性作出的实体裁判。判决分为一审判决和二审判决。

（一）一审判决

一审人民法院经过审理，根据不同情况可以作出六种类型的判决，即维持判决、撤销判决、限期履行判决、变更判决、确认判决和驳回原告诉讼请求判决。

（1）维持判决，即人民法院经过审理，认定被诉具体行政行为证据确凿，适用法律法规正确，符合法定程序，作出的维持被诉具体行政行为的判决。被诉具体行政行为必须同时具备以下三个条件，人民法院才能作出维持判决：一是要求证据确凿，即对事实方向的要求；二是对于法律适用方面的要求；三是对于审判程序的要求。

根据《行政诉讼法》关于具体行政行为合法的要求，法院判决维持被诉具体行政行为，除上述三个条件外，还必须不超越职权、无滥用职权和显失公正的情形。此外，根据最高人民法院《若干解释》的规定，在被诉具体行政行为虽然合法，但存在法院无权审理的其他问题时，法院并不能使用维持判决，而应当使用驳回原告诉讼请求判决，因为法院无权对该具体行政行为的合法性进行审查。

（2）撤销判决，即人民法院经过审理作出的否定被诉具体行政行为的判决。撤销判决分为判决全部撤销、判决部分撤销及判决撤销并责成被告重新作出具体行政行为三种情况。被诉具体行政行为有下列情形之一的，人民法院应作出撤销判决：

第一，主要证据不足，即被告向法院提交的证据不能证实其作出的被诉具体行政行为所认定的基本事实。主要证据不足实质上就是缺乏事实根据。

第二，适用法律法规错误，包括适用了错误的法律或条款，或者是在规范冲突时选择适用了错误的法律或条款。

第三，违反法定程序，即违反了法律法规规定的方式、形式、手续、步骤、时限等。

第四，超越职权，即具体行政行为超越了法律法规的授权范围。

第五，滥用职权，即具体行政行为虽然在其自由裁量权限内，但背离了法律法规的目的和宗旨。

人民法院判决撤销复议机关维持的原具体行政行为，复议决定自然无效。复议决定不管原具体行政行为错误仍加以维持，人民法院判决撤销复议决定时，应当责令复议机关重新作出复议决定。

判决重新作出具体行政行为是撤销判决的补充。人民法院在作出撤销判决的同时，可以作出要求被告重新作出具体行政行为的判决。如不及时重新作出具体行政行为，将会给国家利益、公共利益或者当事人利益造成损失的，人民法院可以限定行政机关重新作出具体行政行为的期限。为了保证人民法院判决的严肃性和权威性，被告行政机关不得基于同一事实和理由作出与原具体行政行为基本相同的具体行政行为。这是对被告行政机关的重要限制，也是行政判决的重要特色。但是，有以下两个例外：

第一，人民法院判决被告重新作出具体行政行为，被告重新作出的具体行政行为与原具体行政行为的结果相同，但主要事实或者主要理由不同。

第二，人民法院以违反法定程序为由，判决撤销被诉具体行政行为，行政机关经过相应的法定程序后可以同一事实和理由作出与原具体行政行为基本相同的具体行政行为。

（3）限期履行判决，即人民法院经过对行政案件的审理，认定被告具有不履行或者拖延履行法定职责的情形，作出的要求被告在一定期限内履行其法定职责的判决。此类判决适用于下列情形：第一，符合法定条件，向被告申请颁发许可证或者执照，被告拒绝颁发或者不予答复。第二，被告没有依法发给抚恤金、最低生活保障费用及社会保险金。第三，申请行政机关履行保护人身权、财产权的法定职责，被告拒绝履行或者不予答复的。上述情形均是针对行政机关消极不作为的情况。

人民法院作出限期履行判决，应具备以下条件：第一，被告对行政相对人依法负有履行职责的义务。第二，须由原告向被告依法提出申请，被告有拒绝履行、拖延履行的行为，或者对原告的申请置之不理，不作答复。第三，原告向被告提出申请，应当符合法定条件。第四，人民法院判决被告履行法定职责，应明确指出所履行职责的内容和履行的期限。

（4）变更判决，即在行政处罚显失公正时，人民法院作出的改变具体行政行为的判决。法院判决变更被诉具体行政行为，必须具备两个条件：一是具体行政行为是实施行政处罚的行为；二是行政处罚显失公正。所谓“显失公正”，是指具有通常法律和道德认识水准的人均可以发现和确认该处罚明显地失去了法律的公正性，其主要表现有畸轻畸重、同样情况不同对待及不同情况同样对待、反复无常等。

（5）确认判决，即人民法院通过对具体行政行为的审查，确认相应行为合法或者违法。

有下列情形之一的，人民法院应当作出确认被诉具体行政行为违法或者无效的判决：第一，被告不履行法定职责，但判决责令其履行法定职责已无实际意义的；第二，被诉具体行政行为违法，但不具有可撤销内容的；第三，被诉具体行政行为依法不成立或者无效的；第四，被诉具体行政行为违法，但撤销该具体行政行为将会给国家利益或者公共利益造成重大损失的，人民法院应当作出确认被诉具体行政行为违法的判决，并责令被诉行政机关采取相应的补救措施，造成损害的，依法判决承担赔偿责任。因此，确认判决适用的情形非常特殊，也十分有限。

人民法院审理行政案件不得加重对原告的处罚，但利害关系人同为原告的除外。同时，人民法院审理行政案件不得对行政机关未予处罚的人直接给予行政处罚。这可以鼓励当事人通过行政诉讼维权，而不必担心行政诉讼判决会加重处罚。

（6）驳回原告诉讼请求判决，即原告起诉认为被告的具体行政行为违法，而法院经过审查发现被告作出的具体行政行为合法但同时又存在法院无权进行审查的问题时，法院适用的判决。此类判决意味着被告的具体行政行为是合法的，但存在相应的法律问题，只不过这些问题不在法院的审查范围内。这是最高人民法院《若干解释》新增加的判决种类。

《若干解释》第 56 条规定：“有下列情形之一的，人民法院应当判决驳回原告的诉讼请求：（一）起诉被告不作为理由不能成立的；（二）被诉具体行政行为合法但存在合理性问题的；（三）被诉具体行政行为合法，但因法律、政策变化需要变更或者废止的；（四）其他应当判决驳回诉讼请求的情形。”

（二）二审判决

二审人民法院审理上诉行政案件后，根据不同情况，可以作出维持原判和依法改判两种类型的判决。

（1）维持原判，即二审人民法院通过对上诉案件的审理，确认一审判决认定事实清楚，适用法律法规正确，作出的否定和驳回上诉人的上诉，维持一审判决的判决。一审判决具备以下三个条件，二审人民法院才能判决维持原判：第一，一审判决认定事实清楚，即一审人民法院对具体行政行为是否合法的裁决有可靠的事实基础和确凿的证据支持；第二，一审判决适用法律法规正确，即一审人民法院对具体行政行为是否合法的认定和据此作出的判决所依据的法律法规正确；第三，一审人民法院的审理程序合法。

原审判决遗漏行政赔偿请求，二审人民法院经审查认为依法不应当予以赔偿的，应当判决驳回行政赔偿请求。

（2）依法改判，即二审人民法院通过对上诉案件的审理，确认一审判决认定事实清楚，但适用法律法规错误，或者确认一审判决认定事实不清、证据不足及由于违反法定程序可能影响案件正确判决的，在查清事实后依法改变一审判决。这种情况下，二审人民法院通常将案件发回一审人民法院重审。如果二审人民法院认为一审人民法院由于主观或者客观原因，很难或者不可能查清案件事实，可以在查明事实后直接改判。可见，在我国，一审人民法院主要负责事实审，二审人民法院主要负责法律审。

二审人民法院审理上诉案件需要改判时，应当撤销一审判决的部分或者全部内容，并依法判决维持、撤销或者变更被诉具体行政行为。

21.2.2 裁定

（一）裁定的基本含义

行政案件的裁定是指在行政诉讼过程中，人民法院针对行政诉讼程序问题作出的裁决。裁定与判决具有同等的法律效力。裁定具有以下特点：第一，解决行政诉讼中出现的程序问题（补正判决书错误的裁定除外）；第二，适用范围广，并且不以必须开庭审理为要件；第三，不要求都以书面形式出现；第四，当事人只对部分裁定享有上诉权。

（二）裁定的适用范围

裁定适用于下列范围：不予受理，驳回起诉，管辖权异议，终结诉讼，中止诉讼，移送或者指定管辖，诉讼期间停止具体行政行为的执行或者驳回停止执行的申请，财产保全，先予执行，准许或者不准许撤诉，补正裁判文书中的笔误，中止或者终结执行，提审、指令再审或者发回重审，准许或者不准许执行行政机关的具体行政行为，其他需要裁定的事项。因此，在行政诉讼中，裁定的适用范围是法定的，并且哪种裁定可以上诉，也是由法律明确规定的。对于前三项裁定，当事人不服时，有权在接到裁定书之次日起十日内向上一级人民法院提起上诉。不准上诉的裁定，一经送达即发生法律效力。

二审人民法院在审理上诉案件时，也需要作出某些裁定以解决程序问题。其中，以下两类裁定是比较重要和常见的：

（1）应当立案或者审理的裁定。二审人民法院经审理认为原审人民法院不予受理或者驳回起诉的裁定确有错误，且起诉符合法定条件的，应当裁定撤销原审人民法院的裁定，指令原审人民法院依法立案受理或者继续审理。

（2）撤销原判、发回重审的裁定。撤销原判、发回重审裁定适用于五种情形：第一，一审判决认定事实不清。第二，一审判决证据不足。第三，一审判决违反法定程序，而且可能影响案件正确判决。第四，原审判决遗漏了必须参加诉讼的当事人或者诉讼请求。第五，原审判决遗漏行政赔偿请求，二审人民法院经审理认为依法应当予以赔偿的，在确认被诉具体行政行为违法的同时，可以就行政赔偿问题进行调解；调解不成的，应当就行政赔偿部分发回重审。二审人民法院裁定发回原审人民法院重新审理的行政案件，原审人民法院应当另行组成合议庭进行审理，这是回避原则的基本要求。

21.2.3 决定

（一）决定的概念

行政案件的决定是人民法院在诉讼期间，对诉讼中遇到的特殊事项作出的裁决。决定是对人民法院各种命令的总称。

决定一经送达即发生法律效力。当事人对人民法院的决定一律不准上诉。法律规定被决定人可以申请复议的，复议期间不停止案件的审理和决定的执行。

（二）决定的适用范围

决定适用于下列范围：指定管辖，管辖权的转移，是否回避，确定第三人，指定法定代理人，许可律师以外的当事人和其他诉讼代理人查阅庭审材料，指定鉴定，确定不公开审理，处理妨碍诉讼行为，案件的移送，强制执行生效的判决和裁定，确定诉讼费用的承担，其他次要的程序问题或者人民法院在行政审判过程中发生的内部问题。

本章小结

通过本章的学习，明确行政诉讼中法律适用的规则，掌握行政诉讼中判决、裁定、决定等不同的裁判方式及它们的具体适用。

人民法院在审理行政案件时，应当适用程序性法律规范和实体法律规范。人民法院审查具体行政行为的合法性，除要根据事实外，还需要依据相应的法律规范来作出判断。

行政案件的判决是指人民法院根据事实，依据法律、法规，参照规章，对具体行政行为的合法性作出的实体裁判，分为一审判决和二审判决。行政案件的裁定是指在行政诉讼过程中，人民法院针对行政诉讼程序问题作出的裁决。行政案件的决定是人民法院在诉讼期间，对诉讼中遇到的特殊事项作出的裁决。

关键术语

行政诉讼的法律适用　　判决　　裁定　　决定

复习思考题

1. 行政诉讼法律冲突及其选择适用的规则是什么？
2. 人民法院在行政诉讼中应如何适用行政规章？
3. 人民法院的判决形式有哪些？

引例分析

确认判决即人民法院通过对具体行政行为的审查，确认相应行为合法或者违法的判决。确认判决除能够作为当事人提起行政赔偿的根据外，还用来解决某种法律事实是否存在，某种行政行为对过去、现在或者将来的事实是否具有效力，某种行政法律关系是否存在、是否合法及双方当事人在此种关系中有什么权利义务等法律问题。根据相关司法解释，有下列情形之一的，人民法院应当作出确认被诉具体行政行为违法或者无效的判决：(1) 被告不履行法定职责，但判决责令其履行法定职责已无实际意义的；(2) 被诉具体行政行为违法，但不具有可撤销内容的；（3）被诉具体行政行为依法不成立或者无效的；（4）被诉具体行政行为违法，但撤销该具体行政行为将会给国家利益或者公共利益造成重大损失的。引例中的案件即属于第四种情形，撤销该批准决定会导致已经修建好的房屋被拆除，这样会导致公共利益受到重大损失。根据《若干解释》的规定，被诉的具体行政行为违法，但撤销该具体行政行为将会给国家利益或者公共利益造成重大损失的，人民法院应当作出确认违法的判决，并责令被诉行政机关采取相应的补救措施；造成损害的，依法判决承担赔偿责任。

本章阅读书目

1. 皮纯协、胡锦光主编：《行政诉讼法案例选编》，北京，中国城市出版社，2001。
2. 罗杰主编：《行政行为法典型案例》，北京，中国人民大学出版社，2003。
3. 吴鹏：《行政诉讼的法律适用》，北京，人民法院出版社，2007。
4. 胡锦光主编：《行政法案例分析》，北京，中国人民大学出版社，2000。
5. 张步洪、王万华编著：《行政诉讼法律解释与判例述评》，北京，中国法制出版社，2000。

人大版公共管理类教材

公共管理类专业教材——学科基础课教材

书名	作者
现代管理学原理（第三版）（“十一五”国家级规划教材）	娄成武　魏淑艳
一般管理学原理（第四版）	张康之　周　军
管理学基础（第三版）	方振邦
管理学教程	方振邦
政治学原理（第三版）	景跃进　张小劲
现代政治学原理（第四版）	石永义　刘玉萼　张　璋
政治学教程	舒　放　刘琼莲
公共管理学（第二版）	陈振明
公共管理学——一种不同于传统行政学的研究途径（第二版）	陈振明
公共管理学（第二版）（“十二五”国家级规划教材）	蔡立辉　王乐夫
公共管理学（精编版）	王乐夫　蔡立辉
公共管理学（第二版）	张康之　郑家昊
公共管理概论（第二版）	朱立言　谢　明
公共管理学概论	曹现强　王佃利
公共管理学导引与案例（第二版）	王丛虎
公共管理案例	中国人民大学公共管理学院
公共政策导论（第五版）（数字教材版）	谢　明
公共政策概论（第二版）	谢　明
公共政策学——政策分析的理论、方法和技术（“十一五”国家级规划教材）	陈振明
公共政策学	杨宏山
政策科学——公共政策分析导论（第二版）	陈振明
公共政策学导引与案例	陈季修
公共政策案例	中国人民大学公共管理学院
公共经济学（第三版）（“十二五”国家级规划教材）	高培勇
公共经济学教程	秦立建
政府经济学（第四版）（“十一五”国家级规划教材）	郭小聪
政府经济学（第四版）	潘明星　韩丽华

公共管理类专业教材——方法课教材

书名	作者
行政学研究方法与应用案例	萧鸣政
管理定量分析：方法与技术（第二版）	刘兰剑　李　玲
公共管理的方法与技术（第二版）	魏　娜
公共管理实用分析方法	汪明生　胡象明

公共管理类专业教材——行政管理、公共事业管理专业教材

书名	作者
行政法学导论	姜晓萍
行政法学	朱新立　唐明良　李春燕
公共部门人力资源管理（第四版）	孙柏瑛　祁凡骅
公共部门人力资源开发与管理（第五版）（“十二五”国家级规划教材）	孙柏瑛　祁凡骅
公共部门人力资源开发与管理（第三版）	孙柏瑛
公共部门人力资源管理（第三版）	滕玉成　于　萍
公共部门人力资源管理	方振邦

书名	作者
公共部门人力资源管理概论	方振邦
公共部门人力资源管理案例	周均旭
公共人事制度	刘俊生
行政管理学（第五版）	郭小聪
公共行政学（第五版）	彭和平
公共行政学	张康之　张乾友
行政学导论（第三版）	齐明山
行政管理学导引与案例	陈季修
管理心理学（第二版）	范逢春
公共组织行为学（第三版）（“十一五”国家级规划教材）	孙　萍　张　平
公共组织学（第三版）	李传军
行政组织学（第二版）	张　昕　李　泉
公共组织理论	陆明远　冯　楠
公共事业管理概论（第三版）	朱仁显
公共事业管理概论（“十一五”国家级规划教材）	娄成武　李　坚
公共组织财务管理（第三版）（“十一五”国家级规划教材）	王为民
国家公务员制度（第四版）（数字教材版）（“十二五”国家级规划教材）	舒　放　王克良
国家公务员制度概论（第二版）	刘碧强　郗永勤
公务员制度概论	李如海
公务员制度导论	孙德超
行政领导学（第三版）	朱立言　李国梁
领导学（第五版）	邱霈恩
领导学	王自亮
领导学：理念、行为与艺术	祁凡骅
领导学	孙　健
现代市政学（第四版）（数字教材版）	王佃利　张莉萍　高　原
市政管理学（第四版）（“十一五”国家级规划教材）	杨宏山
市政学导引与案例（第二版）	李燕凌
社区管理（第三版）	汪大海　魏　娜　郇建立
社区管理原理与案例	魏　娜
电子政务教程（第三版）（“十一五”国家级规划教材）	赵国俊
电子政府与电子政务（第二版）（“十一五”国家级规划教材）	张锐昕
电子政府概论（第二版）	张锐昕
管理信息系统	张维明　黄金才
行政伦理学教程（第三版）（“十二五”国家级规划教材）	张康之　李传军
公共危机管理导论（“十一五”国家级规划教材）	肖鹏军
公共危机管理概论（第二版）	王宏伟
公共危机管理	唐　钧
公共危机与应急管理：原理与案例	王宏伟
行政决策学	许文惠　张成福　孙柏瑛
非营利组织管理	吴东民　等
非营利组织管理（第二版）	康晓光
非营利组织管理导引与案例	崔向华　张　婷
当代中国政府与政治	景跃进　陈明明　肖　滨
当代中国政府与行政（第三版）	魏　娜　吴爱明
当代中国政府（第二版）（“十一五”国家级规划教材）	吴爱明
地方政府学概论（第二版）	方　雷
地方政府管理（第二版）	陈瑞莲　张紧跟
管理秘书实务（第三版）	赵锁龙
行政秘书学	唐　钧
公文写作与处理	赵国俊
机关管理的原理与方法（第三版）	赵国俊　陈幽泓

书名	作者
公共部门绩效管理	方振邦
政府绩效管理	方振邦　葛蕾蕾
政府绩效评估	蔡立辉
公共关系概论（第二版）	邹正方
政府公共关系（第二版）（“十一五”国家级规划教材）	廖为建　张　宁
社会管理	汪大海
社会管理——理论、实践与案例	陈振明
西方行政学理论概要（第二版）（“十一五”国家级规划教材）	丁　煌
公共行政学史	何艳玲
公共行政学经典理论导引与案例	付小均
西方公共管理名著导读	汪大海
管理思想史教程	方振邦　葛蕾蕾
文化管理学（第三版）（“十二五”国家级规划教材）	孙　萍
文化创意产业导论	魏鹏举
卫生事业管理（第二版）（“十一五”国家级规划教材）	李　鲁
教育经济与管理（第二版）（“十一五”国家级规划教材）	娄成武　史万兵
现代公用事业管理	崔运武

公共管理类专业教材——劳动与社会保障专业教材

书名	作者
社会保障概论（第六版）（数字教材版）（教育部推荐教材）	孙光德　董克用
社会保障管理（“十一五”国家级规划教材）	邓大松　刘昌平
劳动经济学（“十一五”国家级规划教材）	董克用　刘　昕
劳动法与社会保障法	黎建飞　李　静
人力资源管理	彭剑锋
社会保险学（第三版）	孙树菡　朱丽敏
社会保障基金管理	李春根
社会保险精算原理与实务	王晓军
社会保障国际比较	仇雨临
国际社会保障制度教程	穆怀中
员工福利概论（第二版）（“十一五”国家级规划教材）	仇雨临
医疗保障	王虎峰

公共管理类专业教材——土地资源管理专业教材

书名	作者
土地经济学（第八版）（“十一五”国家级规划教材）	毕宝德
土地法学（中国人民大学“十三五”规划教材）	严金明
土地法学	王守智　吴春岐
土地科学导论	叶剑平
土地资源管理学	张正峰
国土空间规划学	张占录　张正峰
土地利用规划学	张占录　张正峰
不动产估价（第二版）（“十一五”国家级规划教材）	叶剑平　曲卫东
土地信息系统	曲卫东　韩　琼
地籍管理（第五版）（“十一五”国家级规划教材）	谭　峻　林增杰

公共管理类专业教材——城市管理专业教材

书名	作者
城市管理学（第三版）	杨宏山

书名	作者
城市管理法	王丛虎
城市总体规划原理	郐艳丽　田　莉

公共管理硕士（MPA）教材——核心课教材

书名	作者
全国公共管理硕士（MPA）核心课程教学指导纲要	全国公共管理专业学位研究生教育指导委员会
社会主义建设理论与实践（第三版）	李景治　蒲国良
公共管理英语（修订版）	顾建光
公共管理学（第三版）	张成福　党秀云
公共管理学原理（修订版）	陈振明
公共管理导论	竺乾威　朱春奎　李瑞昌
公共政策分析	陈振明
公共政策分析导论	陈振明
公共政策分析概论（修订版）	谢　明
政治学：基本理论与中国视角	任剑涛
公共部门经济学（第三版）	高培勇　崔　军
公共经济学	唐任伍
行政法学（修订版）	皮纯协　张成福
行政法学概论（第三版）	胡锦光
非营利组织管理概论（修订版）	王　名
非营利组织管理	王　名　王　超
公共管理伦理学（修订版）	张康之
社会研究方法	陈振明
定量分析方法（第三版）	谭跃进
电子政务理论与方法（第五版）	金江军
电子政务	吴爱明　何　滨
公文写作概论	高永贵
信息技术及其应用（第三版）	张维明

公共管理硕士（MPA）教材——专业方向必修课、选修课教材

书名	作者
公务员制度教程（第六版）	舒　放　王克良
比较政府与政治（修订版）	卓　越
当代中国政府与政治（第三版）	吴爱明　朱国斌　林　震
公共部门人力资源管理及案例教程（第三版）	陈天祥
领导学	祁凡骅　刘　颖
领导学教程	常　健
领导理论与实践	邱霈恩
西方公共行政管理理论精要	丁　煌
社会管理概论	唐　钧
公共部门绩效评估（修订版）	卓　越
公共危机管理（修订版）	王宏伟
公共部门危机管理（第三版）	张小明
公共部门战略管理（修订版）	陈振明
城市管理理论与实务	杨宏山
公共冲突管理	常　健
MPA 学位论文写作指南	汪大海

图书在版编目（CIP）数据

行政法学概论/胡锦光编著. —3版. —北京：中国人民大学出版社，2014.5
公共管理硕士（MPA）系列教材
ISBN 978-7-300-19381-6

Ⅰ.①行… Ⅱ.①胡… Ⅲ.①行政法学-中国-研究生-教材 Ⅳ.①D922.101

中国版本图书馆CIP数据核字（2014）第103923号

公共管理硕士（MPA）系列教材
行政法学概论（第三版）
胡锦光　编著
Xingzhengfaxue Gailun

出版发行　中国人民大学出版社
社　　址　北京中关村大街31号　　　**邮政编码**　100080
电　　话　010－62511242（总编室）　010－62511770（质管部）
　　　　　010－82501766（邮购部）　010－62514148（门市部）
　　　　　010－62515195（发行公司）　010－62515275（盗版举报）
网　　址　http://www.crup.com.cn
经　　销　新华书店
印　　刷　北京昌联印刷有限公司
规　　格　185 mm×260 mm　16开本　　**版　　次**　2006年1月第1版
　　　　　　　　　　　　　　　　　　　　2014年6月第3版
印　　张　18.75插页1　　　**印　　次**　2021年5月第5次印刷
字　　数　427 000　　　**定　　价**　36.00元

教学支持说明

（教学课件）

中国人民大学出版社政治与公共管理出版分社秉承“出教材学术精品，育人文社科英才”的出版宗旨，多年来，出版了大批高质量的公共管理、教育学、政治学、政治理论公共课教材和学术著作。

我们为本教材制作了相应的 PPT 教学课件，任何一位采用本书作为授课教材的教师均可免费获得该课件。为了确保该课件仅为授课教师获得，烦请您填写如下材料，并将相关信息通过 E-mail 发送给我们，我们将在收到相关信息后通过 E-mail 给您发送该课件。欢迎您加入我们的 QQ 群（全国政管教师交流群，群号为 236159213），或登录我社官方网站（www.crup.com.cn），注册并认证成为教师会员，以获得更好的服务。

我们的联系方式：
地址：（100872）北京市中关村大街甲 59 号文化大厦 1202 室
中国人民大学出版社政治与公共管理出版分社
电话：（010）82502724　62514775（传真）
E-mail：ggglcbfs@vip.163.com
QQ 群：236159213

兹证明＿＿＿＿＿＿大学/学院＿＿＿＿＿＿院/系＿＿＿＿＿＿专业＿＿＿＿＿＿学年第＿＿＿＿＿＿学期开设的＿＿＿＿＿＿＿＿课程，采用中国人民大学出版社出版的＿＿＿＿＿＿＿＿＿＿＿＿＿＿＿＿＿＿＿＿（书名、作者）作为本课程教材。授课教师为＿＿＿＿＿＿，授课班级共＿＿＿＿个、学生＿＿＿＿人。授课教师需要与本书配套的教学课件。

联 系 人：＿＿＿＿＿＿＿＿＿＿＿＿＿＿＿＿

通信地址：＿＿＿＿＿＿＿＿＿＿＿＿＿＿＿＿

邮　　编：＿＿＿＿＿＿＿＿＿＿＿＿＿＿＿＿

电　　话：＿＿＿＿＿＿＿＿＿＿＿＿＿＿＿＿

E-mail：＿＿＿＿＿＿＿＿＿＿＿＿＿＿＿＿＿

系/院主任：＿＿＿＿＿＿（签字）

（系/院办公室章）

＿＿＿＿年＿＿＿月＿＿＿日